JN097280

十五訂版にあたって

　本書は、「図解租税法ノート」の十五訂版である。平成20年の初版から16年が過ぎたことになる。税法は、条文も含めて、学生にとって、わかりにくいことから、本書では、できるだけ多くのページに図解を用い、記述内容も簡易かつコンパクトにし、税法全般について理解しやすいように執筆している。

　税法は、毎年改定されるために、テキストの内容もその都度見直す必要がある。今回は、令和5年度税制改正を中心に、本書の見直しを行っている。もちろん、新しい判例・裁決や通達改正等も書き加えている。なお、巻末では「令和6年度税制改正大綱の要旨」として、令和6年度税制改正を紹介している。

　令和5年度の税制改正では、「NISA制度の大幅な見直し」「空き家に係る譲渡所得（3,000万円控除）の見直し」「特定非常災害の指定を受けた損失の繰越期間の延長」「相続時精算課税制度の見直し」「相続開始前に贈与があった場合の加算期間の延長」「教育資金の一括贈与と結婚・子育て資金の一括贈与の非課税措置の延長」「研究開発税制の見直し」「適格請求書発行事業者となる小規模事業者に係る税額控除に関する経過措置」「電子帳簿等保存制度の見直し」そして「加算税制度の見直し」などが行われ、本書においても一部反映している。

　本書では、「司法試験」「公認会計士試験」「税理士試験」そして「宅地建物取引士試験」問題の一部を、本書に関連する箇所にそれぞれ配置している。司法試験については、「司法試験過去問題のポイント」として、第1回（平成18年）から第18回（令和5年）まで載せている。これらの問題等については、巻末の「設例一覧」で整理している。

　更に、「税理士試験（税法）免除のための『修士論文テーマ』ベスト110」を載せている。20年以上、大学院で税法の修士論文の指導をしてきた経験をベースに、人気の高い修士論文のテーマを110選んでいる。もちろん、筆者が過去に大学院で指導した修士論文のテーマが多く含まれている。

　税金の普及のため、10年前から「税金のうた」をリリースし、現在、20曲（ほぼ、全ての税目をカバーしている）になっている。今回、本書の歌詞にはQRコードを付け、そこからYouTubeで全曲を聴くことができるようにしてある。また、カラオケ（JOYSOUND）にも入っているので、是非、「税金の偏差値」をアップさせるために歌って頂きたいと思っている。

　本書を大学・大学院における租税法のテキストとして、また、各種試験を受ける学生や税の実務に携わる税理士等の参考書として、広く活用していただければと願っている。

　最後に、本書の出版については、清文社の小泉定裕社長をはじめ、同編集部の長砂太賀氏にお世話になった。ここに厚くお礼を申し上げたい。

　　令和5年11月

　　　　　　　　　　　　　　　　　　　　　　　　　　八ッ尾　順一

は　し　が　き

　本書は、租税法のテキストとして、作成したものである。セメスター（二学期制度）の授業にあわせて、「総論」と「各論」に分けている。「総論」では、租税の基本原則、税法の解釈、租税回避、申告納税制度、加算税、権利救済制度、租税犯など各税目に共通的な事項を記述範囲とし、「各論」では、所得税、法人税、相続税、贈与税、消費税、固定資産税などの各税目を個別的に取り扱っている。

　初めて租税法を学ぶ場合、その学ぶ範囲の広さに驚く学生が多い。しかも、難解な科目であることから、積極的に租税法を学ぼうとする者は少ない。具体的には、法人税法、所得税法、相続税法、消費税法など、いくつもの税の法律が登場し、その条文そのものが他の法律に比べ読み難いと困惑する学生は多い。確かに、税法の条文の中には、計算式そのものを文章化したものが多くあり、加えて、カッコ書きが多く挿入されている。弁護士等の法曹関係者でさえ、税法の条文を正確に把握するのは難しいという。

　このような租税法を「学部レベルでどのように学生に教えるか」ということについて、いつも頭を悩ましてきた。授業では、黒板に、学生が理解しやすいように、図解などを描いて説明してきたが、これも時間に制約されて、十分ではなかった。そこで、授業で喋るポイントとそれを補足する図解を一冊のテキストにして、効率よく授業が行えるように企図したのが本書であり、本書を『図解租税法ノート』と名付けた所以である。

　本書の特徴を挙げると、次のとおりである。

①　図解を多く用い、また、租税法の内容について簡潔に述べている。

②　租税法の大部分の範囲についてカバーしている。

③　主要な条文はできるだけ該当箇所に示している。

④　主要な判例（裁決も含む。）について、その要旨を紹介している。

⑤　過去の各種試験問題（司法試験・CPA試験・税理士試験・宅建試験）を該当する本書の箇所にそれぞれ配置している。

⑥　内容を理解するために上記⑤以外の「設例」を設けている。

⑦　本書で登場する主要な条文（ゴシック体）の全文を巻末に挙げている。学生が携帯している小さな『六法』などには、税法が掲載されていないので、学生に条文を直接読ませ、理解させるためには主要な条文の掲載は必要である。

⑧　最近の興味深い租税事件等についての「コラム」を載せている。

　したがって、本書は、大学のテキスト、また、各種試験（司法試験・CPA試験・税理士試験等）を受ける受験生の参考書などに広く活用していただければ幸いと思っている。

　最後に、本書の出版については、清文社の小泉定裕社長はじめ、編集部の宇田川真一郎氏及び前田美加氏に大変お世話になった。ここに厚くお礼を申し上げたい。

平成20年7月

八ッ尾　順一

目　次

第Ⅰ部　総論

第Ⅱ部　各論

資料

本文中**太字**となっている条文については、巻末に収録しています。
本書の内容は、令和6年1月31日現在の法令によっています。

第Ⅰ部
総　論

『この世で確かなものは、税金と死だけだ』

　　　　（ベンジャミン・フランクリン（Benjamin Franklin）1706-1790／米国の政治家）

『人間の知恵が発達したとはいっても、いまだに公平な課税方法を考え出していない』

　　　　（アンドリュー・ジャクソン（Andrew Jackson）1767-1845／第7代米国大統領）

『人間はある特殊なことで他の動物と異なっている。動物は本能を持ち、人間は納税の義務を持っている』

　　　　（アーヴィング・ゴッフマン（Erving Goffman）1922-1982／米国の社会学者）

『国民が本当に自由であるためには、いかなる場合も、国民の同意なしに課税されたり、代表者の個人的理由によって課税額が引き上げられたりしないようにすることである』

　　　　（ジョン・ディキンソン（John Dickinson）1732-1808／米国の弁護士、政治家）

『政府は法令を設けて悪人を制し善人を保護す。是即ち政府の商売なり。この商売を為すには莫大の費（つひえ）なれども、政府には米もなく金もなきゆる、百姓町人より年貢運上を出して政府の勝手方を賄はんと、双方一致の上相談を取極めたり。是即ち政府と人民との約束なり』（学問のすゝめ）

　　　　（福澤諭吉　1835-1901／啓蒙思想家・教育家）

第1章　租税の概要

1　租税法の定義

　税法（租税法）とは、税金（租税）に関する法律である。そして、租税の定義として、一般に「国家が、特別の給付に対する反対給付としてではなく（非対価性）、公共サービスを提供するための資金を調達する目的（公益性）で、法律の定めに基づいて国民に課する金銭給付（権力性）である」といわれている。

　なお、金子宏名誉教授及び清永敬次名誉教授は、租税に関して、次のような定義をしている。

金子宏『租税法』(2021)	国家が、特別の給付に対する反対給付としてではなく、公共サービスを提供するための資金を調達する目的で、法律の定めに基づいて私人に課する金銭給付である。
清永敬次『税法』(2013)	租税とは、国または地方公共団体が、収入を得ることを目的として、法令に基づく一方的義務を課す、無償の金銭的給付である。

　すなわち、租税とは、上記の「租税の定義」で示されているように、次の3つの「性格」を有しているといわれている。

① 公益性	租税は「公共サービス」の資金を得ることを目的
② 権力性	国民の富を強制的に獲得する。国民の財産権の侵害
③ 非対価性	特定の公共サービスとは無関係

(注) 広辞苑では、「租税」について次のように定義している。
　① 　みつぎもの、年貢
　② 　国家又は地方公共団体が、その必要な経費を支弁するために、国民から強制的に徴収する収入

　なお、税金（租税）を法律のアプローチ（観点）から研究することを税法（租税法）という。税金を対象として研究する学問は、以下のように多く存在する。

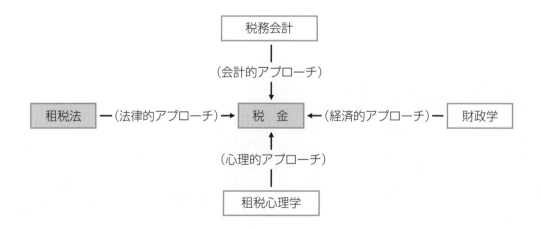

また、以下のケースのように、税金は我々の日常生活に深くかかわっている。

我々の日常生活	税目
①　サラリーマンが給与をもらう	所得税（給与所得）
②　個人が保有している土地を売却する	所得税（分離・譲渡所得）
③　タバコを買う	たばこ税
④　スーパーで食料品を買う	消費税
⑤　車を買う	自動車取得税・揮発油税
⑥　土地を取得する	不動産取得税
⑦　土地・家屋を所有している	固定資産税
⑧　父が死亡する	相続税
⑨　母から500万円を現金でもらう	贈与税
⑩　企業が利益を得る	法人税
⑪　ビールや焼酎を飲む	酒税
⑫　契約書を作成する	印紙税
⑬　家屋を取得したので保存登記をする	登録免許税
⑭　外国から品物を輸入する	関税
⑮　競馬で馬券が当たる	所得税（一時所得）

■　税法と試験制度

司法試験 （法務省）	新しい司法試験制度から、「租税法」が選択科目（論文）となった。主として、「所得税」及び「法人税」から出題される。試験の際に提供される司法試験用六法で、「国税通則法」「所得税法」「法人税法」の条文は見ることができる。
公認会計士試験 （金融庁）	新しい公認会計士試験から、「租税法」が必修科目として追加された。主として、論文は「所得税」「法人税」から出題され、計算は、「法人税」の課税所得を求めるものと「消費税」の計算が問われるものが出題される。
税理士試験 （国税庁）	税法の科目としては、選択必須科目として「所得税法」又は「法人税法」（内1科目は選択必要）があり、選択科目として「相続税法」、「固定資産税」、「消費税法」又は「酒税法」、「国税徴収法」、「事業税」又は「住民税」がある。税理士試験は、法令以外に「通達」も勉強しなければならない。なお、出題の内容としては、理論と計算が出題され、税法科目は、合計3科目合格しなければならない。
宅地建物取引士試験 （一財)不動産適正取引推進機構／国土交通大臣／都道府県知事	宅地及び建物に関する税として、「不動産取得税」「固定資産税」「都市計画税」「所得税（譲渡所得・住宅ローン控除）」「登録免許税」「贈与税」「印紙税」が出題される。択一試験で、全50問のうち、2問が税に関する問題となっている。

■ 　納税者と国・地方公共団体の関係

　「納税者」と「国・地方公共団体」との関係は、次図に示すとおりであるから、納税者が国等から「公共サービス」を十分に得たいというのであれば、「税金」も多く払わなければならないし、「税金」を多く支払うことを望まなければ、当然「公共サービス」もある程度、我慢しなければならない。「大きい政府」又は「小さな政府」の選択は、最終的には、納税者（国民）が決定することになる。

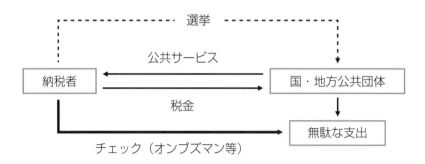

2 　租税の分類

① 　国税と地方税 → 賦課・徴収の主体に基づく分類

国税	道府県民税	市町村民税
① 　所得税	① 　事業税	① 　固定資産税
② 　法人税	② 　道府県民税	② 　市町村民税
③ 　相続税	③ 　地方消費税	③ 　都市計画税
④ 　贈与税	④ 　自動車税	④ 　市町村たばこ税
⑤ 　消費税	⑤ 　不動産取得税	⑤ 　入湯税
⑥ 　登録免許税	⑥ 　軽油引取税	⑥ 　事業所税
⑦ 　印紙税	⑦ 　道府県たばこ税	⑦ 　軽自動車税

（注）「地方交付税・地方譲与税」とは、国が賦課・徴収した租税を財政力の均等化ないし補強をするために地方公共団体に交付ないし譲与するものをいう。

　・地方譲与税 → 国税として徴収した税を地方に配分するもの。

　・地方交付税 → 地方公共団体間の財政調整目的のもの。

（注）地方税法1条2項は、「この法律中道府県に関する規定は都に、市町村に関する規定は特別区に準用する。」と規定されているところから、地方税法では、「都」又は「特別区」は条文上表示されていない。

② 　直接税と間接税 → 租税の転嫁の有無に基づく分類

　　　　　　　　　　（注）転嫁とは、法律上の納税義務者がその租税の負担を他の経済主体に移しかえること。

　　　　　　　　　　ただし、法人税も租税負担の転嫁をしているという意見もある。

③　収得税・財産税・消費税・流通税　→　経済の流れに即した分類

④　普通税と目的税　→　税の使途を特定するかしないかの分類

⑤　人税と物税　→　課税の客体を人的側面に置くか、物的側面に置くかの分類

（人税　→　所得税、相続税／物税　→　固定資産税、消費税）

3　租税の経済上の機能

①　財源調達機能

②　再分配機能　　裕福な人　→　税金　→　貧しい人

□　累進課税制度

(注)「累進税制は社会国家の発達と、20世紀の格差構造変化にも中心的な役割を果たしたし、将来にわたって社会国家の存続を確保するためにも重要であり続ける」（トマ・ピケティ著、山形浩生訳「21世紀の資本」（みすず書房））

□　問題点　イ　所得・消費・資産の課税バランス〔タックスミックス　→　バランスのとれた租税体系を構築する必要がある〕

(注) 我が国においては、1988年の消費税の導入によって、シャウプ勧告の下における「所得課税中心主義」から、「タックスミックス」の時代に入ったといわれている。

ロ　税負担の増加と国際競争・海外逃避

ハ　適正な分配の意味

③　景気調整機能　　□　自動安定化装置（ビルトインスタビライザー）

□　フィスカル・ポリシー（裁量的な財政政策）

不況期　→　国債発行・減税　→　景気を刺激

好況期　→　財政支出を削減・増税　→　景気過熱の抑制

4　我が国税制の戦前と戦後

戦前 …… ヨーロッパ型税制

①　間接税のウエイト大

②　総合累進所得税からほど遠いもの

戦後 …… アメリカ型税制（シャウプ税制）

①　公平負担の観念

② 申告納税制度の勧告

5　税法の体系

① 税法基礎理論（租税の基本原則、法源、解釈など総論部分）

② 租税実体法（租税債務法）

③ 租税手続法（租税の賦課・徴収）

④ 租税救済法（不服申立て・訴訟）

⑤ 租税処罰法（脱税等の租税犯とその処罰）

　　ただし、本書においては、上記①、③、④及び⑤は、「総論」として、②は、「各論」として区分している。

6　税法の法源（法の存在形式・法の根拠）

　法源とは、法を適用するに当たって、法として援用し得る法形式、それは裁判官が判決理由でそれを援用して裁判の法的正当化の理由となり得る法形式を意味する。

　それゆえに、法源は、法的妥当性を有する実定法とされ、裁判官はこの実定法に裁決規範として法的に拘束され、法源を個別具体的ケースに適用して裁判しなければならない。

　法源は、次のように「成文法」と「不文法」に区分される。

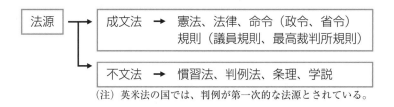

　　（注）英米法の国では、判例が第一次的な法源とされている。

① 法律

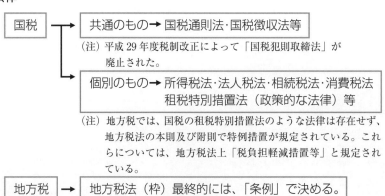

※**憲法59条**（法律案の議決、衆議院の優越）

(注) 地方税法は、一定の枠を定め、具体的な課税は、地方公共団体の条例を根拠とするが、法的拘束力を有する故に、法源である。

② 政令（内閣）・省令（各大臣）

（例）

法人税法	法律	国会
法人税法施行令	政令	内閣
法人税法施行規則	省令	財務大臣

地方税法	法律	国会
地方税法施行令	政令	内閣
地方税法施行規則	省令	総務大臣

(注) 憲法73条6号において「この憲法及び法律の規定を実施するために、政令を制定すること。但し、政令には、特にその法律の委任がある場合を除いては、罰則を設けることができない。」と規定している。なお、政令が法律の委任の範囲を逸脱した違法なものとして無効とされた最高裁令和3年3月1日判決がある。

③ 告示 → 公の機関がその決定した事項を公式に広く一般に知らしめるもので、法律の規定を補充するものである。

　　　　（例）指定寄附金等、固定資産評価基準（地法388）等

④ 条例（地方議会）・規則（長）……条例と規則を総称したものを「例規」という。

(注) 地方公共団体の議会は、法律の範囲内で条例を制定でき（憲法94）、地方公共団体の長は、法令に違反しない限りにおいて規則を制定することができる（地方自治法15①）。条例には、一定の範囲内で懲役などの罰則を付けることができる（同法14③）が、規則には、行政罰として科すことができない（同法15②）。なお、条例に罰則規定を設けると強制力が生じて損害賠償する根拠が生じ、地方公共団体としては、訴訟リスクが高まる。例えば、地方公共団体が新型コロナウイルス対策で休業を事業者に求める場合、強制力のない休業の要請や指示を行い訴訟リスクを回避する。そうでなければ、休業補償などを同時に検討する必要がある。

⑤ 条約 → 通常二国間において、二重課税の排除、脱税の防止等を目的として租税に関する課税ルールを定める。

(注) 国内法と条約の関係については、次のような学説がある。
なお、条約は、文書による国家間の合意である。それは、国際法にもとづいて成立する国際的合意である。

① 二元論：国内法と国際法とは次元の異なる別個の法体系であり抵触する関係にはないとする立場である。二元論では条約が国内的効力をもつには国内法として置き換える手続が必要と解する。

② 一元論：国際法は国内的にも適用される法規範であるとする立場である。これには、次の二つの立場がある。

イ 国内法優位論：国内法は国際法に優位するとする立場。

ロ 国際法優位論：国際法は国内法に優位するとする立場。

③ 等位理論：国際法と国内法は等位の関係にあり、各国は義務の抵触を調整する義務を負っており、その解決は各国の裁判所等に委ねられているとする立場。

我が国は、条約は、憲法に対しては劣位、法律に対しては優位する効力を認めている（一元論・ロ）。

7

⑥　通達（上級庁の下級庁に対する命令・指令）→ 法令の解釈や運用方針等の取扱い
　　に関して国税庁（上級庁）から国税局・税務署等（下級庁）に対して下す命令ないし
　　指令 → ただし、通達は、納税者を拘束しない。

　　　（注）国家行政組織法14条 2 項
　　　　　「各省大臣、各委員会及び各庁の長官は、その機関の所掌事務について、命令又は示達するため、所
　　　　　管の諸機関及び職員に対し、訓令又は通達を発することができる。」
　　　　　国家公務員法98条 1 項
　　　　　「職員は、その職務を遂行するについて、法令に従い、且つ、上司の職務上の命令に忠実に従わなけ
　　　　　ればならない。」

　　　（注）通達は法源ではないが、一般的に納税者は課税庁とのトラブルを回避するために、通達に従うこと
　　　　　になるから、実質的に通達は法令と同じ機能を果たすことになる。
　　　　　なお、「通達の文言をいかに文理解釈したとしても、その通達が法令の内容に合致しないとなれば、
　　　　　通達の文理解釈に従った取扱いであることを理由としてその取扱いを適法と認めることはできない」
　　　　　との補足意見がある（最高裁令 2 . 3 .24判決・裁判官　宮崎裕子）。

■　慣習法と判例法

　「公の秩序又は善良の風俗に反しない慣習は、法令の規定により認められたもの又は法
令に規定されていない事項に関するものに限り、法律と同一の効力を有する」（法の適用
に関する通則法 3 ）
　「上級審の判決はその事件についてのみ下級審を拘束する」（裁判所法 4 ）
　「最高裁判所による判例変更は大法廷で行わなければならない」（裁判所法10③）
　「最高裁の判例に反することを上告申立理由あるいは上告受理申立理由とする」（刑訴法
405、民訴法318）

　　　（注）最高裁は、上告及び上告受理申立ての理由がある場合のみその判断を示すこととされ、上告及び上
　　　　　告受理申立ての理由がない場合には、決定により、その請求を棄却又は不受理とすることができる（民
　　　　　訴法312、318）

■　スイス民法 1 条（1907年制定）〜条理の法源性〜

　文言ないし解釈によれば法律に規定が含まれている法的問題にはすべてその法律を適用

する。法律から何らの規定も得られないときには、裁判官は慣習法に従って裁判し、慣習法もないときには、自分が立法者であるならば定立するであろう基準に従って裁判すべきである。その場合、裁判官は確定した学説及び伝統に従う。

(注)　条理とは、社会生活において多くの人々が承認している道理、筋道のことをいう。

　　　わが国では、明治8年の太政官布告103号裁判事務心得3条で「民事ノ裁判ニ成文ノ法律ナキモノハ習慣ニ依リ習慣ナキモノハ条理ヲ推考シテ裁判スヘシ」と規定し、これが条理に法源性を認めたものといわれている。

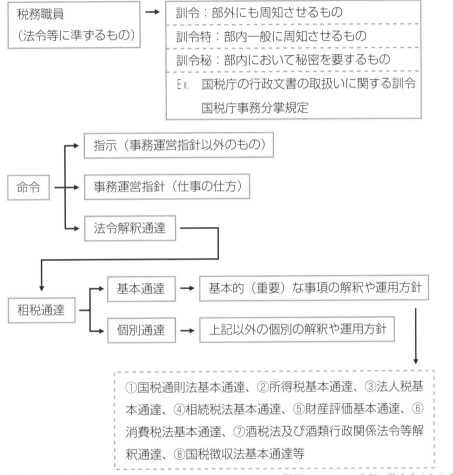

(注)　国税庁のホームページによれば、「法令解釈通達」とは「税法についての取扱い等を定めた」もので、「事務運営指針」とは「税務行政の執行に係る」ものとして区別している。

7　税法と憲法の関係

　税務訴訟では、憲法との関係で、しばしば納税者が行政処分等を憲法違反として「無効」を主張する。憲法98条1項では、「この憲法は、国の最高法規であって、その条規に反する法律、命令、詔勅及び国務に関するその他の行為の全部又は一部は、その効力を有しない」として、憲法の最高性を規定している。

① 憲法13条〔個人の尊重、生命・自由・幸福追求の権利、公共の福祉〕	娯楽施設利用税（ゴルフ場利用税）
	最高裁昭50.2.6判決（生命・自由・幸福追求権の保障） 　ゴルフ場の利用は、特定の階層、とくに高額所得者がその中心をなしており、利用料金も高額であり、高額な消費行為であることは否定しがたいところであって、…ゴルフ場の利用に対してのみ娯楽施設利用税を課することとしていることを租税負担の公平を欠き平等原則に違反するものということはできない。
② 憲法14条〔法の下の平等、貴族制度の禁止、栄典の限界〕	消費税
	岡山地裁平2.12.4判決 　消費税法の帳簿方式による仕入税額控除法制度は、消費税の導入にともなう事業者の事業負担の軽減という政策目的を考慮に入れると不合理なものといえず、同法が憲法14条・29条・30条・84条に違反するとはいえない。
③ 憲法20条〔信教の自由、政教分離〕	文化観光税
	奈良地裁昭43.7.17判決（信教の自由の保障） 　県の文化観光税条例が特定の寺院の拝観者に対し文化観光税を課することにしているのは、特に宗教を対象としこれを規制したものとは認めがたいから、憲法20条に違反するものとはいえない。
④ 憲法21条〔集会・結社・表現の自由、検閲の禁止、通信の秘密〕	税関職員の検査
	最高裁昭59.12.12判決（検閲） 　輸入禁制品に関する税関検査は、憲法21条2項にいう「検閲」には当たらないというべきである。
⑤ 憲法24条〔家族生活における個人の尊厳と両性の平等〕	個人単位主義
	最高裁昭36.9.6判決（男女の平等） 　所得税法が夫婦の所得を合算折半して計算することにしていないからといって、憲法24条に違反しない。
⑥ 憲法25条〔生存権、国の国民生活環境保全向上義務〕	所得税法の基礎控除の規定
	東京地裁昭61.11.27判決（生存権） 　旧所得税法86条（基礎控除）は憲法25条（生存権、国の社会的使命）に違反してその効力を有せず、旧法86条を適用してされた更正は違法である旨の主張について、Xの56年の所得税の総所得金額は、Xの申告においても、更正においても、839万4,300円であり、Xは配偶者控除及び扶養控除の対象者を有しないものの、その所得の額においても、またいわゆる可分所得の額においてもX主張の最低生活費である生活扶助基準額を大幅に上回っていることが認められ、… その前提を欠くものであって、失当というほかはない。

⑦　憲法29条〔財産権〕	**源泉徴収義務**
	最高裁昭37.2.28判決（財産権） 　給与所得者に対する所得税源泉徴収の制度は、徴収方法として能率的、かつ、合理的であって、この徴収義務者の徴収義務は憲法の条項に由来し、公共の福祉によって要請されるものであるからこの制度は憲法29条1項に違反せず、また、この制度のため徴収義務者において、財産上の負担を負うとしてもこの負担は、同条3項にいう公共のために私有財産を用いる場合には該当せず、同条項の補償を要するものでもない。
⑧　憲法31条〔法定手続の保障〕	**酒類の製造免許制度**
	最高裁平元.12.14判決（法定の手続の保障） 　酒税法の各規定は、国の重要な財政収入である酒税の徴収を確保するため、製造目的のいかんを問わず、酒類製造を一律に免許の対象としたうえ、免許を受けないで酒類を製造した者を処罰することとしたものであり、これにより自己消費目的の酒類製造の自由が制約されるとしても、そのような規制が立法府の裁量権を逸脱し、著しく不合理であることが明白であるとはいえず、憲法31条、13条に違反するものではない。
⑨　憲法38条〔不利益な供述強要の禁止、自白の証拠能力〕	**質問検査権の刑罰による強制**
	最高裁昭59.3.27判決 　国税犯則取締法における調査手続は、実質的には租税犯の捜査としての機能を営むものであって、租税犯捜査の特殊性等から専門的知識経験を有する収税官吏に認められた特別の捜査手続としての性質を帯有するものであり、憲法38条の規定による供述拒否権の保障が及ぶものと解するのが相当である。

8　税法の規定内容（課税要件）

　課税要件とは、「それが充足されると納税義務の成立という効果が生ずる要件」である。その意味では、「納税義務の成立」という重要な規定であることから、課税要件については、「法律」で規定されなければならない。

①　納税義務者	租税債務を負担する者
②　課税物件	課税の対象となるもの（物、行為、事実） 所得　→　法人税・所得税 資産の譲渡等　→　消費税 所有権の取得　→　不動産取得税 課税文書の作成　→　印紙税
③　課税物件の帰属	納税者と課税物件の結びつき

④　課税標準	課税物件を金額、価額、数量等で示したもの 従価税　→　金額又は価額を課税標準として課される租税 　　　　　　　（所得税、法人税等） 従量税　→　数量を課税標準として課される租税 　　　　　　　（たばこ税、酒税等）
⑤　税率	課税標準に対して適用される比率 比例税率　→　課税標準の大きさに関係なく一定している税率 　　　　　　　（消費税、固定資産税等） 累進税率　→　単純累進税率 　　　　　　　　超過累進税率 　　　　　　　（所得税、相続税、贈与税等）

課税物件の帰属（東京高裁平3.6.6判決）

　親子が相互に協力して一個の事業を営んでいる場合における所得の帰属者が誰であるかは、その収入が何人の勤労によるものであるかではなく、何人の収入に帰したかで判断されるべき問題であって、ある事業による収入は、その経営主体であるものに帰したものと解すべきであり（最高裁昭37.3.16第二小法廷判決、裁判集民事59号393頁参照）、従来父親が単独で経営していた事業に新たにその子が加わった場合においては、特段の事情のない限り、父親が経営主体で子は単なる従業員としてその支配のもとに入ったものと解するのが相当である。…そうすると、Xが昭和35年から20数年来医院を経営してきたものであって、子のAが同56年から医師として同医院の診療に従事することになり、それに応じて患者数が増え、Aの固有の患者が来院するようになったこと、同医院の収入が昭和56年から飛躍的に増大していることが認められるとはいえ、本件で問題になっている昭和56年から同58年にかけての医院の実態は、Aの医師としての経験が新しく、かつ短いことから言っても、Xの長年の医師としての経験に対する信用力のもとで経営されていたとみるのが相当であり、したがって、医院の経営に支配的影響力を有しているのはXであると認定するのが相当である。…したがって、右認定のようにXとAの診療方法及び患者が別であり、いずれの診療による収入か区別することも可能であるとしても、Xが医院の経営主体である以上、その経営による本件収入は、Xに帰するものというべきである。

（平成23年度司法試験問題）

第2章　租税法の基本原則

租税法の基本原則として、「租税法律主義」と「租税公平主義」があり、この原則は、租税の争いの中でしばしば対立することがある。

(注) 租税公平主義は「立法の原理」であり、租税法律主義は「執行上の原理」であることから、租税公平主義が害されるというのであれば原則として、立法の改正が求められるということになる。

1　租税法律主義

租税法律主義とは、法律の根拠がなければ、国家は租税を賦課・徴収できないし、また、国民は租税の納付義務を負わないということである。

憲法84条　→　租税法律主義の原則を宣言している。

$$\left(\begin{array}{l}\text{No new taxes shall be imposed or existing ones modified}\\\text{except by law or under such conditions as law may prescribe.}\end{array}\right)$$

代表（国民の同意）なければ課税なし ←→ 恣意的な課税（絶対君主）

※　法律以外の法形式による課税
　　○条約　→　租税に関する法律を補充又は修正する。
　　　　　　　　国会の承認を経て効力を生ずる。
　　○地方税　→　地方税の賦課・徴収に関する準則を設けるもの
　　　　　　　　　地方公共団体の議会が制定（条例）

①　課税要件法定主義　→　課税要件については必ず法律をもって定めなければならない。（←→罪刑法定主義＝法律なければ犯罪なく、法律なければ刑罰なし）
　　　　　　　　　　　　　租税に関する手続についても法律で定めなければならない。
　　　　　　　　　　　　　法律による政令への委任　→　具体的・個別的（○）
　　　　　　　　　　　　　　　　　　　　　　　　　　　包括的・白地的（×）

②　課税要件明確主義　→　課税要件に関する定めは、明確なものでなければならない。
　　(注) 税法の中に「不確定概念」（「相当程度」「不当に減少」「通常要する費用」「おおむね」「やむを得ない事情」など）が多く存在するが、課税要件明確主義からできるだけ避けるべきであるといわれている。

　国民健康保険税条例のうち2条の課税総額に関し、①その確定を課税権者が自由な裁量によって内部的に決定しうるとする委任は、租税条例主義からは多大な疑問があり、②その額の確定において働かせうるYの裁量の余地は現実にも広汎なものとなっていることは明らかであり、③その額の確定の諸要因のうち、どの点をどのように考慮するかの判断には相当に差異が生じそこで行使される裁量の幅は大きいものであり、④「100分の65に相当する額」という上限も、この上限額の機能によって、右額確定についてのYの裁量の幅が狭いとする判断は成立しない、などから、重要な課税要件たる右額の確定を広汎な裁量の余地のあるままにYに委ねた条例2条の規定は、やはり課税要件条例主義に反するといわざるをえず、さらに課税要件明確主義にも違反するというべきであり、課税総額を基礎として税率を決定する点ともどもその余地について判断するまでもなく、憲法92条（地方自治の基本原則）、84条（課税の要件）に違反し、無効であるというべきである。

③　合法性の原則　→　租税法は強行法であるから、課税庁は、法律で定められたとおりの税額を徴収する義務を負い、課税要件が充足されている限り、租税の減免又は不徴収などの裁量の余地はない。

　（注）「納税義務の成立、内容は、もっぱら法律がこれを定めるものであって、課税庁側と納税者側との間の合意又は納税者側の一方的行為によって、これを動かすことはできない」（最高裁昭49.9.2判決）
　　合法性は、法的正義（legal justice）とも呼ばれるが、「法的な形式さえとれば、どのような政策目標の追求も正当化できる」（法実証主義）との考え方もある。なお、法実証主義は、正当な権限をもつ機関が一定の手続に従って制定した法律は、その内容如何を問わず、法的効力を有し、国民を拘束すると考える。したがって、「悪法もまた法なり」という。

　土地の実勢価格が取得時に比べて相続時には半分以下に下落している場合に、租税特別措置法69条の4（相続開始前3年以内に取得した土地等又は建物等についての相続税の課税価格の計算の特例）の規定を適用して、相続財産につき取得価額をもって相続税を課税することとすると、納付すべき相続税額が相続時の相続財産の実勢価格をも上回るという不合理な結果となり、憲法違反（財産権侵害）の疑いが極めて強いといわなければならず、仮にこの考え方が容れられないとしても、少なくともこの特例を適用することにより著しく不合理な結果を来すことが明らかな特別の事情がある場合にまでこれを適用することは法の予定していないところというべきであるから、本件にこの特例を適用することはできず、その評価は原則に返って相続税法22条に従いその時価によるべきこととなる。

④　手続的保障の原則　→　租税の賦課徴収は適正な手続で行うべきで、また、それに関する紛争等についても公正な手続で処理しなければならない。

⑤　遡及立法　→　新しい法律や法改正が施行される日より前に生じている事実に対しても適用する。

　　　　納税者の利益になる場合　→　OK

　　　　納税者に不利益になる場合　→　遡及立法の禁止　→　予測可能性・法的安定性を害する。

但し、遡及処罰を禁止している憲法39条と異なり、憲法84条、同30条は、租税法規の遡及適用を明示的に禁止していないことから、納税者に不利益となる遡及適用が一律に違憲となるとは解されていない（通説・判例）。

遡及立法違反（福岡地裁平20.1.29判決）

　不利益不遡及の原則については、必要性や合理性、不利益の程度、周知状況などを総合勘案し、経済生活の安定性や予見可能性を害しない場合には、不利益を及ぼす遡及適用も憲法上許容されるとし、また、遡及適用に当たるかどうかは、すでに成立した納税義務の内容を変更するかどうかではなく、法律施行前の行為に適用されたものかどうかで決まるとした。そして、本件については、遡及適用であると判断し、そのうえで、遡及適用について一定の必要性・合理性は認められるものの、本件改正による経済的損失は多額に上る場合も少なくないこと、損益通算の廃止については、平成15年12月31日時点で改正が周知されている状況ではなかったことなどから、経済生活の安定性や予見可能性を害しないとはいえないとして、遡及適用は違憲により無効とした（福岡高裁平20.10.21判決では原判決取消し（確定））。

(注) 東京地裁平20.2.14判決、東京高裁平20.12.4判決及び最高裁平23.9.22判決は遡及適用を認めた。

《参考：最高裁平23.9.22判決の要旨》

　本件損益通算廃止に係る改正後租税特別措置法（措置法）の規定の暦年当初からの適用が具体的な公益上の要請に基づくものである一方で、これによる変更の対象となるのは、政策的、技術的な判断を踏まえた裁量的判断に基づき設けられた性格等を有する地位にとどまるところ、本件改正附則は、平成16年4月1日に施行された改正法による本件損益通算廃止に係る改正後処置法の規定を同年1月1日から同年3月31日までの間に行われた長期譲渡について適用するというものであって、暦年の初日から改正法の施行日の前日までの期間をその適用対象に含めることにより暦年の全体を通じた公平が図られる面があり、また、その期間も暦年当初の3か月間に限られており、納税者においては、これによって損益通算による租税負担の軽減に係る期待に沿った結果を得ることができなくなるものの、それ以上に一旦成立した納税義務を加重されるなどの不利益を受けるものではないとの諸事情を総合的に勘案すると、本件改正附則が、本件損益通算廃止に係る改正後措置法の規定を平成16年1月1日以後にされた長期譲渡に適用するものとしたことは、納税者の租税法規上の地位に対する合理的な

制約として容認されるべきものと解するのが相当であり、したがって、本件改正附則が、憲法84条の趣旨に反するものということはできない。

⑥　納税者の権利保護　→　違法な租税の確定又は徴収が行われたときに、納税者がそれに対して、争い、その権利の保護を求めることを保障するものである。

コラム①　遡及立法の禁止

　国民に対して租税を課するときには、必ず法律の根拠がなければならない、というのが「租税法律主義」である。そして、遡及立法は、新しい法律や改正が施行される日よりも前に生じている事実に対して適用することをいう。すなわち、その事実が生じているときには、法律が存在していない状態なのである。租税法律主義は、租税を課し、徴収するときに、予めそのことを法律に定めていることを要請している。それによって、納税者に予測可能性や法的安定性を担保するのである。従って、予測可能性等を害することになる遡及立法は、原則として禁止され、そのような考え方も租税法律主義の一内容をなしているのである。

　この遡及適用の判断について、二つの異なった判決が平成20年に出された。福岡地裁（平20.1.29判決）と東京地裁（平20.2.14判決）である。二つの事件の内容は、ほぼ同じである。すなわち、平成16年度の税制改正で、土地等の譲渡損失については、他の所得と損益通算が出来なくなった。しかし、この改正の法律は、平成16年3月26日に国会で成立し、同年4月1日に施行されたのであるが、その適用を平成16年1月1日から適用するというものであった。すなわち、施行日前の平成16年1月1日から同年3月31日までの土地等の譲渡損失についても、他の所得との損益通算は認めないというのであるから、遡及立法ということができる。そして、福岡地裁は、本件については、租税法規不遡及の原則（憲法84条）に違反して、違憲無効と判断したのに対して、東京地裁は、租税法律主義に反するということはできないと判断した。本件の遡及立法が納税者の法的安定性、予測可能性を害することになるのか否か、の判断の異なることによって、両裁判所の結論が違ったのである。福岡地裁は、「本件改正の遡及適用が、国民に対してその経済生活の法的安定性又は予見可能性を害しないものであるということはできない」と認定したのに対して、東京地裁は、「平成16年分所得税から損益通算制度が適用されなくなることを納税者において予測することができる状態になったということができる。したがって、確かにかなり切迫した時点ではあったにせよ、納税者があらかじめ予測できる可能性がなかったとまではいえない」として、遡及立法を適法と認めたのである。国民に対して要求される周知のレベルがそれぞれの裁判官で異なったということになるのであろう。

　なお、福岡地裁では、課税庁が、所得税は1暦年の所得ごとに課税され、暦年の終了時に納税義務が生じる期間税であり、1暦年の途中においては納税義務は成立していないのであるから、遡及立法に当たらないと主張したが、福岡地裁は、「期間税の場合であっても、納税者は、その当時存在する租税法規に従って課税されることを信頼して、各種の取引行為等を行うのであってそのような納税者の信頼を保護し、国民生活の法的安定性や予見可

能性の維持を図る要請は、期間税であるかどうかで変わりはない」としてその主張を斥けている。しごく妥当な判断である。

　ところで、平成20年度の税制改正は、憲法59条２項及び３項によって、ようやく４月30日に、衆議院で再可決し、法律を成立させたのであるが、時限立法である租税特別措置法の中に失効しているものが多くあった。その中で、使途秘匿金（措法62）については、失効期間中は40％の課税はせず、また、欠損金の繰戻しによる還付の不適用（措法66の13）は、失効期間に決算を迎える全企業に対して容認（還付）することになっている。しかし、交際費等の課税（措法61の４）については、失効期間中の交際費等の支出に対して、従前どおり、損金に算入しないという。そうすると、交際費等の課税についても、今後、訴訟になる恐れがあるが、その場合にも、判断のポイントは、遡及立法における「法的安定性・予測可能性」の有無なのであろう。

2　租税公平主義

　租税公平主義とは、租税負担は、国民に対して、担税力に即して公平に配分されるべきで、各種の租税関係法律関係において国民は平等に取り扱われなければならないという原則である。

　　　　　憲法14条　→　平等原則

　　　　　　　　　All of the people are equal under the law and there shall be no discrimination in political, economic or social relations because of race, creed, sex, social status or family origin.
　　　　　　　　　Peers and peerage shall not be recognized.
　　　　　　　　　No privilege shall accompany any award of honor, decoration or any distinction, nor shall any such award be valid beyond the lifetime of the individual who now holds or hereafter may receive it.

①　租税の根拠に関する理論

　　○利益説：租税の公平負担は、各人が受ける公的な保護や利益の大きさに応じて課税されるときに実現する。→　応益課税の原則（地方税）

　　　　　　　問題点 …… 公的な利益の測定が困難

　　○義務説：租税を納付することは国家の構成員である国民の義務

　　　　　　　各人の担税力に応じて課税　→　応能課税の原則

　　　　　　　担税力　→　各人の経済的な負担能力

　　　　　　　所得が担税力の尺度として最も優れている。

　　　　　　　公平の実現　┬→　水平的公平の実現
　　　　　　　　　　　　　　　→　所得の同一の者の公平
　　　　　　　　　　　　　└→　垂直的公平の実現　←　 困難
　　　　　　　　　　　　　　　→　所得の異なる者の公平

（注）憲法上の租税根拠論として、「租税は……およそ民主主義国家にあっては、国家の維持及び活動に必要な経費は、主権者たる国民が共同の費用として代表者を通じて定めるところにより自ら負担すべきものである」（最高裁昭60.3.7判決）がある。

② 立法との関係

租税の公平負担に反する立法　→　憲法違反（無効）

負担に差を設けることに特別の合理的な理由があれば憲法違反にはならない。

租税特別措置法の問題　→　不公平税制

※　租税特別措置の適用状況の透明化等に関する法律（平成22年度改正）

過去の最高裁判決　①　ゴルフ場の利用に対する旧娯楽施設利用税

（最高裁昭50.2.6判決）

②　給与所得控除の制度（最高裁昭60.3.27判決）

③　源泉徴収制度（最高裁昭37.2.28判決）

③ 執行との関係

租税の公平負担（憲法上の要請）　→　法の適用・執行の段階においても適用

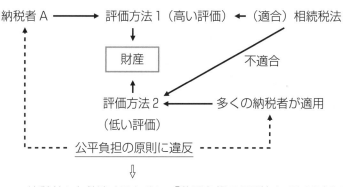

納税者Aを救済するために「公平負担の原則」に反する旨の主張をする。

固定資産の評価（宇都宮地裁昭30.11.24判決）

固定資産の評価が均衡を保たねばならないことは、その適正でなければならぬことと同様に重要なことであつて、もしある者の所有する固定資産が同種の固定資産の一般的な評価に比して著しく高く評価されているとすれば、その評価は、たとえそれが時価を下回るものであつたとしても、違法と解すべきである。

【アダム・スミス（1723〜1790）の租税原則（国富論・1776）】

① 公平の原則	人民は、その政府を支持するために各人の能力（所得）に比例して租税を納めなければならない。
② 明確の原則	租税は、簡単・明瞭なものでなければならない。
③ 便宜の原則	租税は、納税者によって最も便宜な時期において、かつ、便宜な方法によってこれを課し、徴収しなければならない。
④ 最小徴税費の原則	徴税費が最も少なくて、多くの収入をあげるようなものが良税である。

第3章　地方自治と地方税

　地方自治を真に保障するためには、地方自治体に対して自主的に財源を調達する権能を認めなければならない。すなわち、「自主財政権」と「地方自治の保障」は、不可分一体の関係にあるのである。

1　地方自治と地方税

　　憲法92条　：　地方公共団体の組織及び運営に関する事項　→　地方自治の本旨に基づいて、法律で定める。

　　　地方自治　→　国から独立して行政を行うこと　→　自主財政権が必要

　　憲法94条　：　財産管理、事務処理、行政の執行、条例の制定（法律の範囲内）
　　　　　　　　　「法律の範囲内で条例を制定することができる。」

　　∴　憲法は地方自治の保証の内容として「自主財政権」を認めている。

　　　地方公共団体の収入　→　地方税、分担金、使用料、手数料、財産収入、事業収入、
　　　　　　　　　　　　　　　　地方交付税、国庫支出金、地方債等

　　　地方税収入　→　租税収入全体の約$\frac{1}{3}$を占める。

2　日本国憲法と自主財政主義

　　憲法　→　自主財政権（地方公共団体）　→　条例によって租税を創設できる。
　　　　　　　　　　　　　　　　　　　　　　（憲法84条に違反しない）

　○自主課税権と地方税法

　　　地方税法2条　→　地方団体は、地方税を賦課徴収できる。

　　　地方税法　→　枠又は準則　→　地方税の賦課・徴収は「条例」で定める。

　　（注）準則法…準則を設定した法律

　　　条例　→　課税権が発生する。

　　　憲法94条　→　地方税法による自主課税権の制約には一定の限度がある。

　　（注）「条例が国の法令に違反するかどうかは、両者の対象事項と規定文言を対比するのみでなく、それぞれの趣旨、目的、内容及び効果を比較し、両者の間に矛盾抵触があるかどうかによってこれを決定しなければならない」（最高裁昭50.9.10判決）

　　　　自主課税権は、地方税法が定める法的枠組みの範囲内にとどまるとともに、一方で、地方公共団体の財政事情等に基づいて、一定の範囲内で自主的な課税を行うことができる。

3　地方税法の歩み

　○戦前の地方税制

　　　明治憲法　→　中央集権型地方制度（自主財政権、自主行政権なし）

　　　特色　①　付加税（国税に付加して課税される租税）が地方税制の中心

　　　　② 　独立税収入の貧弱性

　　　　③ 　国の許可（付加税の賦課、独立税の新設、増設、変更等）

　　1940年　：　地方分与税制度の創設（中央依存の加速化）

○シャウプ税制とその後の改正

　　シャウプ勧告　①　付加税方式の廃止（国、都道府県、市町村の区分）

　　　　　　　　　②　住民税、固定資産税　→　市町村の財源

　　　　　　　　　　　付加価値税の創設　→　都道府県の財源

　　　　　　　　　③　地方平衡交付金制度の創設

　　その後の改正　①　1954年　地方交付税制度の創設

　　　　　　　　　　　現在、所得税、法人税、酒税、消費税、国税たばこ税の一定割

　　　　　　　　　　　合（所得税・酒税32%、法人税34%、消費税29.5%、たばこ税

　　　　　　　　　　　25%）

　　　　　　　　　②　付加価値税の廃止、都道府県民税の創設、不動産取得税・たば

　　　　　　　　　　　こ消費税の創設、入場税の国税への移管

○地方自治の問題点

| ①　地域間の格差是正　→　財政調整財源の確保 |
| ②　付加税方式の検討　→　賦課・徴収が簡単という長所はあるが、自治体の自主性が損なわれるという短所がある |

　（注）地方消費税は、国税たる「消費税」の付加税としたうえで、その納税事務を国に委託し、各都道府県は、国民消費統計に応じ按分して支払う制度を採っている。

4　地方財政の悪化と自主財源確保の試み

○地方財政の悪化とその進行

1960年代	高度成長期（地方税収入順調な伸び）
1970年代	過密・過疎の進行、都市問題、公害問題　→　地方財政悪化
1973年	オイルショック 財政赤字　→　国庫補助金、地方交付税で補填
1980年代	「増税なき財政再建」　→　公共事業・民政費の補助金のカット 地方公共団体　→　単独事業費・地方債による公共事業の継続
1980年代末	バブル景気　→　リゾート施設、スポーツ施設、文化ホールなどの投資 バブル崩壊　→　莫大な累積債務が発生
1990年代	税収減少　→　深刻な財政難
1998年	「財政非常事態宣言」　→　行政サービス低下 （例）夕張市、2006年深刻な財政難のあおりを受けて、2007年3月6日をもって「財政再建団体」に認定され、2016年3月には10年目を迎えた。

○地方分権と税財源の移譲

「三割自治」 →　地方税収入が財政収入の３割程度

1999年	地方分権一括法の成立（国 → 地方公共団体への権限移譲） 税制面：都道府県・市町村の個人住民税所得割の制限税率の廃止 法定外税の創設とその事前協議（同意）の実現
2001年6月	個別の税目毎の具体的充実の方向を示した（地方分権推進委員会）
2002年6月	「経済財政運営と構造改革に関する基本方針」閣議決定 三位一体改革の稼働（地方への税源の移譲、補助金の削減、地方交付税の改革）
2003年6月	国庫補助負担金４兆円の廃止・縮減 補助金削減額の８割程度 → 税源移譲 2006年度末までに所得税 → 個人住民税へ税源移譲
その他	国庫補助負担金３兆円程度の廃止・縮減 個人住民税のフラット化（5,10,13% → 10%（県4、市6の割合）） ３兆円程度（所得税 → 個人住民税）

5　法定外税の創設と活用

法定外税　→　地方税法に掲げられた税目以外のもの

　法定税　→　都市計画税、水利地益税、共同施設税、宅地開発税、

　　　　　　国民健康保険税（料）

1999年「地方分権一括法」　→　目的税も法定外税が認められた。

法定外税の課税　→　総務大臣との事前協議で「同意」が必要であるが、当該「同意」
　　　　　　　　　　は、当該条例が適法である旨を判断するものではない。

不服　→　国地方係争処理委員会の審査　→　高等裁判所へ提起

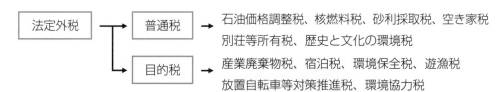

(注) 法定外目的税については、使途やその効果が明確なため納税者の同意を得やすい。例えば、宿泊税
　　によって公衆トイレがきれいになったなどと指摘されているが、一方では、使途を特定することに
　　よって、財政を硬直化させる等の批判もある。総務省は、令和５年３月24日、京都府京都市から協
　　議のあった法定外普通税「非居住住宅利活用促進税（いわゆる「空き家税」）」の新設に同意した。
　　住宅総数に占める空き家の比率（空き家率）の最も高い自治体（2018年）は夕張市で、約40％だった。

2021年度　法定外税0.15％（地方税収入に占める割合）、法定外税634億円（法定外普
通税500億円、法定外目的税133億円）

○自主課税権の行使

| 超過課税　→　標準税率を超える税率　→　制限税率（超過課税の上限） |
| 1998年　→　個人の市町村民均等割・所得割の制限税率は撤廃 |
| 2004年　→　固定資産税の制限税率（2.1％）の撤廃 |
| 2400の自治体　→　超過課税（地方税収入の１％） |

(注) 標準税率とは、地方団体が課税する際に通常よるべき税率であって、財政上その他の必要があるときは、これによることを要しないものをいう。

神奈川県臨時特例企業税と課税自主権（最高裁平25.3.21判決）

　神奈川県臨時特例企業税条例（平成13年神奈川県条例第37号）に基づき道府県法定外普通税である臨時特例企業税を課された上告人が、同条例は法人の行う事業に対する事業税の課税標準である所得の金額の計算につき欠損金の繰越控除を定めた地方税法の規定に違反し、違法、無効であるなどと主張して、被上告人に対し、上告人が納付した臨時特例企業税、過少申告加算金及び延滞金に相当する金額の誤納金としての還付並びにその還付加算金の支払を求めた事案の上告審において、特例企業税を定める本件条例の規定は、地方税法の定める欠損金の繰越控除の適用を一部遮断することをその趣旨、目的とするもので、特例企業税の課税によって各事業年度の所得の金額の計算につき欠損金の繰越控除を実質的に一部排除する効果を生ずる内容のものであり、各事業年度間の所得の金額と欠損金額の平準化を図り法人の税負担をできるだけ均等化して公平な課税を行うという趣旨、目的から欠損金の繰越控除の必要的な適用を定める同法の規定との関係において、その趣旨、目的に反し、その効果を阻害する内容のものであって、法人事業税に関する同法の強行規定と矛盾抵触するものとしてこれに違反し、違法、無効であるとして、原判決を破棄し、被上告人の控訴を棄却した。

6　法人事業税の外形標準課税

外形標準課税　→ 所得(資本金額、売上金額、家屋の床面積等)以外の課税標準による課税（地法72の24の４）

→ 資本金の額又は出資金の額１億円超の１法人（地法72の２）

銀行税（東京高裁平15.1.30判決）

　銀行業等については、地方税法（平成15年法律９号改正前）72条の19が外形標準課税を許す「事業の情況」があることは認められるが、「東京都における銀行業等に対する事業税の課税標準等の特例に関する条例」による税負担と従来の所得基準による税負担とを比較すると、「著しく」均衡を失している可能性が強く、また、本件条例

の課税標準とされる「業務粗利益」には貸倒損失等を考慮していないなどの問題点があることを勘案すると、本件条例は地方税法72条の22第9項の「均衡要件」に違反し、無効なものといわざるをえない。

(注) 上告中に、東京都は遡って税率を引き下げ、差額を還付し、それに対して銀行側も訴えを取り下げることを内容とする和解が成立した。

主な争点	銀行側の主張（要旨）	東京都側の主張（要旨）
「事業税の性格」	応能課税	応益課税
「事業の情況」の解釈等	○外形標準課税は全業種一括導入を予定、銀行業等のみに限った導入は不可 ○事業自体の客観的性質及び特別の法制度上の理由により事業税負担の恒常的な過小性が存在する情況	○外形標準課税は「事業の情況に応じ」、特定の業種に導入可 ○事業の規模に比して税負担が著しく低いことが常態で、所得では受益に応する負担を求めることが困難な情況
資金量5兆円の区分	○同一の事業を資金量5兆円で区分することは不合理	○中小金融機関に対する政策的配慮であり立法裁量の範囲
課税標準である「業務粗利益」	○事業活動量は付加価値で把握すべき ○業務粗利益には不良債権処理額が反映されていない	○業務粗利益は「事業の規模又は活動量」を表わす ○貸倒れはその期の事業活動量を表わさない
「税負担の均衡」	○税負担は、条例施行後5年間で比較すべき ○外形基準の税負担額は所得基準と比較して約3,652倍	○税負担は過去15年平均の納税額で中長期的に均衡 ○17行のうち16行が事業税額ゼロで比較は無意味
「立法裁量」	○条例には租税法と同様の立法裁量なし	○政策判断に基づく租税立法に関する技術性・裁量性は、条例も法律と同様

(注) 東京都ホームページ

2003年の税制改正 → 法人事業税の外形標準課税の導入

資本の金額・出資金額 → 1億円超の法人 → 所得割 $\left(\dfrac{3}{4}\right)$ ＋付加価値割 $\left(\dfrac{2}{12}\right)$ ＋資本割 $\left(\dfrac{1}{12}\right)$ とする（地法72の12）

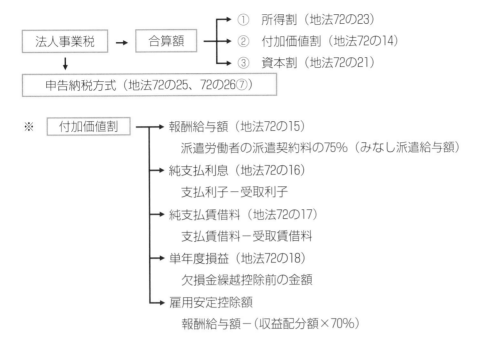

（具体例）

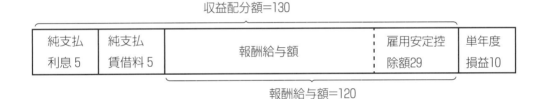

収益配分額＝130

| 純支払利息 5 | 純支払賃借料 5 | 報酬給与額 | 雇用安定控除額29 | 単年度損益10 |

報酬給与額＝120

雇用安定控除額＝120－（130×70％）＝29

付加価値割＝130－29＋10＝111

設例

　税理士であるあなたは、令和4年5月20日、A株式会社（以下「A社」という。）の代表取締役である甲氏から第4期事業年度に係る事業税の納付について相談を受けたがどのように説明すべきか述べなさい。ただし、地方税法附則第3条の2に規定する延滞金の割合等の特例については説明を要しない。

　相談内容は次の【資料】のとおりである。

【資料】

・　A社の第4期事業年度は、令和3年4月1日から令和4年3月31日までである。

・　A社の資本金の額は、令和4年3月31日現在で120,000,000円である。

- ・ A社は、平成30年4月1日に設立されて以来、所得割の課税標準となる所得はない。
- ・ 令和4年5月31日の申告納付期限までには申告できる予定であるが、事業税額の納付はできない見通しである（当該事業税額を納付できないことについてやむを得ない事由があるとは認められない。）。
- ・ 納期限までに納付できなかった場合、どのように延滞金が課されるのか知りたい。また、延滞金を軽減できるような方法があれば併せて知りたい。
- ・ A社は高度な技術を利用した製品を作ることで評判であり、当該事業活動が地域経済の発展に寄与するものであると考えている。
- ・ A社は申告納付期限延長の適用を受けることができる事由はない。

（令和4年度税理士試験問題「事業税」）

※ 資本割 → 資本金等の額（法法2⑯）

法人の事業税の標準税率（地法72の24の7①一）

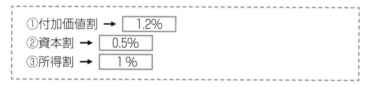

①付加価値割 → 1.2%
②資本割 → 0.5%
③所得割 → 1%

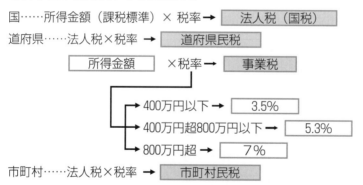

○資本金1億円以下の普通法人等

国……所得金額（課税標準）× 税率 → 法人税（国税）

道府県……法人税×税率 → 道府県民税

所得金額 ×税率 → 事業税

→ 400万円以下 → 3.5%
→ 400万円超800万円以下 → 5.3%
→ 800万円超 → 7%

市町村……法人税×税率 → 市町村民税

※ 電気供給業、ガス供給業、保険業（生命保険業・損害保険業） → 収入割額（課税標準：地法72の12四）

収入割の標準税率は、令和元年度税制改正によって1%（改正前：1.3%）になった。

○分割基準 → 2以上の道府県において事務所又は事業所を設けて事業を行っている法人に対しては、課税標準額の総額を一定の基準によって関

係道府県に分割し、その分割した課税標準額をもとに各関係道府県ごとの税額を算出する（地法72の48）。

> **設例**
>
> 　2以上の都道府県において事務所を設けて建設業を行う法人（資本金500,000,000円）について次の⑴及び⑵の事項を説明しなさい。ただし、適格合併に係る説明は要しない。
>
> ⑴　中間申告納付
>
> ⑵　清算中の各事業年度の申告納付
>
> 　　　　　　　　　　　　　　　　　　　　（令和3年度税理士試験問題「事業税」）

> **設例**
>
> 　2以上の都道府県において事務所を設けて事業を行う普通法人について、次の⑴及び⑵の事項を説明しなさい。ただし、延滞金、加算金及び還付加算金に係る説明は要しない。
>
> ⑴　期限後申告納付及び修正申告納付
>
> ⑵　当該普通法人が更正の請求をできる場合
>
> 　　　　　　　　　　　　　　　　　　　　（令和5年度税理士試験問題「事業税」）

業　　種	分割基準の内容
製造業	事務所等の従業員の数
電気供給業	固定資産で発電所の用に供するものの価額（$\frac{3}{4}$） 事務所等の固定資産の価額（$\frac{1}{4}$）
ガス供給業及び倉庫業	事務所等の固定資産の価額
鉄道事業及び軌道事業	軌道の延長キロメートル数
その他事業	事業所等の数（$\frac{1}{2}$）、事務所等の従業者の数（$\frac{1}{2}$）

> **設例**
>
> 　個人事業税の課税標準の算定について、次の⑴及び⑵の事項を説明しなさい。
>
> ⑴　所得税の所得の計算の例によらないもの
>
> ⑵　各種の控除
>
> 　　　　　　　　　　　　　　　　　　　　（令和4年度税理士試験問題「事業税」）

■　ふるさと納税（地法37の2、314の7、地法附5の5）

　ふるさと納税とは、都道府県、市町村に対して寄附をした場合、2,000円を超える金額については、所得税の寄附金控除や住民税の通常の寄附金税額控除に加え、住民税の20％を上限として特別控除額が住民税から控除される。

■　所得税の税額控除
（１年間の寄附金の合計額−2,000円）×限界税率 ※１年間の寄附金の合計額は、総所得金額の40%以内であること。 　限界税率（所得税）には、復興特別所得税が含まれている。

■　個人住民税の税額控除
A →（１年間の寄附金の合計額−2,000円）×10% 　※１年間の寄附金の合計額は、総所得金額の30%以内であること。 B →（１年間の寄附金の合計額−2,000円）×（90%−限界税率） ※個人住民税所得割の２割以内であること。 　A＋B＝税額控除される金額

（注）令和元年度税制改正によって、次の基準に適合する地方団体をふるさと納税（特例控除）の対象とすることになった。
　　　① 寄附金の募集を適正に実施する地方団体
　　　② 返礼品の基準
　　　　イ．返礼品の返礼割合を３割以下とすること
　　　　ロ．返礼品を地場産品とすること
　　なお、2016年に創設された法人版ふるさと納税制度は、寄附企業への経済的見返りが禁止されている。

ふるさと納税訴訟（最高裁令２.６.30判決）

　平成31年法律第２号（本件改正法）による地方税法の一部改正により、いわゆるふるさと納税として個人の道府県民税及び市町村民税に係る特例控除の対象となる寄附金について、所定の基準に適合する都道府県、市町村又は特別区として総務大臣が指定するものに対するものに限られるという制度（本件指定制度）が導入され、被上告人（国）が上記の指定の申出をした泉佐野市に対して当該指定をしない旨の決定（本件不指定）をしたことについて、上告人（泉佐野市長）が、本件不指定は違法な国の関与に当たると主張して、地方自治法251条の５第１項に基づき、被上告人を相手に、本件不指定の取消しを求め、原審は、泉佐野市は平成31年総務省告示第179号（本件告示）２条３号に定める基準を満たさず指定の要件を欠くとし、本件不指定は適法であるとして、上告人の請求を棄却したため、上告人が上告した事案において、本件告示２条３号の規定のうち、本件改正規定の施行前における寄附金の募集及び受領について定める部分は、地方税法37条の２第２項及び314条の７第２項の委任の範囲を逸脱した違法なものとして無効であるとし、原判決を破棄し、上告人の請求を認容した。

（注）「国地方係争処理委員会」は、泉佐野市を新制度から除外することに対して、違法性の可能性を指摘したが、総務省は、同委員会に対して、泉佐野市を除外した決定を維持すると連絡した。

7　個人事業税

個人の事業税の納税義務者は、第 1 種事業（ 5 ％）、第 2 種事業（ 4 ％）、及び第 3 種事業（ 5 ％又は 3 ％）を行う者である（地法72の 2 ③、72の49の13）。

第 1 種事業	第 2 種事業	第 3 種事業	
物品販売業 製造業、運送業 印刷業、写真業 飲食店業、問屋業 不動産売買業等	畜産業 水産業 薪炭製造業	医業、歯科医業 薬剤師業 弁護士業 税理士業 理容業	あん摩、マッサージ業 指圧、はり きゅう等
地法72の 2 ⑧	地法72の 2 ⑨	地法72の 2 ⑩、地法72の49の17①三、四	
5 ％	4 ％	5 ％	3 ％

(注) 社会保険診療報酬は、国民の生活の安定と福祉の向上に資する極めて高い公共性を有していることで、事業税は非課税となっている（地法72の 4 ①四）。

(事業税の根拠)

事業税は、地方自治体のサービスを受け、また、行政サービスの原因を作り出していることから、それに応じた負担をすべきであるということ。

　　　　課税標準等（地法72の49の11）

　　　　個人事業税の課税標準の申告書の提出（地法72の55、地令35の 4 ）

　　　　事業税の非課税の範囲（地法72の 4 ）

　　　　普通徴収の方法（地法72の49の18）

コラム②　東京都・銀行税条例事件に係る素朴な疑問　～　鑑定意見書を読んで

　大手銀行（資金量 5 兆円以上の銀行）に対して銀行税を課したことについての訴訟で、東京都が敗訴（東京地裁平14.3.26判決）したが、たまたまこれらの訴訟にかかる鑑定意見書（以下「鑑定書」という）を読む機会があったので、これらの鑑定書とともに判決についての素朴な疑問を投げかけてみたい。

　鑑定書の数そのものについては、圧倒的に銀行側の鑑定書が多い。銀行税に否定的な鑑定書24通に対して、都側は 3 通ということである。鑑定書の数によって、東京地裁は、軍配を銀行側に上げた訳でもないのであろうが、その判決内容については、銀行側の鑑定書をそのまま鵜呑みにしているところもある。簡単に検討してみたい。

　争点のスタートは、「事業税の性格」である。事業税は、「事業」に課すと規定している。すなわち、都道府県の各種の行政サービスの提供を受けていることから、事業はこれに対して必要な経費の一部を負担（応益）すべきであると考える。これが事業税の法的性格として確立していたものと筆者は思っていた（フランス革命が創設した事業税は、生まれながらにして応益原則に基づく課税なのである：神野直彦東大名誉教授）のであるが、

銀行側の鑑定書の多くはそう考えていないらしい。

　事業税は、「所得」に対して課税しているのであるから、応能原則に基づく課税であるという（都側は、所得は、「事業活動の規模を示す１つの指標」と考える）。判決文も「事業税は応能原則に基づく課税である」と断言している。それ故に、銀行に対しては、不良債権の貸倒損失を認めない「業務粗利益」を課税標準とするのはおかしいという。もちろん、業務粗利益から貸倒れを控除すると、課税標準はマイナスとなる。事業税を行政サービスの提供の対価（コスト）と考えるなら、マイナスとなる課税標準自体、適当でないことは明らかである。事業活動の規模を表す指標がマイナスということは考えられない。事業税を事業活動の規模に基づくコストと考えるならば、所得がマイナスであっても、コストは他の（従業員に対する）給与や（仕入先に対する）材料費等と同様に取り扱われるべきものなのである。法人税法や所得税法も事業税については、損金不算入の法人税や必要経費とならない所得税と異なって、コストであるが故に、損金算入又は必要経費を認めているのである。

　さらに、何故に、異常な損失である不良債権の貸倒損失を事業活動の規模を測定する際に考慮しなければならないのか、頸を傾けざるを得ない。非上場株式の評価方法の１つである「類似業種比準価額方式」でも、「年利益金額」を算出する際に「非経常的な利益金額」（異常な利益）は除外することになっている。ある鑑定書では「銀行の経営が厳しい状況の下であっても、貸倒損失の控除を認めないで課税を行うことは、同様に銀行に水増し課税が賦課されることを意味する」とあるが、応益課税の下では、このような考え方は原則として成り立たない。事業税は行政サービスを受けたコストなのであるから、経営が苦しいからといって課税をしないという理由にはならない（その意味では、「負担能力」は前面に出てこない）。経営が厳しいからといって、従業員に給与を支払わなくてもよいとはいえないのと同じである。

　事業税が所得を課税標準としていることから、直ちに、事業税は「応能原則」を採っているとみるのではなく、「事業活動の規模」を示す１つの指標として「所得」を捉え、その所得の指標よりも「業務粗利益」が銀行業等の業務をほぼ網羅し、事業規模や活動量を適切に表す指標とみることができるならば、銀行税もあながち批判されるものではない。そして、課税標準をより適切な指標に変更すること（所得から業務粗利益へ）自体、地方自治体の裁量権の範囲内といえよう。

　判決文では、誤った説明をした主税局長には、重過失に近い過失と判断し、その不十分な説明を看過し適切な指揮監督をしなかった石原知事には過失があると述べている。この判決文に対して、石原知事は、「情念的」と批判している（もっとも、再鑑定書の中にも情念的な箇所が多くみられる）。

　その後、戦いは東京高裁に移り、東京高裁（平15.1.30判決）でも東京都は負けたのであるが、銀行との和解？によって、一件落着となった。そして、同年、外形標準課税が導入されたのである。

コラム③　ふるさと納税は何処へ

　令和元年度税制改正で、「ふるさと納税制度」は、総務大臣が一定の基準に適合する自治体（都道府県・市区町村）をふるさと納税（特例控除）の対象に指定することになった（この制度は、令和元年6月以降から適用される）。すなわち、①寄附金の募集を適正に実施する自治体であること、②寄附に対する返礼品の基準について、イ返礼割合を3割以下にすること、ロ返礼品を地場商品とする基準が定められた。この改正の背景は、過度な返礼品を送付し、制度の趣旨をゆがめているような自治体を排除することである。ふるさと納税制度の意義について、総務省（HP）によれば、①納税者が寄附先を選択する制度であり、選択するからこそ、その使われ方を考えるきっかけとなること、②生まれ故郷はもちろん、お世話になった地域に、これから応援したい地域へも力になれること、そして③自治体が国民に取組をアピールすることでふるさと納税を呼びかけ、自治体間の競争がすすむことを挙げている。ところが、この③の自治体間の競争が今問題となっている。自治体は、地域のあり方を考えるのではなく、多くの寄附金を獲得するために返礼品の内容ばかりに着目し、豪華な返礼品という形で、自治体間の競争は過激化されたのである。一方、寄附者は、ふるさとへの応援というよりも、寄附に対する返礼品欲しさに、買い物感覚で寄附をする。自治体及び寄附者共に、ふるさと納税制度の趣旨から遠く離れたところで、寄附の授受が行われているのである。もっとも、ふるさと納税は、2017年には、1,730万件で、寄附金額も3,653億円と、前年比36%増となっていることから、制度として定着しているといえる。これに対して、2016年に創設された法人版ふるさと納税制度は、寄附企業への経済的見返りが禁止されていることから、この制度の評判は芳しくなく、寄附金額も少ない。

　ふるさと納税制度については、制度上、いくつかの問題が考えられる。教科書的に言えば、地方税は、「応益課税」である（もっとも、東京高裁平成15.1.30判決の銀行税（事業税）訴訟では、東京都の主張する「応益課税」に対して、銀行側は「応能課税」と主張しているが）。すなわち、自治体から受ける行政サービスの対価として、地方税は支払われると説明されている。そうすると、ふるさと納税は、行政サービスを受けている納税者が、当該自治体に税を支払わずに、行政サービスを受けていない自治体に税を納付することになる。すなわち、応益課税に反することになる。更に、税の本質である「非対価性」（特定のサービスに対して、直接的な対価関係にないこと）を考えた場合、返礼品は、寄附金の対価となっている。その意味で、ふるさと納税は、対価性を有し、税の本質と異なるものである。

　このような問題を孕んでいるふるさと納税について、寄附者の利益を具体的に計算してみると、次のようになる。例えば、年収1,000万円の給与所得者が、ある自治体に3万円の寄附をすると、自己負担額である2,000円を差し引いた2万8,000円が、所得税及び個人住民税から控除される。そして、寄附金3万円に対して、1万円相当額の返礼品を受けると、結局、ふるさと納税をすることによって、8,000円（1万円−2,000円）の利益を得るのである。2,000円以上の返礼品があれば、基本的には、寄附者は損をしない。これに対して、各自治体は、寄附を受けたらそのまま収入増となり（返礼品費があればその分は控除されるが）、逆に、住民税控除による減額が発生した場合には、地方交付税により、減

額の75% が補填される。ただし、東京都のように、不交付団体においては、交付税の補填はないので、自治体が減額を負担することになる。 そのため、東京都の小池百合子知事は、「受益と負担という地方税の原則と大きく違っている」とふるさと納税を批判し、6月から始まる新制度のふるさと納税には参加しないと表明した。これに対して、高額返礼品が問題となった「泉佐野市」は、新ふるさと納税の参加を申請したが、総務大臣は、泉佐野市はじめ4市町について、不適正な手法で寄附を集めたとして、参加を認めなかった。しかし、その後、泉佐野市は国を相手に訴訟をし、最高裁令和2.6.30判決で勝訴した。

第4章　税法の解釈とその適用

1　税法の解釈

税法の解釈とは、「法の意味内容を確定すること」である。

税法（国民の財産権の侵害）→ 厳格 ┬→（○）文理解釈（法解釈の出発点）

不明 → 目的論的（趣旨）解釈・歴史的解釈

(注)　趣旨解釈といっても、わが国の税法の立法趣旨
は、立法過程において具体的な議論を経ないもの
が多くあり、それ故に立法趣旨そのものが明らか
でないとの批判がある。

└→（×）拡張解釈・縮小解釈

(注)　政策税制である租税特別措置法の解釈についても、原則として文理解釈によるべきであるが、政策税制で
あることに鑑みると必要に応じて規定の趣旨、目的を勘案することもありうる。

（例）実質所得者課税の原則（所法12、法法11）→ 所得の帰属（例えば「信託」など）
における実質主義に関する規定
である。

文理解釈 ┬→ 経済的実質主義
└→ 法的実質主義 ←（○）税法の趣旨・目的（法的安定性）

┌───┐
│ **使用貸借契約と実質所得者課税の原則（大阪高裁令4.7.20判決）** │
└───┘

本件各取引は、納税者の相続税対策を主たる目的として、土地の所有権はあくまで
も納税者が保有することを前提に、土地による所得を子らに形式上分散する目的で、
同人らに対して使用貸借契約に基づく法定果実収取権を付与したものにすぎないもの
と認められる。したがって、たとえ、本件各取引後、駐車場の収益が子らの口座に振
り込まれていたとしても、そのように納税者が子らに対する土地の法定果実収取権の
付与を継続していたこと自体が、納税者が所有権者として享受すべき収益を子に自ら
無償で処分している結果であると評価できるのであって、やはりその収益を支配して
いたのは納税者というべきであるから、駐車場の収益については、子らは単なる名義
人であって、その収益を享受せず、納税者がその収益を享受する場合に当たるという
べきである。

(注)　大阪地裁令和3年4月22日判決は、大阪高裁と真逆の判断をし、駐車場収入は、子に帰属するとして
いる。なお、大阪地裁は、「法律的帰属説」、大阪高裁は、「経済的帰属説」をそれぞれ採用している。

法の欠缺の補充として、「類推」「反対解釈」「勿論解釈」がある。

(注)「法律的帰属説」は、法律上の形式と実質が異なる場合、実質に即してその帰属を判断すべきである（単
なる名義人でなく、実質の権利者について課税する）とし、「経済的帰属説」は、法律上の形式と実質が
異なる場合、実質に即してその帰属を判断する（法律上の権利関係にとらわれずに現実の所得を享受する
者に課税する）。韓国では、日本の国税通則法に相当する「国税基本法」があり、その14条において、租
税回避行為の否認に関する実質課税原則を規定している。

「保存」と「提示」（最高裁平16.12.20判決）

　上告人は、被上告人の職員が上告人に対する税務調査において適法に帳簿等の提示を求め、これに応じ難いとする理由も格別なかったにもかかわらず、上記職員に対して帳簿等の提示を拒み続けたというのである。そうすると、上告人が、上記調査が行われた時点で帳簿等を保管していたとしても、法62条に基づく税務職員による帳簿等の検査に当たって適時にこれを提示することが可能なように態勢を整えて帳簿等を保存していたということはできず、本件は法30条7項にいう帳簿等を保存しない場合に当たるから、被上告人が上告人に対して同条1項の適用がないとして行った各処分に違法はないというべきである。〔少数意見 → 滝井繁男裁判官〕

少数意見／滝井繁男裁判官

　多数意見のように、事業者がそのように態勢を整えて保存することをしていなかった場合には、やむを得ない事情によりこれをすることができなかったことを証明した場合を除き、仕入税額の控除を認めないものと解することは、結局、事業者が検査に対して帳簿等を正当な理由なく提示しなかったことをもって、これを保存しなかったものと同視するに帰着するといわざるを得ないのであり、そのような理由により消費税額算定の重要な要素である仕入税額控除の規定を適用しないという解釈は、申告納税制度の趣旨及び仕組み、並びに法30条7項の趣旨をどのように強調しても採り得ないものと考える。

○「疑わしきは課税せず」又は「疑わしきは納税者の利益に」は、「課税要件事実の認定」には妥当するが、「租税法の解釈原理」としては成り立たない。

　　租税法上の解釈不可能な（法的意味が把握できない）ケース

　　→　課税要件明確主義に反する　→　「無効」とすればよい。

　　（比較：刑事裁判における原則：疑わしきは罰せず（刑訴法336））

　　　　　　　　　　┗事実認定の過程を裁判官の側から表現
　　　　　　　　　　当事者側からの表現→推定無罪

①　公平負担の原則を解釈原理とする考え方

　　→　法の欠缺・不備を治癒・補充することに税法解釈の使命がある。

②　租税法律主義の原則を強調する考え方

　　→　公平負担の原則　→　租税立法の段階で考慮

　　　　法の欠缺・不備　→　法改正によって是正

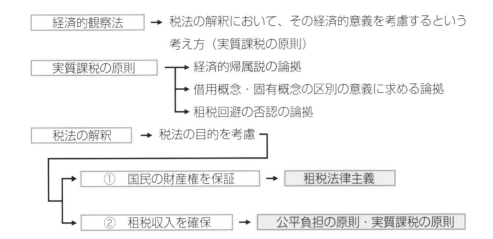

2　借用概念と固有概念

> 借用概念 …… 税法以外の法領域で用いられている用語・概念がそのまま税法に用いられている場合 → 住所・配当・相続
>
> 固有概念 …… 税法固有の用語・概念 → 所得
> （法分野以外の経済学、会計学等の分野で用いられている概念を租税法で用いている場合は、固有概念である。）

借用概念は、法秩序の一体性と法的安定性の観点から、本来の法領域における概念と同一の意義に解すべきである（統一説：通説）。

(注)　借用概念のその他の学説として、独立説（税法が借用概念を用いている場合でも、それは原則として独自の意義を与えられるべきである）と目的適合説（税法においても目的論的解釈が妥当すべきであって、借用概念の意義は、それを規定している法規の目的との関連において探求すべきである）がある。

我が国の税法の規定形式　→　「みなし」規定（例えば「みなし配当」（所法25））

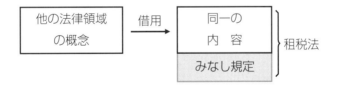

米国 LLC と「法人」の判定（東京高裁平19.10.10判決）

　我が国の租税法上、法人そのものについて定義した規定はない。納税義務は、各種の経済活動ないし経済現象から生じてくるのであるが、それらの活動ないし現象は、第一次的には私法によって規律されている。したがって、租税法がそれらを課税要件規定の中に取り込むにあたって、私法上におけるものと同じ概念を用いている場合には、別の意義に解すべきことが租税法規の明文又はその趣旨から明らかな場合は別と

して、それを私法上におけるものと同じ意義に解するのが、法的安定に資する。そうすると、租税法上の法人は、民法、会社法といった私法上の概念を借用し、これと同義に解するのが相当である（借用概念統一説）。

(注) 米国 LLC は法人に該当する。

固有概念の解釈（「所得」について）

① 法的評価を重視する立場　→　私法上有効な利得のみ課税
② 経済的実質を重視する立場（通説・判例）
　　→　実現した経済的結果に対して課税　→　違法な所得も課税

3　租税回避（法の抜け穴（Loophole）を探して課税を回避する）

　租税回避とは、次図に示しているように、納税者が、通常用いられない法形式（異常な法形式）を採ることによって、課税要件を回避してその目的を達成することをいう。すなわち、法が予定していないところで、税を軽減することを「租税回避」といい、法が予定しているところで税を軽減することを「節税」という。

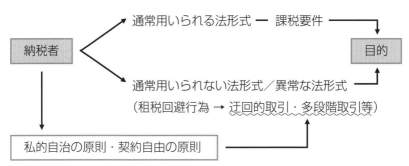

(注) 平成29年の民法改正（令和2年4月1日施行）で、契約自由の原則が改正民法521条1項で「何人も、法令に特別の定めがある場合を除き、契約をするかどうかを自由に決定することができる。」と明文化された。なお、契約自由の原則とは、①契約締結の自由、②契約相手方を選択する自由、③契約方式の自由、そして④契約の内容決定の自由を内容とする原則である。

節税（適法）・租税回避・脱税（偽りその他不正の行為：違法）の相違

節税（Tax saving）	税法が予定しているところで税負担の軽減を図ること
租税回避（Tax avoidance）	税法が予定していないところで税負担の軽減を図ること
脱税（Tax evasion）	事実の秘匿・隠蔽等に基づいて税負担の軽減を図ること

租税回避行為　→　租税正義・租税負担の公平から問題
　　　　　　　　公平とは何か（公平の実現は可能か）？
租税回避行為の否認（異常な法形式→通常用いられる法形式に引き直して課税）

※　明文の根拠規定が必要か否か

① 不必要説　→　公平負担の原則の重視

② 必要説（多数説）　→　法的安定・租税法律主義

同族会社等の行為又は計算の否認規定（**法法132**、所法157、相法64等）

解釈による否認 ┤

① 拡張解釈…オウブンシャホールディング事件

（最高裁平18.1.24判決）

② 縮小解釈…外国税額控除制度の濫用事件

（最高裁平17.12.19判決）

── 一定の制限を設けなければならない

(注) コモンローにおける租税回避を否認する原則として、①事業目的（business purpose）、②段階取引（step transaction）、③実質主義（substance over form）、④みせかけ取引（sham transactions）及び経済的実質（economic substance）などがある。

■　租税回避の最近の比較研究

個別（限定）的否認規定（SAAR / Specific Anti-Avoidance Rule）
　→　相続税法15条2項、所得税法56条、法人税法23条3項など

個別分野別否認規定（TAAR / Targeted Anti-Avoidance Rule）
　→　所得税法157条、法人税法132条、相続税法64条など

一般的否認規定（GAAR / General Anti-Avoidance Rule）
　→　GAAR の導入は、世界的潮流であるといわれ、日本でもその導入が議論されている。

※　BEPS（Base Erosion and Profit Shifting／税源浸食と利益移転）は、税制のループホールを利用した租税回避又は軽減税率国等への利益の移転を防止するために、OECD が中心となって行う活動のことである。

不動産管理会社と所得税法157条（名古屋高裁平9.10.23判決）

納税者らが役員を務める同族会社である不動産管理会社に対して納税者らが支払った管理料の額は、課税庁が同業者の管理料割合を用いて認定した適正な管理料を大きく上回るものであって、納税者らの所得税額を不当に減少させるものであるから、所得税法157条（同族会社等の行為又は計算の否認）1項を適用し、適正な管理料の範囲内についてのみ必要経費に算入するのが相当である。

(注) 最高裁平10.5.26判決（上告棄却）

```
┌───────────────── 逆さ合併（広島地裁平2.1.25判決）─────────────────┐
│  赤字法人を合併法人とし黒字法人を被合併法人とする本件合併は、その法形式にか │
│ かわらず、その経済的実質において黒字法人が赤字法人を吸収合併したものと評価さ │
│ れるものであり、合併の実体としては、合併法人の事業ないし経営実体が全く消滅し、│
│ 被合併法人の企業としての実体のみが存続継続しているものであるから、合併の前後 │
│ を通じて実質上同一性を保持しているとはいえない合併法人の事業経営上生じた繰越 │
│ 欠損金を、合併後経営実体の存続する被合併法人の事業活動のみから生じた所得から │
│ 控除することは、法人税法57条（青色申告書を提出した事業年度の欠損金の繰越し）│
│ の趣旨・目的に照らし容認できない。また、赤字法人を合併法人、黒字法人を被合併 │
│ 法人とする本件合併の法律上の形式に従つて本件繰越欠損金の損金算入を容認した場 │
│ 合、実質的には、同法57条の趣旨・目的に反して被合併法人が本来負担することとな │
│ る法人税額を不当に減少させる結果になると認められるから、右は、同法132条（同 │
│ 族会社の行為又は計算の否認）にいう租税回避行為に該当し、課税庁は、同条の規定 │
│ に基づき、本件合併の実体に即して右黒字法人を合併会社、右赤字法人を被合併会社 │
│ として法人税の課税標準等を計算することができる。                │
└─────────────────────────────────────────┘
```

| 仮装行為 | → | 真実の法律行為を表面に出さないで、他の法律行為が行われたかのごとく装うもの（訴訟での立証→課税庁側）。 |

　　　　　　　　　典型的な仮装行為　→　虚偽表示（民法94）

```
┌────── 映画フィルムと減価償却（パラツィーナ事件）（最高裁平18.1.24判決）──────┐
│  本件組合は、本件売買契約により本件映画に関する所有権その他の権利を取得した │
│ としても、本件映画に関する権利のほとんどは、本件売買契約と同じ日付で締結され │
│ た本件配給契約によりIFD（映画配給元）に移転しているのであって、実質的には、│
│ 本件映画についての使用収益権限及び処分権限を失っているというべきである。この │
│ ことに、本件組合は、本件映画の購入資金の約4分の3を占める本件借入金の返済に │
│ ついて実質的な危険を負担しない地位にあり、本件組合に出資した組合員は本件映画 │
│ の配給事業自体がもたらす収益についてその出資額に相応する関心を抱いていたとは │
│ うかがわれないことをも併せて考慮すれば、本件映画は、本件組合の事業において収 │
│ 益を生む源泉であるとみることはできず、本件組合の事業の用に供しているものとい │
│ うことはできないから、法人税法（平成13年法律第6号による改正前のもの）31条1 │
│ 項にいう減価償却資産に当たるとは認められない。                │
└─────────────────────────────────────────┘
```

コラム④　租税回避の防止規定と国税通則法

　国税全般の通則を定めている国税通則法の抜本改革の必要性が議論されている。その議論の中で、「租税回避の防止規定」を国税通則法に設けるべきか否かについて意見が対立している。もちろん租税回避防止規定そのものについてもどのような内容にすべきかについてはいろいろと異なった考えが存すると思われる。我が国には、現在、租税回避を防止する一般的な規定としては、各税法に「同族会社の行為計算の否認規定」がある。具体的には、法人税法132条、所得税法157条、相続税法64条などが否認規定としてあるが、これらの規定をまとめて、新たに国税通則法において租税回避防止の規定を設けることの「意味」は何であるかを検討しなければならない。国税通則法に設けるべきであると主張する論者は、昨今の目に余る租税回避行為の横行に対して、何らかの歯止めをしなければならないと考えているのであろう。確固たる租税回避の防止規定を国税通則法に規定（租税回避を許さないという内容のものか？）し、租税回避の防止強化に役立てたいと願っているようである。特に、税を執行する課税当局からみれば、課税の公平を害する租税回避などの行為はとうてい許されないと考えるのであろう。しかしながら、租税回避に対して客観的かつ明確な定義を設けることができないことに鑑みると、租税回避を許さないとする規制を国税通則法に設けることは、結局、課税の強化につながる。この議論は、昭和36年の国税通則法が制定される際の税制調査会答申でも行われている。税制調査会で、租税回避行為の禁止規定が設置されなかった主な理由は、「税務当局による拡大的、恣意的解釈の恐れ」であった。このような抽象的な表現による禁止規定は、必然的に納税者と課税当局の間において「解釈問題」が生じることは明白なのである。そして、課税庁は、拡大解釈（オーブンシャホールディング事件／最高裁平18.1.24判決）や縮小解釈（外国税額控除制度の濫用事件／最高裁平17.12.19判決）を行って、ひたすら課税の強化に努め、結果として、納税者の正当な権利利益さえも害する可能性が生じる恐れがある。このように考えると、国税通則法において新たに租税回避の防止規定を設けること自体、国民（納税者）としては、慎重でなければならないことになる。否認の規定内容が「抽象的、一般的」なものであれば、納税者の予測可能性・法的安定性を害する恐れが十分にある。たとえ、各個別法において租税回避の具体的な例を明確にすると云ったところで、事柄の性質上、その具象化には自ずと限界がある。まして、最近の租税回避については、複雑多岐にわたる巧妙なスキーム（迂回的取引・多段階取引等）が駆使されることが多く、これらを具体的に否認する法律を設けることはとうてい不可能なのである。それ故に、発生した租税回避に対しては、その都度「各税法において、必要に応じて個々の具体的なケースに即した個別的な否認規定を迅速に設ける」ことを考えるべきなのである。たとえ、そのような事後的な対処の仕方（先行して租税回避を行った納税者に利益を与えること）であったとしても「租税法律主義」の立場からは、支持される対応といえる。今日の複雑な経済社会において、納税者である「個人」および「法人」は、経済取引を行っているのである。そして、その意思決定において、「課税問題」は重要なファクターになっている。増して、企業にとっては、租税コストは企業戦略の一つでもある。それ故に、十分な法的安定性と予測可能性は、納税者に与えられなければならないのである。

4　信義則（信義誠実の原則）

　信義則（信義誠実の原則＝ドイツ法系の原則）とは、法律関係の当事者は相手方の正当な期待ないし信頼を裏切ってはならないということで、「民法1条2項」で「権利の行使及び義務の履行は、信義に従い誠実に行わなければならない。」と述べられている。

　また、禁反言の法理（英米法系の原則）とは、自己の言動（表示）により他人をしてある事実を誤信せしめた者は、その誤信に基き、その事実を前提として行動（地位、利害関係を変更）した他人に対し、それと矛盾した事実を主張することを禁ぜられる、という法原則である。共に相手方の信頼又は保護を目的としているものである。

【税務上の信義則】

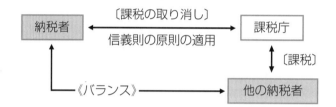

■　信義則の適用要件

①	課税庁による公的見解の表示があること。
②	納税者がその表示を信頼し、行動したことに、納税者の責めに帰すべき事由がないこと。
③	その表示に反する課税処分によって、納税者が経済的不利益を受けること。

信義則の適用要件（最高裁昭62.10.30判決）

　租税法規に適合する課税処分について、法の一般原理である信義則の法理の適用により、右課税処分を違法なものとして取り消すことができる場合があるとしても、法律による行政の原理なかんずく租税法律主義の原則が貫かれるべき租税法律関係においては、右法理の適用については慎重でなければならず、租税法規の適用における納税者間の平等、公平という要請を犠牲にしてもなおその課税処分に係る課税を免れしめて納税者の信頼を保護しなければ正義に反するといえるような特別の事情が存する場合に、初めて右法理の適用の是非を考えるべきものであり、そして、右特別の事情が存するかどうかの判断に当たっては、少なくとも、税務官庁が納税者に対し信頼の対象となる公的見解を表示したことにより、納税者がその表示を信頼しその信頼に基づいて行動したところ、のちに右表示に反する課税処分が行われ、そのために納税者が経済的不利益を受けることになったものであるかどうか、また、納税者が税務官庁の右表示を信頼しその信頼に基づいて行動したところ、のちに右表示に反する課税処分が行われ、そのために納税者が経済的不利益を受けることになったものであるかどうか、また、納税者が税務官庁の右表示を信頼しその信頼に基づいて行動したことに

ついて納税者の責めに帰すべき事由がないかどうかという点の考慮は不可欠のものであるといわなければならない。

　なお、「事前照会」（事前照会に対する文書回答の事務処理手続等について（事務運営指針））の回答は、「公的見解」に該当する。国税庁は、事前照会の「趣旨」を次のように述べている。

　「事前照会に対する文書回答は、納税者サービスの一環として、個別の取引、事実等に係る税務上の取扱い等に関する事前照会に対する回答を文書により行うとともに、その内容を公表することにより、同様の取引等を行う他の納税者に対しても国税に関する法令の適用等について予測可能性を与えることを目的として実施している。」

　　（注）米国のアドバンス・ルーリング制度は、納税者からの個別事案の照会に対して、税法の解釈・適用等について文書によって回答する。このアドバンス・ルーリングの内容は公開される（IRC6110）。

　「通達の公表は公的見解の表示に当たり、それに反する課税処分は、場合によっては信義則違反の問題を生じさせるが、そのことは裁判所が通達に拘束されることを意味しない。」
（最高裁令和2年3月24日判決での宇賀克也裁判官の補足意見）

事前協議を経て発行された確認書と信義則（名古屋地裁平19.5.17判決）

　税務署長は、市長との事前協議において、都市計画法56条1項の買取手続が本来予定しない実質的な任意売買の方法によって買取手続を進めていることについて説明を受けておらず、その実体を把握していなかったと認められること、事前協議の確認書には、「各被買収者について特例の適用ができる旨を通知するものではありません」と記載されていることに照らせば、確認書の市への交付が本件課税の特例の適用について所轄税務署長らの納税者に対する何らかの公的見解を表明し、これを伝達する趣旨を含むものと解するのは困難というべきである。したがって、買取土地について租税特別措置法33条の4第1項1号の特例措置の適用を否定することが信義則に反するものではない。

（参加人（名古屋市）の主張）

　所轄税務署長が、事前協議において、当該公共事業が本件特例の対象となる事業であると判断し、参加人に対し本件各確認書を発行したことは、すなわち、個々の土地に係る買収事業に本件特例の適用があることを明示したことにほかならないのであり、これに基づいて参加人が本件各証明書を発行し、原告らがこれを添付して確定申告を行ったのであって、これらはすべて所轄税務署長による本件各確認書を信じた結果であるから、所轄税務署長が事前協議を経て本件各確認書を発行したことは、公的見解を表示したものにほかならない。

　平成18年度の税制改正で、法人税法132条、所得税法157条、相続税法64条そして地価税法32条の「同族会社等の行為又は計算の否認規定」について一部改正が行われた。

　すなわち、同族会社等の行為又は計算の否認規定が適用されることによって、他の税目が影響を受ける場合、今まで、それを是正する旨の規定が特別に設けられていなかったことから、他の税目について是正されることはなかったのである。

　裁判所（東京地裁平13.1.30判決）も「所得税法157条の規定は、租税負担の公平を図るため、同族会社を利用して個人の税負担を不当に減少させる行為や計算を否認して、税務署長の認めるところによって所得の計算をできるとするものにすぎず、その場合の同族会社の法人税額の計算については何らの調整の規定は置かれていない。

　そもそも、同族会社とその取引の相手方である個人は別個の人格を有するものであり、個人についての所得税の計算を行うについては、これに先立ち又はこれと同時に同族会社の法人税について減額更正等の処分をして、相互の課税額の調整を行わなければならない理由はないというべきである。」と、租税回避を行った納税者に対しては至って冷たかった。

　このような解釈は、最高裁（昭48.12.14判決）の「法人税法132条に基づく同族会社等の行為又は計算の否認は、その法人税の関係においてのみ、否認された行為計算に代えて課税庁の適正と認めるところに従い課税を行うというものであって、もとより現実になされた行為計算そのものに実体的変動を生ぜしめるものではない」との判断に基づいている。

　しかしながら、実務では、以前から、「同族会社の法人税の対応的調整」として、特に、所得税法157条を適用し、支払管理料を過大として課税庁が否認した場合、その相手方である法人の収入を減額すべきであるとの要望があった。訴訟では、前述したように、法律で相互の課税を調整するといった規定が存しないのであるから、減額の更正は認められないと解されていた。

　ただ、（訴訟前の）税務調査の執行レベルでは、法人税の対応的調整は、実際に支払管理料の返却が行われることを前提として、対応的調整を認めていた国税局もある（すなわち、支払管理料についての会計事象の是正を前提として認めるということなのである）。

　このような対応的調整（法人の収入の減額）がもしなされないとするならば、納税者の採った、不動産管理会社を設立して所得を分散するといった租税回避のスキームは、逆に、納税者の税負担を増加させる（不動産管理会社方式を採用しなかった方が、税負担が少ない）ことになる。そうすると、このスキームを紹介して、納税者に不動産管理会社を設立することを勧めた税理士に対して損害賠償の責任が問われる可能性も生じる。

　平成18年度の税制改正で、例えば、法人税法132条3項において、「第1項の規定は、同項に規定する更正又は決定をする場合において、同項各号に掲げる法人の行為又は計算につき、所得税法157条1項若しくは相続税法64条1項又は地価税法32条1項の規定の適用があったときについて準用する」と規定していることから、不動産管理会社の過大管理料の支払について、所得税法157条が適用され、個人の必要経費が否認された場合、反射的に、法人税法132条3項を適用（主税局の解説者は「反射的」という言葉を使っているのであるから、法人税法132条3項において「減額更正」も予定しているのであろう）して、課

税庁は、不動産管理会社の収入（個人の否認部分相当）を減額することになる（同条3項の適用によって、不動産管理会社から支払われる給与等も「無いもの」となるのかどうかは不明）。

　しかしながら、同族会社等の行為又は計算の否認規定は、実体的変動（キャッシュフロー）を生ぜしめるものではないのであるから、過大管理料として否認された部分の金員や支払われた給与の返却は要しないことになる。それ故に、それを逆手にとった租税回避の事例がさらに考えられないこともない。

　ともあれ、この改正によって、同族会社等の行為又は計算の否認が行われた場合には、税務署長は、反射的にそれによって影響を受ける税目について、当該税目の同族会社等の行為又は計算の否認規定を適用して計算処理を行う権限があることが明定されたのである。

コラム⑥　使用貸借に係る所得の帰属と相続税法9条

　大阪高裁令和4年7月20日判決は、親（使用貸主）子（使用借主）間で土地（駐車場）の使用貸借契約及びアスファルト舗装等の贈与契約を結び、その駐車場収入に係る不動産所得の帰属について争われた事件である。大阪高裁は、親子間での土地の使用貸借契約は有効に成立していると認めているものの、使用借主である子は、「単なる名義人であって、その収益を享受せず、その者以外の者がその収益を享受する場合」（所法12）に該当するから、駐車場の収入は、土地の所有者である親（使用貸主）に帰属すると判断した。

> 所得税法12条（実質所得者課税の原則）
> 資産又は事業から生ずる収益の法律上帰属するとみられる者が単なる名義人であって、その収益を享受せず、その者以外の者がその収益を享受する場合には、その収益は、これを享受する者に帰属するものとして、この法律の規定を適用する。
>
> （傍点：筆者）

　これに対して、第一審の大阪地裁令和3年4月22日判決は、駐車場の収入は、使用借主である子に帰属すると大阪高裁と真逆の判断をした。そして、本件における所得税法12条の適用について、次のように述べている。

　「乙又は丙（子）は『資産又は事業から生ずる収益の法律上帰属するとみられる者』に該当するというべきであり、実際にも駐車場収入を収益として享受しているから、『単なる名義人であって、その収益を享受』しないということはできない。さらに、原告（親）は、駐車場収入を収益として享受していないから、『その者以外の者がその収益を享受する場合』における『その者以外の者』に当たるということもできない。」（括弧書き筆者）

　このように、大阪地裁と大阪高裁は、全く異なる判断をしている。

　民法593条は、「使用貸借は、当事者の一方がある物を引き渡すことを約し、相手方がその受け取った物について無償で使用及び収益をして契約が終了したときに返還をすることを約することによって、その効力を生ずる」と規定している。したがって、土地の使用貸借契約を締結することによって、使用借主は当該土地に係る「使用収益権」を取得することになり、法律上、土地に係る所得は使用借主に帰属することになる。

なお、使用借主が当該土地の固定資産税を負担する、いわゆる負担付使用貸借も対価を得ることを目的としない使用貸借に該当する（東京地裁平成23年1月28日判決）。

　また、所得税法12条については、学説上、「法律的帰属説」と「経済的帰属説」の二つの学説がある。通説である「法律的帰属説」は、課税は、原則として法律関係に即して行われるべきであるから、法律上の形式と実質が異なる場合、実質に即してその帰属を判断すべきであるという。所得税基本通達12−1（資産から生ずる収益を享受する者の判定）では「法第12条の適用上、資産から生ずる収益を享受する者がだれであるかは、その収益の基因となる資産の真実の権利者がだれであるかにより判定すべきであるが、それが明らかでない場合には、その資産の名義者が真実の権利者であるものと推定する。」と規定しており、課税庁も法律的帰属説を採っている。

　このように「使用収益権」を取得している使用借主に駐車場収入が帰属するという考え方は、使用貸借契約が有効であれば、当然、可能である。しかしながら、法律上、使用貸借契約が有効であるということをもって、無条件に、使用貸借によって所得の分散が可能になるとの結論を導くことは、課税上問題がある。けだし、形式的な使用貸借契約によって、安易な所得分散を許すことになるからである。そこには、一定の歯止めが必要であろう。すなわち、大阪高裁が述べているように「収益の法律上帰属するとみられる者」が、「単なる名義人」であるか否かについて検討をする必要がある。この点について、大阪高裁は、次のような認定をしている。

　「本件各取引は、親の相続にかかる相続税対策を主たる目的として、親の存命中は、本件各土地の所有権はあくまでも親が保有することを前提に、本件各土地による親の所得を子に形式上分散する目的で、同人らに対して使用貸借契約に基づく法定果実取得権を付与したものにすぎないものと認められる。」

　このような事実認定に基づいて、駐車場の収入は、土地の所有者である親に帰属し、子は「単なる名義人である」と判断している。

　なお、贈与契約について、大阪高裁は、「アスファルト舗装された地面のうち、アスファルト混合物が含まれている表層及び基層部は、土地の構成部分となり、独立の所有権が成立する余地はない」として、「アスファルト舗装等の贈与契約は無効である」としている。

　結局、大阪高裁は、土地の所有者である親に駐車場の収入は帰属し、子は「単なる名義人である」と判断している。

　所得の帰属については、使用貸借が有する「親族的扶養の性質」からも検討すべきであるといわれるが、これについては経済的利益の金額的な多寡も考慮されるべきで、本件については、特に言及されていない。

　ところで、本件は、不動産所得の帰属（所得税）の争いであるが、土地の所有者である親（使用貸主）が、当該土地を子（使用借主）に使用貸借させ、子が第三者に転貸した場合、親は賃料という経済的利益を喪失し、他方、子は賃料という経済的利益を得ることになるのであるから、当該使用貸借は、実質的に「贈与」と同視することができる。そうすると、使用貸借によって賃料という経済的利益が親から子に移転する場合、相続税法9条によって子に対し贈与税を課すべきと考えられる。

　なお、昭和48年11月1日に国税庁から発遣された「使用貸借に係る土地についての相続

税及び贈与税の取扱いについて」はあるが、この通達は、使用貸借に係る土地評価（借地権の有無）に関する規定で、賃料の経済的利益について言及していないことから、相続税法 9 条の判断には影響を及ぼさない。

第5章　租税の賦課と徴収

1　租税行政の組織と租税職員

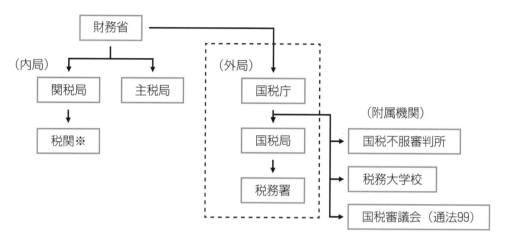

※　税関……外国との取引にかかる租税（関税・とん税・特別とん税）

とん税及び特別とん税とは、外国貿易船が我が国の一定の港へ入港したときに、その外国貿易船の「純トン数」を課税標準として課される税である。外国貿易船が寄港したときの水の供給や港湾設備の利用に対する手数料のような趣旨で課税するものである。

(注)「歳入庁」創設に関し、国税庁と日本年金機構の統合により、税金と年金保険料の徴収業務を一元化させるべきだとの議論がなされている。

【税務署の機構】

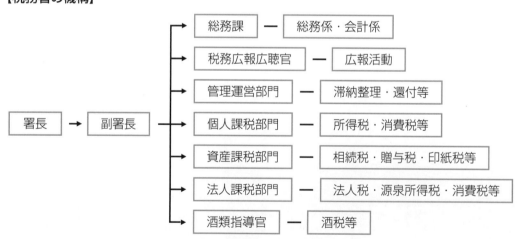

(注)　明治29年（1896）11月の税務管理局官制の公布により各府県知事の下にあった収税署は、大蔵省直属の機関となり、「税務署」が誕生した。

地方税（地方公共団体）

　　　　　主税局　→　税務課　→　税務事務所

　　　　　固定資産税の不服審査機関　→　固定資産評価審査委員会

■　税務職員の守秘義務は、一般の公務員よりも重い

国家公務員法100条　→　国家公務員の守秘義務
地方公務員法34条　→　地方公務員の守秘義務

国家公務員法109条12号　→　1年以下の懲役又は50万円以下の罰金
地方公務員法60条2号　→　1年以下の懲役又は50万円以下の罰金

税務職員の守秘義務　→　2年以下の懲役又は100万円以下の罰金
（国通法127）

税務職員の守秘義務（東京高裁昭59.6.28判決）

　税務職員が、マスコミの取材に応じて、某納税者に対する査察調査の結果を告発前の段階で公表したのに対して、当該納税者が国家賠償を求めた事件において、税務職員の守秘義務は、これを免除すべき正当な理由があれば免除される。

2　申告納税制度

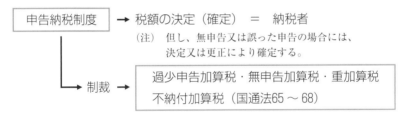

申告納税制度　→　税額の決定（確定）　＝　納税者
　　（注）　但し、無申告又は誤った申告の場合には、
　　　　　　決定又は更正により確定する。

　　　　　制裁　→　過少申告加算税・無申告加算税・重加算税
　　　　　　　　　　不納付加算税（国通法65 〜 68）

（注）過少申告加算税、無申告加算税及び重加算税は、本来の納税義務者に対するペナルティーであるが、不納付加算税は、源泉徴収義務者に対して課されるものである。

■　発信主義（国通法22）

　国税通則法22条は、郵便又は信書便により提出された納税申告書（添付書類及び関連して提出された書類を含む）については、「発信主義」が適用され、通信日付印により表示された日が提出日とみなされる。また、同法は、更正の請求書や再調査の申立書にも適用される（国通法23⑦、77④）。なお、平成19年10月1日に郵政公社の民営化に伴う郵便法の改正によって、郵便物は、第一種から第四種郵便物のみとなり、小包郵便物は郵便法で定める郵便物ではなくなり荷物扱いとなったことから、「ゆうパック」等は、「到達主義」が採られることになっている。

国税通則法22条と「ゆうメール」（国税不服審判所平25.7.26裁決）

請求人は、ゆうメールにより提出した所得税の確定申告書（本件確定申告書）について、国税通則法第22条《郵送等に係る納税申告書等の提出時期》の規定が適用される旨主張する。しかしながら、租税法が私法上の概念を特段の定義なく用いている場合には、私法上の概念と同じ意義に解することが、租税法律主義や法的安定性の確保に資するところ、国税通則法第22条は、「郵便」及び「郵便物」と規定し、同法上にその定義規定を置いておらず、郵便法上の「郵便」及び「郵便物」と別意に解すべきことが国税通則法の明文又はその趣旨から明らかであるなどの事情も認められない。かえって、国税通則法第22条は、郵便及び信書便が郵便法又は信書便法の規定に従って配達されるため紛失する可能性が低いことなどの事情を考慮し、また、納税者と関係税務官庁との地理的間隔の差異に基づく不公平を是正する必要性も勘案して、特に郵便又は信書便により提出された納税申告書等については、民法上の到達主義の原則を緩和するものであることなどに照らせば、国税通則法第22条の「郵便」及び「郵便物」は、郵便法上の「郵便」及び「郵便物」と同じ意義に解するのが相当である。そして、郵便法第68条《郵便約款》に基づき定められた内国郵便約款及びゆうメールについて定めるポスパケット約款によれば、ゆうメールによる役務の提供は、荷物の運送であって、郵便法上の「郵便」には該当しない。したがって、ゆうメールによる本件確定申告書の提出について、国税通則法第22条の規定は適用されない。

■ **税理士制度**

昭和17年に税務代理士法が制定され、公認の税務代理士が誕生した。なお、税理士法は昭和26年に成立した。

(注) 昭和2年3月31日に職業会計人の制度として初めて「計理士法」が制定された。この時期には、税務業務は、計理士、弁護士、退職税務官吏、会計等を知っている無資格者によって支えられていた。

○税理士の使命（税理士法1条）

税理士は、税務に関する専門家として、独立した公正な立場において、申告納税制度の理念にそって、納税義務者の信頼にこたえ、租税に関する法令に規定された納税義務の適正な実現を図ることを使命とする。

（注）弁護士法１条（弁護士の使命）

　　　１．弁護士は、基本的人権を擁護し、社会正義を実現することを使命とする。

　　　２．弁護士は、前項の使命に基き、誠実にその職務を行い、社会秩序の維持及び法律制度の改善
　　　　に努力しなければならない。

　　　公認会計士法１条（公認会計士の使命）

　　　公認会計士は、監査及び会計の専門家として、独立した立場において、財務書類その他の財務に
　　関する情報の信頼性を確保することにより、会社等の公正な事業活動、投資者及び債権者の保護
　　等を図り、もって国民経済の健全な発展に寄与することを使命とする。

○税理士の業務（税理士法２条、同２条の２）

　税理士は、他人の求めに応じ、以下の業務を行う。

　　①　税務代理

　　②　税務書類の作成

　　③　税務相談

　　④　会計業務

　　⑤　租税に関する訴訟の補佐人

　（注）民事訴訟法60条（補佐人）

　　　①　当事者又は訴訟代理人は、裁判所の許可を得て、補佐人とともに出頭することができる。

　　　②　前項の許可は、いつでも取り消すことができる。

　　　③　補佐人の陳述は、当事者又は訴訟代理人が直ちに取り消し、又は更正しないときは、当事者
　　　　又は訴訟代理人が自らしたものとみなす。

○税理士の倫理

　　①　脱税相談の禁止（税理士法36条）

　　②　依頼者の租税に関する不正行為に対する是正の助言（税理士法41条の３）

　　③　守秘義務（使用人も含む。）（税理士法38条）

　　④　税理士の信用又は品位を害するような行為の禁止（税理士法37条）

　　⑤　使用人等に対する監督義務（税理士法41条の２）

○税理士の資格（税理士となるには、次の者でなければならない。）（税理士法３条）

　　①　税理士試験に合格した者であること

　　②　税理士試験を免除された者であること

　　③　弁護士（弁護士となる資格を有する者を含む。）

　　④　公認会計士（公認会計士となる資格を有する者を含む。）

　（注）税務官公署実務経験者に対する試験免除規定、弁護士、公認会計士に対する資格自動付与規定の
　　存在については、廃止を主張する意見もある。なお、平成26年度税制改正で、公認会計士に係る
　　資格付与の見直しが行なわれ、税理士の資格について、一定の税法に関する研修を受講すること
　　とする旨の規定が設けられた。

○建議等（税理士法49条の11）

　税理士会は、税務行政その他租税又は税理士に関する制度について、権限のある官

公署に建議し、又はその諮問に答申することができる。

○税理士の責任

① 税理士は依頼者に対し、委任契約に基づく善管注意義務その他の義務を負うことから、これらの義務を怠り、その結果として依頼者に損害を与えた場合、債務不履行責任を負う（民法415）。

② 税理士が税理士業務を行うにあたり、故意又は過失によって依頼者に損害を与えた場合、不法行為責任を負う（民法709）。

《書面添付（意見聴取）制度の趣旨》

書面添付制度は、税理士法33条の2に規定する計算事項等を記載した書面を税理士が作成した場合、当該書面を申告書に添付して提出した者に対する調査において、更正前の意見陳述に加え、納税者に税務調査の日時場所をあらかじめ通知するときには、その通知前に、税務代理を行う税理士又は税理士法人に対して、添付された書面の記載事項について意見を述べる機会を与えなければならない（税理士法35①）こととされているものであり、税務の専門家である税理士の立場をより尊重し、税務執行の一層の円滑化・簡素化を図るためのものである。また、この制度は、税理士が作成等した申告書について、計算事項等を記載した書面の添付及び事前通知前の意見陳述を通じて、税務の専門家の立場からどのように調製されたかを明らかにすることにより、正確な申告書の作成及び提出に資するという、税務の専門家である税理士に与えられた権利の一つである。この意見聴取は、調査実施前に行なわれる確認すべき項目の整理作業であり、意見聴取後に調査が実施される場合には、改めて、事前通知が行われることになる。従って、意見聴取は、税理士の権利であり、質問検査権の行使には該当しないことから「調査」ではない。

【加算税（行政上の制裁）】

税目		税額計算
過少申告加算税 （**国通法65**）	原則	追加すべき税額 × 10％（期限内申告税額又は50万円のいずれか多い金額を超える部分は15％）
	例外	※ 更正を予知しない申告又は過少に申告したことに正当な理由が認められる場合には、「零」とする。
無申告加算税 （**国通法66**）	原則	納付すべき税額 × 15％（50万円超300万円以下の部分は20％、300万円超の部分は30％）
	例外	〔更正・決定を予知しないで申告した場合〕 納付すべき税額 × 5％ ※ 申告がなかったことに正当な理由が認められる場合及び法定申告期限内に申告する意思があったと認められる一定の場合には、「零」とする。

不納付加算税 （国通法67）	原則	未納付税額　×　10%
	例外	〔納付告知を予知しないで期限後に納付した場合〕 未納付税額×5% ※　納付がなかったことに正当な理由が認められる場合及び法定申告期限内に納付する意思があったと認められる一定の場合には「零」とする。
重加算税 **（国通法68）**	①	過少申告加算税　＋　隠蔽仮装　→　35%
	②	無申告加算税　＋　隠蔽仮装　→　40%
	③	不納付加算税　＋　隠蔽仮装　→　35%
過怠税 （印法20）	原則	本来の印紙税額　＋　本来の印紙税額　×　2
	例外	〔印紙税の調査を予知してされなかったものでない場合〕 本来の印紙税額　＋　本来の印紙税額　×　$\frac{10}{100}$

（注）昭和22年4月に創設された「追徴税の制度」が昭和25年のシャウプ勧告による税制改正において「加算税制度」に改正された。

　無申告加算税と重加算税について過去5年内に無申告加算税又は重加算税を課されたことがあるときは、10%加算される（例外が適用される場合を除く）（国通法66⑥一、68④一）。なお、令和5年度税制改正で、この10%加算される対象に、国税の前年度及び前々年度の国税の税目について、無申告加算税若しくは無申告加算税に代えて課される重加算税を課されたことがあるときを含めることになる（国通法66⑥二、68④二）。調査通知以後、更正・決定予知前にされた修正申告に基づく過少申告加算税の割合は5%（15%適用部分は10%）、期限後申告に基づく無申告加算税の割合は10%（50万円超300万円以下の部分は15%、300万円超の部分は25%）となる（国通法65①②、66①②③）。

　令和2年度税制改正で、賦課決定をすることができなくなる日前3月以内にされた納税申告書の提出又は納税の告知を受けることなくされた源泉所得税等の納付（調査による更正決定又は納税の告知を予知してされたものを除く）に係る無申告加算税又は不納付加算税の賦課決定について、その提出又は納付がされた日から3月を経過する日まで、行うことができる（国通法70、72）。

　令和4年度税制改正で、税務調査の際に行われる税務当局の質問検査権の行使に基づく帳簿の提示又は提出の要求に対し、帳簿の提示若しくは提出をしなかった場合又は重要な事項の記載若しくは記録が著しく不十分である場合には、過少申告加算税・無申告加算税が10%加算され、重要な事項の記載又は記録が不十分である場合には5%加算されることとなった（国通法65④、66⑤）。

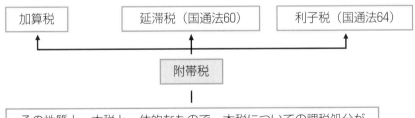

（注）地方税では、過少申告加算金（地法72の46）、不申告加算金（地法72の46）及び重加算金（地法72の47）がある。なお、住民税（法人・個人）については、延滞金はかかるが、加算金は課されない。

当初の法人税の申告税額は、300万円であったが、税務調査の結果、申告税額が800万円となり、更正処分を受けた。この場合、国税通則法65条に基づいて過少申告加算税を計算するといくらになるか。国税通則法65条を読んで答えなさい。

① 40万円

② 50万円

③ 60万円

┌───┐
│ 関西電力事件　→　消費税の申告書提出忘れ（大阪地裁平17.9.16判決）

原告である関西電力が消費税及び地方消費税を法定申告期限までに納付書を提出して納付はしたものの、同期限まで納税申告書を提出していなかったとして、被告が国税通則法66条1項1号及び同条3項に基づき、納付すべき額の5％を乗じる無申告加算税の賦課決定処分をしたのに対し、原告が本件処分の取消を求めた事案において、本件納付書の提出及び本件納付を「瑕疵ある申告」とし期限後の申告書の提出によって同瑕疵が治癒されるとすることはできず、また、失念して期限内に納税申告書を提出しなかった原告に対し行政制裁として無申告加算税を課すことは同条の趣旨に照らして何ら不当と評価されるものではなく、同条1項但書にいう「正当な理由」は認められないなどとして、請求を棄却した。

（注）この事件によって国税通則法66条7項の改正（平成18年）が行われた。
└───┘

（注）「正当な理由があると認められるものがある場合」（国通法65④）とは、真に納税者の責めに帰することのできない客観的な事情があり、過少申告加算税の趣旨に照らしてもなお納税者に過少申告加算税を賦課することが不当又は酷になる場合をいうものと解するのが相当である（最高裁平成18年4月20日判決・最高裁平成27年6月12日判決）。

　賦課課税制度　→　税額の決定（確定）＝　課税庁

　　※　課税標準申告　→　課税標準等の申告（賦課課税制度の下で）

3　青色申告制度

　青色申告制度とは、税務署長の承認を受けて、所定の帳簿書類を備え付け、青色の申告書で申告を行う制度であり、適正な記帳を行うことを条件に所得金額、税額の計算及び課税手続において納税者に一定の特典を付与することとしている。なお、青色申告制度の普及率（平成27年）については、個人（60％）、法人（99％）となっており、このように青色申告が普及した現状において、青色申告制度による優遇措置を特典と考えるのではなく、納税者に当然に認められている権利の行使であると考えることも可能である。

シャウプ勧告（昭和24年）	→	青色申告制度の導入

青色申告制度	正確な帳簿書類等を備え付けている納税者に特典を与え、正しい申告を奨励することを目的としている。
	所得税では、「不動産所得」「事業所得」「山林所得」のみ適用される（所法143）。
	多くの法人は、青色申告者である（法法121以下）。
	消費税には青色申告制度はない。

（注）昭和59年の改正で、所得300万円超の白色事業者等にも記帳及び記録の保存を義務化することとなった。

特典	→	特別償却・税額控除・不服申立て・繰越欠損金額・準備金の設定等

行政手続法（抄）
第 8 条第 1 項（理由の提示）
　行政庁は、申請により求められた許認可等を拒否する処分をする場合は、申請者に対し、同時に、当該処分の理由を示さなければならない。
第14条第 1 項（不利益処分の理由の提示）
　行政庁は、不利益処分をする場合には、その名あて人に対し、同時に、当該不利益処分の理由を示さなければならない。

（注）平成23年度税制改正によって、平成25年 1 月 1 日からすべての不利益処分について「理由の附記」が必要となった（国通法74の14、行手法 8 ①、14①）。なお、国税に係る理由附記については、①各税法の規定によるものと②行政手続法の規定によるものとがある。

理由の附記の不備（最高裁昭38.5 .31判決）

　靴の小売業者である上告人が、被上告人国税局長に対し、上告人がした青色申告書による確定申告について受けた更正処分についての再調査請求並びに審査請求に対する各通知書に理由附記を欠く違法があるとして、処分の取消しを求めて提訴した事案の上告審において、更正決定通知書に附記される理由の表示方法については申告者において修正理由を理解しうる程度の記載があれば足りる等として請求を棄却した原判決を破棄し、更正処分通知書に附記されるべき理由は、帳簿書類の記載以上に信憑力のある資料を摘示して処分の具体的根拠を明らかにすることが必要であり、また、審査決定の附記されるべき理由は、棄却決定の場合には、当初の更正処分通知書または再調査棄却決定通知書の理由と相俟って原処分を正当として維持する理由を明らかにしていれば足りるが、本件においては、更正処分通知書の附記された理由も、審査決定の理由も、具体的根拠が明確にされているとは言えないとして、控訴を棄却し、請求を認容した第一審判決を維持した。

■　青色申告の承認の取消し

　青色申告の承認を受けた者（法人）は、次の取消理由のいずれか一つに該当する事実があるときは、青色申告の承認が取り消される（所法150、法法127）。

　なお、所得税は、①～③で、法人税は、①～⑤がそれぞれ取消理由になる。

①	帳簿書類（電磁的記録等も含む）の備付け、記録、保存等が法令に従っていない場合
②	帳簿書類について税務署長が行った必要な指示に従っていない場合
③	帳簿書類に隠蔽仮装の記載等があり真実性を疑う相当の理由がある場合
④	確定申告書の提出期限までに提出しなかった場合
⑤	連結納税の承認が取り消された場合

（注）青色申告と白色申告との間の差異が縮小し、両者を区別する意義が相対的に薄れてきたことから、青色申告制度を廃止すべきであるという意見がある。

4　更正・決定等の手続

①	期限内申告	申告期限までに行う申告
②	期限後申告	申告期限後に行う申告
③	修正申告	申告の誤りに基づく自己に不利に訂正する申告
④	決定処分	無申告の場合における課税庁の税額等の処分
⑤	更正処分	納税者の申告を課税庁が是正（増額）する処分
⑥	再更正処分	更正又は決定の後に再び処分すること
⑦	更正の請求	申告の税額の減少の請求

更正の請求と要素の錯誤（最高裁昭39.10.22判決）

　所得税法が申告納税制度を採用し、確定申告書記載事項の過誤の是正につき特別の規定を設けた所以は、所得税の課税標準等の決定については最もその間の事情に通じている納税義務者自身の申告に基づくものとし、その過誤の是正は法律が特に認めた場合に限る建前とすることが、租税債務を可及的速やかに確定せしむべき国家財政上の要請に応ずるものであり、納税義務者に対しても過当な不利益を強いる虞れがないと認めたからにほかならないのであり、従って、確定申告書の記載内容の過誤の是正については、錯誤が客観的に明白かつ重大であって、所得税法の定めた方法以外に是正を許さないならば、納税義務者の利益を著しく害すると認められる特段の事情がある場合でなければ、所論のように法定の方法によらないで記載内容の錯誤を主張することは許されないものといわなければならない。

（注）改正民法95条（令和2年4月1日施行）では、錯誤による意思表示は「無効」から「取消し」に変更されている。

【除斥期間（国通法70）】

除斥期間 …… 法律関係を速やかに確定させるために、一定期間の経過によって権利を消滅させる制度（「概念的解釈」による認定）。

「民法724条」の後段の規定は、不法行為によって発生した損害賠償請求権の「除斥期間」を定めたものである（最高裁平元.12.21判決）。

しかしながら、改正民法724条（令和2年4月1日施行）によって、不法行為債権全般について、不法行為債権に関する長期20年の制限期間が「時効期間」であることが明記された。

(注) 除斥期間は、昭和26年4月にシャウプ勧告に基づいて設けられたもので、それまでは会計法に規定する国の債権債務国債に関する消滅時効（5年）が適用されていた。

申告期限から5年	決定処分・減額更正・更正（法人税）
申告期限から7年	脱税（偽りその他不正）
申告期限から5年	上記以外の場合
申告期限から5年	（通常の）更正の請求（**国通法23**）
申告期限から7年	移転価格税制（措法66の4㉘）

(注) 移転価格税制の適用については、調査で多くの時間が必要であることから、除斥期間は7年となっており、又、それとの関係で徴収権の消滅時効は、法定納期限から2年間進行しない（措法66の4㉘）。なお、贈与税については、租税行政の公平性、信頼性を確保するために平成15年度税制改正で更正・決定等の期間制限が6年となった（相法36①）。

平成23年12月2日以後に法定申告期限が到来する国税は、更正の請求期間が法定申告期限から原則として5年に延長され、また、同日前に法定申告期限が到来し、更正の請求期間を過ぎた国税については、課税庁が増額更正できる期間内に「更正の申出書」を提出することができる。

■　除斥期間と消滅時効の相違

① 　除斥期間は、「中断」が認められない（通説・判例）。

② 　時効は当事者が「援用」しなければならない。除斥期間は、裁判所の職権によって権利消滅を判断できる。

③ 　除斥期間は、権利発生時から期間が進行するが、消滅時効は権利行使が可能になった時点から進行する。

④ 　除斥期間には、原則として「停止」がない。

⑤ 　除斥期間には、遡及効果が認められない。

(注) 国税通則法72条1項は、国税の徴収権は原則として法定納期限から5年間行使しないことによって、時効により消滅し、同条2項は、国税の徴収権の時効については援用を要せず、また、その利益を放棄することができないと規定している。従って、国税の徴収権は、時効期間の経過によって絶対的に消滅し、時効完成後において、課税庁は、徴収手続を取ることはできない。また、納税者は、時効の利益を放棄することができないのであるから、納税者が税金を納付しても、それは「過誤納金」になり、

結局、還付されることになるので、納税者は、上記期間を経過すれば、修正申告書を提出することは出来ず、課税庁もこれを受理することはできない。なお、国税通則法73条3項は、国税の徴収権で、偽りその他不正の行為により税額等を免れた国税に係る時効は、その国税の法定納期限から2年間は進行しないと規定しているので、この場合の修正申告の提出期限は、法定納期限から7年間であると解される。

■ 諸外国の賦課権に関する期間制限

国名	期間制限（除斥期間）
アメリカ	通常の過少申告の場合　→　申告書提出後3年 申告漏れが申告書の25%を超える場合　→　6年 無申告・虚偽の申告・脱税の場合　→　無制限
イギリス	通常の過少申告の場合　→　税期間終了後6年 脱税の場合　→　20年
ドイツ	通常の過少申告の場合　→　4年 重過失に基づく場合　→　5年 脱税の場合　→　10年
フランス	直接税・売上税　→　3年

アメリカ大使館事件（東京高裁平16.11.30判決）

納税者は、外国大使館から受けた給与収入の6割程度を申告すれば容認されるとの合意ないし慣行に基づき過少申告をした旨主張するが、そのような合意ないし慣行が存在したとは認められず、その過少申告行為は、何ら正当な根拠に基づくものではなく、納税者が真実の所得を秘匿し、それが課税の対象となることを回避する意思の下に、所得額をことさらに過少にした内容虚偽の所得税申告書を提出することにより、納付すべき税額を過少にして、本来納付すべき税額との差額を免れようとする意図を有していたと推認するに難くないから、その過少申告行為は、国税通則法70条5項に規定する「偽りその他不正の行為」に該当する。

【更正と再更正の関係】

① 消滅説

再更正によって更正の効力が失われるとする考え方→租税法律関係の安定性を害する

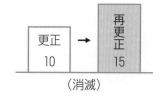

（消滅）

② 併存説（独立説）

再更正によって更正の一部が修正（税額の増加又は減少）されるとする考え方（国通法29）

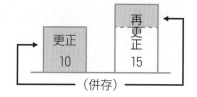

（併存）

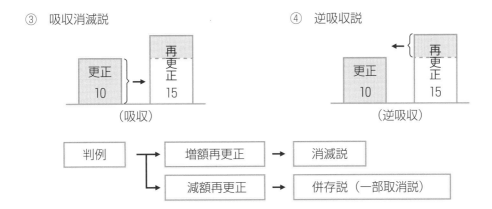

③　吸収消滅説　　　　　　　　　　　　　④　逆吸収説

5　推計課税

　推計課税とは、「納税者の帳簿書類以外の資料（間接的な資料）に基づいて課税所得額を算出し税額を導く方法」である（**所法156**、法法131）。

推計課税が許される場合　→　①　帳簿書類等の保存がない場合
　　　　　　　　　　　　　→　②　保存していても信頼性が乏しい場合
　　　　　　　　　　　　　→　③　税務調査に非協力（不提示）の場合

　なお、青色申告者に対しては、推計課税は許されない。したがって、青色申告者に対して推計課税を行う場合、青色申告を取り消してから、推計課税を行うことになる。

推計方法　①　純資産（正味財産）増減法
　　　　　　→　純資産の増加額を計算して所得を把握する方法
　　　　　②　比例法
　　　　　　→　差益率・所得率等を使用して所得を把握する方法
　　　　　③　効率法
　　　　　　→　電気使用料・水道料等をベースとして所得を把握する方法

　令和2年度税制改正によって、令和3年以降源泉徴収についても、税務署長は一定の条件の下で源泉徴収義務者に対して推計課税を行うことができるようになった（所法221）。

（立証責任）

　税務当局は、推計課税の必要性、推計による所得金額の計算方法、その合理性についての立証責任を負う。一方、納税者は、具体的に推計方法、基礎となっている数値の誤りを指摘し、又は所得金額が推計金額以下であることを立証しなければならない。

（推計課税の争い）

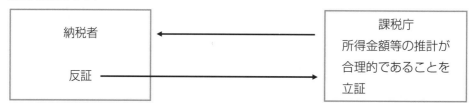

（注）立証責任とは、訴訟において審理の結果、ある事実の存否が不明（真偽不明）な場合にその事実がないものと扱われることによって、その事実を要件とする自己に有利な法律効果を得られないことになるという当事者の受ける不利益ないし負担をいう。

一般的に、課税処分の根拠規定の主要事実については、被告税務当局が立証すべきである（最高裁昭38.3.3判決）。

6　質問検査権

質問検査権 …… 課税庁の納税者に対する税務調査を行える権限（**国通法74の2**〜74の6）

（注）平成23年度税制改正で、質問検査権に関する規定について横断的に整備された。なお、税務調査手続に関する国税通則法の改正に伴って、①国税通則法第7章の2（国税の調査）関係通達（法令解釈通達）、②調査手続の実施に当たっての基本的な考え方等について（事務運営指針）、③一般納税者（税理士）向けの税務調査手続きに関するFAQが制定・公表された。また、当該税務調査手続等の改正の趣旨は、「手続の透明化」「納税者の予見可能性」そして「課税庁の説明責任の強化」等といわれている。

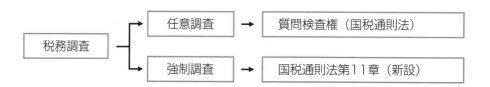

税務調査の必要性→ 税務調査官の合理的な裁量

（注）最高裁昭48.7.10判決では「質問検査に対して相手方はこれを受忍すべき義務を一般的に負い、その履行を間接的心理的に強制されているものであって、ただ、相手方においてあえて質問検査を受忍しない場合には、それ以上直接的物理的に右業務の履行を強えないという関係を称して一般的に「任意調査」と表現されている」と述べている。

■　税務調査手続

①　税務調査の着手時
納税者に対する調査の事前通知等（国通法74の9） 　→　開始日時、場所、税目、期間、対象となる物件等 事前通知を要しない場合（国通法74の10） 　→　税務調査が困難になる場合

②	税務調査の実施期間
	質問検査権（**国通法74の2**〜74の6）
	提出物件の留置き（国通法74の7）
	官公署等への協力要請（国通法74の12）
	身分証の携帯（国通法74の13）
③	税務調査の終了時
	是認通知（国通法74の11①）
	→　更正決定等をすべきと認められない旨を書面で通知
	調査結果の説明（国通法74の11②）
	修正申告の勧奨（国通法74の11③）
④	税務調査の終了後
	再調査（国通法74の11⑥）
	→　調査終了後、新たに得られた情報に照らし非違があると認められるとき

【税務調査の流れ】

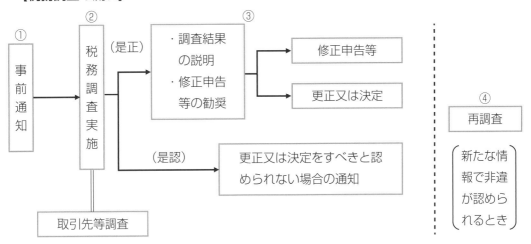

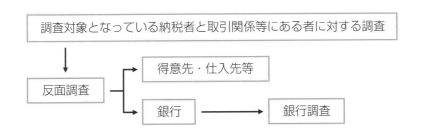

事前調査 ‥‥‥ 申告期限前の税務調査

納税者番号制度 ‥‥‥ すべての納税者に番号をつけ、その番号によって同一納税者
　　　　　　　　　　　の所得を正確に把握することを目的とする制度

(注) 国民の利便性の向上及び行政運営の効率化を図り、国民が安心して暮らすことのできる社会の実現
　　に寄与することを目的として「マイナンバー法」が平成25年5月24日に成立し、平成28年1月から利
　　用開始された。

■ 質問応答記録書

　税務署の調査官が作成する証拠となる文書（書面）で、税務調査の過程で判明した事
実関係などを納税者等に質問し、その回答を得る。そして、納税者等にその内容を確認
してもらい、誤りがなければ、署名・押印をさせて作成する公文書（行政文書）である。
質問応答記録書は、刑事訴訟法198条に基づいて作成される「供述調書」をモデルにし
ているものの、法律的根拠はない。したがって、納税者は、署名・押印に応じなくても
罰則を科されることはない。

■ 国外財産調書制度（国外送金等調書法5、6）

　適正な課税、徴収の確保を目的として、平成24年度税制改正において、居住者（非永
住者を除く。）で、その年の12月31日に5,000万円を超える国外財産を有する場合、その
財産の種類、数量及び価額その他必要な事項を記載した国外財産調書をその年の翌年の
6月30日までに提出しなければならないという制度である。この制度には、適正な提出
を確保するために、加算税の軽減（−5％）・加重措置（＋5％）、罰則規定（1年以下
の懲役又は50万円以下の罰金）が設けられている。

(注) 令和3年分の国外財産調書の提出状況及び軽減措置・加重措置は、次のとおりである。

　●財産の種類別総額

財 産 の 種 類	総 額	構成比
有 価 証 券	3兆5,695億円	63.3%
預 貯 金	7,591億円	13.5%
建 物	4,474億円	7.9%
貸 付 金	1,576億円	2.8%
土 地	1,482億円	2.6%
上記以外の財産	5,545億円	9.8%
合 計	5兆6,364億円	100.0%

　●軽減措置・加重措置（令和3事務年度）

	件 数	増差所得等金額
軽減措置	135件	41億9,893万円
加重措置	293件	439億2,378万円

■　**税務当局による情報照会（国通法74の７の２）**

　　～　**特定事業者等への報告の求め**

　高額・悪質な無申告者等を特定するために、実効的な情報照会を可能とする規定を設けた。その照会できる場合と照会情報は次のとおりで、これに関する事業者等による不服申立て等も可能である。

　○　照会できるケース
　　①　多額の所得（年間1,000万円超）を生じうる特定の取引の税務調査の結果、半数以上で当該所得等について申告漏れが認められたケース
　　②　特定の取引が違法な申告のために用いられるものと認められるケース
　　③　不合理な取引形態により違法行為を推認させるケース
　○　照会情報（特定事項）
　　「氏名等」→　氏名・住所・番号（個人／法人）
　○　罰則（国通法128）
　　１年以下の懲役又は50万円以下の罰金

7　納付と徴収

①　納付

納付	納付期限＝申告期限（申告納税制度）
更正・決定処分	当該処分から１か月以内に納付（国通法35②二）
事業所得者等	予定納税制度（**所法104**）
給与所得者	源泉徴収制度（**所法183**）　年末調整制度（所法190以下）

　納付は、原則「金銭」で行う。

　相続税については、例外として「物納」（相法41）が認められている。

　未納（納期限までに納付しない時）　→　延滞税（国税）、延滞金（地方税）

②　徴収　→ 　国税徴収法 　→　目的

　　　　第１条　この法律は、国税の滞納処分その他の徴収に関する手続の執行について必要な事項を定め、私法秩序との調整を図りつつ、国民の納税義務の適正な実現を通じて国税収入を確保することを目的とする。

期限後50日以内に督促　→　滞納処分の手続

強制徴収 …… 滞納処分による租税の徴収

租税が国や地方公共団体の重要な財源であることから
裁判手続を省略して執行できる。

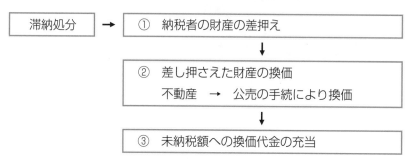

（注）差押の解除の要件（国徴法79）

設例

　国税徴収法第79条は、差押えを解除しなければならない場合及び差押えを解除することができる場合の要件を定めたものである。そのうち、「差押えを解除することができる場合」について説明しなさい。

（令和３年度税理士試験問題「国税徴収法」）

（滞納処分のフローチャート）

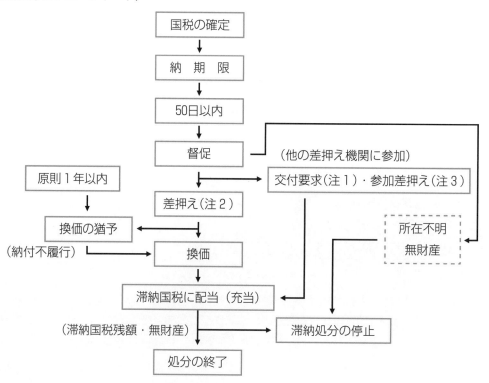

62

（注1）交付要求（国徴法82以下）は、既に換価手続きがなされている場合、その執行機関に対して、換価代金のうちから滞納税額に相当する金額の配当を求める行為をいう。

（注2）督促状を発した日から起算して10日を経過した日までに完納しないときは、差し押さえをしなければならない（国徴法47①一）。

（注3）参加差押え（国徴法86以下）は、滞納者の財産に対して滞納処分による差押えをすることができる場合において①動産及び有価証券、②不動産、船舶、航空機、自動車、建設機械及び小型船舶及び③電話加入権につき、既に滞納処分による差押えがされているときは、滞納処分をした行政機関等に対し参加差押えをすることができる。

（注4）滞納者について、次のような事実があるときは税務署長は滞納処分の執行を停止することができる（国徴法153①）。これを「滞納処分の停止」という。

①滞納処分をすることや租税条約等の相手国等に対する共助対象国税の徴収の共助の養成による徴収をすることができる財産を有しないとき

②滞納処分をすることや租税条約等の相手国等に対する共助対象国税の徴収の共助の養成による徴収をすることによって生活を著しく窮迫させるおそれがあるとき

③所在及び財産がともに不明であるとき

滞納処分の執行を停止した国税の納付義務は、執行の停止が3年間継続したときは、消滅する（国徴法153④）。

滞納処分の停止の効果は、①滞納処分の禁止、②納税義務の消滅、③時効の進行、及び④延滞税の免除である。

設例

納税の緩和制度の一つである滞納処分の停止について、その要件及び効果を説明しなさい。

（令和4年度税理士試験問題「国税徴収法」）

設例

次の(1)～(3)について、簡潔に説明しなさい。

(1)　共同的な事業者の第二次納税義務の要件及び責任の限度

(2)　国税に関する法律に基づく処分に対する不服申立てと国税の徴収との関係（ただし、国税不服審判所長及び行政不服審査法第11条第2項に規定される審理員の権限に属する事項については説明する必要はない。）

(3)　国税通則法第46条の納税の猶予を税務署長等が取り消すことができる場合及びその手続

（令和5年度税理士試験問題「国税徴収法」）

設例

国税滞納処分の差押えの一般的な要件の一つとして、国税徴収法第47条第1項第1号は、「督促状を発した日から起算して10日を経過した日までに完納しないとき。」と規定しているが、例外的に、督促を要しない国税の差押えを行うことができる場合がある。

督促を要しない国税（担保の処分、譲渡担保権者の物的納税責任の追及及び国税に関する法律の規定により一定の事実が生じた場合に直ちに徴収するものとされている国税を除く。）の差押えを行うこ

とができる場合について、簡潔に説明しなさい。

＝＝＝＝＝＝＝＝＝＝＝＝＝（令和4年度税理士試験問題「国税徴収法」）

③　第二次納税義務者 …… 本来の納税義務者が国税を滞納し、その国税について滞納
　　処分を執行しても、徴収すべき額に不足すると認められる場合に、納税者の国税を納
　　付する義務を負う者をいい、次の者が該当する。

・無限責任社員（国徴法33）、清算人（国徴法34）
・滞納者の出資している同族会社（国徴法35）
・所得又は対価の実質的帰属者（国徴法36）
・共同的な事業者（国徴法37）
・事業を譲り受けた特殊関係者（国徴法38）
・無償又は著しい低額の譲受人等（国徴法39）
・人格のない社団等（国徴法41）

(注) 平成29年度税制改正によって、税理士法人、弁護士法人、監査法人、司法書士法人、社会保険労務士法人
　　等が国税を滞納した場合において、その社員は、その滞納に係る国税の第二次納税義務を負う（国徴法33）。

■　第二次納税義務の法的性格〜「附従性」と「補充性」

　　第二次納税義務は、主たる納税義務に生じた事由（納税義務の消滅・変更等）の効力
が原則として第二次納税義務に及び（附従性）、第二次納税義務者は、主たる納税者の
納税義務の履行がない場合に、初めて二次的に履行の責任を負う（補充性）。

(注) 大阪高裁昭48.11.8判決は、第二次納税義務について、「第二次納税義務の制度は、納税者の財産につき
　　滞納処分を執行しても、なおその徴収すべき額に不足すると認められる場合において、形式的には財
　　産が第三者に帰属しているとはいえ、実質的にはこれを否認して、納税者にその財産が帰属している
　　と認めても公平を失しないような場合に、その形式的な財産帰属を否認して、私法秩序をみだすこと
　　を避けつつ、その形式的に財産が帰属している第三者に対し補充的、第二次的に納税者の納税義務を
　　負担させることにより租税徴収の確保を図ろうとする制度であり、第二次納税義務者の納税義務は主
　　たる納税義務者のそれとは法律上別個のものであるが、主たる納税義務に対し附従性（主たる納税義
　　務について生じた消滅変更の効力が原則として第二次納税義務に及ぶ）と補充性（主たる納税義務の
　　履行がない場合に限って、第二次的に履行の責任を負う）を有するものと解するのが相当である。」と
　　述べている。

相続放棄と国税徴収法39条（最高裁平21.12.10判決）

　遺産分割協議は、相続の開始によって共同相続人の共有となった相続財産について、その全部又は一部を、各相続人の単独所有とし、又は新たな共有関係に移行させることによって、相続財産の帰属を確定させるものであるから、国税の滞納者を含む共同相続人の間で成立した遺産分割協議が、滞納者である相続人にその相続分に満たない財産を取得させ、他の相続人にその相続分を超える財産を取得させるものであるときは、国税徴収法39条にいう第三者に利益を与える処分に当たり得るものと解するのが相当である。なお、国税徴収法39条の規定によれば、滞納者に詐害の意思のあることは、同条所定の第二次納税義務の成立要件ではないというべきである（消極）。

第二次納税義務の納付告知処分（最高裁昭50.8 .27判決）

　第二次納税義務の納付告知は、主たる課税処分等により確定した主たる納税義務の徴収手続上の一処分としての性格を有し、右納付告知を受けた第二次納税義務者は、あたかも主たる納税義務について徴収処分を受けた本来の納税義務者と同様の立場に立つに至るというべきである。したがって、主たる課税処分等が不存在又は無効でないかぎり、主たる納税義務の確定手続における所得誤認等の瑕疵は第二次納税義務の納付告知の効力に影響を及ぼすものではなく、第二次納税義務者は、右納付告知の取消訴訟において、右の確定した主たる納税義務の存否又は数額を争うことはできないと解するのが相当である（否定説の立場）。

---

④　一般的優先の原則（**国徴法 8**）…… 国税は、納税者の総財産について、特別な場合を除きすべての公課（地方税を除く）その他の債権に先立って徴収される。

　　例外　→　質権により担保されている債権（法定納期限以前に設定）（国徴法15）
　　　　　　　抵当権により担保されている債権（法定納期限以前に設定）（国徴法16）

譲渡担保契約と国税徴収法24条 6 項（最高裁平19.2 .15判決）

　国税徴収法24条 6 項（現 8 項）の解釈においては、国税の法定納期限等以前に、将来発生すべき債権を目的として、債権譲渡の効果の発生を留保する特段の付款のない譲渡担保契約が締結され、その債権譲渡につき第三者に対する対抗要件が具備されていた場合には、譲渡担保の目的とされた債権が国税の法定納期限等の到来後に発生したとしても、当該債権は「国税の法定納期限等以前に譲渡担保財産となっている」ものに該当すると解するのが相当である。

---

⑤　滞納処分の執行を免れる行為に対する罰則（国徴法187）

　新型コロナウイルスの感染騒動によって、税務調査はほとんど行われていなかったが、国税庁は、国税局等のトップを集めた会議で、税務調査の再開を指示し、日本税理士会連合会に対して、令和2年10月から税務調査を行う旨の連絡をした。

　令和2事務年度（令和2年7月1日から令和3年6月30日）の調査対応のポイントとして、税務当局は、次の事項を挙げている。

①　消費税還付、富裕層事案など、重点事案について的確に調査を実施

②　企業のテレワーク状況なども含め、納税者の状況を考慮して調査を実施

③　納税者の対応が困難な場合は調査日数を調整

④　調査人員は必要最小限に、マスク着用等の感染拡大防止策を徹底して調査を実施

　ここに示されている調査対応のポイントは、それほど目新しいものではないが、実際に税務調査を行う職員は、納税者以上にナーバスになるように思われる。マスクをかけながら、新型コロナウイルスへの感染をたえず意識して税務調査を行うことは、精神的に税務職員の調査意欲を削ぐ恐れがある。もちろん、税務調査におけるガサ入れ（机の引出し、ロッカーの中を調べる等）そのものも大きく制約される（尤も、このような古典的な税務調査は消えるべきであろう）。また、国税通則法74条の10の「事前通知を要しない場合」に基づく税務調査も、新型コロナウイルスの感染拡大防止という観点から、実施することは困難になってくる。

　現場での調査時間も制約されていることから、当然、帳簿、請求書等の書類には、国税通則法74条の7の「提出物件の留置き」が適用されることになる。税務職員は、持参してきた大きな袋の中に必要な帳簿書類を入れ、税務署に持ち帰り、これらの書類を署内でチェックすることになる可能性が高い。そして、その過程で、疑問があれば、税理士又は納税者に電話で連絡することになる。このように、税務調査のプロセス（流れ）を考えると、税務調査の件数も自ずと絞らなければならなくなると推測される。

　一方、納税者の側はどうであろう。納税者としては、調査時間又は調査日数が短縮されることは好ましいと思われる。また、帳簿、請求書等の書類も税務署に持ち帰り、そこで調べて貰ったほうが、税務職員との接触時間が短縮されることから、納税者からは喜ばれるであろう。

　次に、納税者がアメリカのトランプ大統領のようにマスクを嫌い（又は、納税者の嫌がらせで）、調査時にマスクを着用しない場合、税務職員は、どのように対応するのであろうか。税務職員は、納税者に対して、マスクを付けることを強要できないし、それを理由として、当該職員は、納税者が「調査拒否」をしていると解することはできないであろう。思うに、コロナ禍の税務調査では、納税者は圧倒的に有利な立場にあるのである。

　例えば、納税者が風邪をひいて、熱がある場合（体温が37.5度以下であっても）、税務署は、納税者から「熱がある」という申し出が一言あれば、おそらく、税務調査を行わないし、税務調査が進行中であれば、一旦、中断するのであろう。新型コロナウイルス禍における税務調査は、「感染拡大防止策の徹底」という御旗の下で、従来と異なり、きわめて弱い立場になっている。そこには、「税務調査に非協力」か否かの明確な峻別基準が見

当たらない。それ故に、新型コロナウイルスの影響によって、所得税法156条や法人税法131条で規定する「推計課税」の適用についても困難になる。

　しかしながら、このような靴の上からかゆい足を掻くような税務調査が、不自然であることは間違いない。実地調査が無理であれば、代替的な手法を採るべきである。一般に、「文書による調査」、「税務署への呼出し」、そして「行政指導」などが補助的な調査・指導として取り上げられているが、これらの方法では、十分とは思われない。そこで、ICT（情報通信技術）を活用し、時間や場所を有効に活用できる柔軟な働き方といわれるテレワークに準じて、情報通信技術を活用したオンライン税務調査の導入を提言したい。納税者、税理士そして税務署の三者をオンラインで結びつけ、そこで税務調査を行うことができるならば、新型コロナウイルスは怖くない。税務当局は、これまでに、e-Tax、電子帳簿等保存制度、振替納税の電子化、年末調整の電子化などを積極的に導入してきたのであるから、オンライン税務調査もそれほど難しいことでもないように思われるが、いかがであろうか。

コラム⑧　重加算税と故意性

　重加算税の趣旨については、大阪高裁（平 9.2.25判決）で、次のように述べている。「国税通則法68条に規定する重加算税は、同法65条ないし67条に規定する各種の加算税を課すべき納税義務違反が事実の隠ぺい又は仮装という不正な方法に基づいて行われた場合に、違反者に対して課されるものであり、これによってこのような方法による納税義務違反の発生を防止し、徴税の実を挙げようとする趣旨に出た行政上の措置である。」

　重加算税は、「このような方法（隠ぺい又は仮装）による納税義務違反の発生を防止すること」の措置として述べられていることからも、納税者は、隠ぺい又は仮装について、租税を逋脱する目的ないし過少申告であることの「認識」が必要であると解せられる。

　京都地裁（平 4.3.23判決）も、「国税通則法68条にいう隠ぺいし、仮装するとは、租税を逋脱する目的をもって故意に税額等の計算の基礎となる事実を隠匿し又は作為的に虚偽の事実を妨げるなどの行為をいう」と述べている。すなわち、ペナルティーの対象である「隠ぺい又は仮装」とその結果である「過少申告」は、「故意」（納税者の動機）によって、結びついているものと解せられる。重加算税を「申告納税義務違反の制裁」と考えるならば、当然のことと思われる。また、このように考えなければ、納税者にとって納得し得ない重加算税が課せられることになる。

　次のようなケースを考えてみよう。例えば、甲株式会社（自動車修理業）は、前回の税務調査で車検代行料収入の洩れが指摘されたとする。11月末決算で、税務調査は翌年の 3 月に行われたため、調査対象の11月末までの収入の洩れ（進行年度の洩れも同時に指摘されている）が、調査官から指摘され、更正処分（車検代行料収入の洩れについては、重加算税が賦課決定されている）が行われた。その調査後に、会計事務所の変更があり、前会計事務所は、既に作成されていた 3 月までの試算表を新会計事務所に渡した。新会計事務所は、旧会計事務所が作成した 3 月までの試算表をそのまま使い、 4 月から会計処理をスタートした。すなわち、 4 か月分（12月から 3 月まで）の車検代行料収入が結果として洩

れていた試算表を使ってしまったのである。

　社長自身、前回の税務調査で更正処分を5月に受けているので、12月から3月までの指摘された手数料収入の洩れについては、更正処分の中で処理されているものと理解していた（更正通知書の内容については、確認していない）。もちろん、4月以降の車検代行料収入は、新会計事務所で適正に計上されている。前回の税務調査から3年後、再び税務調査を受けたのであるが、上記の4か月分の車検代行料収入の洩れがそのままになっていた。課税庁は、このケースにおいて「隠ぺい又は仮装」であるとして重加算税を賦課決定することができるのか、という疑問である。

　本ケースにおいては、車検代行料収入の洩れの原因は、（1）税務調査後に会計事務所の変更があったこと、（2）会計事務所間での引継ぎが十分でなかったこと（旧会計事務所は、顧問契約を一方的に破棄されたので、新会計事務所との引継ぎは直接行われていない。したがって、新会計事務所は、旧会計事務所が作成した3月末現在の試算表をそのまま利用し、会計処理を開始した）、そして（3）社長は、税務調査を受けた期間（3月分）までの車検代行料収入は前回の更正処分で処理済みであると理解していた（社長は、税務調査後に送られてきた更正通知書そのものには関心を持たなかったのである）ことによるものなのである。

　前回の調査で指摘された「車検代行料収入洩れ」（4か月分）の申告洩れの直接の原因は、上述した（1）から（3）の事実に基づくものであることから、当初の「隠ぺい又は仮装」が治癒されている（そうでなければ、当初隠ぺい又は仮装に基づいて行われた処理を是正しようとした場合、その是正の計算が仮に、誤っていたとすると、それに対しても重加算税が課せられるというのは、重加算税の趣旨に合わない）と解し、4か月分の車検代行料収入洩れについては重加算税の対象にならないと解するのが妥当である。

　過少申告の直接の原因が、「隠ぺい又は仮装」に基づくものではなく、会計事務所間の引継ぎミス等の誤りに基づくものであるのならば、重加算税は課されないと解することが、納税者の率直な「国税通則法68条」の読み方なのである。

コラム⑨　関西電力と無申告加算税

　消費税の申告書をうっかり忘れて、12億円の無申告加算税を課された関西電力の事件については、平成18年度の税制改正で手当てされた。すなわち、「調査があったことにより決定があるべきことを予知して提出されたものでない期限後申告書に係る無申告加算税について、その申告書が法定申告期限から2週間以内に提出され、かつ、その申告書に係る納付すべき税額の全部が法定納期限までに納付されている等の期限内申告書を提出する意思があったと認められる一定の場合には、無申告加算税を課さない。」との改正が行われたのである。

　関西電力は、平成14年4月1日から平成15年3月31日までの課税期間の消費税等の法定申告期限及び法定納期限である同年6月2日に、約247億円の消費税等の納付はしたものの、申告書を提出することを失念していた。平成15年6月12日に、所轄の北税務署の職員からの消費税等に係る申告書の提出の確認を受けて、初めて、同申告書の提出がなされて

いないことに気づいた。関西電力は、翌日の平成15年6月13日に消費税等の申告書を提出したのであるが、無申告加算税（期限後申告書の自発的な提出に当たるとして、国税通則法66条1項の「15%（平成18年度の改正では、納付すべき税額が50万円を超える部分については20%となっている）」ではなく、同条3項に規定するところの「5%」が適用されている）の賦課決定が行われたのである。

　平成18年度の税制改正に記載されている事項（要件）をそのまま関西電力にあてはめると、関西電力は、① 納付自体は法定納期限までに納付され、② 申告も法定申告期限から2週間以内に提出されていることから、無申告加算税は課されないことになる。

　大阪地裁（平17.9.16判決）では、課税庁が勝訴したのであるが、何となく後味の悪い判決であった。大阪地裁の判断はつれなかった。すなわち、「納税申告書の提出を失念し、これを法定申告期限内に提出しなかったこと自体が、申告納税方式による租税の納税手続の根幹を成す納税義務者の重要な義務の不履行といえるのであって、原告主張の諸点を考慮してもなお、このような原告の義務違反は行政制裁としての無申告加算税を賦課するに値するものというべきである」と、ことさら納税者に対して申告義務の重要性を強調し、原告の主張を斥けた。しかしながら、申告書の提出の失念によって、12億円余りの無申告加算税の支払が求められるという税法そのものの規定に対して、世間はどちらかといえば、批判的であった。裁判所が、「申告義務の重要性」をどんなに強調しても、判決の結論に対して、一般の納税者は、素直に頷くことはなかった。そして、関西電力にどちらかといえば同情的であった。このような世間の冷たい視線を、国は察知したのか、平成18年度の税制改正で素早く対応したのである。もっとも、同改正については、平成19年1月1日以後に法定申告期限が到来する国税についてから適用されることになっている（平成18年4月1日から適用してもよいのではないかと思うが…）。

　ともあれ、無申告加算税の取扱いについては、関西電力の事件を教訓として、課税庁はすみやかに見直しをしたことになる。その意味では、評価できる改正である。租税法には、「合法性の原則」（租税法は強行法規であるから課税庁には租税の減免等の自由はなく、法律で定めたとおりの税額を徴収しなければならない）があることから、課税庁が勝手に租税の減免や徴収猶予等は行うことはできない。それ故に、税法の規定を適用して、社会常識的に、妥当と思われない結論を導くものに対しては、すみやかに税制改正で対処するしかないのである。平成18年の税制改正には、多くの租税回避を防止する規定が設けられているが、その中で、関西電力事件に鑑みて、納税者に対して妥当な対応を予定する改正が組み込まれたことは、評価されるべきであろう。

第6章　納税者の権利救済制度

　納税者の権利を保護する制度として、以下のように行政庁に対して行う「不服申立て」と裁判所に救済を求める「訴訟」とがある。

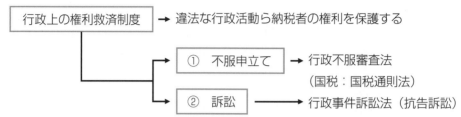

```
行政上の権利救済制度 → 違法な行政活動ら納税者の権利を保護する
                    │
                    ├→ ① 不服申立て → 行政不服審査法
                    │                 （国税：国税通則法）
                    └→ ② 訴訟 ────→ 行政事件訴訟法（抗告訴訟）
```

　　（注）国税通則法は、①税法の体系的な構成の整備、②国税に関する基本的な法律関係の明確化及び③税務行政の公正な運営を目的としている。

■地方税と不服申立て

　地方税に係る賦課決定等の処分、固定資産評価審査委員会の決定に不服があるとき、当該処分等の取消訴訟を行う上で「審査請求前置主義」が採られている（地法19の12）。ただ、国税に係る争訟手続と異なり、①再調査の請求が設けられていないこと、②裁決を行う上で、基本的に審査会への諮問、審査会の答申を得ることが求められている（行審43）。

1　国税不服審判所

　　　簡易迅速な略式手続　→　国民の権利救済を図る
　　　租税行政　→　①　大量・反復
　　　　　　　　　　②　法規の解釈・適用　→　専門的・技術的な判断の必要

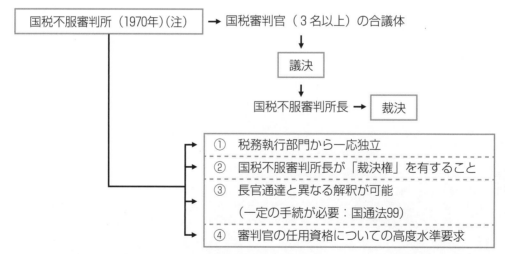

```
国税不服審判所（1970年）(注) → 国税審判官（3名以上）の合議体
                                        ↓
                                      議決
                                        ↓
                         国税不服審判所長 → 裁決

        ┌→ ① 税務執行部門から一応独立
        ├→ ② 国税不服審判所長が「裁決権」を有すること
        ├→ ③ 長官通達と異なる解釈が可能
        │     （一定の手続が必要：国通法99）
        └→ ④ 審判官の任用資格についての高度水準要求
```

　　（注）国税不服審判所が設けられるまでは協議団制度（昭25）があったが、①自ら決定、裁決を行うことのない参与機関であったこと、②裁決権は国税局長が有していたこと、③法令の解釈については通達に拘束されていたことなどの欠陥を有していた。

■　国税審判官（特定任期付公務員）の状況

採用年度	平20	平21	平22	平23	平24	平25	平26	平27	平28	平29	平30	令元	令2	令3	令4	令5
応募者数	17	17	51	93	101	76	74	95	96	86	93	97	98	91	85	74
採用者数	1	3	13	15	16	17	14	13	17	15	16	15	16	11	18	15
在籍者数	5	8	18	31	44	50	50	50	49	50	50	50	50	50	49	50

2　再調査の請求と審査請求

(注)　令和元年度における「再調査の請求」の発生件数は、1,359件で、「審査請求」の発生件数は、2,563件である。

地方税　→　「審査請求」（原則、行政不服審査法の定めるところによる。）

不服申立てができる者　→　「不服がある者」：権利・利益の害された者

差押財産の所有者（第三者）

減額更正：不服申立て（×）

不服申立期間（再調査の請求）　→　処分があったことを知った日の翌日から起算して3か月以内（国通法77①）

不服申立期間（審査請求）　→　再調査決定書の謄本の送達のあった翌日から起算して1か月以内

(注)　正当な理由がある場合を除いて、処分があった日の翌日から起算して1年を経過すると原則として、不服申立てはできない（再調査の請求についての決定を経ずに審査請求する場合には、その期間は3か月となる。）。

例外：災害・誤指導等

教示制度……　不服申立てができること、不服申立の期間を相手に伝える。

○再調査の請求の審理　→　再調査の請求書等の書面審理が原則（口頭意見陳述）

再調査審理庁の質問検査権の行使　→ ①　積極説　②　消極説

○審査請求の審理　……　合議体（担当審判官・参加審判官の3名）

原則書面審理・口頭の意見陳述の機会の提供

争点主義的運営　（国税不服審判所の特色）

(注)　国税通則法の一部改正（参議院大蔵委員会の附帯決議：昭45.3.24）

「政府は国税不服審判所の運営に当たっては、その使命が納税者の権利救済にあることに則り、総額主義に偏することなく、争点主義の精神をいかし、その趣旨に遺憾なきを期するべきである。」

■　イギリスにおいては、有効な紛争解決手段として、裁判外紛争解決手続（Alternative Dispute Resolution）を活用して、租税紛争を解決しようとしている。

【国税不服審判所の審理の進め方】

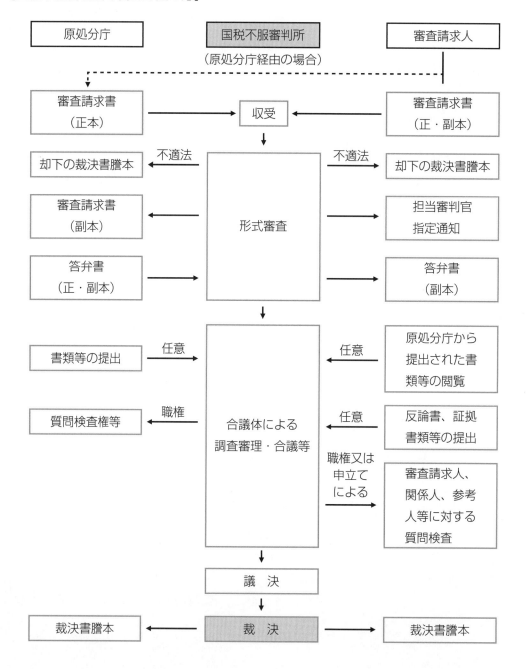

○決定及び裁決

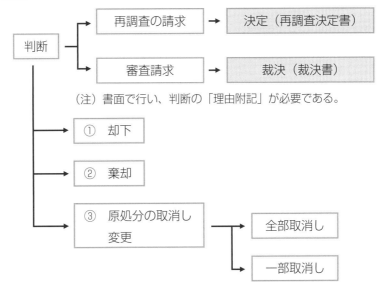

（注）書面で行い、判断の「理由附記」が必要である。

○訴訟までの期間

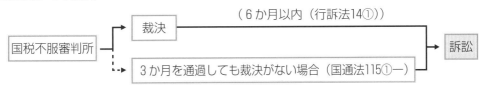

3　訴訟

　行政庁の行為（課税処分・滞納処分等）を争う訴訟は、まず「行政事件訴訟法」によって審理され、同法に規定されていないときには、「民事訴訟法」が適用されることになる（行訴法7）。

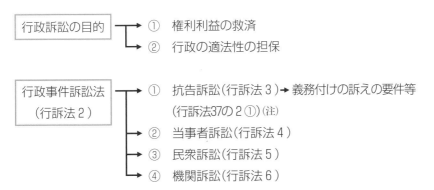

　（注）義務付けの訴え→対応的調整（所法157等）を税務署長が怠った場合

　減額更正を求める訴えは、行政庁である被告に対して作為を求めるいわゆる義務付け訴訟に該当するところ、憲法の定める三権分立の原則の下、行政処分の第一次判断権は行政庁に付与されていると解されるから、裁判所としては、このような行政庁の第一次判断権を害しない限りにおいて司法判断をなし得るものと解するのが相当である。そして、本件事業年度の法人税について、更正請求をなし得る期間が既に経過したこと及び同期間経過後において原告の更正請求を認めるべき事由が存在しないことは前記で説示したとおりであるところ、このような場合には、被告において、国税通則法70条2項1号により法定申告期限から5年間は減額更正をなし得るとしても、減額更正をするか否かは、被告の第一次判断権に属するものであり、裁判所としてはこれを尊重しなければならず、これに介入することは許されないものというべきである。よって、原告の上記訴えは不適法である。

① 抗告訴訟 → 租税行政処分の取消しを求める訴訟
　　　　　　　　課税処分、滞納処分の不存在や無効の確認を求める訴訟
　　　　　　　　再調査の請求決定、審査裁決の取消しを求める訴訟
　　　　　　　　行政庁の不作為の違法の確認を求める訴訟

② 当事者訴訟 → 公法上の法律関係に関する確認の訴えその他の公法上の法律関係に関する訴訟
　　　　　　　　（例　過誤納金返還請求訴訟）

③ 民衆訴訟 → 行政機関の違法行為の是正を求める訴訟で自己の法律上の利益に関わらないもの

④ 機関訴訟 → 行政機関の間の紛争についての訴訟

（注）上記①及び②は、自己の権利利益の保護を目的とする「主観訴訟」であるのに対し、③及び④は、客観的な法秩序維持のための「客観訴訟」といわれている。

国家賠償法 → 国家賠償請求訴訟

国家賠償法1条　国又は公共団体の公権力の行使に当る公務員が、その職務を行うについて、故意又は過失によつて違法に他人に損害を加えたときは、国又は公共団体が、これを賠償する責に任ずる。
2　前項の場合において、公務員に故意又は重大な過失があつたときは、国又は公共団体は、その公務員に対して求償権を有する。

┌───┐
│ **違法な税務調査（無断で止め金を外す行為）（最高裁昭63.12.20判決）** │
└───┘

　　税務調査のため被調査者の店舗兼作業に臨場した国税調査官が、被調査者の不在を確認する目的で、被調査者の意思に反して同店舗内の内扉の止め金を外して同店舗兼作業場に立入った行為が違法であるとして、国に対し慰謝料の支払が命じられた。

訴訟要件	①　訴えの利益　理由附記のみの不備を理由（○） 　　　　　　　減額更正処分（○） 　　　　　　　更正・決定の取消しを求める訴訟の係属中に再更正がされた 　　　　　　　場合（判例（消滅説）：×） 　　　　　　　（最高裁昭32.9.1判決）
	②　不服申立前置
	③　出訴期間　→　処分・裁決のあったことを知った日から6か月
	④　執行不停止の原則

　　審理手続　→　原則として民事訴訟法に従って行う。

　　　　　　　　　行政事件訴訟法　→　職権証拠調べ

　　　　　　　　　　　　　　　　　　　職権による第三者・行政庁の訴訟参加

　　　　　　①　課税要件事実の存否・課税標準の立証手続は、原則として課税庁が負う。

　　　　　　②　訴訟段階での理由の差し替え

　　　　　　　　総額主義の立場　→　自由（判例・学説）

　　　　　　　　争点主義の立場　→　できない。

┌───┐
│ **理由の差し替えと総額主義（東京地裁平8.11.29判決）** │
└───┘

　　課税処分取消訴訟における実体上の審理の対象は、当該課税処分によって認定された税額の適否であり、課税処分における課税行政庁の認定等に誤りがあっても、これにより確定された税額が総額において租税法規によって客観的に定まっている税額を上回らなければ当該課税処分は適法と解すべきであること、白色申告に対する更正においても、異議決定や審査裁決に理由付記が要求されているにもかかわらず、一般に訴訟における理由の差し替えが許されていることとの均衡からみて、青色申告書に係る更正処分取消訴訟においても、更正処分庁は、被処分者に格別の不利益を与える場合でない限り、更正理由と異なる主張をすることが許されるものというべきである。

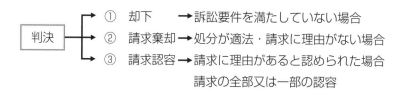

① 却下 → 訴訟要件を満たしていない場合
判決 ② 請求棄却 → 処分が適法・請求に理由がない場合
③ 請求認容 → 請求に理由があると認められた場合
請求の全部又は一部の認容

判決の効力 → 当事者のみならず第三者にも及ぶ。

関係行政庁 → 取消判決の場合は、判決の趣旨に従って行動する義務を負う。

コラム⑩ 「税務調査」と「理由附記」に思う

　経済社会の構造の変化に対応した税制の構築を図るための所得税法等の一部を改正する法律案、すなわち「税制構築法」の一部が平成23年11月28日に成立した。この中に、平成25年1月1日以後に行われる処分については、納税者の権利利益の保護を図る観点から、原則として、税務署長が行う、すべての処分について理由が附記されるということになった。従来は、青色申告者に対する更正処分等の場合に限って、処分時に理由を附記しなければならなかったのであるが、この改正で、国税に関する申請却下（納税の猶予の不許可、延納・物納の不許可等）及び不利益処分（税額等の更正・決定、加算税の賦課決定、青色申告の承認の取消し、督促、納税の告知等）のすべての処分について、書面による理由附記が要求されることになった。その根拠条文である国税通則法74条の14は「行政手続法の適用除外」を規定しているが、適用しないとする行政手続法第2章及び第3章から、第8条（理由の提示）及び第14条（不利益処分の理由の提示）を、この改正で除いたことから、結局、それを適用するという条文の読み方になったのである。

　ところで、この「理由附記」の改正は、税務調査に大きな影響を与えるものと思われる。例えば、従来、消費税の申告については、青色・白色という制度がなかったため、消費税の申告の更正処分等をした場合「理由の附記」は必要なかった。例えば、「みなし仕入率」（消令57）について、納税者の採用していた第3種事業が認められないとして、第4種事業の更正処分等をしたとしても、納税者に対して、課税庁は、その更正の「理由」を明らかにする必要はなかった。また、所得税において、青色申告制度が適用されるのは、「不動産所得」「事業所得」及び「山林所得」の3つの所得のみである。従って、それ以外の所得（一時所得、雑所得等）に対して、課税庁が更正処分等を行ったとしても、殊更「更正の理由」を示す必要はなかった。これは納税者の権利利益を保護する観点からも大きな問題であった。

　更に、賦課決定処分である重加算税（国通法68）についても、理由の附記は、なされなかった。この改正で、重加算税は、納税者に対する「不利益処分」であるところから、重加算税を賦課決定する場合に理由の附記が必要となった。重加算税が適用される要件の一つとして「隠ぺい仮装」がある。それまで、重加算税の賦課決定処分について、理由の附記が要求されていなかったことから、何が隠ぺい仮装に該当するのか、課税庁の重加算税に係る判断基準が納税者に知らされないこともあった。ときには、調査官から「重加算税をかける」などと高圧的に云われれば、何が隠ぺい仮装なのかを確認する前に、真面目な

納税者は怯えてしまって、調査官の言いなりになることもあった。また、調査官の重加算税に対する判断基準も区々である。更に、重加算税は、調査官の調査能力を判定する一つの基準になっている。税務調査の結果、重加算税を賦課決定するということは、調査の過程で、納税者の「隠ぺい仮装」を発見したということであるから、課税庁内で、当該職員は、調査能力が優れていると判定されるのであろう。これらの背景があることから、調査官は、重加算税に異常に執着するのである。

　この改正で、重加算税について、「理由の附記」が要求されることによって、これからは「隠ぺい仮装」の理由を明らかにしなければならなくなったことから、税務調査がどのように変化するか注視しなければならない。因みに、聞くところによれば、最近の税務調査において重加算税比率（調査件数に対する）は減少しているといわれている。

第7章　租税犯とその処罰

1　租税犯（脱税犯等）

　租税犯とは、税法がその違反行為（脱税等）に対して、「刑事罰」をもって制裁を加える対象者をいう。税法に違反する行為に対する制裁として、以下に示すように「行政上の措置」と「刑事罰」がある。

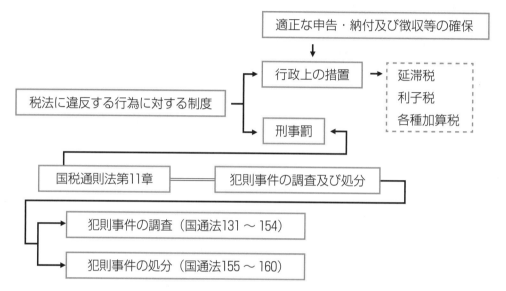

　（注）国税犯則取締法は、カタカナ・文語体で書かれ、その内容や用語が時代遅れになっていたことから、平成29年度税制改正で、ひらがな・現代用語に改めるとともに、同法を廃止し、その内容が国税通則法の第11章（犯則事件の調査及び処分）に編入された。

　重加算税の賦課決定については、逋脱犯との関係で二重処罰の問題が指摘されているが、最高裁は、二重処罰の禁止原則（憲法39）に反しないと判断している。

　ただ、重加算税は、本来の加算税の賦課目的を越えた懲罰的な制裁であるとの考え方もある。

　（注）憲法39条後段は、「同一の犯罪について、重ねて刑事上の責任を問はれない」と規定している。

```
┌─────────── 二重処罰（最高裁昭33.4 .30判決）───────────┐
│  国税通則法68条に規定する重加算税は、同法65条ないし67条に規定する各種の加算    │
│ 税を課すべき納税義務違反が課税要件事実を隠ぺいし、または仮装する方法によって   │
│ 行われた場合に、行政機関の行政手続により違反者に課せられるもので、これによっ   │
│ てかかる方法による納税義務違反の発生を防止し、もって徴税の実を挙げようとする   │
└──────────────────────────────────────────┘
```

趣旨に出た行政上の措置であり、違反者の不正行為の反社会性ないし反道徳性に着目してこれに対する制裁として科せられる刑罰とは趣旨、性質を異にするものと解すべきであって、それゆえ、同一の租税逋脱行為について重加算税のほかに刑罰を科しても憲法39条に違反するものでないことは、当裁判所大法廷判決の趣旨とするところである。

(注) アメリカも日本の憲法39条と同旨の規定を有しており、アメリカでも併科が容認されていることが、わが国の大法廷判決に大きな影響を与えたともいわれている。

【過料と科料の相違】

　過料は、軽い法令違反に対して一定の金銭の納付を命ずるものであるが刑罰ではない。これに対して、科料は、比較的軽い犯罪に対して科せられる刑罰で、罰金と同様に一定の金銭の納付を命ずるものである。科料は、１千円以上１万円未満とする点で罰金（１万円以上／刑法15）と異なる（刑法17）。

　租税犯は、以下に示すように「脱税犯（広義）」と「租税危害犯（租税秩序犯）」との２つに大別することができる。すなわち、租税犯の類型は、①租税の納税義務を免れることを内容とした国家の課税権を直接侵害する「脱税犯」と②国家の租税債権規定及び徴収権の正常な行使を阻害する危険があるために罰せられる「租税危害犯」に分けることができる。

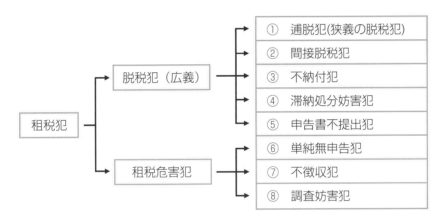

①	逋脱犯(狭義の脱税犯)
②	間接脱税犯
③	不納付犯
④	滞納処分妨害犯
⑤	申告書不提出犯
⑥	単純無申告犯
⑦	不徴収犯
⑧	調査妨害犯

① 　逋脱犯（狭義の脱税犯）

　納税義務者又は徴収納付義務者が、偽りその他不正の行為（逋脱の意図をもって、その手段として税の賦課徴収を不能もしくは著しく困難ならしめるような何らかの偽計その他の工作を行うこと：最高裁昭42.11.8判決）により、租税を免れ、又はその還付を受けたことを構成要件とする典型的な犯罪

　具体例　→　「二重帳簿の作成」「帳簿への虚偽記入」「虚偽申告」等

② 間接脱税犯	
租税収入を確保するために特定の行為を一般的に禁止している場合に、許可を受けずにその行為をなすことを構成要件とする犯罪 具体例　→　「酒類の密造」「外国貨物の密輸入」等	

③ 不納付犯
徴収義務者が、納税義務者から徴収して納付すべき租税を納付しないことを構成要件とする犯罪 具体例　→　「源泉徴収すべき所得税の不納付」「特別源泉徴収すべき地方税の不納付」等
④ 滞納処分妨害犯
滞納処分の執行を免れる目的で財産の隠蔽・損壊その他国の利益を害する行為をすることを構成要件とする犯罪
⑤ 申告書不提出犯（平成23年6月改正）
故意に確定申告書、修正申告書等を所定の提出期限までに提出しないことにより租税を免れることを構成要件とする犯罪
⑥ 単純無申告犯
正当な理由がなくて、納税申告書を所定の提出期限までに提出しないことを構成要件とする犯罪
⑦ 不徴収犯
徴収義務者が、納付義務者から徴収すべき租税を徴収しないことを構成要件とする犯罪
⑧ 調査妨害犯
税務職員の行う質問に対し答弁せず、偽りの答弁をし、検査を拒み、妨げ、もしくは忌避し、又は検査に関し偽りの記載をした帳簿書類等を提出するなどの行為を構成要件とする犯罪

2 脱税犯の罰則

　脱税犯の罰則は、租税の種類によって一部異なるが、一般的には、次のようにそれぞれ逋脱等の内容（悪質度）によってペナルティーは異なる。

■ 所得税・法人税等の直接税を逋脱した場合（所法238、法法159）
10年以下の懲役もしくは1,000万円以下の罰金に処し、又はこれを併科する。
■ 源泉徴収されるべき所得税を逋脱した場合（所法239）
10年以下の懲役もしくは100万円以下の罰金に処し、又はこれを併科する。
■ 消費税の逋脱及び消費税脱税犯の場合（消法64）
10年以下の懲役もしくは1,000万円以下の罰金に処し、又はこれを併科する。
■ 不納付犯の場合（所法240）
10年以下の懲役もしくは200万円以下の罰金に処し、又はこれを併科する。

■　滞納処分妨害犯の場合（国徴法187）
3年以下の懲役もしくは250万円以下の罰金に処し、又はこれを併科する。
■　申告書不提出犯の場合（所法238③④、法法159③④）
5年以下の懲役もしくは500万円以下の罰金に処し、又はこれを併科する。
■　没収・追徴
刑法の没収及び追徴の規定は、租税犯についても適用する。 　酒税法・関税法　→　必要的に没収する規定がある（酒法54④、関法118①）。 　没収できない場合は、追徴することができる。

（注）租税危害犯については、「1年以下の懲役又は50万円以下の罰金」になっている。

3　脱税犯と責任

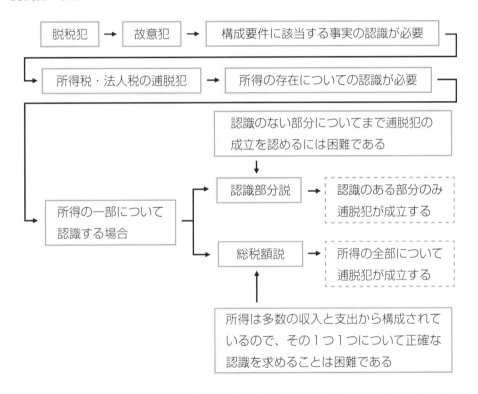

　法人の代表者又は代理人、従業員等が、法人等の罰則規定に違反する行為をしたときは、その行為者を罰するほか、その法人等に対して罰則規定の罰金を科する旨を定めて、行為者のほか、業務主をも罰することとしている（両罰規定）。

　所論所得税、物品税の逋脱罪の構成要件である詐偽その他不正の行為とは、逋脱の意図をもつて、その手段として税の賦課徴収を不能もしくは著しく困難ならしめるようななんらかの偽計その他の工作を行なうことをいうものと解するのを相当とする。

単純不申告と偽りその他不正の行為（最高裁昭24.7.9判決）

　現行法第69条１項は詐欺その他不正の行為によつて所得税を免れた行為を処罰しているがそれは詐欺その他不正の手段が積極的に行われた場合に限るのである。それ故もし詐欺その他の不正行為を用いて所得を秘し無申告で所得税を免れた者はもとより右規定の適用を受けて処罰を免れないのであるが、詐欺その他不正行為を伴わないいわゆる単純不申告の場合にはこれを処罰することはできないのである。

逋脱犯の成立（東京高裁平７.12.20判決）

　被告人は、過少申告をした後「更正があるべきことを予知」しないで自発的に修正申告をした場合には、重加算税が課されないのであるから、より強い違法性を前提としているはずの所得税逋脱犯も成立しない旨主張するが、納期限前に虚偽過少申告をした場合の逋脱犯は、法定納期限経過時に既遂に達し、その後の修正申告によって影響を受けない。重加算税は、納税義務違反を防止し、公平な徴税を勧める趣旨から、行政機関によって違反者に対し課せられる税であって、更正があるべきことを予知しないで修正申告をした場合には課されないのであるから、特に自主的に正確な修正申告を行わせることを重視したものである。これに対し、逋脱罪は、偽りその他不正の行為により所得税を免れる行為を対象とし、その反社会性に着目し、これに対する制裁として刑罰を科するものであって、重加算税とは、趣旨、性質及び要件を異にしている。そうすると、逋脱罪は、重加算税を課する要件が備わった場合に初めて成立するものではなく、修正申告の有無に関わりなく、規定された要件に該当する場合に成立するものである。

4　租税犯則調査の種類

　租税犯則調査とは、犯則事件の証憑を収集して、犯則事実の有無と犯則者を確定させるための手続であり、「告発」又は「通告処分」を終局の目的として行われるものである。租税犯則調査の手段は、次のように、「任意調査」と「強制調査」とに分けることができる。

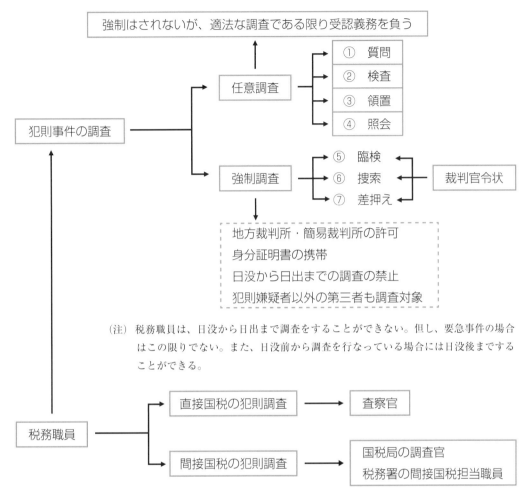

（注）　税務職員は、日没から日出まで調査をすることができない。但し、要急事件の場合はこの限りでない。また、日没前から調査を行なっている場合には日没後まですることができる。

（注）　「間接国税」とは、①課税貨物に課される消費税、②酒税、③たばこ税、④揮発油税、⑤地方道路税、⑥石油ガス税、⑦石油税をいう。

①	質問とは、犯則嫌疑者又は参考人に対して、問を発して答弁を求めることである（国通法131①）。
②	検査とは、犯則嫌疑者又は参考人が持っている物件、帳簿、書類などについて、その存在及び性質、形状、現象その他の状態を知覚、認識することである（国通法131①）。
③	領置とは、犯則嫌疑者又は参考人が任意に提出した証憑と思われる物件又は没収品に該当する物品と思われる物件の占有（所有権の有無に関係なく物を事実上支配すること）を取得することをいう（国通法131①）。
④	照会とは、官公署又は公私の団体に対して、文書等によって必要な事項の報告を求めることである（国通法131②）。
⑤	臨検とは、犯則嫌疑者又は参考人の所持する犯則事件に関係のある帳簿、書類、その他

の物件又は住居その他の場所について、五官を働かせ、その存在及び性質、形状、現象その他の状態を強制的に調査することをいう（国通法132①）。

　なお、五官とは、五感（視覚、聴覚、臭覚、味覚、触覚）を生ずる５つの感覚器官、すなわち、目、耳、鼻、舌、皮膚をいう。そして、五官の作用とはこれらの器官を働かせて物の存在、状態などを観察することをいう（国通法132①）。

⑥　捜索とは、犯則嫌疑者又は参考人の身体もしくは所持する物件について、犯則の事実を証明する帳簿、書類その他の証憑を強制的に捜すことをいう（国通法132①）。

⑦　差押えとは、犯則嫌疑者又は参考人が持っている、犯則事件の証憑と思われる物件又は没収品に該当する物品と思われる物件の占有を強制的に取得することで、相手方の承諾の有無などに関係なく行うことができる（国通法132②）。

税務調査と租税犯則調査（最高裁昭51.7.9判決）

　租税の賦課、徴収を適正ならしめるために納税義務者等に対しなされる純然たる行政手続きである（しかもこれに応じない場合は罰則の適用をも伴うものである）から、かかる行政目的を逸脱して、同法所定の調査の場合と全くその目的性格を異にする犯則調査のための手段として、若しくは犯罪捜査を有利に行わんがために右の質問検査権を行使し、調査に「籍口」して証拠資料を収集するがごときことの許されないものであることは、憲法35条、38条の法意に照らし、蓋し当然の事理であるというべく、所論指摘の法人税法156条は、各種税法上の同旨の規定と同様、右の当然の事理を明確化したものであると解される。

　税務職員は、「質問」「検査」「領置」「臨検」「捜索」「差押え」をした場合には、その顛末を記載した「調書」を作成しなければならない。

　調書の作成要領は、次のとおりである。

①　調書の作成者（税務職員）

②　調書作成場所・時期（即時に作成）

③　調書の記載事項は、質問、検査、領置、臨検、捜索又は差押えの事実、場所及び時並びに答弁の要領（国通令52）

④　調書作成の形式的要件

　イ　確認（立会人又は質問を受けた者に調書を示さなければならない）

　ロ　署名（自署）押印（立会人又は質問を受けた者）

　　なお、押印には「指印」をも含む。

　ハ　契印（書類の枚数が２枚以上の場合）

　ニ　文字の挿入・削除（国通令56②）

○税務職員が租税犯則調査を行う理由

①　租税犯の証拠の収集と判定については特別の知識と経験が必要であること。

②　犯則事件の発生件数がきわめて多く、その処理を検察官の負担にまかせることが実

際問題として困難なこと。

「事実の認定」は証憑によらなければならない。証憑は、次のように分類される。

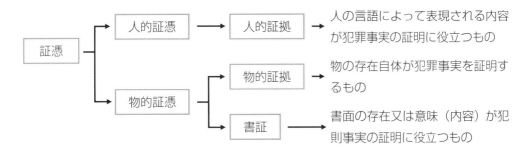

5　犯則事件の処理

　税務職員の調査によって、犯則があると思われたときには、調査した税務職員は検察官に告発しなければならない（国通法155）。

　税務職員は、間接国税に関する犯則事件の調査を終了したときには、国税局長又は税務署長に報告することを原則とするが、次の場合には、直ちに告発の手続きをしなければならない（国通法156①）。

①　犯則嫌疑者の居所が不明の場合

②　犯則嫌疑者が逃走する恐れがある場合

③　証憑隠滅の恐れがある場合

　通告処分とは、「国税局長又は税務署長は、間接国税に関する犯則事件の調査により犯則の心証を得たときは、犯則者に対して、一定の例外に該当する場合を除き、その理由を明示して、罰金又は科料に相当する金額等を指定の場所に納付すべきことを通告しなければならない。通告処分は、行政処分であるが、刑事訴訟の手続によらない行政上の科刑に代わる手続」（行政権による略式の処罰手続）である（国通法157①）。

　地方税のうち、①ゴルフ場利用税、②軽油引取税、③入湯税及び④たばこ税の犯則事件については、通告処分の制度が適用される（地法22の28、地令6の22の4）。

（注）　通告処分は、罰金又は科料に処すべき場合についてのみ行われる。

■ 査察調査の着手・告発件数等（令和4年度）

	着手件数	処理件数	告発件数	告発率	脱税総額 （告発分）	1件当たり脱税額 （告発分）
全国	145	139	103	74.1%	10,019百万円	97百万円

（国税庁統計）

（注）着手件数とは、強制調査に着手した件数。

処理件数とは、検察官への告発の可否を最終的に判断した件数。

■ 通告処分の問題点

① 行政権によって実質的には刑罰に当たる負担を課することが、裁判を受ける権利の侵害にならないのか。

【通説】 一般に、通告処分は拘束力を持たず、通告処分の旨を履行するかどうかは犯則者の自由であって、犯則者がそれを履行しない場合は、国税局長又は税務署長の告発及び検察官の公訴の提起をまって刑事裁判が進行を開始し、犯則者は、通告の対象となった犯則事実の有無等をそこで争うことができるから、通告処分制度は裁判を受ける権利を害するものではない。

② 間接税の犯則事件についてのみ通告処分制度を採用することが合理的なのか。

【通説】 間接税の犯則件数が直接税のそれに比してはるかに多いから、裁判所の負担を過重にしないためには行政権による略式の処罰手続が必要なのである。

【調査から告発及び裁判までのフローチャート】

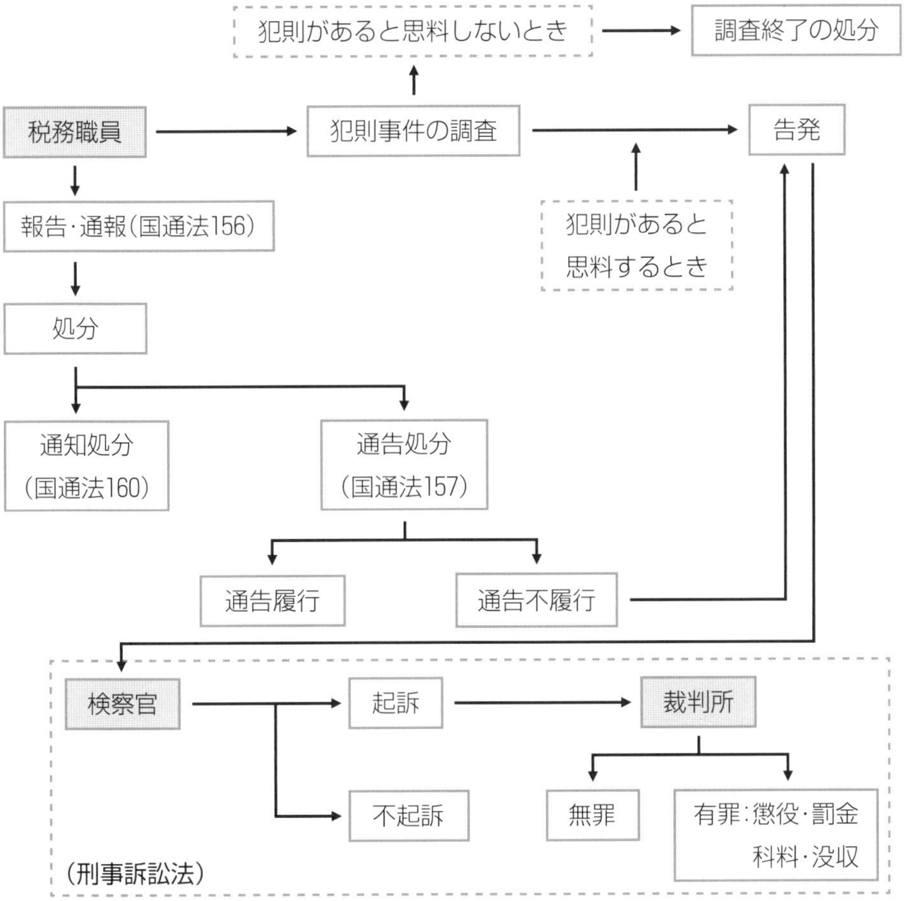

■　偽りその他不正の行為と故意

　　国税通則法70条４項（除斥期間）で定める「偽りその他不正の行為」の規定には「故意」は要求されない。その理由は、除斥期間そのものは、納税者が本来負担すべき正当な税額を求めるもので、納税者に格別の制裁・不利益を与えるものでない故である。

　　これに対し、所得税法238条などに規定している「偽りその他不正の行為」には「故意」が求められる。各税法の罰則規定は、刑法８条（他の法令の罪に対する適用）により、刑法総則が適用され、刑法38条１項の「罪を犯す意思がない行為は、罰しない。」という規定が適用される。

■　協議・合意制度（司法取引）

　　刑事訴訟法の改正（平成28年５月24日／平成30年６月１日施行）によって、協議・合意（いわゆる「司法取引」）制度が新設された（刑訴法350の２〜350の15）。「司法取引」とは、被疑者・被告人が、共犯者等の他人の特定の犯罪事実について一定の協力をすることと引換えに、検察官が裁量の範囲内で、処分や訴追に関する恩典を与えることを両者が合意する制度である。経済犯である「脱税」も司法取引の対象になった。

　「Loophole」とは、「抜け穴」を意味するが、諺で「Every law has a loophole」といわれているように、法律で Loophole をすべて埋め尽くすことはできない。

　東京地裁（平17.3.11決定）は「新株予約権発行差止仮処分命令申立」（フジテレビ・ニッポン放送 VS ライブドア）で、フジテレビの主張する「立会外取引による大量株式取得の批判」について、「強制公開買付制度の趣旨から考えると、ライブドアの（立会外取引）買付行為は批判されるかもしれないが、当該立会外取引を取引所有有価証券市場でないと解することができない以上、証券取引法27条の2の規定に違反することはできない」と判断した。そして、そのように解さなければ、「仮に、明文により規制の対象となっていない取引について、事後に法解釈を拡張することにより規制の対象とするとすれば、市場参加者の予測可能性を欠き、ひいては我が国の証券流通市場の公平性や透明性を損なうおそれもあろう」と述べている。

　東京地裁の結論は、当然であろう。租税回避についても、法解釈を拡張して否認されると、同様に、納税者の予測可能性を欠くことになる。ライブドアは、Loophole として「立会外取引」を利用したのであるが、その後「証券取引法の一部改正」（平17.7.9施行）の改正によって、立会外取引の規制が行われた。立法で Loophole を埋めようとする改正は、法治国家として正しい。

　フジテレビとの事件後、ライブドアは、風説の流布、偽計取引を行い、市場を欺いたとして、東京地検特捜部によって、役員らが逮捕された。証券取引法158条は、有価証券取引等のため、又は有価証券等の相場の変動を図る目的で、虚偽の情報や合理的根拠のない噂を流すこと（風説の流布）、虚偽の説明等他人を欺く手段（偽計）を禁止し、これに違反した場合には、同197条1項7号で、5年以下の懲役若しくは500万円以下の罰金に処せられ、又は併科される。

　さらに、ライブドア本体の2004年9月決算を連結ベースで約53億円の粉飾をしたとして、有価証券報告書の虚偽記載として、同社の役員らが再逮捕された。報道によれば、M&A の際、株式交換名目で発行した自社株を買収先に割り当てず、売却益を還流させる手口で、不正の売上を捻出し、さらに、子会社化予定企業の預金など約15億円も宣伝業務の受注を装って本体に吸い上げたという。これらが事実であるとするならば、ライブドアの行為は、Loophole ではなく違法行為といえる。

　山一証券、ヤオハンジャパン、三田工業、カネボウなどの一連の粉飾事件をみると、経営者自身、「粉飾」を Loophole に近いものとして意識しているのか、「粉飾」に対してはあまり罪の意識を持たないようである。財務諸表の粉飾は、一般の投資家を欺くもの（証券市場を撹乱するもの）であるから、その社会的な影響は「逆粉飾」以上に大きい。ライブドアや同社の役員らに対しては、証券取引法違反事件で、同社の株価が下落し、損害を受けた個人株主らが、「株主救済弁護団」を結成し、損害賠償請求訴訟を起こしたと報道されている。

　ライブドア事件では、会計の専門家として「税理士」と「公認会計士」が登場する。税理士は企業内税理士、そして公認会計士はライブドアの監査を担当していた中小監査法人

の会計士である。税理士が企業内で財務諸表を作成することを前提とする、新会社法の「会計参与」の制度上の危惧がライブドア事件で顕在化したようにも思える。企業組織の中で専門家としての立場を堅持できるのか否か疑わしいし、また、粉飾に対しての免疫のない税理士が経営者から粉飾を求められた場合、どこまで粉飾の怖さを認識し、専門家の意見を保持することができるのか、疑問である。税務調査では、「粉飾」に対してほとんど指摘されないのであるから、そのような環境の下で仕事をしてきた税理士にとっては、粉飾の怖さを「逆粉飾」以上に認識することができないと思われる。

　しかしながら、逆粉飾は、納税者と課税庁（国）の 1 対 1 の関係であるのに対し、粉飾は、企業と投資家（多数）との関係であることを考えるならば、粉飾に係る責任問題は、逆粉飾よりも大きいことを認識し得るであろう。

　ライブドアの粉飾に関与し、在宅起訴された 2 人の公認会計士は、「顧客を失うことを恐れ、不正経理を知りながら適正意見を付した」と供述しているという。この中小監査法人は、2006 年 6 月末に解散したのであるが、ライブドアの株主らから同監査法人の公認会計士に対して損害賠償が請求されている。我々は、ライブドア事件を契機として、多くの教訓を学ばなければならないのである。

コラム⑫　競馬脱税と単純無申告犯

　大阪地裁で、平成25年 5 月23日に「競走馬の払戻金を巡る脱税事件」の判決が下された。「外れ馬券購入費」を収入金額から控除できるか否かについて、課税庁と納税者の間で争われた事件である。馬券の払戻金が30億円という巨額の金額であったが故に、この事件に対する国民の関心は高く、新聞・テレビもこぞって、その当日の夜に、この判決の報道が行われた。その日、私も午後からの大学院の授業中に、関西テレビ放送・テレビ大阪から、テレビ取材を受け、この判決のコメントを求められた。結論から言えば、妥当な判決であろう。要は、所得の種類が、「一時所得」か「雑所得」のいずれに該当するかの争いである。一般に、租税法の教科書では、競馬の払戻金は、一時所得に該当すると説明されている。また、所得税基本通達34-1（一時所得の例示）においても「競馬の馬券の払戻金」は、一時所得に該当すると示されている。従って、通常であれば、競馬の払戻金は、一時所得なのである。そして、仮に、一時所得であれば、「…総収入金額からその収入を得るために支出した金額（その収入を生じた行為をするため、又はその収入を生じた原因の発生に伴い直接要した金額に限る。）の合計額を控除し…」（所法34②）と規定されていることから、外れ馬券購入額は、返戻金に直接要した金額でない故に、総収入金額から控除することはできない。しかしながら、雑所得については、「…総収入金額から必要経費を控除した金額…」（所法35②二）と規定され、外れ馬券額も必要経費として控除することになる。すなわち、必要経費には、「直接要した費用」以外にも「所得を生ずべき業務について生じた（間接）費用」についても含まれることになる。もともと、一時所得は、「臨時的、偶発的な所得」であるから、その収入を得るために直接的に要した金額のみを総収入金額から控除するという考え方を採っている。事業所得や雑所得のように、その総収入金額の発生原因が広範なものと、限られた収入を前提とする一時所得は異なるのである。総収入

金額の発生原因が広いものであるならば、それに対する必要経費も「直接要した金額」に限定することはできない。当然に、総収入金額の発生に間接的に貢献する費用も含まれてくるのである。

　一時所得は、「利子所得から譲渡所得以外の所得のうち、営利を目的とする継続的行為から生じた所得以外の一時の所得で労務その他の役務又は資産の譲渡の対価としての性質を有さないもの」（所法34①）と規定されている。すなわち、「営利を目的とする継続的行為から生じた所得」であるのなら、一時所得に該当しない。そして、利子所得から譲渡所得の8種類の所得以外であれば、結局「雑所得」になるのである。従って、「市販ソフトを改良した予想システムで、インターネットで馬券の購入を始め、土日に開催される全国の中央競馬のほぼ全レースに賭け続け、3年間で約30億円の払い戻しを受けた」行為が、「営利を目的とする継続的行為から生じた所得」に該当するか否かであるが、大阪地裁は、馬券購入に対して「娯楽として楽しむためでなく資産運用の一種と理解できる」と述べ、当該行為を「利益目的の継続的行為」として、「雑所得」に該当すると判断した。従って、大阪地裁においては、納税者の主張がほぼ認められたことになる。しかし、無申告であることに対しては、納税者に対して、「懲役2月、執行猶予2年（求刑懲役1年）」の言い渡しがあった（単純無申告犯（所法241）の有罪については、弁護側は控訴しない方針）。我が国の申告納税制度に対する納税者の義務違反に対して、裁判所は「申告義務をないがしろにした納税意識に欠けた犯行」といい、敢えて、「無申告の競馬ファン」に対して警告を発したのかもしれない。しかしながら、このような競馬の払戻金に対する無申告の土壌の責任は、日本中央競馬会（JRA）や国税当局にも一部あると指摘されている。両者は、もっと、競馬ファンに対して、申告義務の周知を徹底すべきであったともいわれている。ともあれ、この判決を契機に、競馬ファンは、競走馬の払戻金に対する申告の必要性を肝に銘じなければならない。

　平成26年5月9日の大阪高裁においても、大阪地裁と同様に雑所得に該当すると判断され、更に、最高裁（平成27年3月10日判決）でも「競馬の馬券の払戻金はその払戻金を受けた者の馬券購入行為の態様や規模等によっては、一時所得ではなく、雑所得に該当する場合があり、その場合においては外れ馬券も所得金額の計算より控除すべきである」との判断を下した。これを受けて国税庁は、競馬の馬券の払戻金等に係る課税上の取扱いを定めた所得税基本通達34-1を改正した。

第Ⅱ部
各　論

『租税は文明の対価である。それゆえ、自分はよろこんで租税を払う』

　　(オリバー・ウェンデル・ホームズ・ジュニア（Oliver Wendell Holmes Jr.）1841-1935／
　　米国の連邦最高裁判所判事)

『所得税は己の良心にかけられた税と認識すべきである』

　　(ジョン・スチュアート・ミル（John Stuart Mill）1806-1873／英国の哲学者・経済学者)

『私は最近いろいろな機会に「日本を無税国家－税金のいらない国にしよう」ということ
を話しています。もちろん今すぐにというわけではなく、21世紀にということですが、
これは必ずできると思うのです』(松下政経塾の第1期生入学式)

　　(松下幸之助／1894-1989／実業家（パナソニック創業者))

『いかにもおれは税務署長だ。きさまらはよくも国家の法律を犯してこんな大それたこと
をしたな。おれは早くからにらんでゐたのだ。もうすっかり証拠があがってゐる。おれ
のことなどは潰すなり灼くなり勝手にしろ。もう準備はちゃんとできてゐる。きさまた
ちは密造罪と職務執行妨害罪と殺人罪で一人残らず検挙されるからさう思へ。』(小説「税
務署長の冒険」の中で、シイタケ商人を装った税務署長が「密造酒者」に捕まったとき
のセリフ)

　　(宮沢賢治／1896-1933／詩人・童話作家)

第1章　所得税

所得税は、明治20年（1887年）に創設された個人の所得に対して課税する租税である。

応能原則　→　担税力の測定　→　所得が最適

個人の人的事情の考慮　→　扶養控除・医療費控除・寡婦控除・ひとり親控除等

所得税の形態	
① 分類所得税 …… 各種所得ごとに別々に課税	
→ 担税力は所得の種類ごとに異なる	
② 総合所得税 …… 全所得を合算して課税	
→ 総合的な所得が担税力を示している	

※　日本の所得税は、基本的に「総合所得税」を採用しているが、一部、利子所得、配当所得、株式譲渡、土地等の譲渡等で「分離課税」を採用している。

1　課税単位

所得税における課税単位（tax unit）とは、課税の基礎となる人的単位をいう。

課税単位 ｛ 個人単位主義 / 消費単位主義 ｛ 夫婦単位主義 / 家族単位主義

①	個人単位主義 → 日本
②	夫婦単位主義 → 二分二乗方式
	アメリカでは、選択によって「夫婦合算申告（Married Filing Jointly）」を行うことができる。なお、既婚者の判定は、その年の12月31日の現況による。
	Married taxpayers can choose between filing a joint tax return or a separate tax return.
	The Married Filing Jointly filing status provides more tax benefits than filing separate returns, but taxpayers will need to weigh the pros and cons and decide for themselves which is the best filing status.
	By filing a joint tax return, both spouses report all their income, deductions, and credits.
	Both spouses must sign the return, and both spouses accept full responsibility for the accuracy and completeness of the information reported on the tax return.
	(注) 夫婦合算申告が法制化された契機として、「Lucus V Earl 事件（281 U.S. 111. 1930）」がある。
	ドイツでは判例で夫婦二分二乗課税が評価されている。すなわち、「二分二乗課税方式は、担税力に応じた課税の原則に適合する」（ドイツ連邦憲法裁判所1982.11.3判決）であり、ドイツの所得税法では、「合算課税」と「個別課税」との選択制を採っている。
③	家族単位主義 → **所得税法56条**（租税回避防止規定）

（注）日本では法定財産制として夫婦別産制を採用している（民法762①）。なお、戦前は家族（世帯）単位主義が採られていた。

戦後、しばらく世帯単位課税を行っていたが、シャウプ勧告を受けて、昭和25年の税制改正で、個人申告制度に変更するときに、個人単位課税の例外としてみなす、事業所得の規定（旧所得税法11条の２）が導入され、その後、昭和27年、同32年の改正を経て、所得税法56条は、昭和42年の所得税法の全文改正によって設けられた。しかしながら、経済的独立性と個人の立場が尊重される現代の社会生活において、所得税法56条の廃止を唱える者は多い。

設例

生計を一にしている子供が所有している宅地の上に、母親が賃貸マンションを建て、不動産所得を得ている場合、所得税法56条が適用されるとしたら、どのような申告をすべきか、次のうち正しいものを選びなさい。

> 賃貸マンションから生じる収入金額 ➡ １億円
>
> 母親が子供に支払った地代 ➡ 5,000万円
>
> 賃貸マンションから生じる経費（減価償却費・支払利息等） ➡ 1,000万円
>
> 子供が支払った土地の固定資産税 ➡ 1,000万円

① 母親が不動産所得8,000万円で申告する。

② 母親が4,000万円、子供が4,000万円でそれぞれ不動産所得の申告をする。

③ 母親が不動産所得4,000万円で申告し、子供は申告する必要がない。

④ 子供が不動産所得4,000万円で申告し、母親は申告する必要がない。

妻税理士・夫弁護士事件　→　所得税法56条（東京高裁平16.6.9判決／最高裁平17.7.5判決）

弁護士である被控訴人が税理士である妻との間の顧問税理士契約に基づき妻に税理士報酬等を支払い、被控訴人の税務申告の際、同報酬を必要経費として申告したところ、税務署長は、同報酬が所得税法56条の「生計を一にする配偶者」に対して支払ったものに該当するから必要経費として認められないとして各更正の決定をしたところ、被控訴人は控訴人国及び被告等に対し、同報酬が被控訴人の必要経費として認められないことにより被控訴人が負担させられた金額につき誤納金として返還するよう求め、原審は請求を認容したことから、これを不服として控訴人らが控訴した事案において、同報酬の支払は56条の適用要件に該当するところ、56条自体が違憲であるとはいえず、また、被控訴人と妻とが家計内で所得税の負担の調整を図ることが可能であることからすれば、本件について56条を適用することが違憲であるとはいえない。

(注) 同様のものとして、妻弁護士・夫弁護士事件（最高裁平16.11.2判決）があるが、納税者が敗訴している。

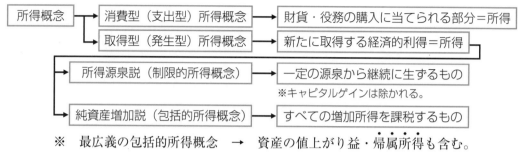

※　最広義の包括的所得概念　→　資産の値上がり益・帰属所得も含む。

（注）帰属所得とは、自己の財産の使用又は占有から生ずる利益等をいう。

2　所得税の納税義務者

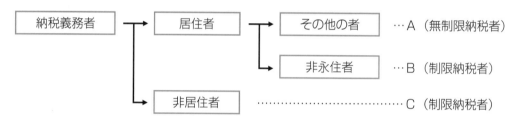

（注）納税地は原則として住所地であるが、住所のない場合は居所地、居所もない場合は事務所の所在地等である（所法15）。民法22条では、住所について「各人の生活の本拠をその者の住所とする」と規定している。居所とは、継続して居住しているものの生活の本拠というほどその場所との結びつきが強くない場所のことで、住所が知れない場合には、その者の居所が住所とみなされる（民23①）。

| A → 全世界所得課税（所法7①一） |
| B → 国内源泉所得　＋　国外源泉所得で国内で支払われ、又は国外から送金されたもの（所法7①二） |
| C → 国内源泉所得（所法7①三） |

その他の者	日本国内に住所又は1年以上居所を有する者（所法2三）
非永住者	日本国籍を有さず、かつ、過去10年以内に国内に住所又は居所を有していた期間の合計が5年以下の者（所法2四）
非居住者	居住者以外の者（所法2五）

※　国際間の二重課税防止規定（所法95①）　→　外国税額控除

※　非居住者に対する課税の方法（所法164、所基通164-1）

設例

　次の(1)及び(2)について説明しなさい。

（注1）各所得及び所得控除の概要についての説明は要しない。

（注2）租税条約に関する事項は考慮する必要はない。

(1)　日本国籍を有しないＡは、令和２年５月１日に日本に初めて入国し、現在まで引き続き日本国内に住所を有している。Ａが令和４年12月31日まで引き続き日本に住所を有し、令和４年分の確定申告をする場合、所得税法上、Ａは、居住者（非永住者以外の居住者）、居住者（非永住者）又は非居住者のいずれに該当するか、その理由も併せて説明しなさい。

　　また、その場合のＡの課税所得の範囲及び申告において適用される所得控除の種類について説明しなさい。

(2)　日本国籍を有しないＢは、内国法人Ｃ社に15年間勤務していたが、令和３年12月に５年間の予定でＣ社の海外支店に勤務となり、納税管理人を定めて出国した。Ｂは、日本勤務中に住んでいた自宅を令和４年１月からＣ社へ社宅として賃貸し、Ｃ社から賃貸料を得ている。

　　この場合、Ｂの令和４年分の確定申告等について、以下の①〜③の事項をそれぞれ説明しなさい。

　　なお、Ｂは、出国後、日本国内に住所及び居所を有しておらず、国内に親族や上記自宅以外の資産を有していない。

①　Ｂは、居住者（非永住者以外の居住者）、居住者（非永住者）又は非居住者のいずれに該当するか、その理由も併せて説明しなさい。

②　Ｂが得る賃貸料について、課税方法を説明しなさい。

③　Ｂの申告において適用される所得控除の種類について説明しなさい。

（令和４年度税理士試験問題「所得税」）

3　所得の種類

所得の種類		条　文	内　容
所得の種類	①　利子所得	（所法23）	預貯金などの利子
	②　配当所得	（所法24）	株式等の配当
	③　不動産所得	（所法26）	不動産の賃貸による所得
	④　事業所得	（所法27）	事業からの所得
	⑤　給与所得	（所法28）	給料、賞与等
	⑥　退職所得	（所法30）	退職手当金、一時恩給
	⑦　山林所得	（所法32）	山林の立木の売却
	⑧　譲渡所得	（所法33）	資産の譲渡
	⑨　一時所得	（所法34）	満期返戻金等
	⑩　雑所得	（所法35）	年金、その他

①　**利子所得**　→　公社債・預貯金の利子、合同運用信託（貸付信託など）・公社債投資信託の収益の分配などによる所得

　　※　利子所得の源泉分離課税（措法３、３の３、地法71の５、71の６）

　　　国税15%・地方税５%（割引債の償還差益18%又は16%）

収入金額＝所得金額（所法23②）

(注) 公共法人等の利子・配当については、所得税を課さない（所法11）。

② **配当所得** → 法人から受ける利益の配当、証券投資信託（公社債投資信託を除く）の収益の分配などによる所得

　　※　収入金額－株式など元本を取得するために要した負債利子＝所得金額

　　　　みなし配当（所法25）

　　　　源泉徴収の対象（国税15％・地方税５％）

　　　　税額控除の制度　→　二重課税の調整

(注) 株式分配が配当所得となる剰余金の配当又は利益の配当から除外された（平成29年度改正）。なお、株式分配とは、現物分配（剰余金の配当又は利益の配当に限る）のうち、その現物分配の直前において完全子法人の当該発行済株式等の全部が移転するものをいう（法法２十二の十五の二）。

設例

令和５年中に居住者Ａが国内において受け取った上場株式の配当の税務上の取扱いについて、次の(1)～(4)の事項を説明しなさい。なお、非課税制度（いわゆる NISA 制度）について考慮する必要はない。

(1)　配当の支払いを受ける際の課税

(2)　配当所得の金額の計算

(3)　配当所得に関する課税方法

(4)　居住者Ａの申告において、上記(3)の課税方法それぞれの場合に適用される主な所得税における制度

（令和５年度税理士試験問題「所得税」）

■　「特定非課税累積投資契約に係る非課税措置」（NISA 制度）
　　（措法９の８、37の14、附則34）

令和５年度税制改正で、NISA 制度について、非課税保有期間が無期限化し、年間投資上限額が120万円の「つみたて投資枠」と、240万円の「成長投資枠」が設けられ、この二つの枠は併用可能となり、更に、生涯非課税限度額の総額は1,800万円となった。また、「成長投資枠」については、1,200万円となった（令和６年１月から適用）。

NISA 制度	年間非課税投資枠・対象資産	一生涯の非課税限度額
つみたて投資枠	120万円（40万円） 積立・分散投資に適した一定の投資信託	1,800万円
成長投資枠	240万円（120万円） 上場株式・投資信託等	枠内1,200万円

(注)　カッコの金額は、改正前。口座開設期間　→　恒久化となる。対象年齢は18歳以上。非課税保有期間は、無期限である。

株主優待金と利益配当（最高裁昭35.10.7判決）

　いわゆる株主優待金なるものは、損金計算上利益の有無にかかわらず支払われるものであり、株金額の出資に対する利益金として支払われるものとのみは断定し難く、取引会社における利益配当と同一性質のものであるとはにわかに認め難いものであり、されば優待金は所得税法上の雑所得にあたるかどうかはともかく、またその全部若しくは一部が法人所得の計算上益金と認められるかどうかの点はともかく、旧所得税法9条（所得の種類及び総所得金額等の計算）2号にいう利益配当には当らず、従って、Xは、これにつき、同法37条（利子所得及び配当所得についての源泉徴収）に基づく源泉徴収の義務を負わないものと解すべきである。

---

③　**不動産所得**　→　土地・建物など不動産の貸付け、地上権など不動産上の権利の貸付け、船舶・航空機の貸付けによる所得

　※　総収入金額 − 必要経費 ＝ 所得金額

(注)　昭和15年に「不動産所得」の規定が新たに設けられたが、昭和22年に不動産所得は、反復継続的な営利性所得の算出方法が事業所得と同じであるとの理由によって、事業所得に組み入れられ、消滅した。しかし、昭和25年に「資産合算制度」が設けられたときに、再び不動産所得の区分が設けられた。なお、「航空機の貸付け」は、昭和40年の税制改正で不動産所得に取り込まれた。

航空機リース事件　→　組合とパス・スルー課税（名古屋高裁平17.10.27判決）

　被控訴人らが、航空機リース事業を目的とする各組合契約を締結し、同事業による所得を不動産所得（所得税法26条1項）として、その減価償却費等を必要経費に算入した上で所得税の確定申告をしたところ、控訴人が、右各組合契約は利益配当契約であり、これによる所得は雑所得（同法35条1項）に当たるから損益通算は許されないなどとして、本件各更正処分等をしたため、その取消を求めた事案の控訴審において、当該当事者が作出した契約等の形式について、これと異なる効果意思の存在を推認するとすれば、当事者の意思（私法上選択された契約類型）を離れて、その動機等の主観的要素のみに着目して課税することになり、当事者が行った法律行為を法的根拠なく否定する結果になる。（確定）

(注)　この事件によって、措置法41条の4の2（特定組合員等の不動産所得に係る損益通算等の特例）が設けられ、このスキームは使えなくなった。なお、令和2年度税制改正で、国外中古建物の不動産所得に係る損益通算等の特例（措置法41条の4の3）が租税回避防止を目的として設けられた。なお、航空機リース事件の納税者は、航空機購入に係る借入金がノンリコースローンであったため、航空機売却に際して債務免除され、当該経済的利益を「一時所得」として申告したところ課税庁から「雑所得」として再度更正処分等を受けたのである。この事件については、東京地裁平成27年5月21日判決、東京高裁平成28年2月17日判決共に、納税者が勝訴している。

(注) 最高裁平27.7.17判決では、米国デラウェアの「LPS」は、権利義務の帰属主体であると認められ、日本の租税法上の法人に該当し、納税者らは本件損失を他の所得と損益通算できないと判断している。

④ **事業所得** → 製造業・卸小売業・農漁業・サービス業などのいわゆる事業から生ずる所得

※ 総収入金額－必要経費＝所得金額

□ 医業・歯科医業の特例経費（措法26）

社会保険診療報酬が5,000万円以下の場合は、経費について、実額経費ではなく「特例経費」を選択することができる。

収　入　金　額	経費率
2,500万円以下の部分	72%
2,500万円超3,000万円以下の部分	70%
3,000万円超4,000万円以下の部分	62%
4,000万円超5,000万円以下の部分	57%
5,000万円超の部分	－

(注) その年の医業及び歯科医業に係る収入金額が7,000万円を超える者は除外される。

なお、この特例経費については、法人及び連結親法人にも適用される（措法67、68の99）。

平成30年度税制改正によって、社会保険診療報酬の所得計算の特例の適用対象となる社会保険診療の範囲に、介護医療院サービスが加えられた。

医師優遇税制と更正の請求（最高裁昭62.11.10判決）

措置法26条1項の規定により事業所得の金額を計算した旨を記載して確定申告をしている場合には、所得税法の規定にかかわらず、同項所定の率により算定された金額をもって所得計算上控除されるべき必要経費とされるのであり、同規定が適用される限りは、もはや実際に要した経費の額がどうであるかを問題とする余地はないのであって、納税者が措置法の右規定に従って計算に誤りなく申告している以上、仮に実際に要した経費の額が右概算による控除額を超えているとしても、そのことは右（税通23条1項1号）にいう『国税に関する法律の規定に従っていなかったこと』又は『当該計算に誤りがあったこと』のいずれにも該当しない。

(注) 最高裁平2.6.5判決では、修正申告という決定の方法による必要経費についての選択の誤りの是正（概算計算→実額計算）を認めている。

※ 事業を廃止した場合の必要経費の特例（所法63、所令179）

(注) 事業とは、自己の計算において営利を目的とし対価を得て継続的に行う経済活動のことをいい、事業所得とは、自己の計算と危険において独立して営まれ、営利性、有償性を有し、かつ反覆継続して遂行する意思と社会的地位とが客観的に認められる業務から生ずる所得をいう（最高裁昭56.4.24判決）。この最高裁の判断基準が事業所得と給与所得の区分を定式化したものといわれている。

設例

　国又は地方公共団体から支給を受ける次の給付金等について、課税か非課税かを答えなさい。また、課税の場合はその所得区分を示した上で、そのような取扱いとなる理由を簡潔に説明しなさい。

⑴　個人事業者が昨年よりも売上が減少したことに伴い支給を受ける持続化給付金

⑵　新型コロナウイルス感染症緊急経済対策として支給を受ける特別定額給付金

⑶　Go Toイベント事業により支給を受ける給付金

⑷　ベビーシッターを利用する者が毎月支給を受けるベビーシッター助成金

⑸　個人事業者が事業用機械の購入費用に充てるために支給を受ける補助金

（令和3年度税理士試験問題「所得税」）

■　青色申告特別控除

①　55万円の青色申告特別控除

イ　不動産所得又は事業所得の事業であること

ロ　正規の簿記の原則（一般的には複式簿記）により記帳していること

ハ　B/S及びP/Lを確定申告書に添付し、控除金額を記載すること

ニ　法定申告期限内に提出すること

（注）平成30年度税制改正によって、65万円から55万円に引き下げられたが、①電子帳簿保存法に定めるところにより電磁的記録の備付け及び保存を行っているか、②提出期限までにe-TAXを使用している場合には、65万円とすることになった。令和2年分以降の所得税から適用されている。

②　10万円の青色申告特別控除

①以外の青色申告者が適用される

⑤　**給与所得**　→　俸給・給料・賃金・歳費・賞与などの受給による所得

（注）昭和22年度税制改正によって「勤労所得」から「給与所得」に名称が変更された。

　※　収入金額−給与所得控除額（概算控除）＝所得金額

（注）給与所得は雇用またはこれに類する原因にもとづき非独立的に提供される労務の対価として受ける報酬および実質的にこれに準ずべき給与を意味するものであって、報酬と対価関係に立つ労務の提供が自己の危険と計算とによらずに他人の指揮命令に服してなされる点に、事業所得との本質的な差異がある（東京高裁昭47.9.14判決）。

《給与所得控除額の速算表》

(令和２年度以降)

給与等の収入金額（A）		給与所得控除額
	162.5万円以下	55万円
162.5万円超	180万円以下	A×40％－ 10万円
180万円超	360万円以下	A×30％＋ 8万円
360万円超	660万円以下	A×20％＋ 44万円
660万円超	850万円以下	A×10％＋110万円
850万円超		195万円

りんご組合事件 → 給与所得か利益の分配（事業所得）か（最高裁平13.7.13判決）

　民法上の組合の組合員が組合の事業に従事したことにつき組合から金員の支払を受けた場合、当該支払が組合の利益の分配に該当するのか、所得税法28条１項の給与所得に係る給与等の支払に該当するのかは、当該支払の原因となった法律関係についての組合及び組合員の意思ないし認識、当該労務の提供や支払の具体的態様等を考慮して客観的、実質的に判断すべきものであるから、組合員に対する金員の支払であるからといって当該支払が当然に利益の分配に該当するものではないし、また、当該支払が給与等に該当するとすることが直ちに組合と組合員との間に矛盾した法律関係の成立を認めることになるものでもないとして、りんご生産組合から組合員への支払を給与所得に該当するとした（なお、控訴審では、「事業所得」と判断されている）。

ストック・オプション事件 → 給与所得か一時所得か（最高裁平17.1.25判決）

　上告人が、被上告人がした上告人の所得税についての各更正処分は、所得区分の判断を誤った違法なものであると主張して、各更正処分のうち、上告人が従前勤務していた日本法人A社の親会社である米国法人B社から付与されたストック・オプションが一時所得に該当するとして計算した税額を超える部分の取消しを求めたところ、原判決が、上告人の請求を認容した１審判決を取消し、上告人の請求を棄却したため、上告人が上告した事案で、本件権利行使益が上告人が職務を遂行したことに対する対価としての性質を有する経済的利益であることは明らかであり、雇用契約又はこれに類する原因に基づき提供された非独立的な労務の対価として給付されたものとして、所得税法28条１項所定の給与所得に当たるとした。

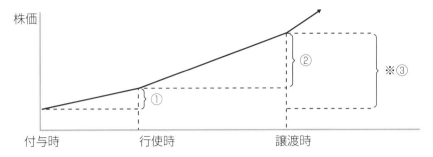

○ストック・オプション事件は、上記の「①」の所得（「一時所得」か「給与所得」）について争われた事件である。②の所得は、「譲渡所得」である。

※　適格ストックオプション（③）　→　「譲渡所得」

⑥　**退職所得**　→　退職手当・一時恩給・その他退職により一時に受ける給与などによる所得

(注)　昭和13年度税制改正によって、退職金が課税対象とされた。当時の税制調査会の資料によれば、退職金が概して中流以上の所得者に属し、担税力を有するということが挙げられていた。

※（収入金額－退職所得控除額）$\times \dfrac{1}{2}$＝所得金額

(注)　「2分の1課税」については、退職所得が長期間の勤労の結果、一時に得られるものであることから、平準化措置であると説明されている。

退職所得控除額→40万円／年（20年まで・最低80万円）・70万円／年（20年超）

(注)　平成24年度税制改正で、勤続年数5年以内の法人の役員等が退職慰労金を受ける場合には、「2分の1課税」が廃止された（所法30②④）。なお、「役員等」とは、次の挙げる者をいう。
① 法人税法2条15号に規定する役員
② 国会議員及び地方議会議員
③ 国家公務員及び地方公務員

(注)　令和3年度税制改正で、勤務年数5年以内の使用人に対する退職手当等については、収入金額から退職所得控除額を控除した残額のうち、300万円超の部分については、2分の1課税が適用されない（所法30②④）。

退職所得　→　5年定年制度と退職所得（最高裁昭58.9.9判決）

　上告人会社が、従業員に就職後5年ごとに退職金名義で本件金員を支給したところ、被上告人が右支給に対し、各源泉所得税につき納税告知処分及び各不納付加算税賦課決定をしたため、被上告人に対し、本件金員は退職金として支給したものであるから源泉徴収すべき所得税はないと主張して、右処分の取消し等を求めた事案の上告審で、所得税法30条1項にいう退職所得に当たるというためには、①勤務関係の終止によってはじめて給付されること、②従来の継続的な勤務に対する報賞ないしその間の労務の対価の一部の後払の性質を有すること、③一時金として支払われること、との要件を備えることが必要であり、本件金員は①の要件を欠くから退職所得に該当しないとして、同旨の原判決を支持し、上告を棄却した（下線：筆者）。

(注) 大阪高裁昭53.12.25判決では、勤続満10年定年制が採用されている会社において、定年に達したことにより退職した従業員の大半の者が改めて明示の雇用契約を締結することなく再雇用されている場合に、定年に達した従業員に対し退職金として支払われた金員が、同人の再雇用のいかんに関わらず、所得税法上退職金に当たると判断している（最高裁昭58.12.6判決では、逆転され、退職金に該当しないとされた。）。

(注) 昭和10年前後に、三井銀行の打切り支給の退職金や分掌変更役員に対する退職金の事件があり、退職金の要件として、退職の事実が必要であるという認識が生まれた。その後、賞与と退職金の区分については、「退職の事実の有無」という要件によって判断されることになった。

臨時教員への退職手当／納税処分を撤回（日本経済新聞・平24.10.2夕刊）

　兵庫県内の4税務署は、兵庫県教育委員会が臨時教員に支払った退職手当は課税対象の給与所得に当たるとして源泉所得税など計約1574万円の支払いを求めた納税告知処分を、2日までに取り消した。同様の手当は兵庫のほか東京、大阪、福岡など33都府県にあり、県教委は、全国的にも同様の取り扱いが多く、税の公平性から異議を申し立てていた。県教委によると、臨時教員の任期は原則1年だが、満了後に1日以上空けて再雇用されることが多い。県条例に基づき、任期が終わるたびに平均約15万円の退職手当を支払っている。姫路、豊岡、柏原、洲本の各税務署は再雇用を継続雇用とみなし、退職手当は給与所得に当たると主張。今年6月に納税告知処分にし、2007〜2010年度の臨時教員含む延べ1530人の源泉所得税と不納付加算税の支払いを求めた。異議決定書などによると、各税務署は、臨時教員すべてが再雇用される訳ではなく、再雇用されるまでの期間は県職員の身分もないことなどを理由に「単なる延長ではなく、実質的にも別の新たな任用関係と認められる」として、処分を取り消した。今後、計約1574万円の返還手続をする。

(注) 本件は、異議申し立てによる納税告知処分の取消し

---

⑦　**山林所得**　→　山林（所有期間5年超）を伐採して譲渡したり、立木のまま譲渡することによる所得

　　（取得後5年以内に譲渡した所得は、事業所得又は雑所得）

　　※　総収入金額－（植林費、取得費、管理費、育成費等＋伐採費その他の譲渡費用）－特別控除額（50万円まで）＝所得金額

　　※　他の所得と分離して「五分五乗方式」（所法89）

⑧　**譲渡所得**　→　土地・借地権・建物・機械などの資産の譲渡による所得（事業所得、山林所得、雑所得に該当するものを除く）

　　※　総収入金額－（取得費＋譲渡費用）－特別控除額（50万円まで）＝所得金額
　　　　短期譲渡所得と長期譲渡所得（保有期間5年超・$\frac{1}{2}$課税）（所法22②二）

　　(注) 所得税法33条では「資産の取得の日以後5年以内にされたものによる所得」を短期譲渡所得と規定していることから、措置法31条で定めている土地家屋等の判定と異なることに留意すること。

┌───┐
│ **「相互売買契約」か「交換契約」なのか（東京高裁平11.6.21判決）** │
└───┘

　本件取引に際してどのような法形式、契約類型を採用するかは当事者間の自由な選択に任されており、納税者が本件譲渡資産と本件取得資産の各別の売買契約及びその各売買代金の相殺という法形式を採用した理由が本件譲渡資産の譲渡による所得税の負担の軽減を図るためであったとしても、そのような法形式を採用することが許されないとすべき根拠はないとして、本件取引が補足金付交換契約（所法36②適用）であると認定のうえ、本件取得資産の時価を基に譲渡価額を算定して行った所得税の課税処分が取り消された。

（平成18年度司法試験問題）

┌───┐
│ **借入金利子と取得費（最高裁平4.7.14判決）** │
└───┘

　上告人が、被上告人税務署長のした所得税の更正及び過少申告加算税賦課決定につき、本件更正には上告人の土地等の分離短期譲渡所得の金額を過大に認定した違法があると主張して、本件処分の取消しを求めたが棄却されたため、上告人が上告した事案で、個人の居住の用に供される不動産の譲渡による譲渡所得の金額の計算上、当該不動産の取得のための借入金の利子は、居住のため当該不動産の使用を開始するまでの期間に対応するものに限り、所得税法38条1項の「資産の取得に要した金額」に含まれる。

（注）譲渡所得の本質については、「増加益清算説」と「譲渡益課税説」の二つの説がある。増加益清算説は、資産の値上がりによる増加益を所得とし、その資産が所有者の支配を離れて他に移転するのを機会に、これを清算して課税するというもので、一方、譲渡益課税説は、資産の値上がりの有無に関係なく、現実の収入金額からその取得費等を控除した残額を所得と捉え、これに担税力を認めて課税しようとするものである。多くの判例は、増加益清算説を採っている。

※　借地権の設定（$\frac{1}{2}$超の対価の授受）　→　譲渡所得（所法33、所令79）

※　離婚に伴う財産分与

┌───┐
│ **離婚に伴う財産分与（最高裁昭50.5.27判決）** │
└───┘

　譲渡所得に対する課税は、資産の値上りによりその資産の所有者に帰属する増加益を所得として、その資産が所有者の支配を離れて他に移転するのを機会に、これを清算して課税する趣旨のものであるから、その課税所得たる譲渡所得の発生には、必ずしも当該資産の譲渡が有償であることを要しない。したがつて、所得税法33条1項にいう「資産の譲渡」とは、有償無償を問わず資産を移転させるいつさいの行為をいうものと解すべきである。そして、同法59条1項（昭和48年法律第8号による改正前のもの）が譲渡所得の総収入金額の計算に関する特例規定であつて、所得のないところに課税譲渡所得の存在を擬制したものでないことは、その規定の位置及び文言に照らし、明らかである。夫婦が離婚したときは、その一方は、他方に対し、財産分与を請求することができる（民法768条、771条）、この財産分与の権利義務の内容は、当事

者の協議、家庭裁判所の調停若しくは審判又は地方裁判所の判決をまつて具体的に確定されるが、右権利義務そのものは、離婚の成立によつて発生し、実体的権利義務として存在するに至り、右当事者の協議等は、単にその内容を具体的に確定するものであるにすぎない。そして、財産分与に関し右当事者の協議等が行われてその内容が具体的に確定され、これに従い金銭の支払い、不動産の譲渡等の分与が完了すれば、右財産分与の義務は消滅するが、この分与義務の消滅は、それ自体一つの経済的利益ということができる。したがつて、財産分与として不動産等の資産を譲渡した場合、分与者は、これによつて分与義務の消滅という経済的利益を享受したものというべく、譲渡資産について譲渡所得を生じ、課税の対象となる。

(注) アメリカでは、IRC1041（配偶者間又は離婚に基因した財産の譲渡）で、配偶者又は前配偶者で当該譲渡が離婚に基因するものの場合、財産の譲渡による損益の認識はしないと規定している。

※　保証債務の履行　→　譲渡はなかったものとする（**所法64②**）

（平成19年度司法試験問題）

(注) この制度の趣旨は、保証債務履行のため資産を譲渡したことによって生じる所得は保証債務を履行するために余儀なく資産を譲渡した結果得られる所得であること、その所得が保証債務の履行にあてられ、その履行に伴う求償権の行使ができなくなったときは資産の譲渡者には実質的にその譲渡による所得は享受していなかったことを考慮して、課税上、例外的に租税を減税したものである（神戸地裁昭60.9.30判決）。

※　みなし譲渡　→　限定承認・法人への贈与・低額譲渡（**所法59①**）

(注) 限定承認（民法922）：相続人が遺産を相続するときに相続財産を責任の限度として相続すること。

※　土地等の交換の特例　→　譲渡はなかったものとする（**所法58**）

※　生活用動産の譲渡による所得　→　非課税（所法9①　九、所令25）

※　贈与・相続・遺贈（限定承認を除く）により取得した資産の取得費、取得時期
→　贈与者又は被相続人の取得費、取得時期を引き継ぐ（**所法60**）

(注) 所得税法60条1項1号所定の贈与等にあっては、その時点では資産の増加益が具体的に顕在化しないため、その時点における譲渡所得課税について納税者の納得を得難いことから、これを留保し、その後、受贈者等が資産を譲渡することによって、その増加益が具体的に顕在化した時点においてこれを清算して課税することとしたものである（最高裁平17.2.1判決）。

※　「借家権」及び「借家人の有する宅地等に対する権利」の譲渡は、総合譲渡所得課税（所基通33-6）になるのと同様に、「配偶者居住権」及び「配偶者居住権に基づき使用する権利」も総合譲渡所得課税となる（所法33③一、所令82①二、三）。

⑨　**一時所得**　→　懸賞の賞金、競馬の払戻金、生命保険の満期返戻金等、営利を目的として継続的行為から生じた所得以外の一時の所得で、労務その他の役務又は資産の譲渡の対価としての性質を有しないもの

　一時所得の要件（東京高裁平28.2.17判決）
　　１．非継続要件：営利を目的とする継続的行為から生じた所得以外の所得であること
　　２．非対価要件：労務その他の役務又は資産の譲渡から生じた所得以外の所得であること

【一時所得の条文構成】

A	利子所得から譲渡所得までの８つの所得	
B	A以外の所得で 　イ　営利を目的とする継続的行為から生じた所得 　ロ　労務その他の役務又は資産の譲渡の対価としての性質を有するもの	雑所得
C	上記A及びB以外の所得　＝　一時所得	

※　総収入金額−収入を得るために支出した金額−特別控除額（50万円迄）＝所得金額
　（注）一時所得金額$\times \frac{1}{2}$＝総所得金額に算入する金額（所法22②二）

- - - - - - - - 一時所得を得るために支出した金額（最高裁平24.1.16判決） - - - - - - - -

　法人が保険料を支払った養老保険契約に係る満期保険金を当該法人の代表者が受け取った場合において、上記満期保険金に係る当該代表者の一時所得の金額の計算上、上記保険料のうち当該法人における保険料として損金経理がされた部分は、所得税法34条2項にいう「その収入を得るために支出した金額」に当たらない。

⑩　**雑所得**　→　以上、9種の所得以外の所得、非事業用貸金の利子、作家以外の者の原稿料や印税、講演料、公的年金などによる所得
　（注）ビットコインをはじめとする仮想通貨の取引で生ずる利益は「雑所得」に該当する（国税庁）。
※　イ＋ロ＝所得金額
　　イ　……　公的年金等の収入金額−公的年金等控除額

公的年金等控除額（65歳未満／所法35④）

公的年金等の収入金額（A）	公的年金等に係る雑所得以外の所得に係る合計所得金額		
	1,000万円以下	1,000万円超2,000万円以下	2,000万円超
130万円以下	60万円	50万円	40万円
130万円超410万円以下	（A）×25% ＋27.5万円	（A）×25% ＋17.5万円	（A）×25% ＋7.5万円
410万円超770万円以下	（A）×15% ＋68.5万円	（A）×15% ＋58.5万円	（A）×15% ＋48.5万円
770万円超1,000万円以下	（A）×5% ＋145.5万円	（A）×5% ＋135.5万円	（A）×5% ＋125.5万円

| 1,000万円超 | 195.5万円 | 185.5万円 | 175.5万円 |

（65歳以上／措法41の15の３①）

公的年金等の収入金額（A）	公的年金等に係る雑所得以外の所得に係る合計所得金額		
	1,000万円以下	1,000万円超2,000万円以下	2,000万円超
330万円以下	110万円	100万円	90万円
330万円超410万円以下	（A）×25%+27.5万円	（A）×25%+17.5万円	（A）×25%+7.5万円
410万円超770万円以下	（A）×15%+68.5万円	（A）×15%+58.5万円	（A）×15%+48.5万円
770万円超1,000万円以下	（A）×5%+145.5万円	（A）×5%+135.5万円	（A）×5%+125.5万円
1,000万円超	195.5万円	185.5万円	175.5万円

（注）年金所得者の申告手続の簡素化等を図ることを目的として、公的年金等の収入金額が400万円以下で、かつ、当該年金以外の他の所得の金額が20万円以下の者については、確定申告をする必要がない（所法121③）。但し、住民税の申告は必要である（地法317の２①）。

ロ ……　上記以外の総収入金額 − 必要経費

（注）令和２年分以降用の確定申告書の記載で、新たに、雑所得の中に「業務」欄が設けられ、そこに雑所得を生ずべき業務に係る収入金額を記載することになった。当該金額が、300万円以下であれば、現金主義（所法67②、所令196の２）を選択でき、また、1,000万円を超える場合には、収支内訳書を確定申告書に添付しなければならない（所法120⑥）。この適用は令和４年分の所得税からであるが、これらの収入金額の判定時期については、前々年分としているため、令和２年分からの確定所得申告書にその収入金額を記載しておく必要がある。

雑所得と損益通算（福岡高裁昭54.7.17判決）

　所得税法第27条第１項、同法施行令第63条の規定によれば、事業所得とは『対価を得て継続的に行う事業から生ずる所得』を指称するところ、右にいう『事業』とは、社会通念に照らし事業と認められるもの、すなわち個人の危険と計算において独立的に継続して営まれ、かつ事業としての社会的客観性を有するものと解すべきである。…本件についてみれば、Xの本件商品先物取引が営利性、継続性を有することは認められるもののXの余剰資金の運用を…Sに殆ど一任していたものであり、恒常的な収益をそこから容易に期待しえないばかりか事業としての社会的客観性にも乏しいものと言わざるをえず、いまだこれをもって事業と認めることは出来ない。…所得税法が立法政策として所得分類制を採用しているのは、所得がその性質により担税力を異にし、担税力に即した公平な課税を行うために所得をその性質ごとに分類したうえその担税力に適した計算方法と課税方法を定める必要があることに由来し、雑所得と他の所得の間には所得の発生する状況に差異があり、雑所得においては、多くは余剰資

金の運用によって得られるところのものであり、その担税力の差に着目すれば、雑所得に他の所得との損益通算の規定がないことにはそれ相当の合理性を認めることができるから、それをもって憲法第29条、第22条に違反するとの見解は採用できない。

FX取引と雑所得（東京地裁平22.6.24判決）

　本件契約においては、①原告が、その有する建玉を反対売買により清算して決済するために、決済に係る売買注文を行い、当該売買注文が成立すると、当該売買の目的となっている外国通貨の受渡し自体は行われず、本件取引口座を用いて行う差金（売買差損益金）の受払いによって当該取引が終了するものとされ、②また、スワップ金利差調整額は、建玉の発生した日の翌日以降、計算上日々発生するスワップ金利差相当額の累積した金額が、建玉を決済したとき又は毎月末に受払いの対象たるもの（実現スワップ金利）として本件取引口座において帳尻金の一部として処理されるものとされている。③そして、本件契約に基づく本件FX取引によって、原告から見てプラスの帳尻金が生じている場合には、それは、上記の処理の結果、有効証拠金（預託金、帳尻金及び評価差損金の合計額）の一部を構成し、原告が返還を求めることができる金員又は建玉の維持や新たな取引をするための証拠金の一部を成すものとして、本件取引口座に留保されることになる。以上からすると、本件契約において原告から見てプラスの売買差損益金又はスワップ金利差調整額（実現スワップ金利）が生じた場合、それらは所得税法36条1項にいう「収入すべき金額」に当たるというべきであり、収入の原因となる権利が確定した時期（収入計上時期）は、売買差損益金については、建玉を反対売買により清算して決済したときであり、スワップ金利差調整額（実現スワップ金利）については、建玉を反対売買により清算して決済したとき又は毎月末というべきである。以上によれば、本件契約における売買差損益金及びスワップ金利差調整額（実現スワップ金利）を収入金額とする帳尻金は、所得税法35条1項が定める雑所得に当たるということになる。

商品先物取引に係る和解金（損害賠償金）（名古屋高裁平22.6.24判決）

　被告は、法9条1項16号の「心身に加えられた損害又は突発的な事故により資産に加えられた損害に基因して取得するものその他の政令で定めるもの」という規定中に「その他の」という文言が用いられていることを上記主張の理由としているが、同号の規定は、損害賠償金が非課税である基本を確認しているものにすぎず、「その他の政令に定めるもの」とは、具体的に非課税所得となる損害賠償金等を政令で改めて規定することを明確にしたものであることは文理上明らかである。また、被告は、税制調査会答申の内容を上記主張の理由としているが、税制調査会答申の内容は、損害賠償金を非課税とする不法行為の範囲を限定する趣旨のものではない。以上のとおり、

施行令30条 2 号が「不法行為その他突発的な事故により資産に加えられた損害」と規定する「不法行為」とは、「突発的な事故」と同様の不法行為に限定されるものではないというべきであるから、不法行為の損害賠償金として受領した本件和解金は、同号の「不法行為その他突発的な事故により資産に加えられた損害につき支払を受ける損害賠償金」に当たる。なお、仮に施行令30条 2 号の「不法行為」が「突発的な事故」と同様の不法行為に限定されるとしても、先物取引を行い商品取引員の不法行為により損害を被った場合には「突発的な事故」に当たるというべきであるから、本件先物取引に係る不法行為の損害賠償金として受領した本件和解金は、同号所定の損害賠償金に当たるものである。

(平成23年度司法試験問題)

特約年金の相続税と所得税の二重課税（最高裁平22.7.6判決）

年金の各支給額のうち上記現在価値に相当する部分は、相続税の課税対象となる経済的価値と同一のものということができ、所得税法 9 条 1 項15号により所得税の課税対象とならないものというべきである。(注) 長崎地裁（平18.11.7判決）

相続税法による年金受給権の評価は、将来にわたって受け取る各年金の当該取得時における経済的な利益を現価（正確にはその近似値）に引き直したものであるから、これに対して相続税を課税した上、更に個々の年金に所得税を課税することは、実質的・経済的には同一の資産に関して二重に課税するものであることは明らかであって、前記所得税法 9 条 1 項15号の趣旨により許されない。また、年金は、一定期日の到来によって生み出された支分権という年金受給権とは異なる権利に基づいて取得した現金であるから所得税法 9 条 1 項15号の非課税所得に該当しないとの課税庁の主張が、年金は、支分権という、年金受給権（基本権）と法的には異なる権利に基づいて取得した現金であるとはいえるが、基本権と支分権は、基本権の発生原因たる法律関係と運命を共にする基本権と一たび具体的に発生した支分権との独立性を観念する概念であり、債権の消滅時効の点（民法168条、169条）などにおいて実際上の差異が生じるものであるが、この観念を、所得税法 9 条 1 項15号の解釈において、二重課税か否かを区別する指標であり二重課税であることを否定すべき事情と考えるべき根拠には乏しい。

4　各種所得の金額

```
┌──────────┐      ┌──────────────────────┐      ┌──────────┐
│ 収入金額  │  －  │ 必要経費（所法37①）  │  ＝  │ 所得の金額 │
└──────────┘      └──────────────────────┘      └──────────┘
```

（注）家事関連費（**所法45①**）は、事業所得等の収入を得るために必要な支出とは認められないことから必要経費から除かれている。

なお、所得税法では、不動産所得、事業所得、山林所得及び雑所得において「必要経費」（狭義の必要経費）が明記されている。また、貸倒損失や災害等の資産損失については、必要経費に算入できる（所法51）。不動産所得、事業所得、山林所得及び雑所得（前々年分の業務に係る収入金額が300万円を超えるもの）を生ずる者が隠蔽仮装行為に基づき確定申告書を提出し、又は提出しなかった場合には、一定の場合を除き、売上原価・費用等は、これらの所得の金額の計算上、必要経費の額に算入しない（所法45③）。なお、米国内国歳入法典162条では、「通常かつ必要な費用」（the ordinary and necessary expenses）であることが必要経費として控除するための要件となっている。

```
┌──────────────────────────────────────────┐
│ 収入すべき金額（所法36①）　→ 権利確定主義  │
└──────────────────────────────────────────┘
                    ↓
┌──────────────────────────────────┐
│ 小規模事業者 → 現金基準（所法67）  │
└──────────────────────────────────┘
```

（注）　所得税法57条は、一定の条件の下で事業に専従する親族に対して支給する給与について必要経費と認めている。

被相続人が死亡した場合の従業員と被相続人との雇用契約は、民法896条により相続人に相続されるため終了せず、したがって、従業員退職金は支払債務として確定していない（広島高裁平成29.1.27判決）。

┌───┐
│   **必要経費と家事費**   │
└───┘

費用収益対応の考え方のもとに経費を控除するに当たって、所得の基因となる事業等に関係はあるが所得の形成に直接寄与していない経費又は損失の取扱いをいかにすべきかという問題については、純資産増加説的な考え方に立って、できるだけ広くこの種の経費または損失を所得計算上考慮すべしとする考え方と、家事費を除外する所得計算の建前から所得計算の純化を図るためには家事費との区分の困難な経費等はできるだけこれを排除すべしとする考え方との広狭二様の考え方がある。

所得税の建前としては、事業上の経費と家事費とを峻別する後者の考え方も当然無視することはできないが、事業経費又は事業損失の計算については、できる限り前者の考え方を採り入れる方向で整備を図ることが望ましいと考える。

（税制調査会／昭和38年答申）

┌───┐
│   **弁護士会等の懇親会等と必要経費（東京高裁平24.9.19判決）**   │
└───┘

弁護士会等の目的やその活動の内容からすれば、弁護士会等の役員等が、①所属する弁護士会等又は他の弁護士会等の公式行事後に催される懇親会等、②弁護士会等の

業務に関係する他の団体との協議会後に催される懇親会等に出席する場合であって、その費用の額が過大であるとはいえないときは、社会通念上、その役員等の業務の遂行上必要な支出であったと解するのが相当であり、また、弁護士会等の役員等が、③自らが構成員である弁護士会等の機関である会議体の会議後に、その構成員に参加を呼び掛けて催される懇親会等、④弁護士会等の執行部の一員として、その職員や、会務の執行に必要な事務処理をすることを目的とする委員会を構成する委員に参加を呼び掛けて催される懇親会等に出席することは、それらの会議体や弁護士会等の執行部の円滑な運営に資するものであるから、これらの懇親会等が特定の集団の円滑な運営に資するものとして社会一般でも行われている行事に相当するものであって、その費用の額も過大であるとはいえないときは、社会通念上、その役員等の業務の遂行上必要な支出であったと解するのが相当である（最高裁平26.1.17不受理決定）。

(注) 東京地裁平成23年8月9日判決では、「直接的業務関連性」を求めているが、これに対して東京高裁は、必要経費（販売費、一般管理費等）について事業の業務と直接関係を持つことを求めると解釈する根拠は見当たらないと述べている。

（平成25年度司法試験問題）

管理支配基準 → 矯正歯科医の収入計上時期（高松高裁平8.3.26判決）

　歯列矯正治療を行う歯科医が、検査診断後、矯正装置を装着した時点において、患者等と矯正治療契約を締結すると同時に矯正料（基本施術料及び全顎的治療の料金）を一括して受領した場合について、受領した矯正料は、患者等のやむを得ない事情（転勤等）による治療の中断がある場合には、一部を返金することとされているものの、その返金割合は治療予定期間ないし治療の進行状態に応じたものとはなっておらず、各年の返金実績も全体の1%強に過ぎず、患者の一方的都合により治療を中断した場合及び治療期間の70%を経過したときには返金されないことになっているうえ、治療装置装着後に行われる治療・調節等については別途、治療の都度その内容に応じた対価を受領しているのであるから、矯正料は、遅くとも矯正装置の装着日には歯科医において収入金額として管理・支配し得ることになったものであり、その時点において収入すべき権利が確定したと認めるのが相当である。

（平成23年度司法試験問題）

（所得の金額 － 「所得控除」）× 税率 ＝ 税額

税額 － 「税額控除」 ＝ 納付税額

※　所得控除 ➡ 基礎控除・扶養控除・配偶者控除・医療費控除
　　　　　　　　寄附金控除・社会保険料控除・生命保険料控除等

※　税額控除 ➡ 住宅ローン控除・配当控除等

内縁、事実婚の配偶者と配偶者控除（最高裁平9.9.9判決）

　所得税法83条及び83条の2にいう「配偶者」は、納税義務者と法律上の婚姻関係にある者に限られると解するのが相当であり、これと同旨の原審の判決は、正当として是認することができ、原判決に所論の違法はない。論旨は、違憲をいう点を含め、右と異なる見解に立って原審の右判断における法令解釈の誤りを論難するものにすぎず、採用することはできない。

(注) 厚生年金保険法3条2項では、「この法律において、「配偶者」、「夫」及び「妻」には、婚姻の届出をしていないが、事実上婚姻と同様の事情のある者を含むものとする」と規定している。
　　なお、配偶者居住権（民法1028①）の配偶者については、法律婚の配偶者であることになっており、その理由は、紛争の複雑化・長期化を防止するため事実婚は認めないということである。

5　分離課税

　➡　土地家屋の譲渡・株式の譲渡・利子所得・一定の配当所得

		課税	譲渡損	
			損益通算	損失の繰越控除
株式	上場株式等	申告分離課税（20%）（平成25年まで10%）	同一年分の他の所得との通算不可	翌年以降3年間にわたり繰越控除可
	上記以外	申告分離課税（20%）		損失の繰越控除不可
土地等・建物等(注)		長期：申告分離課税（20%）短期：申告分離課税（39%）	同一年分の他の所得との通算不可	損失の繰越控除不可
その他譲渡資産		短期・長期（$\frac{1}{2}$課税）**総合課税**（累進税率）	同一年分の他の所得との通算可	損失の繰越控除不可

(注) 長期（所有期間が5年超）、短期（所有期間が5年以下）
　　譲渡の年の1月1日における所有期間（措法31）

○「取得の日」及び「譲渡の日」の判定

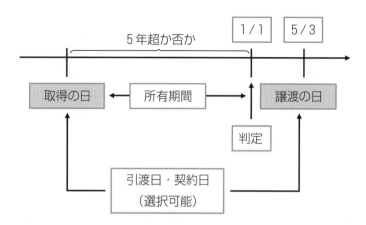

　平成26年度税制改正で、ゴルフ会員権が「生活に通常必要でない資産」（所令178）に加えられ、ゴルフ会員権の譲渡損失は、他の所得と損益通算できなくなった。

■ 土地建物等の課税の特例

　租税特別措置法は、政策的な目的を達成するために、以下のような課税の特例（主要なもの）を定めている。

I　居住用財産		
特　例	適用条文	内　容
①居住用財産の譲渡所得の特例	措法35	譲渡所得の金額から3,000万円控除 特例の適用は、3年に一度に限られる。 （注）相続又は遺贈による被相続人居住用財産について、平成28年4月1日から令和5年12月31日までに、相続人が譲渡した場合にも適用がある。 令和2年度税制改正では、新規住宅の居住年から3年後に従前住宅等を譲渡した場合において、その譲渡について居住用財産の譲渡所得の特例を適用したときは、新規住宅について住宅ローン控除を受けることはできない（措法41㉑）。
②居住用財産を譲渡した場合の長期譲渡所得の特例	措法31の3	譲渡所得金額 →6,000万円以下（所10％ / 地4％） →6,000万円超（所15％/ 地5％） 要件　→　所有期間10年超

③特定の居住用財産の買換えの場合の長期譲渡所得の課税の特例	措法36の 2	譲渡収入≦取得費　➡　課税の繰延 譲渡収入＞取得費　➡　差額（20%） 要件　➡　譲渡資産（所有期間：10年超 / 居住期間：10年以上） 　　　　　買換資産（床面積50㎡以上 / 築25年以内 / 地積500㎡以下） 　　　　　譲渡対価（ 1 億円以下） ［取得期間］ 前年　｜　譲渡年　｜　翌年
④特定の居住用財産を交換した場合の長期譲渡所得の課税の特例	措法36の 5	交換差金（無）　➡　譲渡所得の課税なし 交換差金（有）　➡　譲渡所得の課税あり
⑤居住用財産の買換等の譲渡損失の特例 / ⑥特定居住用財産の譲渡損失の特例	措法41の 5 41の 5 の 2 （選択適用）	譲渡損失を他の所得と損益通算し、なおも控除しきれない損失があるときは、翌年以降 3 年間の所得から控除できる。 　要件　➡　所有期間 5 年超 　　　　　　合計所得金額3,000万円以下 　※　住宅ローン控除との重複適用可能

Ⅱ　収用等		
①収用交換等の場合の譲渡所得等の特別控除	措法33の 4	譲渡所得の金額から5,000万円控除 （措法33又は33の 2 の不適用が条件）
②収用等に伴い代替資産を取得した場合の課税の特例	措法33	補償金等－代替資産の取得価額＝差額 当該差額に課税
③交換処分等に伴い資産を取得した場合の課税の特例	措法33の 2	譲渡資産　➡　課税の繰延 補償金等の交付　➡　措法33適用 ※　棚卸資産も適用
④換地処分等に伴い資産を取得した場合の課税の特例	措法33の 3	換地処分により譲渡した土地等（清算金・保留地の対価の額を除く）　➡　譲渡なし

Ⅲ　特定の事業用資産		
①特定の事業用資産の買換えの場合の譲渡所得の課税の特例	措法37	譲渡収入金額≦買換資産の取得価額 　収入金額×20%　➡　譲渡収入
②特定の事業用資産を交換した場合の譲渡所得の課税の特例	措法37の 4	交換差金（無）　➡　交換譲渡資産×20% が課税 交換差金（有）　➡　交換譲渡資産×20%＋交換差金が課税

③既成市街地等内にある土地等の中高層耐火建築物等の建設のための買換え及び交換の場合の譲渡所得の課税の特例	措法37の5	目的 → 三大都市圏の既成市街地等内にある土地等の立体的有効利用を図ること 譲渡収入≦買換資産 → 課税の繰延 譲渡収入＞買換資産 → 差額は課税 買換資産 → 地上階数4又は3以上

Ⅳ　その他

①優良住宅地の造成等のために土地等を譲渡した場合の長期譲渡所得の課税の特例	措法31の2	譲渡所得金額 →2,000万円以下（所10% / 地4％） →2,000万円超（所15% / 地5％） 要件 → 所有期間5年超 　　　　国、地方公共団体等に譲渡
②長期譲渡所得の概算取得費控除	措法31の4	昭27.12.31以前の所有の土地・建物等の取得費 → 収入金額の5％
③相続税の取得費加算の特例	措法39	相続税額のうち一定の金額を、その譲渡した資産の取得費に加算する（相続税と所得税の負担の調整を図ることの目的）。
④空き家に係る譲渡所得の3,000万円特別控除の特例	措法35③④	被相続人が居住の用に供していた家屋を相続した相続人等が、相続開始の日から3年を経過する日の属する年の12月31日までに、当該家屋（耐震性のあるもの、買主による耐震工事も可）等を譲渡した場合には、最高3,000万円を譲渡所得の金額から控除できる（令和9年12月31日まで）。なお、相続人が3人以上の場合は、2,000万円の控除額になる。

（注）平成21年及び平成22年に取得した土地等を譲渡したときには、1,000万円の特別控除がある（措法35の2）。

■　国外転出をする場合の譲渡所得等の特例

　国外転出をする居住者が、有価証券等又は未決済デリバティブ取引等を有する（1億円以上）場合には、その有価証券等の譲渡又はその未決済デリバティブ取引等の決済をしたものとみなして、事業所得の金額、譲渡所得の金額又は雑所得の金額を計算し、所得税の課税が行われる（所法60の2①）。

6　損益通算

→　他の所得との損益を通算すること

（例）事業所得△200＋給与所得500＝300所得金額

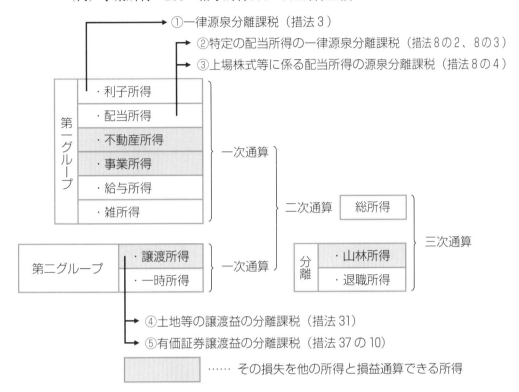

（注）不動産所得については、土地等を取得するために要した借入金の利子の額に相当する部分の金額は、他の所得と損益通算できない（措法41の4）。

【損益通算の順番（①〜⑮）】

黒字の所得 赤字の所得	第一グループ 経常的所得	第二グループ		一時 所得	山林 所得	退職 所得
		譲渡所得（総合）				
		短期	長期			
不動産所得・事業所得	①	③	④	⑤	⑦	⑧
譲渡所得（総合）	⑥			②	⑨	⑩
山林所得	⑪	⑫	⑬	⑭		⑮

設例

純損失の繰戻しによる還付請求について、制度の概要（適用要件及び還付請求をする際の手続を含む。）を説明しなさい。なお、解答に当たっては、事業の廃止があった場合の還付請求についても説明すること。

＝＝＝＝＝（令和4年度税理士試験問題「所得税」）

7 非課税と免税

非課税 …… 障害者等の預貯金の利子、通勤手当、相続・贈与により取得した財産、支払を受ける損害賠償金（所法9）

免税所得 …… いったん所得に含めて税額を計算し、その所得に対する税額分を免除すること。免税所得としては、免税対象飼育牛を一定の家畜市場などで売却した場合に生ずる所得がある（措法25）

(注) 非課税も免税も当該所得に対する税を納める必要はないが、免税所得は税額の計算過程に取り込まれるので、免税所得がマイナスのときは、そのマイナスが他の所得と損益通算され、その所得が非課税所得とされる場合よりも低い額になる。

一定の非居住者の令和9年1月1日から令和13年12月31日までの間のカジノ所得（一時所得）については、所得税を課さない（措法41の9の2）。

8 所得税の最高税率の変遷

55%（シャウプ税制・昭25） → 65%（昭28） → 70%（昭32） → 75%（昭37） → 70%（昭59） → 60%（昭60） → 50%（昭63） → 37%（平11） → 40%（平19） → 45%（平27）

(注) 昭和25年に導入された富裕税については、当時の最高所得税率85%（昭和22年改正）を下げることを目標としていたが、課税上の困難性等により3年後の昭和28年に廃止された。

【「課税される所得金額」に対する所得税額の速算表】

課税される所得金額		税率	控除額
1,000円から	1,949,000円まで	5%	― 円
1,950,000円から	3,299,000円まで	10	97,500
3,300,000円から	6,949,000円まで	20	427,500
6,950,000円から	8,999,000円まで	23	636,000
9,000,000円から	17,999,000円まで	33	1,536,000
18,000,000円から	39,999,000円まで	40	2,796,000
40,000,000円から		45	4,796,000

(注) 昭和49年及び59年については、賦課制限が（最高税率93%→賦課制限80%）及び（最高税率88%→賦課制限77%）となっている。なお、当時の住民税の最高税率は18%であった。

平成25年税制改正によって、平成27年から課税所得4,000万円超については、45%の税率が適用された。

9 金融所得の課税と二元的所得税

金融所得 → 利子所得、利子類似所得、一定の配当所得、株式等の譲渡所得

二元的所得税 → ① 勤労所得 → 累進税率の適用

② 資本所得 → 低い比例税率の適用（流動性高い）

(注) 平成20年度の税制改正によって「上場株式等の譲渡損失と配当所得との間の損益通算及び繰越控除の特例」が創設された（措法37の12の2）。なお、金融所得の一律分離課税は高い累進税率の適用を避けるために、金融資産が国外に移され、それによる税収が失われるのを防ぐことを主な目的として設け

られた制度である。また、日本版 ISA（少額投資非課税制度）が平成26年1月1日以後より導入されている（措法9の8、37の14）。

所得の人的帰属　→　実質所得者課税（**所法12**）

所得の年度帰属（権利確定主義）

所得税法36条　→　収入すべき金額とは「収入すべき権利の確定した金額」をいう（最高裁昭40.9.8判決）

債務の確定（**所法37**）　→　債務確定主義

10　サラリーマンと所得税（退職所得と給与所得）

勤労所得　→　給与所得・退職所得

退職所得　→　特別な取扱い（退職所得控除額・$\frac{1}{2}$課税・分離課税）

給与所得の議論

① 　給与所得控除額（概算）　→　何故、実額を認めないのか

> （注）アメリカでは、項目別控除（itemized deductions／実額控除）と標準控除（standard deduction／概算控除）があり、その選択が認められている。なお、アメリカの標準控除の適用は、給与所得者に限らない。

大島訴訟事件　→　実額の給与所得控除額（最高裁昭60.3.27判決）

　私立大学の教授であった上告人が、所得税の確定申告をしなかったところ、被上告人税務署長から課税処分を受けたため、同課税処分の根拠である旧所得税法（昭和40年改正前のもの）の給与所得に関する諸規定が、給与所得者を他の所得者より不公平に扱うものであり、一括して憲法14条1項に違反するなどと主張して、課税処分の取消しを求めた事案で、租税法の分野における所得の性質の違い等を理由とする取扱いの区別は、その立法目的が正当なものであり、かつ、当該立法において具体的に採用された区別の態様が当該目的との関連で著しく不合理であることが明らかでない限り、その合理性を否定することはできず、これを憲法14条1項の規定に違反するものということはできないとしたうえで、旧所得税法が給与所得者の必要経費の控除について概算控除を採用し、事業所得者との間に区別を設けたことは、合理的なものであり同項の規定に違反するものではないとした。

（給与所得者の特定支出控除：昭和63年度から適用）

　　特定支出　＞　給与所得控除額　→　確定申告を認める（**所法57の2**）

　　　　・通勤費・転居費・研修費・資格取得費・帰宅旅費

平成24年度税制改正で、「特定支出控除」の改正が、次のように行われた。

ⅰ　弁護士、公認会計士、税理士などの資格取得費、勤務必要経費（図書費、衣服費、交際費）を追加対象とした。なお、勤務必要経費は、65万円を限度とする。

ⅱ　適用判定の基準を給与所得控除の$\frac{1}{2}$とした。

なお、この改正によって、平成26年分の特定支出控除の適用者は、約1600人となった。

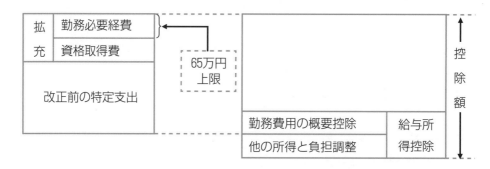

このように、給与所得控除については、「勤務費用の概算控除」と「他の所得との負担調整」の２つの性格を有し、各々$\frac{1}{2}$ずつとした上で、前者は職務の遂行のために支出する費用を概算的に控除するもの、後者は給与所得が他の所得に比して担税力が弱いことに対する配慮であるとされている。

平成30年度税制改正では、特定支出の範囲について、勤務する場所を離れて職務を遂行するために直接必要な旅行につき給与等の支払者により証明されたものに通常要する支出が含まれ（所法57の２②二）、単身赴任者の帰宅旅費についてその適用が拡充された。

〇特定支出控除の適用者（申告者）の人数

年分	63	元	2	3	4	18	19	20	21	22	23	24	25	26	27	28	29	30
申告者数	16	5	9	8	7	9	7	6	9	3	4	6	1430	1978	1845	1522	1618	1704

省略　　　　　　　　　　　　　　　　　　　　　　　　　　　（注）税制調査会資料

②　源泉徴収制度 …… 課税庁に捕捉されている（捕捉率→9.6.4）

（注）1970年代はこのような格差が存在していたが、1999年においては、「10.9.8」程度の格差があるとの報告がある（経済財政分析ディスカッションペーパー）。

（注）源泉徴収の対象となる所得の基本的な考え方については、「①必要経費が比較的少ないこと、②同一人に対して継続して反覆的に支払われる所得であること、③同一人から多数の者に支払われる所得であること、④源泉徴収を行なう事務能力のある者から支払われる所得であること、⑤一回の支払金額があまり少額でないこと等が考えられる。」（税制調査会；1963年『昭和38年12月所得税及び法人税法の整備に関する答申』）と述べられている。

それ故に、源泉徴収制度は、自動確定方式（国通法15③）を採用しており、納税義務が成立すると同時に、特別の手続きを必要とせずに、法規の定めに基づいて当然に確定することになる。

源泉徴収制度（最高裁平４.２.18判決）

給与等の受給者である上告人らが、支払者により誤って所得税の源泉徴収をされたため、当該年分の所得税の額から右誤徴収額を控除して確定申告をしたところ、被上告人税務署長らが更正処分等をしたため、右更正処分等の取消しを求めた事案で、申

告により納付すべき税額の計算に当たり、源泉徴収額の徴収・納付における過不足の清算を行うことは、所得税法の予定するところではなく、そのように解しても受給者の権利救済上支障は生じない。

　　　　対象所得　→　給与所得・退職所得・利子所得・配当所得等
　　　　納期限　→　原則：支出時の翌月10日（所法183、199、204）
　　　　　　　　　　例外：納期の特例（使用人が常時10人未満の場合）
　　　　　　　　　1月〜6月分　→　7月10日
　　　　　　　　　7月〜12月分　→　翌年の1月10日（又は20日）

（注）所得税の源泉徴収義務のある事業者は、市町村から特別徴収義務者に指定され、特別徴収義務者は、原則としてすべての従業員等の住民税を特別徴収（給与から差引き）して市町村に納付する義務がある（地法41、321の4、328の5①）。

破産管財人の源泉徴収義務（最高裁平23.1.14判決）

　弁護士である破産管財人が受ける報酬は、所得税法204条1項2号にいう弁護士の業務に関する報酬に該当する。同項にいう「支払をする者」とは、当該支払に係る経済的出えんの効果の帰属主体をいい、破産管財人の報酬の場合は、破産者がこれに当たると解されるが、破産管財人が自己に専属する管理処分権に基づいて破産財団から上記報酬の支払をすることは、法的には破産者が自らこれを行うのと同視できるし、その場合、破産管財人は当該支払を本来の管財業務として行うのであるから、破産管財人は、当該支払に付随する職務上の義務として、上記報酬につき所得税の源泉徴収義務を負うと解するのが相当である。

　また、破産債権である元従業員らの退職金の債権に対して破産管財人が行う配当は、所得税法199条にいう退職手当等の支払に当たり、当該配当においても、上記と同様の理由により、破産者が同条にいう「支払をする者」に当たると解され、破産管財人は、当該配当に付随する職務上の義務として、当該配当につき所得税の源泉徴収義務を負う。

　○　ホステス等に支払う報酬・料金等（所法204、205、所令322）

ホステス報酬の源泉徴収の計算と期間（最高裁平22.3.2判決）

　本件は、パブクラブを経営する上告人らが、ホステスに対して半月ごとに支払う報酬に係る源泉所得税を納付するに際し、当該報酬の額から、所得税法205条2号、所得税法施行令322条所定の控除額として、5000円に上記半月間の全日数を乗じて計算した金額を控除するなどして、源泉所得税額を計算していたところ、被上告人らから、上記控除額は5000円にホステスの実際の出勤日数を乗じて計算した金額にとどまるとして、これを基に計算される源泉所得税額と上告人らの納付額との差額について納税の告知及び不納付加算税の賦課決定を受けたことから、これらの取消しを求めた事案

である。一般に、「期間」とは、ある時点から他の時点までの時間的隔たりといった、時的連続性を持った概念であると解されているから、施行令322条にいう「当該支払金額の計算期間」も、当該支払金額の計算の基礎となった期間の初日から末日までという時的連続性を持った概念であると解するのが自然であり、これと異なる解釈を採るべき根拠となる規定は見当たらない。原審は、本件における契約関係を前提とした場合、各ホステスに係る施行令322条の「当該支払金額の計算期間の日数」とは、本件各集計期間の日数ではなく、実際の出勤日数であるということができると判示するが、租税法規はみだりに規定の文言を離れて解釈すべきものではなく、原審のような解釈を採ることは、上記のとおり、文言上困難であるのみならず、ホステス報酬に係る源泉徴収制度において基礎控除方式が採られた趣旨は、できる限り源泉所得税額に係る還付の手数を省くことにあったことが、立法担当者の説明等からうかがわれるところであり、この点からみても、原審のような解釈は採用し難い。そうすると、ホステス報酬の額が一定の期間ごとに計算されて支払われている場合においては、施行令322条にいう「当該支払金額の計算期間の日数」は、ホステスの実際の稼働日数ではなく、当該期間に含まれるすべての日数を指すものと解するのが相当である。

(注) この判例は、「期間」(一定の時期から他の一定の時期までの間)という語について正面から文理解釈すべきであると明示し、租税法の解釈における文理解釈の要請を体現したものである。

(注) 非居住者等から国内において不動産を取得する者は、10.21％の税率で源泉徴収しなければならない。但し、個人で、自己又はその親族の居住の用に供するために非居住者等から土地等を購入した場合であって、その土地等の譲渡対価が1億円以下の場合には源泉徴収はしなくてよい(所法161①五、所法164、所法213①二、所令281の3)。

非居住者(譲渡人)と源泉徴収(東京地裁平28.5.19判決)

　原告(法人)が、訴外人(売主)との本件土地・建物に係る売買契約に基づき売買代金及び固定資産税等相当額の精算金を訴外人に支払ったところ、処分行政庁から、訴外人は「非居住者」に該当し、原告は源泉徴収義務を負う(所得税法上)とし、源泉徴収税の納税告知処分を受けたことから、同告知処分の取消しを求めた事案で、裁判所は，訴外人は本件売買支払日当時、日本国内に住所を有せず、所得税法上の「非居住者」であり、本件譲渡対価支払時に訴外人が非居住者であるか否か確認する注意義務を尽くしていない原告は、本件告知処分に記載された納付税額と同額の、本件譲渡対価に係る納付すべき源泉徴収税を納付すべきであるとし、本件告知処分は適法であるとして、原告の請求を棄却した。

---

③　担税力との差異(資産所得と比較して担税力が低い)
④　源泉徴収により毎月税金を納付している　→　早い納期
　　予定納税の制度(所法104)　→　第1期分(7月)・第2期分(11月)

⑤　確定申告不要者（所法121）……　給与の年収金額が2,000万円以下の給与所得者で
他の所得が20万円以下の者

(注) 平成23年度税制改正で、公的年金等の収入金額が400万円以下で、かつ、その年金以外の他の所得が
20万円以下の者について、確定申告が不要になった（所法121③）。

○フリンジ・ベネフィット（所法36）……　勤務に附随して受ける個人的な経済的利益
通達　→　非課税の取扱い

法令により非課税	通達により非課税（※）
・通勤定期乗車券（15万円まで） （所令20の２） ・制服（所法９①六、所令21二）	・結婚祝金品等（所基通28-５） ・永年勤続者の表彰記念品等 （所基通36-21） ・創業記念品等（所基通36-22） ・商品、製品等の値引販売 （所基通36-23） ・食事の支給、貸与住宅（社宅）等 （所基通36-38の２）

※　通達では、「課税しなくても差し支えない」となっている。

フリンジ・ベネフィットに対して、供給した側の雇用主側で課税（Fringe Benefit Tax）
する国として、オーストラリア、ニュージーランドなどがある。

○長期発生所得　→　退職所得（$\frac{1}{2}$課税）・山林所得（五分五乗方式）
○高齢化社会と年金課税　→　（入口）保険料拠出時　→　社会保険料控除
（出口）年金受領時　→　公的年金等控除額

年金課税については、入口の段階で社会保険料を全額所得控除する一方で、出口の年金
受領時に、公的年金等控除によって、実質的に非課税になっている、いわゆる二重控除に
ついて批判する意見がある。

(注) 我が国の年金制度は、三階建ての体系として、次のように説明されている。

三階	企業年金	私的年金
二階	厚生年金（報酬比例配分）	公的年金
一階	国民年金（基礎年金）	公的年金

公的年金（国民年金（一階）及び被用者年金（二階））と私的年金（企業年金（三階））は、共通的取扱い
がされる部分と異なる取扱い部分があり、年金税制はかなり複雑である。なお、企業年金は、企業が従業
員にかわって運用する「確定給付」と従業員自ら運用する「確定拠出」がある。また、任意に加入する個
人型確定拠出年金（イデコ）も三階に分類される。老後資産形成の関心が高まるなか、イデコの加入者は
増えており、2022年にはイデコの加入要件が緩和され、多くの人が加入できるようになった。

11 所得控除及び平均課税

$\boxed{\text{所得控除}}$ ⟶ 基礎控除（所法86）・配偶者控除（所法83）・配偶者特別控除（所法83の2）・扶養控除（所法84） ⟶ 最低生活費の保証

> (注) 扶養親族とは、合計所得金額が48万円（令和元年以前は38万円）以下である人をいう。平成29年度税制改正によって、配偶者特別控除について、所得控除の対象となる配偶者の給与収入の上限が150万円に引き上げられ、配偶者控除等の適用される納税者本人に対しても、収入制限が設けられ、合計所得金額が1,000万円を超える場合には、配偶者控除も適用されないことになった。なお、配偶者控除等については、その廃止も含めて議論されている。

医療費控除（所法73）・雑損控除（所法72）・寄附金控除（所法78）・社会保険料控除（所法74）・小規模企業共済等掛金控除（所法75）・生命保険料控除（所法76）・地震保険料控除（所法77）・障害者控除（所法79）・寡婦控除（所法80）・ひとり親控除（所法81）・勤労学生控除（所法82）

(注) 平成27年度税制改正で、日本国外に居住する親族に係る扶養控除等の書類として、「親族関係書類」及び「送金関係書類」の提示又は提出を義務化した。

また平成28年度税制改正で、セルフメディケーション（自主服薬）推進のためのスイッチOTC薬控除（医療費控除の特例）が創設された（措法41の17の2）。

令和2年度税制改正で、未婚のひとり親に、ひとり親控除を創設し、寡婦控除（寡夫控除はひとり親控除に統合された）を「ひとり親控除」以外の寡婦とした。なお、住民票の続柄に「夫（未届）」「妻（未届）」の記載のある者は対象外とされる。

非居住者については、上記のうち「基礎控除」「寄附金控除」及び「雑損控除」が認められている（所法165、所令292）。

アスベスト除去費用と雑損控除（大阪高裁平23.11.17判決）

控訴人が、自宅建物の取壊しに伴い支払ったアスベスト除去費用等を所得税法72条の雑損控除の対象として確定申告をしたところ、所轄税務署長より更正処分及び過少申告加算税の賦課決定処分を受けたことから、その取消しを求めた事案の控訴審で、自宅建物にアスベストが含まれていたことは所得税法施行令9条にいう「人為による異常な災害」には該当せず、本件における控訴人の損失が「人為による異常な災害」により生じたものということはできないとした原判決を引用し、本件控訴を棄却した。

なお、雑損控除制度について定める所得税法72条は、控除し得る損失の発生原因として、「災害又は盗難若しくは横領」という事由を掲げており、これらはいずれも納税者の意思に基づかないことが客観的に明らかな事由であるものと解される。

（平成26年度司法試験問題）

設例

　地震等の災害により、居住者が所有している次の(1)～(3)の不動産に被害を受けた場合、その被害による損失は所得税法上どのような取扱いとなるか、簡潔に説明しなさい。

　なお、説明に当たっては、損失金額の計算方法の概要についても併せて説明しなさい。

(注)「災害被害者に対する租税の減免、徴収猶予等に関する法律」に規定されている事項については、説明する必要はない。

　(1)　居住している不動産

　(2)　事業の用に供している賃貸用不動産

　(3)　主として保養の目的で所有している不動産

(令和5年度税理士試験問題「所得税」)

(注) 令和5年度税制改正で、個人の有する住宅や家財等につき特定非常災害の指定を受けた損失の繰越控除について、「雑損控除」を適用し、繰越期間が3年から5年に延長となった（所法71の2）。

生命保険料控除

　①　新生命保険料控除（最高4万円）→所法76①
　②　介護医療保険料控除（最高4万円）→所法76②　｝生命保険料控除
　③　新個人年金保険料控除（最高4万円）→所法76③

(注) 介護費の負担とサービス／2018年度

10兆円	1割	高齢者の自己負担（原則）		高齢者・家族サービス（要支援1から要介護5：7段階）
	9割	1/2	介護保険料	40歳以上の現役世代	
				高齢者	
		1/2	公費	国	
				地方自治体	

寄附金控除額

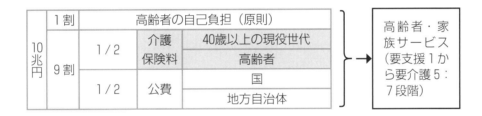

　なお、特定寄附金とは、① 国等に対する寄附金、② 指定寄附金などである。

税額控除 → 配当控除（所法92）・住宅借入金等特別控除（措法41）
　　　　　　・外国税額控除（所法95）

(注) 住宅借入金等特別控除については、所得税で控除しきれない残額については、次の①又は②のうち少ない方の金額を住民税から控除することができる（地法附則5の4の2）。

　　①　所得税の課税総所得金額等の額×5%

②　9.75万円

平成26年４月１日から令和７年末までに住宅を取得した場合は、５％（最高9.75万円）になる。

| 所得控除（高額所得者に有利）と「税額控除」 |

（注）給付付き税額控除とは、税額控除額が控除前税額を超え、控除しきれない部分については給付を行うとするもので、税額控除と社会保障給付の両方を併せた性質を持ち、税制と社会保障の一体化を一部具体化した制度である。一部先進国で導入され、我が国においても近年検討されている。

■　「ゼロ税率」は、「所得控除」における基礎控除等に代えて、一定の所得金額までの税率をゼロとするもので、ドイツ、フランスで採用されている。「ゼロ税率」の場合には、所得の多寡にかかわらず、一定の所得金額に対する最低税率がゼロであるため、「所得控除」に比べて、高所得者の負担が相対的に増加する。

| 変動所得 |→ 年によって変動のある所得（漁獲、著作権の使用料）（所法２①二十三、所令７の２）

| 臨時所得 |→ 役務の提供を約することにより一時に取得する契約金に係る所得等で臨時に発生するもの（所法２①二十四、所令８）

（５年間平均課税：所法90）

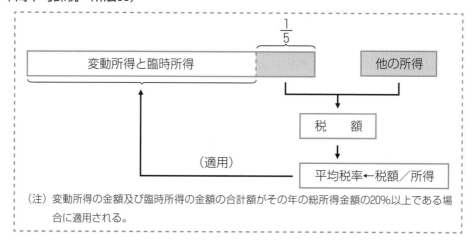

（注）変動所得の金額及び臨時所得の金額の合計額がその年の総所得金額の20％以上である場合に適用される。

12　年末調整

　毎月給料などを支払う際に税額表によって所定の税額を徴収していても、年の中途で扶養親族等の数に異動があること、また、生命保険料控除や地震保険料控除などは、年末調整のときに控除することになっているため、給与の支給総額について計算した正規の年税額とは、一致しないので、その源泉徴収税額の過不足を精算する必要がある。この精算を行うことを年末調整という（所法190）。

（年末調整の事務）

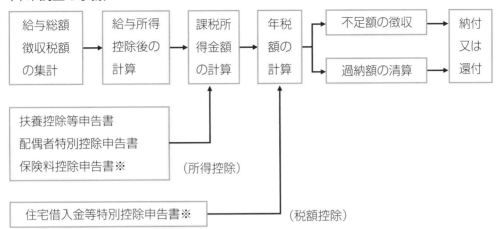

※　令和2年10月1日以後に提出する「保険料控除申告書」及び「住宅借入金等特別控除申告書」に添付する
　　証明書について、保険会社等からの電子的控除証明書によることが可能となる。また、国税庁は「年末調
　　整控除申告書作成用ソフトウエア」を公開し、これにより年末調整手続の簡便化が図れることになった。

次のいずれかに該当する人は、年末調整の対象とならない。

　①　「給与所得者の扶養控除等申告書」を源泉徴収義務者に提出していない人

　②　その年中の給与などの収入金額が2,000万円を超える人

　③　年の途中で退職（死亡退職等を除く）した人

　④　「災害被害者に対する租税の減免、徴収猶予等に関する法律」の規定により、源
　　　泉所得税の徴収猶予又は還付を受けた人

　(注)　年末調整については、①源泉徴収義務者の事務負担、②プライバシーの問題、③納税者意識、④就業
　　　　形態の変化（所得区分の境界の曖昧さ）及び⑤マイナンバー制度等を利用したe-Taxの活用等の理由で、
　　　　年末調整制度を廃止すべきであるとの意見がある。

■　子供・特別障害者等を有する者等の所得金額調整控除

　給与等の収入金額が850万円を超える所得者で、次の4つのいずれかに該当する場合に、
給与等の収入金額（1,000万円を超える場合は、1,000万円）から850万円を控除した金額の
10%に相当する金額（最高15万円）を給与所得の金額から控除する（措法41の3の3）。

　イ　所得者本人が特別障害者

　ロ　同一生計配偶者が特別障害者

　ハ　扶養親族が特別障害者

　ニ　扶養親族が年齢23歳未満

　(注)　給与所得と年金所得の双方を有する人に対する「所得金額調整控除」は年末調整ではなく、確定申告で行
　　　　うことになる。

13 所得税と個人住民税

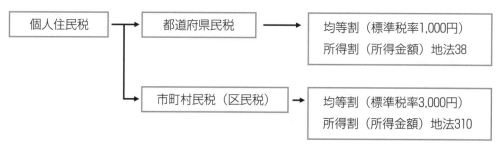

※ 均等割 …… 均等の額によって課する住民税

住民税の非課税 ① 生活保護法によって生活扶助を受けている者

② 障害者、未成年者、寡婦又はひとり親

（所得が年間125万円を超える者は除く）

負担の軽減（1,000円→600円、3,000円→2,000円）

徴収方法 → 普通徴収（給与所得者＝特別徴収）

(注) 平成19年分から個人住民税の税率は、一律10％となったが、それ以前は、都道府県民税が「2％」「3％」の2段階で、市町村民税が「3％」「8％」「10％」の3段階であった。

【設例】

個人住民税に関し、次の(1)及び(2)について簡潔に述べなさい。なお、退職所得に係る分離課税について述べる必要はない。

(1) 個人住民税における「住所」の意義及びその認定の方法

(2) 個人住民税均等割及び所得割の趣旨、課税の方法、徴収の方法、税率及び非課税措置（所得税との相違点について言及すること。）

（令和5年度税理士試験問題「住民税」）

14 確定申告と準確定申告

居住者は、総所得金額、退職所得金額及び山林所得金額の合計額が雑損控除その他の控除の額（所得控除）の合計額を超える場合、これらの所得金額から所得控除の順序に準じて控除した後の金額にそれぞれ税率を適用して計算した場合の所得税額の合計額が配当控除の額を超えるとき（確定損失申告を提出する場合は除く）は、翌年2月16日から3月15日までの間に、税務署長に対して申告書を提出しなければならない（所法120①）。これを確定申告という。

　確定申告を提出すべき居住者が死亡した場合、相続の開始があったことを知った日の翌日から4月を経過した日の前日（同日前に当該相続人が出国する場合には、その出国の時）までに税務署長に対して申告書を提出しなければならない（所法124①）。これを準確定申告という。

15　住民税

　所得税がその年中の所得に対して課税するのに対して、住民税の所得割は、前年中の所得について課税する前年所得課税方式である。所得税が「申告納税方式」であるのに対して、住民税は市町村から通知される納税通知書によって納付する「賦課課税方式」である。

　個人の道府県民税の賦課徴収は、地方税法によって、道府県の区域内の市町村がその個人の市町村民税の賦課徴収の例により当該市町村民税の賦課徴収と併せて行う（地法41、319②）。

　(注)　所得税においては、給与所得以外の所得が20万円以下の場合には確定申告は不要である（所法121①）が、住民税では源泉徴収制度が採られていないことなどから、「市町村民税・道府県民税申告書（法規則第5号の4様式）」の提出が必要とされる（地法317の2①）。

　　　　また、上場株式等に係る配当等については、所得税では総合課税、住民税では源泉分離課税という選択ができる（地法32⑬、313⑬、地法附則33の2）。しかしながら、令和4年度税制改正によって、所得税と住民税の課税方式を一致させることとなり、この改正は、令和6年度分以後の住民税から適用されることとなる。

■　個人住民税の非課税措置（地法24の5）

　ひとり親（事実婚状態でないこと）で、児童扶養手当の支給を受け、前年の合計所得金額が135万円以下の場合は、個人住民税は非課税となる（令和3年分個人住民税から適用）。

設例

　個人住民税における申告手続に関し、次の(1)～(3)について簡潔に述べなさい。なお、退職所得に係る申告書について述べる必要はない。

　(1)　申告義務の概要
　(2)　所得税の確定申告書が提出された場合の取扱い
　(3)　総務大臣が指定する都道府県等への寄附金に係る寄附金税額控除に係る申告特例制度（いわゆる「ふるさと納税ワンストップ特例制度」）の概要

（令和5年度税理士試験問題「住民税」）

【所得税と住民税の所得控除の相違】

　下記の所得控除について所得税は、令和2年分以降、住民税は令和3年分以降それぞれ適用される。

	所得税	住民税
基礎控除	480,000	430,000
配偶者控除（一般）	380,000	330,000
扶養控除（一般）	380,000	330,000
扶養控除（特定）	630,000	450,000
障害者控除（一般）	270,000	260,000
寡婦控除	270,000	260,000
ひとり親控除	350,000	300,000
勤労学生控除	270,000	260,000

平成30年度税制改正によって、基礎控除の見直しが下記のようになった。

（単位：円）

合計所得金額	所得税	住民税
2,400万円以下	480,000	430,000
2,400万円超　2,450万円以下	320,000	290,000
2,450万円超　2,500万円以下	160,000	150,000
2,500万円超	0	0
適用時期	令和2年分以降の所得税	令和3年分以降の住民税

　基礎控除は、課税最低限を構成するものであるから、上記のように所得の多寡によって、逓減又は消失することは憲法25条の要請（生存権の保障）から適切でないとの意見がある。なお、退職手当等は、原則確定申告の必要はない（分離課税）が、仮に医療費控除など一定の控除を適用するため、退職所得の金額を含めて（総合課税）確定申告をした場合、合計所得金額が2,500万円を超えると基礎控除額は消失することになる（所法86）。

　（注）住民税（所得割）も課税の基礎となる所得金額は、原則として所得税の場合と同様に計算されるが、上記のように、基礎控除、配偶者控除、扶養控除等は、所得税の場合より低い控除額が設けられていることからケースによっては、所得税は課税されなくても住民税は課税されるということもある。

設例

　個人住民税における住宅借入金等特別税額控除制度に関する次の(1)～(3)について、簡潔に述べなさい。ただし、東日本大震災の被災者に係る特例、新型コロナウイルス感染症の影響に対応するための特例及び所得税における住宅借入金等特別税額控除制度については、説明する必要はない。

(1)　制度の導入の背景

(2)　制度の概要（控除額の算出方法及び消費税率の引上げを踏まえた控除額の拡充措置に触れること。）

(3)　令和4年度税制改正の概要

（令和4年度税理士試験問題「住民税」）

設例

　個人住民税における金融所得課税に関する次の(1)〜(3)について、簡潔に述べなさい。

⑴　特定配当等及び特定株式等譲渡所得金額に係る課税方式の意義及び概要

⑵　上場株式等に係る譲渡損失の損益通算及び繰越控除制度の意義及び概要

⑶　⑴及び⑵に係る令和 4 年度税制改正の概要

（令和 4 年度税理士試験問題「住民税」）

■　復興特別所得税

　「東日本大震災からの復興のための施策を実施するために必要な財源の確保に関する特別措置法」（平成23年11月成立）

　　①　所得税額に対して2.1％の時限的な付加税を創設する。

　　②　適用時期は、平成25年 1 月から令和19年12月までの措置とする。

```
　基準所得税額　　　×　　　2.1％　　　＝　　　復興特別所得税
　（復興措法10）　　　　（復興措法27）
　　※　基準所得税額は、外国税額控除を適用する前の所得税額
```

コラム⑬　年金二重課税事件

　最高裁は、年金受給権に相続税を課税し、その後に受け取る年金に所得税を課することは、違法な二重課税であるとの判決を言い渡した。一審の長崎地裁は、年金を雑所得として課税することは二重課税に該当すると判断したが、福岡高裁では、逆転して、国側の主張を認めた事件である。この事件は、税理士等の専門家等が、最高裁の判断に注目していたもので、判決が出るとテレビなどで一斉に報道されたため、一般の人々も「二重課税」について関心を寄せる結果となった。

　長崎地裁は、相続財産となった年金受給権（相法３①一）と年金は、実質的、経済的に同一であるとして、その年金は、所得税法９条（非課税所得）１項15号（旧法）によって、非課税であると判断した。これに対して、福岡高裁は、年金受給権の取得と個々の年金の取得とは、別個の側面があり、後者については、所得税の対象となり、前者については、相続税の対象になるから、二重課税とはいえないと一審の全部を取り消した。福岡高裁は、年金は、年金受給権に基づいて発生する「支分権」であり、支分権は、年金受給権と法的に異なり、被相続人の死亡後に支分権に基づいて発生したもので、相続税法３条１項１号に規定する「保険金」に該当せず、所得税法９条１項15号の非課税所得にも該当しないことから、これに係る所得は、所得税の課税対象になるとしている。

　最高裁は、年金各支給額の現在価値に相当する部分（2,300万円×60％＝1,380万円／旧相続税法24）は、相続税の課税対象となる経済的価値と同一のものといえることから、所得税法９条１項15号により所得税の対象にならないと判断した。そして、争われた被相続人の死亡日を支給日とする第１回の年金（230万円）は、死亡時の現在価値230万円と一致することから、第１回の年金のすべてが所得税の対象とならないと結論付ける。従って、将来、受け取る年金については、その年金の現在価値（元本）を超える部分（運用益）について所得税が課税されることになる。

　因みに、平成22年度税制改正で、相続税法24条が改正され、定期金に関する権利の評価については、受取金額の現在価値に近似することになった。すなわち、「解約返戻金相当額」「一時金相当額」及び「予定利率等を基に算出した金額」のうち、最も大きな金額を採用することになった。この改正に基づくと、本件の評価額は、少なくとも20,598,800円（230万円×8.956（一時払いの請求が行われた場合の特約基本年金金額の算定率8.956））となる。このように、最高裁は、年金受給権と年金の経済的価値は同一で、所得税の課税対象にはならないと判断したのであるが、この「最高裁の判断」によって、過去の年金型生命保険の二重課税の還付を生命保険会社及び国がどのように対処するかが大きな課題となっている。報道によると、日本生命保険など大手４社では、年金払い方式で保険金を支払い中の契約だけでも１社あたり3,000件以上もあるという。これに、過去の契約を含めれば、膨大な件数となる。その中には、連絡を取れない者もいるという。また、国税庁は、「遺族が年金形式で受け取る生命保険金に対する所得税の課税の取消しについて」と題して「…これまでの法令解釈を変更し、これにより所得税額が納めすぎとなっている方の過去５年分の所得税については、更正の請求を経て、減額更正を行い、お返しすることとなります。現在、判決に基づき、課税の対象とならない部分の算定方法などの検討を進めていますの

で、具体的な対応方法については、対応方法が確定しだい、国税庁ホームページや税務署の窓口などにおいて、適切に広報・周知を図っていくこととしています」と述べている。この事件で争われた税額そのものは、25,000円であるが、最高裁の判断の影響は極めて大きい。

コラム⑭　人生100年時代を生き抜くために

　リンダ・グラットン（心理学者）とアンドリュー・スコット（経済学者）の二人の英国人が執筆した『LIFE SHIFT 100年時代の人生戦略』（池村千秋訳）（東洋経済）1 頁［2016年］の序文で「国連の推計によれば、2050年までに、日本の100歳以上の人口は、100万人を突破する見込みだ。（略）2007年に日本で生まれた子どもの半分は、107歳生きることが予想される。」と書かれている。人類の長寿化は、社会に大きな変化を求めることになる。従来の人生モデルは今後役に立たないと言う。100歳まで生きること(いわゆる二毛作人生)を前提にすると、60歳や65歳で社会からリタイアーすることは許されないのである。健康であるならば、多くの人は、自己の再教育又は再投資をしながら、85歳ぐらいまで働き続けなければならない、とこの本はわれわれに忠告している。更に、外国人であるにもかかわらず、日本の年金制度についても言及している。「・・・賦課方式が直面しているのは、平均寿命が延び、そのうえ出生率も低下しているという問題だ。出生率が下がれば、勤労人口の増加、ペースが引退人口の増加ペースを下回る。その先に待っているのは、税収・保険料収入が減り、その一方で年金給付の支出が膨らむという事態だ。年金制度が変更されなければ、財政が立ちゆかなくなり、政府の債務が更に増大するだろう。平均寿命が長く、しかも出生率が大きく落ち込んでいる日本などでは、この問題がすでに切実になっている」（69頁）と日本の賦課方式が将来破綻することをわざわざ予告している。

　大学を22歳で卒業し、仕事に就き、そのときから85歳まで働くとしたら、今の子供は、なんと63年間、働き続けなければならなくなる。その間、社会では技術革新等が進歩し続けるから、それに後れを取らないように、絶えず、自己啓発（再教育）を行う必要が生じるのである。そうでなければ、社会から排除される恐れがある。日本の年金の受給年齢は、段階的に引き上げられ、政府が2018年 2 月に閣議決定した「高齢社会対策大綱」では、受給開始年齢を70歳超も選べるようにする制度の検討が盛り込まれている。将来的には、85歳まで引き上げられる可能性も十分に考えられる。

　三菱ＵＦＪリサーチ＆コンサルティングがまとめた「公的年金の給付水準の低下による高齢世帯への影響について」の研究レポートがある。それによれば、2050年、85歳の世帯の 2 分の 1 で金融資産が枯渇すると報告されている。この研究の試算によれば、年金支給低下によって、2050年には世帯主85歳の世帯の48.8％で金融資産が尽きる。これに対して、30歳から年間所得の 1 割を、資産形成にあてると、枯渇する世帯は、31.9％に減少する。更に、65歳から74歳までの10年間で、年100万円の就労所得があると14.8％まで減ることになる。それ故に、健康な高齢者は、老後の生活のために、働き続けることが求められるのである。政府や企業は、高齢者の就労を促す必要がある。それ故に、高齢であるからという理由で、安易に、給与所得を引き下げるべきではない。労働力を確保するためにも、

高齢者の仕事に対するモチベーションを低下させる施策を採るべきではない。2018年の春季労使交渉では、シニア社員の待遇改善が主要なテーマになっている。スバルの労働組合は、60歳以上の再雇用者の賃上げで正社員と同額の３千円を要求しているし、また、JR西日本の労働組合は、再雇用者の年収が急減する現行制度の撤廃を求めている。2013年の改正高年齢者雇用安定法施行で、希望すれば、65歳までの雇用が確保されている。厚生労働省によれば、８割の企業が嘱託や契約などでシニアを再雇用しているのであるが、今後、シニアの待遇改善が更に議論されなければならない。

　人生100年時代を生き抜くためには、健康を維持し、85歳まで働き、そして、将来、破綻するであろう公的年金に期待せず、自己の老後のため、資産形成（預貯金・株式・不動産・投資信託・私的年金等）に邁進する必要がある。そうしなければ、多くの人は、人生の終焉をむかえるときまでに、破綻することになるであろう。

第2章　法人税

法人税は、法人の所得に対して課税される租税である。

法人税	① 法人の所得に対して課される法人税（法法4①）
	② 法人課税信託の所得に対する法人税（法法4④）
	③ 退職積立金に対する法人税（法法4③）

(注) 上記②は、受益証券発行信託、受益者の存在しない信託、法人が委託者となる信託のうち一定の要件を満たすもの、特定目的信託及び特定投資信託について、法人税の対象として課税するものである。又、③については、現在課税が停止されている（措法68の4）。

法人税の歴史	1899年 第1種所得税
	1940年 法人税が所得税から独立
	1945年 宗教法人の収益事業に対する課税
	1950年 シャウプ税制・公益法人等の収益事業に対する課税
	1957年 人格のない社団等（収益事業）の課税
	1998年 大幅な税制改正 （税率の引き下げと課税ベースの拡大）
	2000年 一部時価会計導入＋特定信託に対する法人税 （売買目的有価証券）
	2001年 企業組織再編税制
	2002年 連結納税制度の導入
	2007年 法人課税信託
	2010年 グループ法人税制の創設
	2020年 連結納税制度からグループ通算制度に移行

(注) 法人税の課税根拠として、個人所得税の代替として、事業体の段階でいったん法人税を課すことが便宜的であるという、機能的な面をあげるものもある。シャウプ使節団「日本税制報告書」（105頁）では、「法人に対しては殆ど経済的な根拠または理論らしきものすらなくして、単にそれらが政治的にみても支配的であり、租税行政上も容易であるうえに多くの収入を挙げるという理由から、重い課税が行われている」と述べられている。信託課税もその一つである。

1　法人税の性格

① 法人は株主の集合体　→　二重課税の問題が発生（シャウプ勧告）

② 法人は独立した存在　→　法人自体の担税力に着目して課税

2　二重課税の調整方法

① 配当所得税額控除方式（日本採用／所法92）

②	支払配当損金算入方式
③	二重税率方式（日本：1961年〜1990年）
④	法人税株主帰属方式（インピュテーション方式）（ヨーロッパ採用）
⑤	配当所得控除方式（受取配当益金不算入／法法23）
⑥	組合課税方式（パススルー課税：構成員課税）

(注) アメリカの100人以下の個人株主からなる「S法人」は、法人所得を株主に按分して、株主の所得として課税されることが選択できる（IRC1361以下）。

○証券税制の整備　→　損金算入方式（導管型法人：ペイ・スルー型法人）

特定目的会社（措法67の14）・投資法人（措法67の15）
（資産流動化法・投資信託法）
→　導管型法人として、一定の要件を満たす「特定目的会社」及び「投資法人」が利益の90％以上を配当した場合には、当該配当は損金算入される。

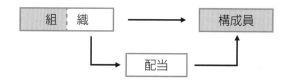

■　「法人」概念について
① 法人は、この法律その他の法律の規定によらなければ、成立しない（民33①）。
② 法人の本質については、次のように区分される。

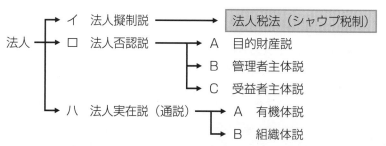

(注) 法人の権利能力（性質論）に係る学説としては、ギールケ（Otto von Gierke・1841-1921）によって提唱された「法人実在説」及びサヴィニー（Friedrich Carl von Savigny・1779-1861）によって提唱された「法人擬制説」がある。

③ 会社：株式会社、合名会社、合資会社又は合同会社をいう（会法2一）。
④ 会社は法人とする（会法3）。
⑤ 内国法人、外国法人（法法2三、四）
⑥ 公共法人、公益法人等、協同組合等、人格のない社団等、普通法人（法法2五〜九）

⑦　人格のない社団等は、法人とみなして、この法律の規定を適用する（法法3）。

⑧　たとえ法が法人と認めている社会的存在であっても、それに相当する実体を備えていない場合には、法人格を否定しうる（法人格否認の法理）。

（注）八幡製鉄所政治献金事件（最高裁昭45.6.24判決）では、政治献金は会社の権利能力の範囲内であるとの判示をしている。

3　納税義務者と納税義務の範囲

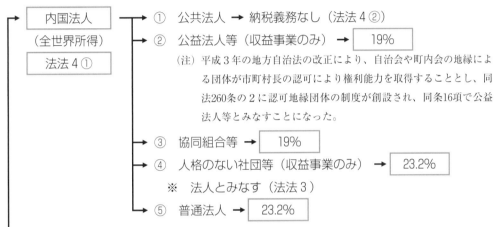

内国法人（全世界所得）法法4①

①　公共法人　→　納税義務なし（法法4②）

②　公益法人等（収益事業のみ）　→　19%

（注）平成3年の地方自治法の改正により、自治会や町内会の地縁による団体が市町村長の認可により権利能力を取得することとし、同法260条の2に認可地縁団体の制度が創設され、同条16項で公益法人等とみなすことになった。

③　協同組合等　→　19%

④　人格のない社団等（収益事業のみ）　→　23.2%

※　法人とみなす（法法3）

⑤　普通法人　→　23.2%

（注）普通法人の中小法人等、公益法人等及び協同組合等については、所得のうち800万円以下の部分については、15%の税率が平成24年4月1日から令和5年3月31日までの間に終了する事業年度で適用される（措法42の3の2）。

※　内国法人　→　国内に本店又は主たる事務所を有する法人（法法2三）
　　外国法人　→　内国法人以外の法人（法法2四）

（注）法人税法上の収益事業（法法2十三）とは、次の34種類の事業を、継続して事業場を設けて営むことをいう（法令5）。この事業には、その収益事業の事業活動の一環として、あるいは関連して付随的に行われる行為も含まれる。なお、公益認定法2条4号に規定する公益目的事業から生じた収益は、公益目的事業の遂行から生じたもので、収益事業から除かれている（法令5②一）。なお、昭和25年の法人税法改正で法人税法上、旧営業税法において課税されていた29の業種がそのまま収益事業の範囲として限定列挙された。

（1）物品販売業（2）不動産販売業（3）金銭貸付業（4）物品貸付業（5）不動産貸付業（6）製造業（7）通信業（8）運送業（9）倉庫業（10）請負業（11）印刷業（12）出版業（13）写真業（14）席貸業（15）旅館業（16）料理飲食業（17）周旋業（18）代理業（19）仲立業（20）問屋業（21）鉱業（22）土石採取業（23）浴場業（24）理容業（25）美容業（26）興行業（27）遊技所業（28）遊覧所業（29）医療保健業（30）技芸・学力教授業（31）駐車場業（32）信用保証業（33）無体財産権の提供業（34）労働者派遣業

（注）公益法人等は株式会社のように株主がおらず、その利益を社員等の特定の個人に分配することがない故に、法人擬制説を前提にすれば、本来課税の対象とはならないと考えられる。

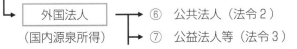

外国法人（国内源泉所得）

⑥　公共法人（法令2）

⑦　公益法人等（法令3）

```
  法法4 ②  ┌─→ ⑧  人格のない社団等
           └─→ ⑨  普通法人
```
　　　　　　　　(注) 外国法人には、「協同組合等」はない。なお、米国LLCについては、
　　　　　　　　　　　法人課税又は構成員課税のいずれの選択を行ったにかかわらず、
　　　　　　　　　　　原則的に外国法人として扱う（国税庁）。

設例

　次の事案について、以下の 問1 〜 問4 に答えなさい。なお、同族会社等の行為計算否認規定及び組織再編成に係る行為計算否認規定の適用はないものとする。また、租税特別措置法及び租税条約は考慮しないものとする。

　A社及びB社は、陸運業及び物品販売業を営む内国法人たる株式会社（普通法人）である。B社は、A社の発行済株式の全てを保有している。資本金の額は、A社が5,000万円、B社が5億円である。A社及びB社は、4月1日から翌年3月31日までの期間を事業年度としている。以下では、令和4年4月1日に開始するものを令和4事業年度というように表記する。B社の消費税の課税期間については、事業年度と同じとする。B社は、消費税の課税事業者であり、簡易課税制度の適用を受けていない。なお、B社の令和4課税期間に係る基準期間の課税売上高は、20億円を超えている。

　A社は、関東一円で定期観光バスを運行しているが、令和2年初頭からの世界的な不況の影響により、令和2事業年度は大幅な減益となった。令和3事業年度もドル箱であったインバウンド需要の回復を期待したものの、A社の業績は不振のまま推移した。A社は、令和3年12月1日に、臨時株主総会を開催し、解散決議等の所要の手続を経た上で、株主に対する残余財産の分配を現物で行うこととした。令和4年3月22日に、A社における残余財産は、甲土地（時価3,000万円、帳簿価額1,000万円）のみであることが判明した。A社は、令和4年4月6日に、その唯一の株主であるB社に対して、残余財産である甲土地を分配した（事実①）。

　B社は、令和4年4月20日に、従業員用の保養所を建設する目的で、C社が所有する日本国内の山間部に所在する乙土地を1億5,000万円（時価）で取得することにし、米国に所在するB社のNY支店において、乙土地の譲渡に係る契約を締結した。同日に、その譲渡による対価は、NY支店が開設した米国に所在する銀行口座からC社の銀行口座に送金された。なお、C社は、米国に本店が所在する外国法人である（事実②）。

　D社は、経済産業大臣の許可を得て、電気事業法に規定する一般送配電事業を営む内国法人たる株式会社（普通法人）である。D社は、4月1日から翌年3月31日までの期間を事業年度としている。D社は、令和4年10月1日に、B社から、新たに建設する従業員用の保養所への配電の要望を受けて、山間部に所在する乙土地の近隣に、一般送配電事業に必要な丙施設を新設することにした。D社は、採算上の問題や、他の需要者との負担の均衡を図るため、電気の需要者であるB社から1,000万円の交付を受けた。これにより、D社は、令和4事業年度において、丙施設を構成する建物を4,000万円で取得し、その帳簿価額から、交付を受けた金銭の額1,000万円を損金経理により減額した（事実③）。

　B社は、令和 4 年11月 1 日に、B社の代表取締役P（居住者）及び使用人Q（居住者）に対して、新商品である貴金属の置物を無償で譲渡した。なお，当該新商品の時価は210万円（税込価額）である（事実④）。

| 問 1 | 事実①の甲土地の分配に関して、A社において、法人税法上、どのように取り扱われるべきか。根拠条文を示しつつ述べなさい。 |

問 1　事実①の甲土地の分配に関して、A社において、法人税法上、どのように取り扱われるべきか。根拠条文を示しつつ述べなさい。

問 2　事実②に関して、B社からC社への送金は、B社において、所得税法上、どのように取り扱われるべきか。根拠条文を示しつつ述べなさい。

問 3　事実③に関して、D社が交付を受けた金銭の額1,000万円及びそれによって取得した建物は、D社において、法人税法上、どのように取り扱われるべきか。根拠条文を示しつつ述べなさい。

問 4　事実④のP及びQへの新商品の無償譲渡に関して、B社において、消費税法上、どのように取り扱われるべきか。根拠条文を示しつつ述べなさい。

（令和 5 年度公認会計士試験問題）

外国の法令に準拠して組成された事業体（東京高裁平26.2.5判決）

　外国の法令に準拠して組成された事業体（バミューダLPS）が我が国の租税法上の法人（外国法人）に該当するか否かは、原則として、当該外国の法令の規定内容から、その準拠法である当該外国の法令によって法人とする旨を規定されていると認められるか否かによるべきであるが、諸外国の法制・法体系の多様性、我が国の「法人」概念に相当する概念が諸外国において形成されるに至った沿革、歴史的経緯、背景事情等の多様性に鑑みると、当該外国の法令の規定内容をその文言に従って形式的に見た場合に、当該外国の法令において当該事業体を法人とする旨が規定されているかどうか（法人格付与基準／法的アプローチ）という点に加えて、当該事業体を当該外国法の法令が規定するその設立、組織、運営及び管理等の内容に着目して経済的、実質的に見れば、明らかに我が国の法人と同様に損益の帰属すべき主体（その構成員に直接その損益が帰属することが予定されない主体）として設立が認められたものといえるかどうか（損益帰属主体性基準／経済的アプローチ）を検討すべきであり、後者の点が肯定される場合に限り、我が国の租税法上の法人に該当すると解すべきである。

ペット供養と収益事業（最高裁平20. 9 .12判決）

　本件ペット葬祭業は、その目的、内容、料金の定め方、周知方法等の諸点において、宗教法人以外の法人が一般的に行う同種の事業と基本的に異なるものではなく、これらの事業と競合するものといわざるを得ない。（略）本件ペット葬祭業が請負業等の形態を有するものと認められることに加えて、上記のような事情を踏まえれば、宗教法人である上告人が、依頼者の要望に応じてペットの供養をするために、宗教上の儀

式の形式により葬祭を執り行っていることを考慮しても、本件ペット葬祭業は、法人税法施行令5条1項1号、9号及び10号に規定する事業に該当し、法人税法2条13号の収益事業に当たると解するのが相当である。

（注）公益法人等の収益事業課税については、イコール・フッティング論（民間企業との競争条件の平等化の確保を図ること）が議論される。

4　法人所得の意義と計算方法

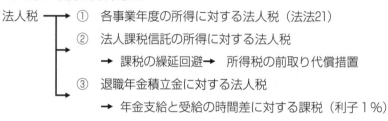

法人税 ① 各事業年度の所得に対する法人税（法法21）
② 法人課税信託の所得に対する法人税
→ 課税の繰延回避→ 所得税の前取り代償措置
③ 退職年金積立金に対する法人税
→ 年金支給と受給の時間差に対する課税（利子1％）

（注）現在③については停止中である。

　法人税法22条は、法人税の課税所得の「骨格」を示している条文で、同条は、以下のように第1項から第5項まである。

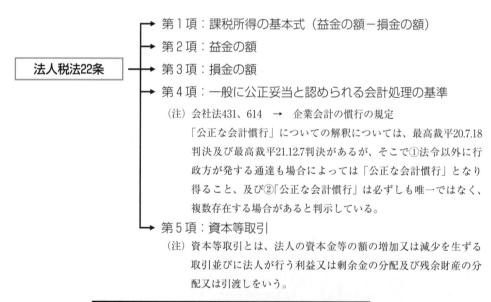

法人税法22条
- 第1項：課税所得の基本式（益金の額－損金の額）
- 第2項：益金の額
- 第3項：損金の額
- 第4項：一般に公正妥当と認められる会計処理の基準

（注）会社法431、614　→　企業会計の慣行の規定
「公正な会計慣行」についての解釈については、最高裁平20.7.18判決及び最高裁平21.12.7判決があるが、そこで①法令以外に行政方が発する通達も場合によっては「公正な会計慣行」となり得ること、及び②「公正な会計慣行」は必ずしも唯一ではなく、複数存在する場合があると判示している。

- 第5項：資本等取引

（注）資本等取引とは、法人の資本金等の額の増加又は減少を生ずる取引並びに法人が行う利益又は剰余金の分配及び残余財産の分配又は引渡しをいう。

ビックカメラ事件（東京高裁平25.7.19判決）

　「特別目的会社を活用した不動産の流動化に係る譲渡人の会計処理に関する実務指針（不動産流動化実務指針）」は、その対象を同指針にいう特別目的会社を活用した不動産の流動化がされた場合に限って、当該不動産又はその信託に係る受益権の譲渡人の会計処理についての取扱いを定めたものであり、当該不動産又はその信託に係る受益権の譲渡を当該不動産の売却として取り扱うべきか否かについて、当該不動産等

が法的に譲渡され、かつ、その対価を譲渡人が収入しているときであっても、なお、子会社等を含む譲渡人に残された同指針のいう意味での不動産のリスクの程度を考慮して、これを金融取引として取り扱うことがあるとしたものであり、他方、法人税法は、適正な課税及び納税義務の履行を確保することを目的とし、資産又は事業から生ずる収益に係る法律関係を基礎に、それが実質的には他の法人等がその収益として享受するものであると認められる場合を除き、基本的に収入の原因となった法律関係に従って、各事業年度の収益として実現した金額を当該事業年度の益金の額に算入するなどし、当該事業年度の所得の金額を計算すべきものとしているところ、当該事業年度の収益等の額の計算に当たり、本件におけるように、信託に係る受益権が契約により法的に譲渡され、当該契約に定められた対価を現に収入した場合において、それが実質的には他の法人等がその収益として享受するものであると認められる場合ではなくても、また、同法において他の法人との関係を考慮することができると定められたときにも当たらないにもかかわらず、なお、他の法人との関係をも考慮し、当該収入の原因となった法律関係を離れて、当該譲渡を有償による信託に係る受益権の譲渡とは認識せず、専ら譲渡人について、当該譲渡に係る収益の実現があったとしないものとする取扱いを定めた同指針については、同法の公平な所得計算という要請とは別の観点に立って定められたものとして、「一般に公正妥当と認められる会計処理の基準」（税会計処理基準）に該当するものとは解し難い。

■　法人税法22条と同法74条の関係

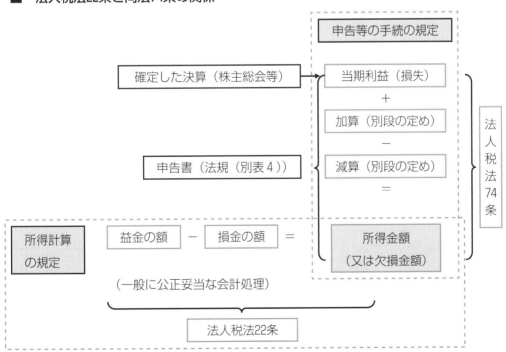

（注）内国法人は、原則として、各事業年度終了の日の翌日から2月以内に税務署長に対し、確定した決算に基づき申告書を提出しなければならない（法法74①）。また、納付も同時に行なう（法法77）。

■ トライアングル体制（三つの会計制度）

→ 一般に公正妥当と認められる会計処理の基準

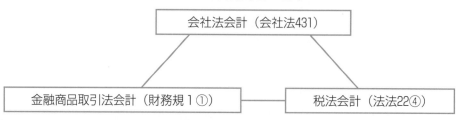

（注）法人税法22条4項の規定の立法趣旨は税制の簡素化にあるといわれている（税制調査会昭和42年2月「税制簡素化についての第1次答申」）。

脱税協力金と公正処理基準（最高裁平6.9.16判決）

被告人会社らを支配統括する被告人Bが、法人税を免れようと企て、架空造成費を計上するなどの方法により所得を秘匿し、法人税をほ脱したという事案の上告審において、被告人会社Aが、架空の土地造成工事に関する見積書等を提出するなどして本件脱税に協力したFに支払った手数料は、架空の経費を計上するという会計処理に協力したことに対する対価として支出されたものであって、いわゆる公正処理基準に反する処理により法人税を免れるための費用というべきであるから、当該支出について損金の額に算入することを否定した原判決は正当である。

（注）その後、法人税法55条によって不正行為等に係る費用については、損金不算入となった。

船積基準と一般に公正妥当な会計処理の基準（最高裁平5.11.25判決）

船荷証券が発行されている本件の場合には、船荷証券が買主に提供されることによって、商品の完全な引渡しが完了し、代金請求権の行使が法律上可能になるものというべきである。したがって、法律上どの時点で代金請求権の行使が可能となるかという基準によってみるならば、買主に船荷証券を提供した時点において、商品の引渡しにより収入すべき権利が確定したものとして、その収益を計上するという会計処理が相当なものということになる。しかし、今日の輸出取引においては、既に商品の船積時点で、売買契約に基づく売主の引渡義務の履行は、実質的に完了したものとみられるとともに、前記のとおり、売主は、商品の船積みを完了すれば、その時点以降はいつでも、取引銀行に為替手形を買い取ってもらうことにより、売買代金相当額の回収を図り得るという実情にあるから、右船積時点において、売買契約による代金請求権が確定したものとみることができる。したがって、このような輸出取引の経済的実態からすると、船荷証券が発行されている場合でも、商品の船積時点において、その取

> 引によって収入すべき権利が既に確定したものとして、これを収益に計上するという会計処理も、合理的なものというべきであり、一般に公正妥当と認められる会計処理の基準に適合するものということができる（味村・大白裁判官（為替取組日基準）の反対意見あり）。

5　益金の額（法法22②）

① 資産の販売

② 有償又は<u>無償による資産の譲渡又は役務の提供</u>

③ 無償による資産の譲受け

④ その他の取引で、「資本等取引」以外のもの

■　無償取引規定（法人税法22条2項）

① 確認的規定（清水惣事件：大阪高裁昭53.3.30判決）

② 創設的規定（金子宏教授）　→　法人税法22条2項は、無償取引の場合にも通常の対価相当額の収益が生ずることを擬制した一種の「みなし規定」である。

■　無償取引の学説

有償取引同視説 （二段階説） （吉牟田勲）	無償による資産の譲渡とは、有償（時価）により資産を譲渡すると同時に、その受け取った代金を直ちに相手方へ贈与（寄付）したものと見ることができる（「有償取引同視説」）。この一連の取引を二つの段階に区分していることから「二段階説」ともいう（課税実務上支持されている）。
適正所得算出説 （金子宏）	相互に特殊関係のない独立当事者間の取引において通常成立する筈の対価相当額－これを『正常対価』ということにする－を収益に加算しなければ、正常対価で取引を行った他の法人との対比において、税負担の公平を確保し維持することが困難になってしまう。
同一価値移転説 （成松洋一）	無償取引の場合には、同一価値の資産や役務が一方の当事者から他方の当事者に移転し、受贈者に時価相当額の利益が発生する以上、贈与者にも同額の益金が生じる。
実体的利益存在説 （清永敬次）	時価で資産を譲渡した者との間の負担の公平を図り、資産の所有期間中のキャピタル・ゲインに対する課税の無限の延期を防止するため、未実現の利得に対して課税しようとする。

（注）法人税法22条と法人税法132条の優先関係については、「税額が異なる場合には、どちらを適用するかは税務行政庁の選択に委ねられている」という金子宏説がある。

次の事案について、以下の問1～問4に答えなさい。なお、同族会社等の行為計算否認規定及び組織再編成に係る行為計算否認規定の適用はないものとする。また、租税特別措置法及び租税条約は考慮しないものとする。

　A社は、車両の製造・販売を業とする内国法人たる株式会社（普通法人）であり、資本金の額は10億円である。B社は、工作機械の製造を業とする内国法人たる株式会社（普通法人）であり、資本金の額は5億円である。A社とB社は長年取引関係にあったが、両社の間に支配関係はなかった。

　A社及びB社は、4月1日から翌年3月31日までの期間を事業年度としている。以下では、令和3年4月1日に開始するものを、令和3事業年度というように表記する。また、A社の消費税の課税期間については、事業年度と同じとする。A社は、消費税の課税事業者であり、簡易課税制度の適用を受けていない。なお、A社の令和3課税期間における課税売上高は50億円を超えている。

　令和2事業年度において、A社は、台風による工作機械甲の損壊や新製品の開発の失敗等により、資金繰りが苦しくなったため、B社に対して支援を求めた。B社は、A社の支援の求めに応じて、令和3年4月9日にA社に対して、重機1台（時価600万円）を無償で譲渡した（事実①）。

　令和3年5月25日に、A社は、B社との間でB社を受託者とする信託契約を締結した。同日、当該信託契約に基づき、A社の保有する土地及び建物をB社に移転した。なお、この信託は、受益権を表示する証券を発行する旨の定めのある信託である（事実②）。

　A社の顧客であるP（居住者）は、令和2年11月に、A社から自動車を購入した。Pは、令和3年6月16日に、資力を喪失して債務を弁済することが著しく困難となったため、A社から当該自動車の購入に係る債務残高の全額（500万円）についての債務の免除を受けた。なお、Pは給与所得のみを有する個人である（事実③）。

　A社は、令和3年7月27日に、A社の顧客であるC社（内国法人（普通法人））に対する令和2課税期間の課税資産の譲渡等に係る売掛金について、更生計画認可の決定により債権の切捨てがあったため、C社に対する当該売掛金の全額である550万円（税込価額）の領収をすることができなかった（事実④）。

問1　事実①のB社からA社に対する重機の無償による譲渡に係る収益の額は、法人税法上、どのように取り扱われるか。根拠条文を示しつつ述べなさい。

問2　事実②のA社とB社との間で締結された信託契約に基づく信託財産に帰せられる収益及び費用は、法人税法上、どのように取り扱われるか。根拠条文を示しつつ述べなさい。

問3　事実③の債務の免除について、Pにおいて、所得税法上、どのように取り扱われるか。根拠条文を示しつつ述べなさい。

問4　事実④のA社がC社から領収することができなかった売掛金について、A社において、消費税法上、どのように取り扱われるか。根拠条文を示しつつ述べなさい。

（令和4年度公認会計士試験問題）

```
┌─────────────── オウブンシャ・ホールディング事件（東京高裁平16.1.28判決）───────────────┐
```

　Y社における上記持株割合の変化は、上記各法人及び役員等が意思を相通じた結果にほかならず、X社は、Z社との合意に基づき、同社からなんらの対価を得ることもなく、Y社の資産につき、株主として保有する持分16分の15及び株主としての支配権を失い、Z社がこれらを取得したと認定することができる。…両者間において無償による上記持分の譲渡がされたと認定することができる。

　X社とZ社間の上記持分は、両社の合意に基づくものであり、Xの（株主としての）行為が子会社であるY社の行為とみなされることによるものではないし、その実現につき、Y社の株主総会における本件増資決議を介在させていることの故に、両社の合意に基づくものであることが否定されるものでもない。

（関係図）

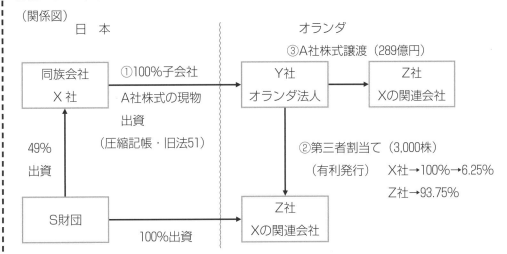

(注)　高裁の「取引」の内容については、価値の移転も含む広い概念となっている。すなわち、「取引」は、その文言及び規定における位置づけから、関係者間の意思の合致に基づいて生じた法的及び経済的な結果を把握する概念として用いられると解せられ、両社の合意に基づいて実現された持分の譲渡をも包含する。

■　資産の販売等に係る収益の認識等（法人税法22条の2）

　平成30年度税制改正で、「収益認識に関する会計基準」（企業会計基準第29号）等の導入によって、法人税法22条4項の「別段の定め」として、新たに法人税法22条の2が創設され、「公正処理基準」の適用範囲は、改正前よりも狭くなったと解される。

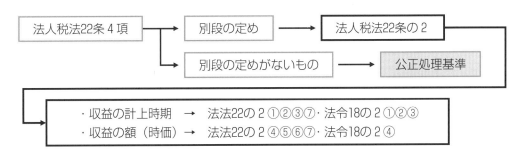

法人税では、値引き、値増し、割戻しその他の事実により変動する可能性がある部分の金額について、収益の額に反映させている（法基通2-1-1の11）が、回収不能や返品は、譲渡資産の時価と関係ない要素（譲渡後に発生する事象）であるから、収益の額に含めないとしている（法法22の2⑤・法令18の2④）。

設例

　法人税法第22条の2に規定する資産の販売若しくは譲渡又は役務の提供に係る収益の計上時期及び収益の額について、簡潔に説明しなさい。

（令和3年度税理士試験問題「法人税」）

■ 法人税法22条と同条4項の「公正処理基準」の位置

法人税法22条4項の目的　→　税制簡素化の実現（税制簡素化についての第一次答申／昭和42年12月）

法人税法22条4項の性質　→　「確認的規定」（通説）

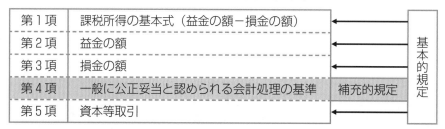

第1項	課税所得の基本式（益金の額－損金の額）		基本的規定
第2項	益金の額		
第3項	損金の額		
第4項	一般に公正妥当と認められる会計処理の基準	補充的規定	
第5項	資本等取引		

　上記第4項（公正処理基準）は、法人税法の中にビルトインされた規定であるが故に、法人税法の趣旨・目的から外れた、解釈は採るべきではないと解される。

○益金に算入しないもの→

受取配当等（二重課税）（法法23）
資産の評価益（未実現利益）（法法25）
法人税等の還付金等（非費用の還付）（法法26）

　益金不算入の対象となる株式等の区分及びその配当等の益金不算入割合は、次の通りである。

区分	割合
完全子法人株式等（株式等保有割合100%） 関連法人株式等（株式等保有割合1/3超）	100%
その他の株式等	50%
非支配目的株式等（株式等保有割合5%以下）	20%

（注）平成21年度の税制改正によって、内国法人が外国子会社（保有株式等25％以上）から受ける配当等の額について、その内国法人の各事業年度の所得の金額の計算上、益金の額に算入しないことになった（法法23の2①、法令22の3）。

設例

　法人税法第23条の受取配当等の益金不算入制度について、次の①〜③の問に答えなさい。

①　被支配目的株式等の意義とその配当等の額の益金不算入割合を答えなさい。

②　この制度の適用除外要件について、「短期保有」に係るものと、「自己株式等の取得」に係るものとに分けて、それぞれ答えなさい。

③　関連法人株式等に係る配当等の額の益金不算入額の計算方法について、その計算に当たり考慮すべき事項を含めて答えなさい。

（令和４年度税理士試験問題「法人税」）

○収益計上の時期　→　発生主義＝権利確定主義

　　　　発生主義の例外→

| ①リース譲渡等（法法63①⑥、法令127） |
| ②長期大規模工事の請負（法法64①、法令129①②） |
| ③長期大規模工事以外の工事の請負（法法64②） |

（注）平成30年度税制改正によって、長期割賦販売等については、その適用を「リース譲渡」に限定し、他は不適用になった（経過措置あり）。

| 長期大規模工事の適用要件（法法64①、法令129①②）→工事進行基準の強制 |
| ①　工事着手日からその工事に係る契約において定められている目的物の引渡しの期日まで期間が１年以上であること。 |
| ②　請負の対価の額が10億円以上であること。 |
| ③　その工事の契約においてその請負の対価の額の２分の１以上がその工事の目的物の引渡の期日から１年を経過する日後に支払われることが定められて以内ものであること。 |

工事進行基準の計算（法令129③）	
収益の額	工事請負対価の額×工事進行割合－前事業年度までの収益計上額累計
費用の額	見積工事原価額×工事進行割合－前事業年度までの費用計上額累計

（注）工事進行基準については、東芝の不正会計事件が発生しているが、日本公認会計士協会の実務指針第91号では「工事進行基準では、一般的に会計上の見積りの不確実性の程度が大きく、会計上の見積りに関する重要な虚偽表示リスクが高くなることが多い」と述べている。

過払電気料金等の返戻金の帰属年度（最高裁平４.10.29判決）

　上告人は、電気料金等の請求が正当なものであるとの認識の下でその支払を完了しており、その間、上告人はもとより東北電力でさえ、過大な電気料金等を徴収している事実を発見することは、できなかったのであるから、上告人が過収電気料金等の返還を受けることは事実上不可能であったというべきである。そうであれば、電気料金等の過大支払の日が属する各事業年度に過収電気料金等の返還請求権が確定したものとして、右事業年度の所得金額の計算をすべきであるとするのは、相当でない。上告

人の東北電力に対する本件過収電気料金等の返還請求権は、昭和59年12月ころ、東北電力によって、計量装置の計器用変成器の設定誤りが発見されたという新たな事実の発生を受けて、右両者間において、本件確認書により返還すべき金額について合意が成立したことによって、確定したとみるのが相当である。したがって、過収電気料金等の返戻による収益が帰属すべき年度は、右合意が成立した昭和60年３月29日が属する本件事業年度である。

（味村裁判官の反対意見）

　過年度の各事業年度においては、電気料金等の過大支払に起因する原価の過大計上ひいては、損金の過大計上という違法があるというべきである。この過収電気料金等の額は、その過大支払時に客観的に確定しており、算定可能であるから、上告人は、各事業年度について、国税通則法等の定めるところにより修正申告をすることができ、被上告人は、損金の過大計上を理由として、各事業年度の所得について更正すべきである。

6　損金の額（法法22③）

① 　収益に係る売上原価、完成工事原価その他これらに準ずる原価（１号）

② 　販売費、一般管理費その他の費用（２号）

③ 　損失の額（３号）で、「資本等取引」以外のもの

（注意点）　①　費用収益対応の原則 → 収益対応費用
　　　　　　　　　　　　　　　　　　　　　期間対応費用

②　販売費、一般管理費その他の費用 → ┃債務確定主義┃

③　不正行為等による費用等 → 損金不算入(法法55)

当該事業年度終了の日までに、次の①～③までの要件を満たしていること。

① 当該費用に係る債務が成立していること。

② 当該債務に基づいて具体的な給付すべき原因となる事実が発生していること。

③ その金額を合理的に算定することができるものであること。(法基通２-２-12)

なお、「損金経理」とは、法人がその確定した決算において費用又は損失として経理すること（法法２二十五）をいい、会計処理における企業の意思を表したものである。これは、「課税の安定性の要請」から「内部取引等における企業意思の明確化」を目的としている。

(注) 法人が隠蔽仮装行為に基づき確定申告書を提出し、又は提出しなかった場合には、売上原価、費用等は、一定の場合を除き、所得の金額の計算上、損金の額に算入しない（法法55③）。

■　損害賠償請求権

　法人が、その役員や従業員又は第三者の横領や詐欺等の不法行為によって、損失を被った場合、それと同時に不法行為者に対して損害賠償請求権を取得することになる。この損害賠償請求権（益金）の計上時期について、判例では、不法行為者が役員又は従業員の法人の内部の者である場合は、「損益同時両建説」（最高裁昭43.10.17判決）を、又、不正行為者が第三者の法人の外部の者である場合は、「損益個別確定説」（東京高裁昭54.10.30判決）を採っている。

（注）　他の者から支払を受ける損害賠償金の額は、その支払を受けるべきことが確定した日の属する事業年度の益金の額に算入するのであるが、法人がその損害賠償金の額について実際に支払を受けた日の属する事業年度の益金の額に算入している場合には、これを認める（法基通 2 - 1 -43）。

7　商品・製品の売上原価

　仕入販売・製造販売などを継続的に行う場合に、多量の商品・製品等の棚卸資産の原価を、個別にひとつひとつ把握することは困難である。そこで、通常は次図に示すように、期首商品棚卸高に当期商品仕入高を加え、その合計額から期末商品棚卸高を控除して、当期の売上原価を把握することになる。このように、期末棚卸資産の計算（評価の仕方）が、売上原価の額自体に影響を及ぼすことから、法人税法では棚卸資産の期末評価の方法を定めている。

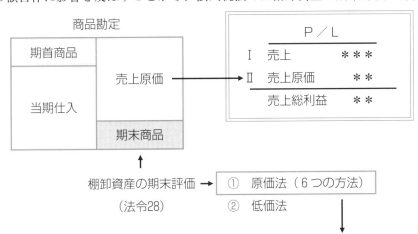

```
原価法 …… ①個別法、②先入先出法、③総平均法、④移動平均法、⑤最終仕入原価法、⑥
　　　　　　　売価還元法
　　⑤は税法上「法定評価方法」になっている。
```

（注）　平成21年度の税制改正で棚卸資産の評価方法から「後入先出法」と「単純平均法」が除外された。
　　　平成23年度の税制改正で棚卸資産の評価について「切放し低価法」が廃止された。

■　原価差額の調整　→　原価差額を期末棚卸資産と売上原価に配分する手続

　原価差額には、原価差損（借方原価差額）と原価差益（貸方原価差額）とがあるが、

原価差額の調整計算が要求されているのは、「原価差損」のみである（法基通5-3-1）。従って、原価差益については、その金額の多寡にかかわらず、その調整は要求されていないので原価差益を調整するか否かは法人の任意となっている。

■　短期売買商品

　　短期売買商品を譲渡した場合の譲渡損益は、譲渡対価の額から譲渡原価の額を控除して計算し、その譲渡に係る契約をした日の属する事業年度に計上する（法法61①）。

　　事業年度終了のときにおいて有する短期売買商品については、時価法により評価した金額をもってその評価額とし、評価損益はその事業年度の所得の益金の額又は損金の額に算入する（法法61②③）。なお、短期期売買商品とは、短期的な価格の変動を利用して利益を得る目的で取得した資産（金、銀、白金等）である（法法61、法令118の4、法規26の7）。

8　固定資産の減価償却費の計算

　　　　減価償却資産 …… 固定資産のうち、時の経過又は使用により価値の減少するもの（法法2二十三）

　　　　　　　　　　　　書画骨董、休止中の資産、建設中の資産は減価償却資産から除く（法基通7-1-1～7-1-4）

(注)　少額の減価償却資産の損金算入については、次の3種類の制度がある。
　　　①　少額の減価償却資産の取得価額の損金算入（法令133）
　　　　　→　10万円未満又は使用可能期間が1年未満
　　　②　一括償却資産の損金算入（法令133の2）
　　　　　→　20万円未満、3年均等償却
　　　③　中小企業者等の少額減価償却資産の取得価額の損金算入
　　　　　→　30万円未満、1事業年度300万円の限度
　　　令和4年度税制改正で、これらの制度の対象資産から、租税回避を防止するため、貸付け（主要な事業として行われるものを除く）の用に供したものが除外された。

　　減価償却とは、「減価償却資産が長期間にわたって収益を生み出す源泉であり、その取得に要した金額は将来の収益に対する費用の一括前払いの性質を持っているので、費用収益対応の原則から、右取得費は取得の年度に一括して費用に計上するのではなく、使用または時間の経過によってそれが減価するのに応じ除々に費用化するのが妥当であるという観点から認められている会計技術」（広島地裁平8.12.19判決）である。

┌───┐
│　**少額の減価償却資産の判定単位（最高裁平20.9.16判決）**　│
│　本件権利については、エントランス回線1回線に係る権利一つをもって、一つの減価償却資産とみるのが相当であるから…法人税法施行令133条の適用に当たっては、上記の権利一つごとに取得価額が10万円未満のものであるかどうかを判断すべきであ │
└───┘

る。

　前記事実関係によれば X は、本件権利をエントランス回線 1 回線に係る権利一つにつき 7 万2800円の価格で取得したというのであるから、本件権利は、その一つ一つが同条所定の少額減価償却資産に当たるというべきである（X と合わせて、NTT ドコモ地域会社 8 社に対して、約280億円の損金算入が否認された事件である。）。

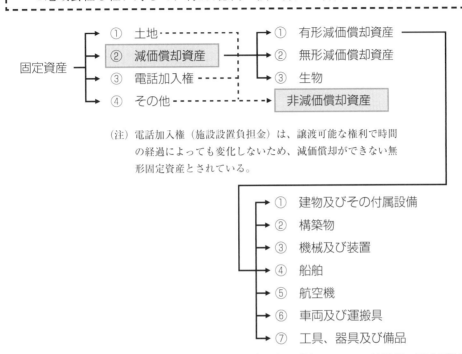

(注)　電話加入権（施設設置負担金）は、譲渡可能な権利で時間の経過によっても変化しないため、減価償却ができない無形固定資産とされている。

減価償却（任意償却）　→　損金経理（法法31①）　◆―――▶　所得税（強制償却）

(注)　減価償却について、法人税が「任意償却」を採用しているのは、法人税率が比例税率を採用していることにある。これに対して、所得税は超過累進税率を採用していることから「強制償却」になっている。

逆基準性 …… 損金経理を税法が要求することによって、企業会計に影響を与える（企業会計を歪める）ことをいう。

償却方法 …… ①定額法、②定率法、③生産高比例法、④取替法、⑤特別な償却率による方法（法法31、法令48以下）

　　　　　　　平成19年度税制改正　→　残存価額「 0 」とする。

　　　　　　　　　　　　　　　　　　定率法（$\frac{1}{n} \times 250\%$）　n …… 耐用年数

　　　　　　　平成20年度税制改正　→　| 法定耐用年数の大幅な改正
「機械及び装置」（別表第二）の見直し |

【耐用年数表】

別表第一	機械及び装置以外の有形減価償却資産の耐用年数表
別表第二	機械及び装置の耐用年数表

390→55区分
簡素化

別表第三	無形減価償却資産の耐用年数表
別表第四	生物の耐用年数表
別表第五	公害防止用減価償却資産の耐用年数表
別表第六	開発研究用減価償却資産の耐用年数表

平成23年度改正 → 平成24年4月1日以後に取得する減価償却資産から、定率法
の償却率は「250%定率法」から「200%定率法」に変更さ
れた。

平成28年度改正 → 平成28年4月1日以後に取得した建物附属設備及び構築物は
定額法のみ可能となった。

リース取引 → 法法64の2、法令136の3

所有権移転外リース取引 → 平成20年4月1日以後のリース契約は、売買取引と
みなし、貸借人のリース資産について「リース期間
定額法」を適用する。

租税特別措置法 → ①特別償却 ②割増償却

（税額の減少相当部分を無利子で融資したことと同じ効果がある）

(注) 特別償却の会計上の取扱い

租税特別措置法に規定する特別償却は、一般に正規の減価償却に該当しないものと考えられる。ただし、割増償却については、正規の減価償却費として処理することが不合理でない限り、当面監査上妥当なものとして取扱うことができる（監査・保証実務委員会報告第81号）。

※ 資本的支出と修繕費（法令132）

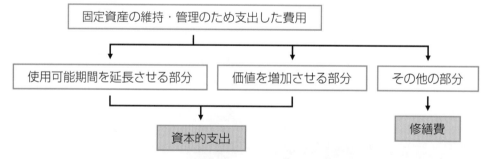

※ 繰延資産 → ①創立費、②開業費、③開発費、④株式交付費、⑤社債等発行費、
⑥費用のうち、支出の効果が1年以上に及ぶもの（法令14）

9 引当金と準備金

「引当金」が認められるのは、企業会計上は「費用収益対応の原則」から、当期に発生した収益に関連する、その発生原因が当期に属し、その具体的な発生が次期以降に発生することから、当期に費用を見積もろうとするものである。

「準備金」は、引当金が法人税法で規定されているのに対し、租税特別措置法（原則として青色申告者のみ）でその積立てが認められているもので、主として特定の政策目的のために設けられたもので、費用性よりも利益留保的性格が強い。

> 引当金　…… 見越費用・見越損失の計上
> 　　　　　　（貸倒引当金（法法52））

（注）　平成23年税制改正によって、平成24年 4 月 1 日以後に開始する事業年度から、貸倒引当金制度の適用法人が、中小法人及び銀行等の法人に限定され、大法人等については貸倒引当金が認められなくなった（但し、 3 年間経過措置がある）。平成30年度税制改正によって、返品調整引当金（旧法法53）は廃止されたが、10年間で 1 年ごとに $\frac{1}{10}$ ずつ縮するという経過措置がある。

> 準備金　…… 租税特別措置法（18種類の準備金）　→　特定の政策目的

（注）　企業会計原則注解18（引当金について）では、他に製品保証引当金、売上割戻引当金、債務保証損失引当金、賞与引当金、工事補償引当金、退職給与引当金、修繕引当金、特別修繕引当金、損害補償損失引当金等が示されている。

10　給与、賞与及び退職給与

平成17年 7 月に公布された「会社法」によって、平成18年度の税制改正では、役員給与、賞与及び退職金について、大幅な改正が行われた。会社法361条の「取締役の報酬、賞与その他の職務執行の対価として…」の文言によって、役員賞与についても「職務執行対価」と明記されたことによって、税法も一定の条件の下で、役員賞与の損金算入が認められた。

① 役員給与（**法法34**①：損金算入）　・定期同額給与
　　　　　　　　　　　　　　　　　　　・事前確定届出給与 ⎞
　　　　　　　　　　　　　　　　　　　・業績連動給与　　⎠ ※

※　平成28年度税制改正によって、役員から受ける将来の役務の提供の対価として交付する一定の譲渡制限付株式による給与についての事前確定の届出を不要とするとともに、利益連動給与の算定指標に「ROE（Return On Equity　自己資本利益率）/ ROA（Return On Asset　総資産利益率）」等が含まれることになった（法法54①）。平成29年度税制改正では、事業確定届出給与に「株式、ストックオプションを交付する給与」が追加され、「利益連動給与」を「業績連動給与」とし、①算定指標に株価等を追加し、②複数年度の指標を用いることが可能となり、③株式、ストックオプションの確定数を限度とするものを追加し、④非同族会社の100％子会社が支給するものが追加された。更に、子会社の役員等についても付与対象が拡大した。

② 使用人兼務役員　→　使用人としての職務に対するもので他の使用人の支給時期と同じで、相当な金額の範囲であれば損金算入される（法法34①かっこ内⑤）。

③ 不相当に高額な役員給与　→　損金不算入（法法34②）

④ 隠蔽・仮装による役員給与の支給　→　損金不算入（法法34③）

⑤ 特殊関係使用人に支給する不相当に高額な金額（**法法36**）

⑥　経済的利益　→　役員給与（法法34④）

⑦　役員退職給与　→　不相当に高額な部分は損金不算入（法法34①②）

　　　　　　　　（計算式）

　　　　　　　　退職時の月額給与×勤続年数×功績倍率（法基通9-2-27の2（注））

　　　　　　　　平成18年度の改正　→　損金経理の要件外れる。

　　　　　　　　　　　（最高裁平10.6.12判決「損金経理要件」）

　　　　　　　　分掌変更による退職給与支給（法基通9-2-32）

⑧　ストック・オプション　→　法人が個人の役務提供対価として新株予約権を発行し
　　　　　　　　　　　　　　　た場合は、被付与者において給与所得課税が生じた日
　　　　　　　　　　　　　　　の属する事業年度にストック・オプション費用を損金
　　　　　　　　　　　　　　　算入する（法法54の2）。

　（注）ストック・オプションに関する会計上の処理は、「ストック・オプション等に関する会計基準」（企
　　　　業会計基準等8号）に次のように示されている。

　　　①　権利確定日以前　→　新株予約権（B/Sの純資産の部）

　　　②　権利確定日後　→　払込資本に振り替え

11　寄附金・交際費

●寄附金

　寄附金については、法人税法37条7項で「…寄附金の額は、寄附金、拠出金、見舞金
その他いずれの名義をもってするかを問わず、内国法人が金銭その他の資産又は経済的
な利益の贈与又は無償の供与（広告宣伝及び見本品の費用その他これらに類する費用並
びに交際費、接待費及び福利厚生費とされるべきものを除く…）をした場合における当
該金銭の額若しくは金銭以外の資産のその贈与の時における価額又は当該経済的な利益
のその供与の時における価額によるものとする」と規定している。

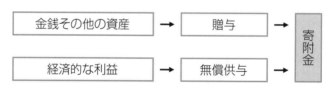

　（注）寄附金の損金不算入についての税法上の規制は、昭和17年の臨時特別措置法の改正によって創設され、
　　　　それは戦時中における戦費調達のために導入されたものである。

寄附金の考え方については、次の3つがある。

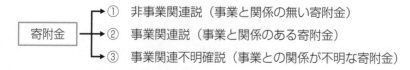

○寄附金の種類 ──→ ①　国又は地方公共団体に対する寄附金

──→ ②　指定寄附金（赤い羽根募金等）

──→ ③　特定公益増進法人に対する寄附金（日本赤十字社等）

──→ ④　認定NPO法人に対する寄附金等

──→ ⑤　地域の再チャレンジ支援事業を行う民間会社等に対する寄附金

──→ ⑥　一般の寄附金

　①及び②　→　全額損金算入

　③④及び⑤　→　一般寄附金の損金算入枠と寄附金の額のいずれか少ない金額

○寄附金　→　無制限に認めると税収が減少する。

$$損金算入限度額＝（期末資本金等の額×\frac{2.5}{1,000}＋所得金額×\overset{(注)}{\frac{2.5}{100}}）×\frac{1}{4}$$

（注）法人税申告書別表4の仮計の金額＋支出寄附金の合計額

特定公益増進法人の場合は、「（期末基本金等の額×$\frac{3.75}{1,000}$＋所得金額×$\frac{6.25}{100}$）×$\frac{1}{2}$」となる。

○　寄附金の現金主義

　寄附金の支出については「各事業年度の所得の金額の計算については、その支払がされるまでの間、なかったものとする」と規定している（法令78）。

（理由）（1）　指定寄附金に係る期間指定の意義が失われる。

（2）　寄附金の損金算入限度超過額の操作が可能となる。

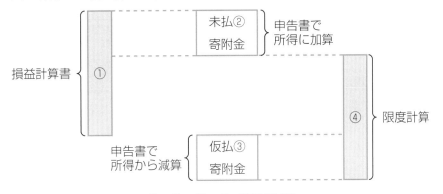

①－②＋③＝④（限度計算）

　なお、国外関連者に対する寄附金は、その支払額の全額が損金不算入となる（措法66の4③）。また、外国法人の内部寄附金（外国法人の内部取引において、その外国法人の恒久的施設がその外国法人の本店等に対して支出した額のうち法人税法37条7項に規定する寄附金の額に担当するもの）は、外国法人の国内源泉所得に係る所得金額の計算上損金の額に算入されない（措法66の4の3③）。

┌─ 代表者の個人的支出と寄附金（最高裁平12.1.27判決） ─┐

神社に対する寄附は、会社振出しの小切手をもって会社代表者個人が行ったもので

153

あり、その小切手の振出しにより会社が代表者個人に役員賞与を支給したことになるのであり、これを会社の所得計算上損金に算入することができない。

■ 地方創生応援税制（企業版ふるさと納税／措置法42の12の２）

地方公共団体が作成した地方創生に係る事業に対して、企業（青色申告法人）が寄附を行った際に税額が控除されるという制度である（平成28年４月に創設）。

寄附を行うことによって、次図のように、現行の損金算入措置（寄附金額の約３割）に加え、法人事業税・法人住民税及び法人税が控除されることになる。なお、地方公共団体は、個人のふるさと納税と異なり、寄附の代償として経済的利益を企業に与えてはいけないとされている。

令和２年度税制改正では、企業の寄附インセンティブを高めるため、税額控除割合が３割から６割に引き上げられた。

寄附金（100）		
損金算入（約３割）	税額控除（最大６割）	企業負担（約１割）

適用期限：地域再生法の改正法の施行の日から令和６年３月31日迄

設例

次の事案について、以下の 問1 〜 問4 に答えなさい。なお、同族会社等の行為計算否認規定及び組織再編成に係る行為計算否認規定の適用はないものとする。また、租税特別措置法及び租税条約は考慮しないものとする。

A社は、映画製作を業とする内国法人たる株式会社（普通法人）である。A社の資本金の額は５億円である。内国法人である公益法人等に該当するB（以下、「B法人」という。）は、A社の発行済株式総数の10％を、収益事業以外の事業に属するものとして保有している。C社及びD社は、内国法人たる株式会社（普通法人）であり、いずれもA社と支配関係にない。A社は、４月１日から翌年３月31日までの期間を事業年度としている。以下では、令和２年４月１日に開始するものを、令和２事業年度というように表記する。また、A社の消費税の課税期間については、事業年度と同じとする。A社は、消費税の課税事業者であり、令和２課税期間の課税売上割合は95％未満であり、簡易課税制度の適用は受けていない。なお、A社の令和２課税期間における課税売上高は30億円である。

個人P（居住者）は、企業や個人に対して広告宣伝に関するコンサルティング・サービスを業とする個人事業者であるが、青色申告者ではない。Pは、広告宣伝に関するコンサルティング・サービスに係る契約をA社と締結している。

A社は、創業50周年記念企画として映画を製作し、公開したところ、当該映画の興行成績が好調で

あったため、令和 2 年 6 月 25 日に、株主に剰余金の配当として、金銭配当を行い、所定の源泉徴収をした。なお、B 法人は、当該剰余金の配当につき所得税を課されるべき法人である。また、B 法人には、令和 2 事業年度に、収益事業につき納付すべき法人税がある（事実①）。

　A 社は、株主総会で高額役員報酬との批判を避けるため、令和 2 事業年度において、C 社に対する毎月の広告宣伝費の支払に、実際に支払っていない 30 万円を上乗せして経理することにより資金を捻出し、その捻出した金額を A 社の代表取締役 Q（居住者）への給与として支払った（事実②）。

　R（居住者）は、P の配偶者であり、P と生計を一にしている。R は D 社の使用人であるが、令和元年 8 月から、その勤務時間外に P の事業に関連する事務処理を手伝っていた。P は、その対価として、R に不定期に賃金を支払っていた（事実③）。

　A 社は、上記映画製作に関連して、国内事業者 E 社に依頼し、E 社からインターネットを介して商業用映画でのみ使用する特殊効果音に係るソフトウェアを利用させる役務の提供を受け、令和 2 年 11 月 25 日に、その対価として 1 億円を支払った（事実④）。

[問 1]　事実①の剰余金の配当に関して、B 法人において、法人税法上、どのように取り扱われるか。根拠条文を示しつつ述べなさい。

[問 2]　事実②の支払に関して、A 社において、法人税法上、どのように取り扱われるか。根拠条文を示しつつ述べなさい。

[問 3]　事実③に関して、P から R への賃金の支払は、所得税法上、どのように取り扱われるか。根拠条文を示しつつ述べなさい。

[問 4]　事実④に関して、A 社が E 社に支払った役務の提供の対価は、A 社において、消費税法上、どのように取り扱われるか。根拠条文を示しつつ述べなさい。

== （令和 3 年度公認会計士試験問題）

●交際費等

　法人税上の交際費等とは、「交際費、接待費、機密費その他の費用で、法人が、その得意先、仕入先その他事業に関係のある者等に対する接待、供応、慰安、贈答その他これらに類する行為のために支出するもの」（**措法61の4⑥**）をいう。

交際費課税の理由 （昭和29年創設）	①冗費・濫費の抑制
	②現物給与の代替課税
	③懲罰的課税（社会的な批判）
	④資本の充実

　なお、平成18年度税制改正において、交際費等の範囲の見直しが行われ、交際費の範囲から 1 人当たり5,000円以下の一定の飲食費が除外された（措法61の4⑥二、措令37の5①）。

　また、平成26年度税制改正で、飲食のための支出（社内接待費を除く。）の50％を損金算入することができるようになった（中小法人については800万円との選択可能）。し

かし、令和２年度税制改正で、資本金の額等が100億円を超える法人については、同50％相当額の損金算入（「接待飲食費の50％損金算入特例」）を適用しないことになった。

交際費等		
飲食　費		飲食費以外
損金算入	損金不算入	

【交際費等の取扱い】

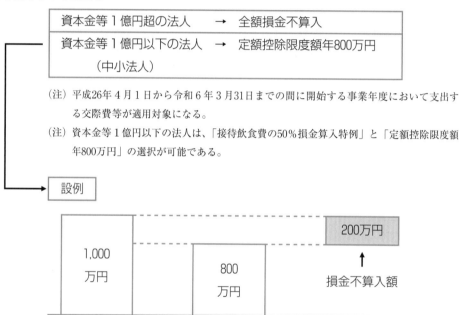

資本金等１億円超の法人	→	全額損金不算入
資本金等１億円以下の法人 （中小法人）	→	定額控除限度額年800万円

（注）平成26年４月１日から令和６年３月31日までの間に開始する事業年度において支出する交際費等が適用対象になる。

（注）資本金等１億円以下の法人は、「接待飲食費の50％損金算入特例」と「定額控除限度額年800万円」の選択が可能である。

設例

1,000万円　　800万円　　200万円

↑
損金不算入額

支出交際費　　定額控除限度額

（注）期末において、次に掲げる大法人との間にその大法人による完全支配関係がある普通法人は除かれる（法法66⑥二、措法61の４①）。
　　① 資本金の額又は出資金の額が５億円以上の法人
　　② 相互会社
　　③ 受託法人

■ 交際費課税要件の学説

旧二要件説	① 「支出の相手方」が事業に関係ある者等であること。 ② 「支出の目的」が接待、供応、慰安、贈答等の行為のためであること。
新二要件説	① 「支出の相手方」が事業に関係ある者等であること。 ② 「支出の目的」が、接待等の行為により事業関係者等との間の親睦を密にして取引関係の円滑な遂行を図るためであること。
三要件説	① 「支出の相手方」が事業に関係ある者等であること。 ② 「支出の目的」が、事業関係者等との間の親睦を密にして取引関係の円滑な遂行を図るためであること。 ③ 「行為の形態」が接待、供応、慰安、贈答その他これらに類する行為であること。

（注）新二要件説は、目的が取引先との関係の円滑化であれば交際費に該当するため、旧二要件説よりも交際費の範囲は広いとされ、三要件説は、新二要件説に「行為の形態」を追加したものである。

英文添削負担費用（東京地裁平14.9.13判決／東京高裁平15.9.9判決）

　医薬品の製造販売を業とする控訴人が、その販売先の大学病院の医師から論文の英文添削の依頼を受け、これを添削業者に外注し、添削料金の差額を負担したことにつき、被控訴人が、本件負担額は租税特別措置法に規定する「交際費等」に該当し、損金に算入されないとして、本件各事業年度の控訴人の法人税について本件更正処分をしたことから、被控訴人に対し、その取消を求めたところ、棄却されたため、控訴した事案で、本件英文添削の差額負担は、その支出の目的及びその行為の形態からみて、租税特別措置法の61条の4第1項に規定する「交際費等」に該当しないものといわざるをえない。

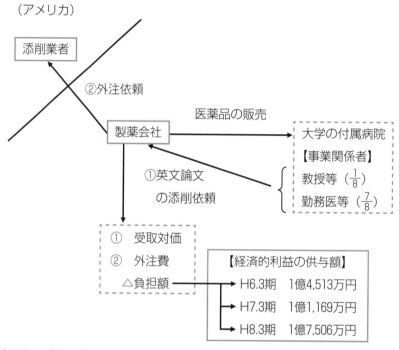

(注)東京地裁は、新二要件説を採り、当該支出は「交際費等」に該当すると判断したが、東京高裁では、三要件説を採り、交際費等に該当しないとした。

> ## 祝金と記念行事の２つの行為と交際費（東京地裁平元.12.18判決）
>
> 　措置法62条の規定によると、資本の金額が、5,000万円を超える法人については、当該事業年度において支出する交際費等の額が全て損金不算入となり、その控除、減額等の計算に関する格別の規定が置かれていないことからすると、同条は、当該事業年度に支出する同条３項所定の交際費等の額の全部を損金不算入とする規定であると解するのが相当である。原告がいうところの祝金は、主催者によって催される行事の機会を利用して招待客が行う一種の交際行為であると解されるものである。したがって、祝金と、行事の開催に係る交際費等との関係は、同一の機会に行事の主催者と招待客との２つの交際行為を行い、それぞれが交際費等を支出したという関係である。交際費等の額の計算においては、祝金収入分につきこれを控除するなどといった方法で考慮することはできないものというべきである。
>
>

■　資産計上された交際費等（措通61の４（２)-7）

　（注）納税者が減算の選択をしなければ、税務調査で要求しても減算できない。

　　　（昭56.7.1裁決）

■　グループ通算制度化における交際費課税

　令和４年度税制改正で、連結納税制度から移行したグループ通算法人の交際費課税は、次のようになった（措法61の４①②)。

資本金区分	課税内容
①　通算グループ内に資本金100億円超の法人がある場合	全額損金不算入
②　通算グループ内法人の資本金の最高額が１億円超から100億円以下の場合	接待飲食費の50％が損金算入

③　通算グループ内の全法人が資本金１億円以下の場合	以下のいずれか選択する。 ①　交際費等の800万円まで全額損金算入（グループ全体で分配） ②　接待飲食費の50％を損金算入

（注）後発的に修正・更正事由が生じた場合には、原則として他のグループ法人の税額計算に反映させない。
　　但し、通算法人の交際費等の合計額が800万円以下の場合には、全体再計算をする（措法61の4③）。
　　なお、この特例を適用する場合、交際費等を支出する通算法人の全てが、確定申告書等に「通算定額控除限度分配額の計算に関する明細書」を添付しなければならない（措法60の4⑤）。

使途秘匿金（**措法62**）　→　相手方等を帳簿に記載していないとき（支出額の40％課税）
　　　　　　　　　　　　　　　　（平成6年税制改正に創設）

費途不明の交際費等（法基通9‐7‐20）

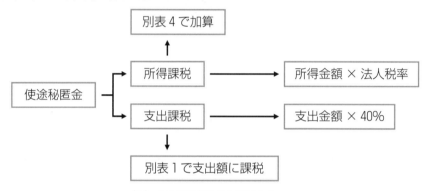

（注）その他地方税にも影響する。

12　貸倒損失

　売掛債権、貸付金その他の債権が現実に回収不能と認められるに至った場合には、貸倒れとして損金に算入することができる（法法22③三）。貸倒れは、貸金等が回収不能になったかどうかの「事実認定の問題」である。

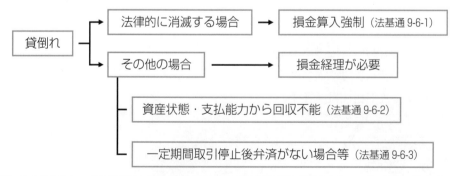

（注）アメリカにおいては我が国と異なり、次のように部分貸倒損失が認められている（IRC166(a)(2)）。

（2）Partially worthless debts
When satisfied that a debt is recoverable only in part, the Secretary may allow such debt, in an amount not in excess of the part charged off within the taxable year, as a deduction.

　なお、貸倒損失は、平成21年度税制改正前の法人税法33条2項のカッコ書き（預金、貯金、貸付金、売掛金その他の債権を除く。）によって、金銭債権はいかなる場合においても資産の評価減の対象から除かれる（全額回収不能基準）との解釈であった。しかし、平成21年度税制改正によって、当該条文のカッコ書きが削除され、再び「全額回収不能基準」について議論されたが、法人税基本通達9-1-3の2で、金銭債権は、災害等又は法的事実が発生しない限り、評価減の対象にはならないと定め、その根拠として、金銭債権の評価減は、貸倒引当金によって処理すべきということであった。しかしながら、平成23年度税制改正によって、貸倒引当金が原則廃止され、当該根拠が失われることになった。

■ 貸倒損失の処理

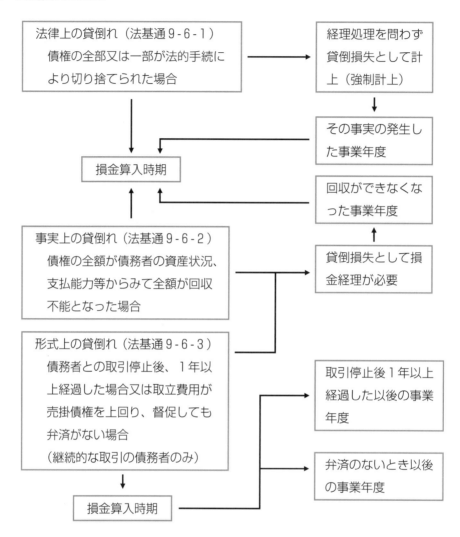

■ 民法改正（債権法）と法人税基本通達 9 - 6 - 3

　平成29年 5 月改正の民法（債権法）で、短期消滅時効制度が廃止され、法人税基本通達 9 - 6 - 3 は、この短期消滅時効制度の存在を考慮して定められたと説明されていることから、同通達は、その根拠を失ったとも言われている。ただ、短期消滅時効制度の廃止により、回収可能性の低い債権が滞留する傾向が強くなり、実務上は、同通達の重要性は増加するとも考えられる。

　（注）時代が変化する中で、短期消滅時効の適用を受ける債権か否かの判断が困難となり、旧民法170条から174条（ 3 年、 2 年、 1 年）までを削除し、民法166条の消滅時効の一般原則（ 5 年、10年）が適用されることになった。

┌─── 興銀事件（最高裁平16.12.24判決）───┐

　金銭債権の貸倒損失を法人税法22条3項3号にいう「当該事業年度の損失の額」と
して当該事業年度の損金の額に算入するためには、当該金銭債権の全額が回収不能で
あることを要すると解される。そして、その全額が回収不能であることは客観的に明
らかでなければならないが、そのことは、債務者の資産状況、支払能力等の債務者側
の事情のみならず、債権回収に必要な労力、債権額と取立費用との比較衡量、債権回
収を強行することによって生ずる他の債権者との軋轢などによる経営的損失等といっ
た債権者側の事情、経済的環境等も踏まえ、社会通念に従って総合的に判断されるべ
きものである。（下線：筆者）

└─────────────────────────────┘

13　圧縮記帳

　圧縮記帳とは、固定資産又は有価証券等に係る収益が発生した場合に、税法に定める一
定の要件のもとに、これらの固定資産又は有価証券等の取得価額をその受贈益又は譲渡益
相当額だけ圧縮して記帳することによって「圧縮損失」を計上し、その収益と損失を相殺
して、その年度に係る所得を減少させる課税上の処理をいう。

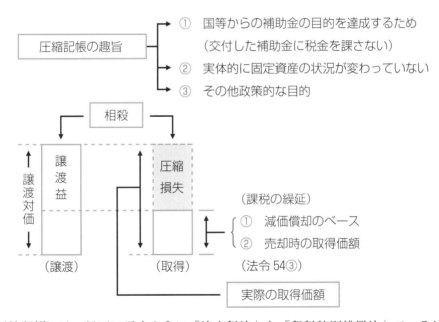

　圧縮記帳には、以下に示すように「法人税法」と「租税特別措置法」で、それぞれ規定
している。

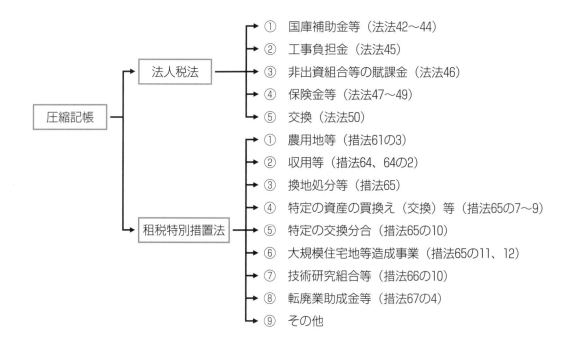

		①	国庫補助金等（法法42〜44）
		②	工事負担金（法法45）
	法人税法	③	非出資組合等の賦課金（法法46）
		④	保険金等（法法47〜49）
圧縮記帳		⑤	交換（法法50）
		①	農用地等（措法61の3）
		②	収用等（措法64、64の2）
		③	換地処分等（措法65）
		④	特定の資産の買換え（交換）等（措法65の7〜9）
	租税特別措置法	⑤	特定の交換分合（措法65の10）
		⑥	大規模住宅地等造成事業（措法65の11、12）
		⑦	技術研究組合等（措法66の10）
		⑧	転廃業助成金等（措法67の4）
		⑨	その他

14　組織再編税制

【組織再編税制の趣旨・目的】

　平成12年10月の税制調査会の法人課税小委員会報告では、組織再編税制の趣旨・目的について、次のように述べている。

　「会社分割・合併等の組織再編成に係る法人税制の検討の中心となるのは、組織再編成により移転する資産の譲渡損益の取扱いと考えられるが、法人がその有する資産を他に移転する場合には、移転資産の時価取引として譲渡損益を計上するのが原則であり、この点については、組織再編成により資産を移転する場合も例外ではない。ただし、組織再編成により資産を移転する前後で経済実態に実質的な変更が無いと考えられる場合には、課税関係を継続させるのが適当と考えられる。したがって、組織再編成において、移転資産に対する支配が再編成後も継続していると認められるものについては、移転資産の譲渡損益の計上を繰り延べることが考えられる。」（下線：著者）

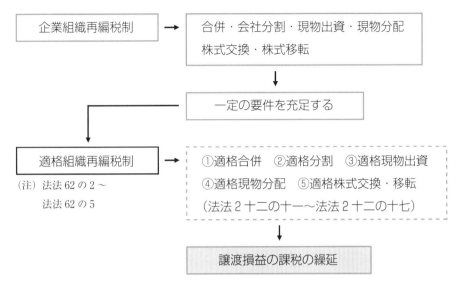

（注）平成29年度税制改正によって、従来、非適格組織再編として取り扱われてきた「スピンオフ」に関して、
　　　一定の要件を満たすものについては、適格組織再編となった。

株式交換・株式移転の制度　→　課税の繰延（適格：帳簿価額の引継）
1999年（措置法）　→　2006年（法法61の2⑨⑩⑪）
株式交換・株式移転の制度を、組織再編税制の１つの類型として法人税法に移した。

○株式交換 …… 既存の会社が自社の株式と他の会社の株式を交換することで当該他の会
　　　　　　　　社を完全子会社化する制度

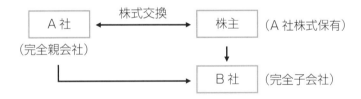

○株式移転 …… 既存の会社が自社の株式と新会社の株式を交換することで新たに親会社
　　　　　　　　を設立する制度

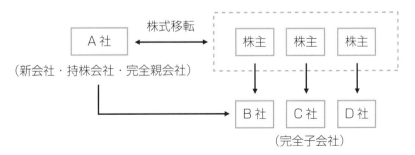

適格株式移転完全親法人の取得価額（東京地裁平23.10.11判決）

　原告を法人税法２条12号の７にいう「株式移転完全親法人」とし、Ａ社及びＢ社の２社をいずれも同号の６の５にいう「株式移転完全子法人」とする「適格株式移転」により株式移転完全子法人となったＡ社が、上記株式移転の時に保有していた自己株式に対して割当を受けた原告の株式を譲渡するに当たり、当該株式の取得価額を零円として当該株式の譲渡損益を計算して法人税の確定申告書を提出したが、その後、記載した譲渡損益の計算に誤りがあったとして更正の請求をしたところ、沼津税務署長から更正をすべき理由がない旨の通知処分を受けたことなどから、Ａ社の権利義務を承継した原告がＡ社に対してされた上記通知処分の取消しを求めた事案において、Ａ社における本件株式の取得価額は、本件自己株式の本件株式移転の直前の帳簿価額に相当する金額である零円となるのであるから、本件申告には更正をすべき理由がないとして、原告の請求を棄却した。

（自己株式の取得価額について）

　法人が自己の株式を取得した場合には、法人税法上、資本金額等の額が減少することになる反面、資産としては計上されないことになるから、当該自己株式については、消却したのと同様に扱われることとなっているものと解されるのであって、このように、法人税法上資産としての価値がないものとして扱われている自己株式については、その帳簿価額は、法人税法上は存在せず、零円になると解される。

○組織再編（合併・分割・現物出資・現物分配）　➡　課税の繰延（適格）

要 件	①合併対価の要件　➡　合併法人株式以外の資産の交付をしないこと		
	②合併当事者間（合併法人と被合併法人）の要件		
	企業グループ内の合併		共同事業を営むための合併
	100% グループ内	50% 超グループ内	
	・100%関係の継続	・50%超関係の継続 ・従業者の引継 　（80%以上） ・主要な事業の引継	・合併法人株式の継続保有 ・事業関連性 ・事業規模が 5 倍を超えないこと 　又は特定役員の引継 ・従業者の引継（80% 以上） ・事業の継続

分社型分割（物的分割・法法 2 十二の 10）

分割型分割（人的分割・法法 2 十二の 9 ）

一般的否認規定　➡　法人税法 132 条の 2

(注) 平成12年10月の税制調査会の法人課税小委員会報告では、「組織再編成の形態や方法は、複雑かつ多様であり、資産の売買取引を組織再編成による資産の移転とするなど、租税回避の手段として濫用されるおそれがあるため、組織再編成に係る包括的な租税回避防止規定を設ける必要がある」と租税回避防止規定の必要性を述べている。

ヤフー事件と法人税法132条の 2 （最高裁平28. 2 .29判決）

　原告のヤフーはソフトバンクからソフトバンクの完全子会社であった IDCS の発行済株式の全部を譲り受けた後、平成21年 3 月30日、ヤフーを合併法人、IDCS を被合併法人とする合併を行った。そして、ヤフーは、平成20年 4 月 1 日から平成21年 3 月31日までの事業年度の法人税の確定申告に当たり、同法57条 2 項の規定に基づき、IDCS の未処理欠損金額約542億円をヤフーの欠損金額とみなして同条 1 項の規定に基づき損金の額に算入したところ、処分行政庁は、本件買収、本件合併及びこれらの実現に向けられたヤフーの一連の行為は、同法施行令112条 7 項 5 号に規定する要件を形式的に満たし、租税回避をすることを目的とした異常ないし変則的なものであり、その行為又は計算を容認した場合には、法人税の負担を不当に減少させる結果となると認められるとして、同法132条の 2 の規定に基づき、更正処分を行ったもので、処分行政庁の主張が認められた事件である。

（ヤフー事件の概要）

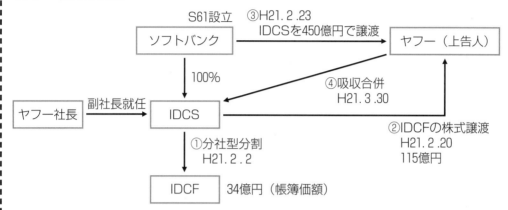

① IDCFは、会社分割によって、帳簿価額34億円で設立された会社である。
② IDCSは、ヤフーに対してIDCFの株式を115億円で譲渡することによって、81億円の譲渡益（115億円−34億円）が発生し、未処理欠損金の一部と相殺した。
③ ソフトバンクは、IDCSの株式をヤフーに450億円で譲渡した。
④ ヤフーは、IDCSを吸収合併（適格）し、IDCSの保有している未処理欠損金をヤフーの利益と相殺した。IDCSには、多額の未処理欠損金があった。

■ 法人税法132条の2の趣旨・目的

同条にいう「法人税の負担を不当に減少させる結果となると認められるもの」とは、法人の行為又は計算が組織再編成に関する税制（以下「組織再編税制」という。）に係る各規定を租税回避の手段として濫用することにより法人税の負担を減少させるものであることをいうと解すべきであり、その濫用の有無の判断に当たっては、①当該法人の行為又は計算が、通常は想定されない組織再編成の手順や方法に基づいたり、実態とは乖離した形式を作出したりするなど、不自然なものであるかどうか、②税負担の減少以外にそのような行為又は計算を行うことの合理的な理由となる事業目的その他の事由が存在するかどうか等の事情を考慮した上で、当該行為又は計算が、組織再編成を利用して税負担を減少させることを意図したものであって、組織再編税制に係る各規定の本来の趣旨及び目的から逸脱する態様でその適用を受けるもの又は免れるものと認められるか否かという観点から判断するのが相当である。

■ 副社長就任について

本件副社長就任は、組織再編税制に係る上記各規定を租税回避の手段として濫用することにより法人税の負担を減少させるものとして、法132条の2にいう「法人税の負担を不当に減少させる結果となると認められるもの」に当たると解するのが相当である。

■ その法人の行為又は計算とは

同条にいう「その法人の行為又は計算」とは、更正又は決定を受ける法人の行為又

は計算に限られるものではなく、「次に掲げる法人」の行為又は計算、すなわち、同条各号に掲げられている法人の行為又は計算を意味するものと解するのが相当である。

（注）上記図の IDCF に対しても、法人税法132条の 2 を適用して、「資産調整勘定」の償却費を否認した判決（最高裁平28.2.29判決）がある。

【三角合併】

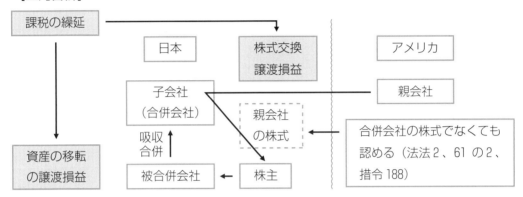

15　グループ通算制度

　令和 2 年度税制改正で、平成14年度に導入された「連結納税制度」の見直しが行われ、「グループ通算制度」に移行した。このグループ通算制度は、企業グループ全体を一つの納税単位とする連結納税制度と異なり、法人格を有する各法人を納税単位として、課税所得金額及び法人税額の計算及び申告は各法人がそれぞれ行うこと（個別申告方式）を基本としている（法法64の 5 以下）。

　この見直しは、従来の連結納税制度の税額計算が煩雑で、税務調査後の修正・更正等に時間がかかり過ぎるといった批判があり、この制度を選択しない企業グループが多く存在することから行われた。

　そこで、各法人が個別に法人税額の計算及び申告を行いつつ、損益通算等の調整を行う簡素な仕組みとすることにより事務負担の軽減を図るとともに、制度の開始・加入時の時価評価課税、欠損金の持込み等について組織再編税制と整合性が取れた制度とし、令和 4 年 4 月 1 日以後開始する事業年度から適用（移行）することとされた。

【グループ通算制度の概要】

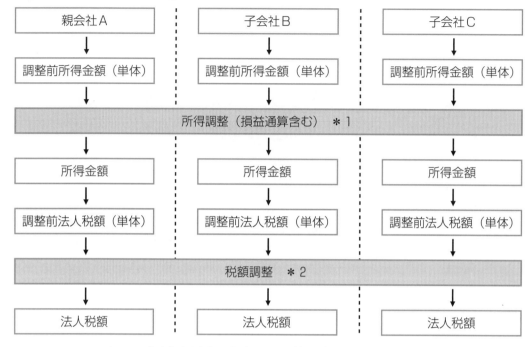

＊1、2　グループ要素を反映したもので、他の法人の数値を利用するもの。

○グループ通算制度（青色申告法人）の特色

① 企業グループ内の各法人を納税単位として、各法人が個別に法人税額の計算及び申告をする。但し、親法人の電子署名により子法人の申告及び申請、届出等を行うことができる。

② 損益通算等の調整を行う簡素な仕組みとなっている。

③ グループ通算制度の開始又はグループへの加入時の時価評価課税・欠損金の持ち込み等について、組織再編税制と整合がとれた制度とし、時価評価課税や繰越欠損金切捨ての対象を縮小している。

④ グループ通算制度の適用法人は、e-Taxで申告をしなければならない。

⑤ 法人税法132条の3　→　通算法人に係る行為又は計算の否認

設例
━━

グループ通算制度に係る次の(1)〜(4)の問に答えなさい。

(1) 通算親法人となることができる法人について、簡潔に説明しなさい。

(2) 次の①及び②に掲げる法人が通算子法人となることができるかどうかについて、その法的な理由を付して簡潔に説明しなさい。

① 外国法人にその発行済株式の一部を保有されている内国法人である株式会社

② 一般財団法人

(3)　内国法人であるP株式会社（年1回3月末決算法人。以下「P社」という。）は、P社を通算親法人とし、P社がその発行済株式の全てを従来から保有する内国法人であるS₁株式会社、S₂株式会社及びS₃株式会社（いずれも年1回3月末決算法人。以下それぞれ「S₁社」、「S₂社」及び「S₃社」という。）を通算子法人とするグループ通算制度の承認を受けており、令和5年4月1日から令和6年3月31日までの事業年度（以下「令和5年度」という。）についてグループ通算制度の適用を受けて確定申告を行うこととしている。各社の確定申告の状況及び通算前所得金額（法人税法第64条の5第1項に規定する通算前所得金額をいう。以下同じ。）又は通算前欠損金額（同項に規定する通算前欠損金額をいう。以下同じ。）は、次の【資料】のとおりである。この場合において、P社の令和5年度における損益通算に係る税務上の処理について、その法的な理由を付して簡潔に説明しなさい。

【資料】

法人名	P社	S₁社	S₂社	S₃社
事業年度	令和5年4月1日～令和6年3月31日			
確定申告の区分	期限内申告	期限内申告	期限内申告	期限後申告
通算前所得金額	15,000,000円	5,000,000円	—	—
通算前欠損金額	—	—	10,000,000円	5,000,000円

(4)　S₁社は、上記(3)【資料】のとおり令和5年度の期限内申告を行っていたが、それから間もなくして令和5年度の決算で計上していた売上計上額に誤りがあり、上記(3)【資料】に記載されている通算前所得金額は、正しくは10,000,000円であったことが判明した。この場合において、P社の令和5年度における損益通算に係る税務上の処理について、その法的な理由を付して簡潔に説明しなさい。

（令和5年度税理士試験問題「法人税」）

16　グループ法人税制

　平成22年度税制改正で、企業グループを対象とした法制度、会計制度が定着しつつあることから、税制においても法人の組織形態の多様化に対応するとともに、課税の中立性や公平性等を確保する観点から、グループ法人税制が導入された。

　グループ法人税制とは、単体法人税制と対比され、複数の法人を一つの経済的な実体とみて、単体法人の税務と異なる処理を行うというものである。この税制は、100％の資本関係で結ばれた企業グループを対象としている。

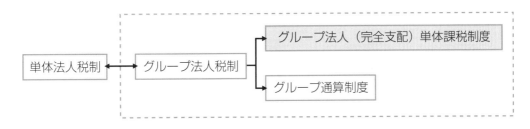

① 完全支配関係（発行済株式数等の全部を直接若しくは間接に保有する関係／法法２十二の七の六）がある法人間の「譲渡損益調整資産（固定資産、棚卸資産である土地等、売買目的有価証券以外の有価証券、金銭債権及び繰延資産で、譲渡直前の帳簿価額が１千万円未満の資産を除く）」の譲渡取引等については、グループ外へ譲渡するまで、譲渡損益の課税の繰延をする（法法61の11）。

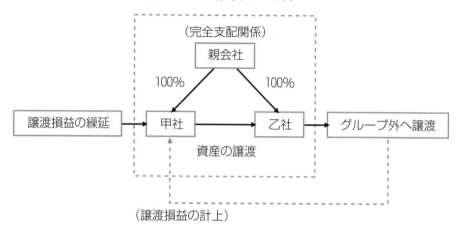

② 完全支配関係（個人による完全支配は除く）がある法人間の寄附については、支出法人は全額損金不算入、受取法人は全額益金不算入になる（法法25の２①、37②）。

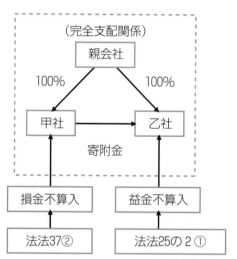

③ グループ法人税制の導入に際して、次の中小特例の適用については、自らの資本金等の規模に加えて、親会社の資本金等の規模（資本金５億円以上）も基準に判定される。

　なお、平成23年度税制改正で「複数の完全支配関係がある大法人に発行済株式等の全部を保有されている法人」についても同様に適用されないことになった。

　　イ　軽減税率（法法66②⑥ニイ）

　　ロ　特定同族会社の特別税率の不適用（法法67①）

　　ハ　貸倒引当金の法定繰入率（措法57の 9 ）

　　ニ　交際費等の損金不算入制度における定額控除限度額（措法61の 4 ）

　　ホ　欠損金の繰戻しによる還付制度（措法66の13）

17　法人税額の計算（税率と税額控除）

　　法人税の基本税率　→　23.2%（比例税率・法法66①）

【普通法人・人格のない社団等（法法66）】

区　　分	年所得800万円以下の金額	年所得800万円超の金額
資本金 1 億円超の法人	23.2%	
資本金 1 億円以下の法人	15%（注）	23.2%

（注）令和 5 年度税制改正で、平成24年 4 月 1 日から令和 7 年 3 月31日までの間に開始する事業年度について、中小法人等について19% の軽減税率を15% に引下げる措置が延長された。なお、公益法人等、協同組合等及び特定の医療法人の19% の税率は、所得のうち800万円以下の部分については15% に軽減された（措法42の 3 の 2 ）。

○特定同族会社の留保金課税（法法67）

　　法人税法67条の制度趣旨は、①同族会社における配当課税の回避を意図した不当留保利益への課税及び②同族会社と個人事業主との税負担の公平を図ることにある。

　　→　10%〜20% の特別税率（資本金 1 億円以下の法人は除く）

　　※　特定同族会社　→　 1 株主グループで50% 超の株式保有の会社

（注）平成18年度税制改正で、「同族会社」（ 3 株主グループ）から「特定同族会社」（ 1 株主グループ）の変更が行われ、更に、平成19年度税制改正で、平成19年 4 月 1 日以後開始する事業年度から、資本金又は出資金の額が 1 億円以下の特定同族会社は適用対象から除外された。

税額控除	①所得税額（利子・配当）（法法68）
	②外国税額控除（法法69）
	③仮装経理に基づく過大申告の更正に伴う法人税額（法法70、135）
	④試験研究費増加による特別税額控除（措法42の 4 ）

18　法人税と法人住民税

　　法人税の申告・納付　→　税務署（事業年度終了の日の翌日から 2 か月以内／法法74①）

（注）平成29年税制改正によって、確定申告書の提出期限の延長の特例について、法人が、会計監査を置いている場合で、かつ、定款等の定めにより各事業年度終了の日の翌日から 3 か月以内に決算についての定時総会が招集されない常況にあると認められる場合には、最大 6 か月後まで延長可能となった。

法人住民税の申告・納付　→　道府県　……　均等割・法人税割

　　　　　　　　　　　　　→　市町村　……　均等割・法人税割

　　　　均等割　┬→　道府県　……　資本等の金額

　　　　　　　　└→　市町村　……　資本等の金額・従業員数

　　　　法人税割　┬→　道府県　……　法人税額（標準5.0%・制限6.0%）

　　　　　　　　　└→　市町村　……　法人税額（標準12.3%・制限14.7%）

　　　　法人事業税　→　同府県民税　……　所得金額

　　　　　　　　　　　　　　　　　　　外形標準課税（資本金1億円超）

（実効税率の算式）

$$\frac{法人税率 \times （1＋法人住民税率）＋法人事業税率}{1＋法人事業税率}$$

（注）法人事業税率には、地方法人特別税が含まれる。

■　**中間申告書**

　法人税法71条に規定する中間申告には、前期分の税額を基礎とする中間申告と仮決算をした場合の中間申告があるが、実務上は、前者を「予定申告書」、後者を「中間申告書」と呼んでいる。

　ただし、仮決算による中間申告書は、次の場合、提出することができない（法法72①但書）。

①　前事業年度の確定法人税額を前事業年度の月数で除し、これに6を乗じて計算した金額が、10万円以下である場合又はその金額がない場合

②　仮決算による中間申告書に記載すべき法人税の額が、前事業年度の確定法人税額を前事業年度の月数で除し、これに6を乗じて計算した金額を超える場合

(注) 令和2年4月1日以後に開始する事業年度から、特定法人の法人税及び地方税の確定申告書、中間申告書及び修正申告書の提出については、これらの申告書に記載するものとされる事項を電子情報処理組織を使用する方法により提供しなければならない。なお、特定法人とは、資本金の額等が1億円超の法人、相互会社、投資法人及び特定目的会社をいう（法法75の3、75の4、81の24の2、81の24の3）。

■　租税公課の処理

①　法人税（本税）（法法38）	
②　所得税（法人税から控除又は還付）（法法40）	
③　地方税（道府県民税・市町村民税・利子割額）	損金不算入
④　外国法人税（控除対象分）（法法41）	

（注）罰金、科料、過料又は交通反則金は損金に算入しない（法法55）。
　　　外国又はその地方公共団体が課する罰金又は科料に相当するものについては損金に算入しない。
　　　平成 30 年度税制改正で、「分配時調整外国税相当額」を法人税から控除（法法 69 の 2、81 の 15 の 2）
　　　した場合には、当該金額は損金に算入しないこととなった（法法 41 の 2、81 の 8 の 2）。

■　欠損金の繰越控除制度

欠損金の繰越控除限度額について、次のように段階的に引き下げが行われた（法法57①、58①、附則27②）。

　　　　・平成28年 4 月 1 日～平成29年 3 月31日に開始する事業年度：60％
　　　　・平成29年 4 月 1 日～平成30年 3 月31日に開始する事業年度：55％
　　　　・平成30年 4 月 1 日以後に開始する事業年度：50％

連結欠損金の繰越控除制度についても同様である（法法81の 9 ①、附則30②）。

なお、以下の中小法人（資本金の額等が 5 億円以上の法人の100% 子法人を除く）は、従来どおり全額控除することができる（法法57⑪、58⑥、81の 9 ⑧）。

　イ　普通法人のうち、資本金の額等が 1 億円以下のもの。ただし、資本金の額が 5 億
　　　円以上の法人等によって完全支配されている場合は除かれる。

　ロ　公益法人等又は協同組合等

　ハ　人格のない社団等

平成30年 4 月 1 日以後に開始する事業年度において生じた欠損金の繰越期間については、10年に延長された（法法57、58）。ただし、欠損金が生じた事業年度の帳簿書類の保存が適用要件とされている（法規26の 3 ）。

（注）「欠損金額の繰越控除とは、いわば欠損金額の生じた事業年度と所得の申告をすべき年度との間における
　　　事業年度の障壁を取り払ってその結果を通算することにほかならない。これを認める法 9 条 5 項の
　　　立法趣旨は、原判決の説示するように、各事業年度毎の所得によって課税する原則を貫くときは所得
　　　額に変動ある数年度を通じて所得計算をして課税するに比して税負担が過重となる場合が生ずるので、
　　　その緩和を図るためにある。」（最高裁昭43.5.2判決）

19 別表4と別表5⑴

　法人税の各事業年度の課税標準は、「所得金額」である。この所得金額は、法人税の確定申告書に基づいて計算される。そして、確定申告書の中心的な別表が、「別表4」（所得の金額の計算に関する明細書）と「別表5⑴」（利益積立金額及び資本金等の額の計算に関する明細書）である。「別表4」は、税務の損益計算書といわれ、「別表5⑴」は、税務の貸借対照表といわれている。法人税の課税標準である所得金額は、次図に示すように、損益計算書（株主総会で承認）の「当期利益」をベースとして計算される。

（別表4）

区　　分	総　　額	留　　保	社外流出	
当期利益又は当期欠損の額			配当	
			賞与	
			その他	
加　算				
減　算				
仮　　計		②		
		仮計以降はすべて流用		
所得金額又は欠損金額				

（別表5⑴）

区　　分		期首現在利益積立金	当期中の増減		翌期首現在利益積立金
			減	増	
利益準備金					
繰越損益金					
未納税	未納法人税 未納道府県民税 未納市町村民税			当期中間申告額③	
差引合計額		①			④

(注) 別表4と別表5⑴の検算式

> 期首現在利益積立金額①＋別表4留保総計②－中間・確定分法人税県市民税の合計額③＝差引翌期首現在利益積立金④

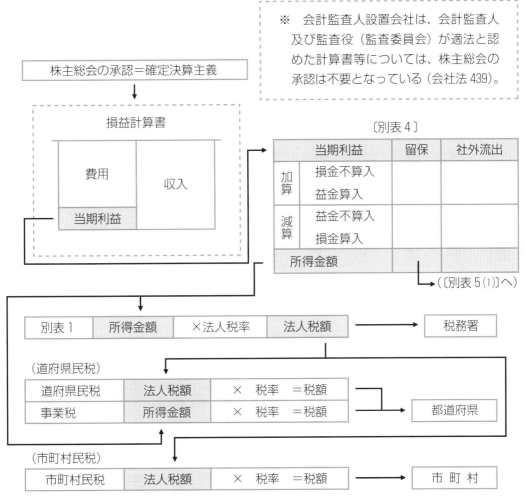

(注)　税制調査会の法人課税小委員会報告（平成 8 年11月）では、「確定決算主義」の内容として、以下の点が挙げられている。

① 商法（現行：会社法）上の確定決算に基づき課税所得を計算し、申告すること。

② 課税所得計算において、決算上、費用又は損失として経理されていること（損金経理）等を要件とすること。

③ 別段の定めがなければ、「一般に公正妥当な会計処理の基準に従って計算する」こと。

法人の課税所得計算においては、「課税所得はその期に企業が稼得した利益の額を基準とするという考え方」、及び「企業の内部取引に経理基準を課すことによって恣意性を排除する考え方」、さらには、「財務諸表を統一し、会計処理の煩雑さを解消するという考え方」に立脚するものである。

社員総会の承認を経ない決算報告書（福岡高裁平19.6.19判決）

　我が国の株式会社や有限会社の大部分を占める中小企業においては、株主総会又は社員総会の承認を経ることなく、代表者や会計担当者等の一部の者のみで決算が組まれ、これに基づいて申告がなされているのが実情であり、このような実情の下では、

株主総会又は社員総会の承認を確定申告の効力要件とすることは実体に即応しないというべきであるから、株主総会又は社員総会の承認を経ていない決算書類に基づいて確定申告が行われたからといって、その確定申告が無効になると解するのは相当ではない。したがって、決算がなされていない状態で概算に基づき確定申告がなされた場合は無効にならざるを得ないが、会社が、年度末において、総勘定元帳の各勘定の閉鎖後の残高を基に決算を行って決算書類を作成し、これに基づいて確定申告した場合は、当該決算書類につき株主総会又は社員総会の承認が得られていなくても、確定申告は無効とはならず、有効と解すべきである。

〔別表 5 (1)〕

Ⅰ　利益積立金額の計算に関する明細書					
区　分	期首現在 利益積立金	当期の増減			翌期首現在 利益積立金
		減	増		
	①	②	③		④
利益準備金					
積立金					
繰越損益金			※ 4		
納税充当金					
未 納　法人税		※ 1	中間	※ 2	
			確定	※ 3	
都道府県税		※ 1	中間	※ 2	
			確定	※ 3	
市町村税		※ 1	中間	※ 2	
			確定	※ 3	
差引　合計額					
Ⅱ　資本金等の額に関する明細書					
区　分	期首現在 資本金等の額	当期の増減			翌期首現在 資本金等の額
		減	増		
資本金・出資金					
資本準備金					
差引　合計額					

※ 1　当期中に納付した金額（納税充当金取崩し・仮払経理・損金経理）

※ 2　当期の中間分発生額

※ 3　当期の確定分発生額

※ 4　株主資本等変動計算書の繰越利益剰余金の当期末残高

【参考：株主資本等変動計算書】

	株 主 資 本									純資産合計
	資本金	資本剰余金			利益剰余金				株主資本合計	
		資本準備金	その他の資本剰余金	資本剰余金合計	利益準備金	その他利益剰余金		利益剰余金合計		
						任意積立金	繰越利益剰余金			
前期末残高										
当期変動額										
別途積立金の積立て										
剰余金の配当										
当期純利益							░			
当期変動額合計										
当期末残高							░			

〔別表5(1)〕の③へ

損益計算書の当期純利益
（〔別表4〕の1の①）

(注) 会社法上の計算書類等は、貸借対照表、損益計算書、株主資本等変動計算書、注記表、事業報告、附属明細書である。なお、会社法では、キャッシュ・フロー計算書は要求されていない。

■ 制度会計における税務会計

制度会計とは、企業が社外の利害関係者（ステークホルダー）への情報提供を目的として行う財務会計のうち、「会社法」「金融商品取引法」及び「法人税法」などの法律に基づいて実施される会計のことである。

制度会計	① 会社法会計	株主・債権者
	② 金融商品取引法会計	ステークホルダー
	③ 税務会計	課税当局

税務会計（又は「法人税法会計」ともいう。）とは、法人税法上の課税所得を計算するための会計である。法人税法では、担税力を増加させる経済的利得はすべて所得を構成するという、「包括的所得概念（純資産増加説）」を採用している。そして、法人税法の課税所得は、企業会計上の当期純利益（損失）から導かれることになっている。

コラム⑮　相続財産法人の法人税等の申告義務について

相続人の存否が明らかでない場合、相続財産は法人と擬制され、相続財産法人となる（民法951）。すなわち「相続人のあることが明らかでないとき」という「成立要件」を満たしたとき、相続財産は法人となる。この相続財産法人の法的性質については、遺産の清算を目的とする清算法人類似の財団法人のようなものと解され、相続財産法人の成立時期は、主体のない財産があってはならないために相続財産法人が擬制されるという理由から、被相続人の死亡時とし、相続財産管理人の選任によって具体的な存在が明らかになるとされている。そして、相続財産が法人となったとき、家庭裁判所は、利害関係人又は検察官の請求によって、相続財産管理人を選任しなければならない（民法952①）。この相続財産管理人の選任によって、相続財産法人の活動が可能となる。

その後、相続財産管理人の管理・清算の過程で、相続人が判明した場合、相続財産法人の不成立（民法955）・相続財産管理人の代理権は消滅（民法956）する。また、相続人が現れなかったときは、特別縁故者への財産分与（民法958の3）を行い、残余部分については、国庫に帰属（民法959）することになる。

このような相続財産法人は、法人税法上、法人税の申告をする必要があるのか、という疑問が生じる。これに対して、法人税法では、法人を内国法人（法法2三：国内に本店又は主たる事務所を有する法人）と外国法人（法法2四：内国法人以外の法人）に分類し、また、内国法人は、公共法人（法法2五）、公益法人等（法法2六）、協同組合等（法法2七）、人格のない社団等（法法2八）、及び普通法人（法法2九）となっている。そして、普通法人は、「第五号から第七号までに掲げる法人以外の法人をいい、人格のない社団等を含まない」と規定していることから、相続財産法人は、結局、普通法人に該当すると解せられる。この場合、相続財産法人の「主たる事務所」は、被相続人の住所地と解することが妥当であろう。従って、相続財産法人は、法人税法上、内国法人に該当し、普通法人となることから、法人税等の申告を行う義務があることになる（法法4①）。ところが、課税実務では、相続財産法人について、法人税の申告はなされていないという。その理由として、相続財産法人に、特別縁故者がいなければ、最終的に、相続財産は国庫に入るということなので、ことさら、申告を求めなくても良いのではないかという。しかしながら、相続財産法人が法人税等の申告をするということは、相続財産の全てが国庫に行くということでなく、地方税として、地方自治体にも配分されることを意味しているのである。

ところで、相続財産法人の成立時期については、民法において、①「不存在事実存在時説」と②「管理人選任時説」の二つの学説があり、①が通説といわれている。不存在事実存在時説は、相続人のあることが明らかでないという事実があれば、被相続人が死亡した時、すなわち、相続開始時に、相続財産法人は法律上当然に成立すると解する。これに対して、管理人選任時説は、家庭裁判所が相続財産の管理人を選任した時に成立すると解しているが、この説では、相続開始後、相続財産管理人が選任されるまで、空白期間が生じるという問題が生じる。法人税においても、相続開始時から相続財産管理人選任時までの課税の空白期間を無くすという意味で、不存在事実存在時説が妥当である。

従って、民法上の通説である不存在事実存在時説を採れば、相続財産法人の「事業年度」

は、原則として、相続開始時から1年を期間（法法13①）とし、その2か月後に申告・納付することになる（法法74、77）。

　ところで、相続財産法人は、「相続財産の管理・清算の必要性から認められたものであり、主体の財産を認めない民法の立場から、相続財産に権利主体性を認め、相続財産の処理を行うためのものであるから、その能力は、清算事務に限られる」との見解はあるが、相続財産法人が収益物件（賃貸物件）を長期間保有し、収益が継続して発生するということもありうることから、法人税等の無申告をそのまま放置することは好ましくなく、「管理・清算事務」の付随業務として、相続財産法人に法人税等の申告義務を課すことは何ら問題はないと思われる。

コラム⑯　日本興業銀行事件に思う　〜　貸倒損失処理についての私見

　日本興業銀行事件は、金融機関である日本興業銀行が行った住宅専門金融会社への債権放棄及び同債権の損金算入を、その債権放棄が解除条件付きだったこと等から「原告の損金処理時点にはまだ債権放棄の額は確定していない」と課税庁が判断して貸倒損失を否認した事件である。

　第一審の東京地裁（平13.3.2判決）では、「法的措置をとればある程度の債権が回収できる場合でも、そうすることが当事者にとって経済的に非合理である時は、社会通念上、その債権は回収不能であると評価すべきである」と判断を下している。このように、旧住専不良債権の無税償却3,700億円については、国側が第1ラウンドで敗訴したのである。銀行と課税庁が争った初の訴訟で銀行が勝訴したことで、この事件は、マスコミに大きく採り上げられた。しかし、その後、課税庁が控訴をし、今度は、課税庁が逆転勝訴（東京高裁平14.3.14判決）したのである。東京高裁は、債権の全額が回収不能とは認められないと認定するとともに債権相当額の損金算入を否定し、原審判決を取り消すという判決を下した。すなわち、「日本興業銀行の債権放棄はいわゆる住専処理法等が成立するまでに営業譲渡の実行や解散登記が行われないことを前提にした解除条件付きのものであり、解除条件の成就時点において債権放棄の効力を失うことが予定されていたものと認定し、その解除条件を付した事情に照らすと、債権放棄がなされた事業年度の損金に算入することは、一般に公正妥当と認められる会計処理基準に適合せず、この事件のような流動的な事実関係の下では、解除条件の条件不成就が確定した時の事業年度の損金に計上すべきである」と判示している。さらに、この事件では、重加算税の賦課決定処分もなされている。

　ところで、税法では、売掛債権、貸付金その他の債権が現実に回収不能と認められるに至った場合には、貸倒損失として損金算入できる。そして、貸倒れの判断は、債権が回収不能になったかどうかの、優れて「事実認定の問題」である。この事実認定が、第一審と第二審では、異なっていたのである。東京地裁は、「1996年3月末時点での債権の回収は事実上不可能だった」と判断し、解除条件については、「債権放棄の法的効力が発生しており、損失は確定しているというべきである」と、控訴審と異なる認定をしている。事実認定を巡る事件であるから、あまり議論する余地もないように思えるが、原告及び被告は競って、裁判所に租税法や会計学の著名な学者らの鑑定書を提出している。

　従前から、貸倒損失の計上時期の認識については、実務上、課税庁と納税者の間で争いが絶えない。しかし、貸倒損失の処理の問題については、筆者は立法である程度解決できるのではないかと考えている。すなわち、貸倒損失の計上については、債権者である納税者がその回収可能性を最も知っているのであるから、回収可能が困難であるという一定の事実が発生した場合、貸倒損失を損金処理するか否かは納税者に任せる。そして、課税庁は、納税者の判断を尊重する。貸倒損失は他の費用と異なり、ある一定の期間が経過すれば、本当に回収できないものであったのか否かは容易に判断することができる。そして、納税者の貸倒損失の処理が、後日誤りであったことが判明した場合、貸倒損失の回収金額については、回収された時点で益金となるのであるから、その益金の額にペナルティーを課せばよい。例えば、1億円の貸倒損失を計上したが、後日、5,000万円回収された場合、その回収された金額について10%（仮定ペナルティー税率）相当額である500万円を法人税とは別個に課税されるというものである。したがって、貸倒損失の計上の時期の判断については、納税者が行うのであるが、その判断が誤っていたのならば、ペナルティーが課せられることから、納税者はその処理について、慎重にならざるを得ないであろう。

　もともと、貸倒損失の処理そのものの妥当性は、将来において真実の姿が明らかになる事柄である。したがって、無理に、その計上の時期について、膨大な時間と費用をかけて、課税庁と納税者が争うことでもないように思われる。納税者は、債権について回収できないことを確信しているのであれば、法律的な形式的な解釈に拘束されることなく、貸倒損失として計上することを税法は認めるべきなのである。そして、濫用を防ぐ意味で、納税者の判断の誤った金額についてはペナルティーを支払うといった法律構成を考えるべきであると思うのだが、如何であろうか。

コラム⑰　不良債権の譲渡（租税回避）と否認の限界

　しばしば、不良債権譲渡に関する税務上の相談を受ける。具体的には、不良債権を譲渡（租税回避）した場合の税務上の否認基準の問題についてである。

　債権の譲渡損は、「当該事業年度の損失の額で資本等取引以外に係るもの」（法法22③三）に該当するので、（回収可能性を考慮して）債権の額面金額1億円のものを2,000万円で譲渡すれば、8,000万円の譲渡損失が発生する。ポイントは、2,000万円が適正な時価であるか否かであるが、取引の相手方が利害関係のない第三者であれば、原則としてその譲渡価格（2,000万円）は、「時価」と考えてよい。

　仮に、譲渡価額が時価よりも低ければ、相手方に経済的な利益を与えたとして、寄附金又は（役員であれば）役員賞与などの税務上の課税問題が生じる。これらの知識を前提として、相談事例を一つ検討してみたい。

　甲社（同族会社）は、乙銀行から6億円の借入金を有し、また、甲社の丙代表者も同銀行から4億円の借入金があった。さらに、丙代表者は甲社から10億円の債務を有していた。乙銀行は、同債権をRCC（債権回収機構）に譲渡（譲渡価額は不明）したところ、RCCから、甲社及び丙代表者に対して、各債権を半額免除する代わりに、（再建を容易にするために）甲社と丙代表者間の債権10億円を消滅させるように指導された。そこで甲社は取

引先に、丙代表者に対する10億円の債権を5,000万円で譲渡した。

甲社は、当該譲渡によって、9億5,000万円の債権の譲渡損失が発生し、RCCからの3億円免除益と当期に発生した4億円の利益と相殺し、法人税の負担は零となった。次に、取引先から丙代表者が当該債権を6,000万円で取得した。

丙代表者は、2億円のRCCからの債務免除益（一時所得）について、平成15年に甲社に含み損のある土地を譲渡しており、その譲渡損失3億円は、3年間の青色欠損金繰越に該当するため、結果として、RCCからの債務免除益についても課税されないこととなった。

ところが、甲社に税務調査が入り、甲社が5,000万円で譲渡したことに対して、譲渡損失の9億5,000万円を丙代表者の認定賞与と主張した。課税庁の否認の根拠は、定かでないが、同族会社の行為計算の否認規定（法法132）か、事実認定による否認（実質課税の原則）であろうと思われる。甲社が債権を譲渡したのは、取引先で、その取引先から丙代表者が当該債権を買い取る一連の流れをみると、租税回避の定義に出てくる「迂回的な取引」とみることは可能である。

通常の法形式は、甲社と丙代表者の取引で、仮に、丙代表者が5,000万円で甲社との債権債務を消滅（9億5,000万円の免除）させたとしたら、おそらく、その差額については、（丙代表者が自己破産しない限り）役員賞与と処理せざるを得ないであろう。実質課税の原則については、「税法上所得を判定するについては、単に当事者によって選定された法律形式だけでなく、その経済的実質をも判定すべきであり、当事者によって選定された法律的形式が経済的実質からみて通常採られるべき法律的形式とは一致しない異常なものであり、かつそのような法律的形式を選択したことにつき、これを正当化する特段の事情がない限り、租税負担の公平の見地からして、当事者によって選択された法律的形式には拘束されないと解するのが相当である」（神戸地裁昭45.7.7判決）との考え方がある。

また、場合によっては、当事者の真の意思は何であったのかという事実認定に基づいて、当該行為そのものを「仮装行為」であると課税庁が認定する可能性もある。上記事実認定からすると、課税庁が、「甲社→取引先→丙代表者」（異常な法形式）を「甲社→丙代表者」（正常な法形式）と判断することは、容易であろうと思われる。

しかしながら、この場合、「取引先」が「第三者」で、しかも、第三者が当該債権をそのまま保有し、丙代表者が当該債権（丙の債務）を取得していない状態においても、同様の課税ができるか疑問である。実質課税の原則が、そこまでも及ぶものと解することはできない。第三者と丙代表者とを結びつける事実認定が認められないのであれば、課税することは困難である。実質課税の原則の適用の限界といえる。

最後に、このような事例においては、関与した弁護士・税理士・会計士等の専門家の損害賠償責任についても別途検討されなければならない。

第3章　相続税

1　相続税の意義

　相続税とは、「相続」、「遺贈」（※）又は「死因贈与」により財産を取得した時に、相続人その他の者に対して、取得した財産の価額を基準として課税される財産税である。わが国の相続税は、明治38年の日露戦争の戦費調達の為に誕生したものである。

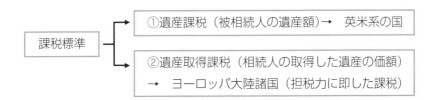

※　遺言書 ┬→ 公正証書遺言（公証人役場／証人２人）
　　　　　　　（家庭裁判所の検認手続不要）
　　　　　　└→ 自筆証書遺言

（注）遺言書に印章による押印をせず、花押を記した場合には、民法968条１項の押印の要件を満たさない（最高裁平28.6.3判決）。また、共同相続された普通預金債権、通常貯金債権及び定期貯金債権は、いずれも、相続開始と同時に当然に相続分に応じて分割されることはなく、遺産分割の対象となるものと解するのが相当であるとして、最高裁の平成16年４月20日判決の変更をすべきとした（最高裁平28.12.19判決）。

課税標準 ┬→ ①遺産課税（被相続人の遺産額）→　英米系の国
　　　　　└→ ②遺産取得課税（相続人の取得した遺産の価額）
　　　　　　　　→　ヨーロッパ大陸諸国（担税力に即した課税）

　遺産課税体系（戦前）　→　遺産取得課税体系（シャウプ税制）　→　遺産取得課税体系を基本として遺産税の要素を加味したもの（法定相続分遺産取得課税体系）

（注）シャウプ税制では「一生累積遺産取得課税方式」（相続財産を取得者に対して過去の贈与を含めて、その一生を通ずる取得財産に課税）を採用したが、理論的すぎるが故に、実務上困難で、徴税技術上の問題からこの制度を廃止した。
　　　法定相続分遺産取得課税体系（昭和33年に導入）は、遺産額と相続人の数という客観的事実によって相続税額が定められ、実際の遺産分割の程度に応じて負担が大幅に異なるという弊害が取り除ける。

遺産課税体系	遺産取得課税体系
被相続人の遺産総額に課税する（被相続人の権利を重視）。	個々の相続人等が取得した遺産額に対して課税する（相続人の権利を重視）。
被相続人の所得税を補完（生涯の税負担を清算）する。	相続人等が取得した遺産は、相続人等の所得である。
作為的な仮装の遺産分割による租税の回避を防止できる。 遺産の総額によって、直ちに、相続税の税額が定まるため、税務執行が容易となる。	各相続人等の取得した遺産額に対して、それぞれ超過累進税率が適用されるので、富の集中化の抑制となる。 相続人等の税負担の公平が期待できる。
制限的所得概念に基づく方式（反復継続的に生ずる利得を課税の対象）	包括的所得概念に基づく方式（担税力を増加させるすべての利得を課税の対象）

遺産分割を前提とする課税方式でないため、容易に相続税を計算できる。	家族制度が廃止され、均分相続をうたう民法の趣旨に合致する。
農業用資産、中小企業の事業用資産を適正規模まで免除できる。	所得者個人の事情（障害者・未成年者等）を考慮した課税を行うことができる。

■ 法定相続分遺産取得課税体系の問題点

①各相続人の相続額に応じた課税がなされない（負担税率が同一）。

②他の相続人の申告漏れによって共同相続人にも追徴課税が生じる。

③各種特例による税負担の軽減効果が他の相続人にも及ぶ。

死因贈与か贈与か（福岡国税不服審判所平19.6.18裁決）

　原処分庁は、被相続人が公正証書により第三者である受贈者に2回に分けて贈与した金員のうち、2回目の贈与については、請求人が受贈者と公正証書による贈与の有効性について争った事件の和解調書において、1回目の贈与を「生前贈与分」として和解に応じており2回目の贈与について生前贈与と認識していないことが認められ、受贈者も同様の理由により生前贈与と認識しておらず、かつ、原処分庁に対し2回目の贈与は死因贈与である旨申述し、当該公正証書を作成し、当該和解調書の文案作成に関与した受贈者の代理人弁護士も2回目の贈与を死因贈与と明確に認識していることから、死因贈与に該当する旨主張する。しかしながら、当該公正証書は、最初に贈与者である被相続人から受贈者に対して贈与する旨の意思表示がなされ、その具体的な履行方法として、①本日2,000万円を贈与する、②来年1月1日をもって2,000万円を贈与する旨定められ、加えて、③来年分の贈与について、年明けまでに万一贈与者が死亡したときは②の贈与につき自動的に贈与したものとする旨定められているところ、③の記載は、贈与者が死亡した場合に滞りなく贈与が実行されるように、②に記載の贈与の履行時期を早める旨定めたものであり、単に贈与の履行時期の特約に過ぎないと認められるから、贈与者（被相続人）の死亡により効力が生ずる民法上の死因贈与（民法554）には該当しないものとするのが相当である。したがって、当該公正証書による②の贈与について死因贈与と判断して行われた原処分は、法的見解を誤ってなされたものであり、違法であるから取り消すべきである。

（全部取消）

2　納税義務者

相続、遺贈又は死因贈与により財産を取得した個人（相法1の3）。

(注) 民法554条（死因贈与）では、「贈与者の死亡によって効力を生ずる贈与については、その性質に反しない限り、遺贈に関する規定を準用する」と規定している。

法人も、一定の場合個人とみなして相続税が課せられる（租税回避の防止）。

（注）平成30年度民法改正（平成30年7月6日成立）で、特別寄与について民法1050条（特別寄与料の請求権）が創設された（令和元年7月1日施行）ことにより、令和元年度税制改正で、特別寄与者が支払を受けるべき特別寄与料の額が確定した場合、当該金員については、被相続人から遺贈により取得したものとして、相続税が課税される（相法4②）。同規定は、令和元年7月1日から適用されている。

また、特別縁故者が相続財産の分与を受けた場合（民法958の3）にも、「みなし遺贈」として相続税が課される（相法4①）。

相続税の納税義務者	課税財産の範囲
① 相続・遺贈で財産を取得した者で、財産を取得した時に日本国内の住所を有していた者（その者が一時居住者である場合は、被相続人が一時居住被相続人又は非居住被相続人である場合を除く。）（相法1の3①一）	取得したすべての財産
② 相続・遺贈で財産を取得した者で、財産を取得した時に日本国内の住所を有していない次の者 イ 財産を取得したときに日本国籍を有している者 ・相続開始前10年以内に日本に住所を有していたことがある者 ・相続開始前10年以内に日本に住所を有していたことがない者（被相続人が一時居住被相続人又は非居住被相続人である場合を除く。） ロ 財産を取得したときに日本国籍を有していない者（被相続人が一時居住被相続人又は非居住被相続人である場合を除く。）（相法1の3①二）	取得したすべての財産
③ 相続・遺贈で日本国内にある財産を取得した者で、財産を取得した時に日本国内に住所を有している者（①を除く。）（相法1の3①三）	日本国内の財産
④ 相続・遺贈で日本国内にある財産を取得した者で、財産を取得した時に日本国内に住所を有しない者（②を除く。）（相法1の3①四）	日本国内の財産
⑤ ①～④に該当しない者で、贈与により相続時精算課税の適用を受ける財産を取得した者（相法1の3①五）	相続時精算課税の適用を受ける財産

■ 特定一般社団法人等の理事が死亡した場合（相法66の2）

一般社団法人等の理事である者が死亡した場合において、当該一般社団法人が、特定一般社団法人等（注）に該当するときは、当該特定一般社団法人等が、その死亡した者（被相続人）の相続開始の時における当該特定一般社団法人等の「純資産額」をそのときにおける同族理事の数に1を加えた数で除して計算した金額に相当する金額を被相続人から遺贈により取得したものとみなして、当該特定一般社団法人等に相続税が課せられる。

（注）　特定一般社団法人等とは、次に掲げる要件のいずれかを満たす一般社団法人等をいう。

① 相続開始の直前における同族理事数の総理事に占める割合が2分の1を超えること。

② 相続開始前5年以内において、同族理事数の総理事に占める割合が2分の1を超える期間の合計が3年以上であること。

上記により特定一般社団法人等に相続税が課される場合には、その相続税の額から贈与等により取得した財産について既に当該特定一般社団法人等に課税された贈与税等の額が控除される。

3　課税物件

相続税の課税物件　→　相続又は遺贈によって取得した財産（相続財産）

4　相続財産の範囲

相続財産　→　金銭的な価値のあるものすべて（相法2）

■　相続税の非課税財産（相法12）
①宗教、慈善、学術その他公益事業の用に供するもの
②心身障害者共済制度における給付金を受ける権利
③生命保険金の一定額（500万円／法定相続人1人）
④死亡退職金の一定額（500万円／法定相続人1人）

庭内神しの敷地と非課税財産（東京地裁平24.6.21判決）

原告が、被相続人を訴外Aとする相続に係る相続税につき、相続財産である本件土地のうち、弁財天及び稲荷を祀った各祠の敷地部分を相続税法12条1項2号（平成19年法律第6号による改正前のもの）の非課税財産とする内容を含む申告及び更正の請求をしたところ、西新井税務署長が、納付すべき税額を申告額より減じるものの、本件敷地は非課税財産に当たらないとしてこれについての課税をする内容を含み、本件更正請求に係る税額を上回る税額とする減額更正処分をしたことから、被告国に対して、右処分の取消しを求めた事案において、庭内神しとその敷地は別個のものであるが、相続税法12条1項2号の趣旨等に鑑みれば、当該設備と社会通念上一体の物として日常礼拝の対象とされているといってよい程度に密接不可分の関係にある相当範囲の敷地や附属設備も同号にいう「これらに準ずるもの」に含まれると解すべきであり、本件敷地はこれに該当するとして、請求を認容した。

(注) 国税庁は、この判決を受けて、同年7月13日に、従来の相続税法上の取扱いを変更する旨を公表し、これによって、法定申告期限から5年以内であれば、この変更を知った日から2か月以内に更正の請求を行うことができる（国通法23②三、国通令6①五）。

■　みなし相続財産（相法3、4）
①保険金
②退職手当金等
③生命保険契約に関する権利
④定期金に関する権利
⑤保証期間付定期金に関する権利
⑥契約に基づかない定期金に関する権利
⑦特別縁故者への財産の分与
⑧遺言による信託の利益を受ける権利
⑨遺言による著しく低い価額の対価による財産の譲受
⑩遺言による無償又は著しく低い価額の対価による債務の免除等
⑪遺言によるその他の利益の享受

（注）最高裁昭和47年12月26日判決は「法は、相続という法律の原因によって財産を取得したのと同視すべき関係にあるときは、これを相続財産とみなして、所得税ではなく相続税を課することとしている」と判示している。

5　相続税の課税価格と税額の計算

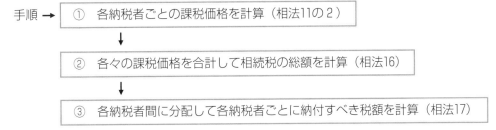

手順 →
① 各納税者ごとの課税価格を計算（相法11の2）
↓
② 各々の課税価格を合計して相続税の総額を計算（相法16）
↓
③ 各納税者間に分配して各納税者ごとに納付すべき税額を計算（相法17）

（注）相続財産が未分割であっても、民法の規定する相続分に従って、各相続人が取得したものとして課税する（相法55）。

■　民法改正と年齢規定

　平成30年6月1日に民法改正の成立（令和4年4月1日から適用）に伴って、令和元年度税制改正が次のようになされた。

　①　相続税の未成年者控除の対象となる相続人　→　18歳未満

　②　次の制度の受贈者の年齢要件　→　18歳以上

　　イ　相続時精算課税制度

　　ロ　直系尊属から贈与を受けた場合の贈与税の税率の特例

　　ハ　相続時精算課税適用者の特例

　　ニ　非上場株式等に係る贈与税の納税猶予制度

（注）この改正は、令和 4 年 4 月 1 日以後に相続若しくは遺贈又は贈与により取得する財産に係る相続税又は贈与税から適用される。

■ 相続税額計算の具体的なフローチャート

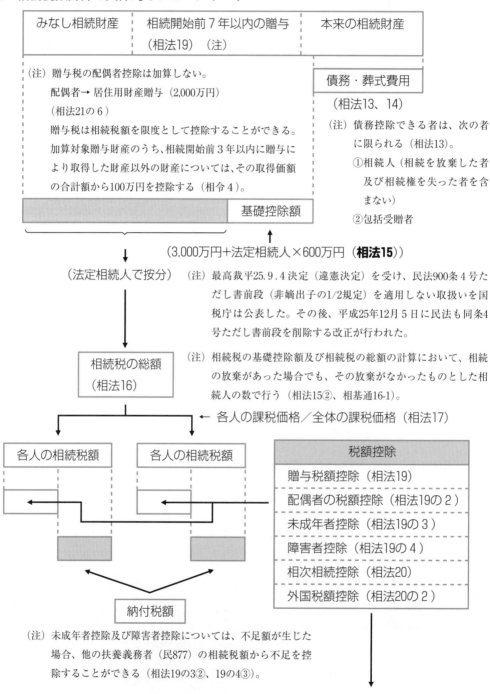

みなし相続財産	相続開始前 7 年以内の贈与 (相法19)（注）	本来の相続財産

（注）贈与税の配偶者控除は加算しない。
　　配偶者→ 居住用財産贈与（2,000万円）
　　（相法21の 6 ）
　　贈与税は相続税額を限度として控除することができる。
　　加算対象贈与財産のうち、相続開始前 3 年以内に贈与により取得した財産以外の財産については、その取得価額の合計額から100万円を控除する（相令 4 ）。

債務・葬式費用
（相法13、14）
（注）債務控除できる者は、次の者に限られる（相法13）。
　　①相続人（相続を放棄した者及び相続権を失った者を含まない）
　　②包括受贈者

基礎控除額

（3,000万円＋法定相続人×600万円（**相法15**））

（法定相続人で按分）

（注）最高裁平25.9.4決定（違憲決定）を受け、民法900条 4 号ただし書前段（非嫡出子の1/2規定）を適用しない取扱いを国税庁は公表した。その後、平成25年12月 5 日に民法も同条4号ただし書前段を削除する改正が行われた。

相続税の総額
（相法16）

（注）相続税の基礎控除額及び相続税の総額の計算において、相続の放棄があった場合でも、その放棄がなかったものとした相続人の数で行う（相法15②、相基通16-1）。

← 各人の課税価格／全体の課税価格（相法17）

各人の相続税額	各人の相続税額

税額控除
贈与税額控除（相法19）
配偶者の税額控除（相法19の 2 ）
未成年者控除（相法19の 3 ）
障害者控除（相法19の 4 ）
相次相続控除（相法20）
外国税額控除（相法20の 2 ）

納付税額

（注）未成年者控除及び障害者控除については、不足額が生じた場合、他の扶養義務者（民877）の相続税額から不足を控除することができる（相法19の3②、19の4③）。

未成年者控除	10万円×20歳になるまでの年数
障害者控除	10万円(重度障害者：20万円)×85歳になるまでの年数
相次相続控除	被相続人が、その死亡前10年以内に相続により財産を取得している場合には、前回の相続税額の一定割合相当額に次の相続までの期間を10年から差し引いた年数の10年に対する割合に相当する年数を乗じた額

(注)　① 一親等の血族及び配偶者以外の者の税額は20％加算される（相法18①）

　　　　　養子となった被相続人の孫は一親等の血族には含まない（相法18②）

　　　② 配偶者の税額控除（次のうちの少ない金額）（**相法19の2**）

　　　　　イ　実際に取得した遺産額

　　　　　ロ　法定相続分相当額（1億6,000万円を下回る場合は1億6,000万円）

　　　③ 農業相続人　→　納税猶予の特例（措法70の6）

　　　④ その他として、租税回避の防止規定（相法64）がある。

　　　⑤ 税務署に対する開示請求（相法49）

　　　⑥ 相続の開始があったことを知った日の翌日から10か月以内に申告し（相法27）、納付しなければならない（相法33）なお、「相続の開始があったことを知った日」とは、自己のために相続の開始があったことを知った日をいう（最高裁平18.7.14判決）。

　　　⑦ 延納制度（相法38）

　　　⑧ 物納制度（相法41）

　　　⑨ 代償分割（相基通11の2－9、相基通11の2－10）

　　　　　→　債務の履行として資産を移転した場合、譲渡所得が生じる（所基通33-1の5）

　　　⑩ 小規模宅地等についての相続税の課税価格の計算の特例（措法69の4①）

宅地等		上限面積	軽減割合
事業用	事業継続	400㎡	△80％
	不動産貸付	200㎡	△50％
居住用	居住継続	330㎡	△80％

　　　⑪ 特定事業用資産についての相続税の課税価格の計算の特例（措法69の5①）

　　　⑫ 2018年7月13日に民法が改正され、遺留分減殺請求の効力の見直しが行われ、改正前の「原則現物返還の効力」が「遺留分侵害額請求（金銭的債権）」に変更になった（民法1042～1049）。金銭請求に一本化されたことによって、不動産などをめぐる複雑な課税関係（最高裁平4.11.16判決）は解消される。しかしながら、請求を受けたが、金銭の支払に代えて、不動産等を請求者に移転させた場合は、原則として、資産を移転させた者に譲渡所得課税が生じることになる（所基通33－1の6）。

設例

　次の［設例］に基づき、以下の［問］に答えなさい。

［設例］

　父Xは、令和4年8月に死亡し、子A（大学院に在学）は相続により財産を取得した。子Aが、父Xから生前に取得していた財産は次のとおりであり、贈与税の申告、納付が必要なものについては適

法に済ませている。

　なお、父X及び子Aは、日本国籍を有しており、日本国外に住所を有していたことはない。また、以下の１～４に掲げる贈与以外の贈与については考慮する必要はない。

１　平成30年11月に、父Xから、現金500万円の贈与を受けた。

２　令和元年５月に、父Xから、土地の贈与（贈与時の時価1,000万円、相続開始時の時価2,500万円）を受け、父Xを特定贈与者として、相続時精算課税の適用を受けた。

３　令和２年10月に、父Xから、米国国債（贈与時の時価2,000万円、相続開始時の時価2,100万円）の贈与を受けた。

４　令和３年４月に、父Xを委託者とする信託受益権（1,000万円）を取得し、直系尊属から教育資金の一括贈与を受けた場合の贈与税の非課税（租税特別措置法第70条の２の２）の適用を受けた。なお、父Xの相続開始の日における教育資金支出額は500万円であり、子Aは、在学証明書を贈与者の死亡の届出と併せて取扱金融機関に提出している。

［問］

　子Aの相続税の計算上、課税価格に加算される財産の価額及び課された贈与税の課税上の取扱いについて、関連する条文に触れつつ説明しなさい。

（令和４年度税理士試験問題「相続税」）

設例

　次の［設例］に基づき、以下の［問］に答えなさい。

［設例］

　被相続人Aは、令和５年８月に死亡した。その配偶者B及び子Cは、次のとおり被相続人Aが所有していた宅地を相続により取得し、それぞれ、相続税の申告期限まで引き続き所有しており、かつ、相続開始直前に居住していた家屋に引き続き居住している。

	相続財産	相続開始直前における利用状況	取得者
①	甲宅地	被相続人Aの孫Dの居住の用に供されていた家屋の敷地	配偶者B
②	乙宅地	被相続人A及び配偶者Bの居住の用に供されていた家屋の敷地	子C
③	丙宅地	子Cの居住の用に供されていた家屋の敷地	子C

（注１）　上記の家屋は、いずれも、相続開始直前において被相続人Aが所有していた。なお、被相続人Aへの家賃及び地代等の支払はなかった。

（注２）　相続開始直前において、配偶者Bと子Cは被相続人Aと生計を一にしており、孫Dは被相続人Aと生計を別にしていた。

（注３）　これらの者は、全員が日本国籍を有しており、日本国外に住所を有していたことはない。

［問］

　配偶者B及び子Cが取得したそれぞれの宅地が、小規模宅地等の特例（租税特別措置法第69条の４）における特定居住用宅地等に該当するかどうか、関連する条文に触れつつ説明しなさい。

（令和５年度税理士試験問題「相続税」）

設例：代償分割の計算

　相続人は、甲、乙及び丙の 3 人。

　甲は、相続財産である土地（相続税評価額 3 億円、代償分割時の時価 6 億円）を取得し、乙及び丙に、2 億円と 1 億円をそれぞれ支払った。

　各相続人の課税価格はいくらか。

(注)　代償分割については、当該代償金がその支払者の取得原価になるか否かについて、学説上、二つある。すなわち、「有償譲渡肯定説」と「有償譲渡否定説」である。最高裁平成6.9.13判決は、次のように「有償譲渡否定説」を採用している。「代償分割は、共同相続人間の遺産分割の方法の一つであり、相続人の一部に現物資産を取得させる代わりに、相続財産の公平な分配を図るという観点から、他の相続人に価額調整のため一定の代償金を支払うというものであるから、右代償金債務は、原告が主張するような本件物件を買い取るための代金債務的性質のものではなく、包括承継人相互の内部的分配方法に過ぎないものである。」

【相続税の速算表（相法16）】

法定相続分に応ずる取得金額	税率	控除額
1,000万円以下	10%	－
3,000万円以下	15%	50万円
5,000万円以下	20%	200万円
1 億円以下	30%	700万円
2 億円以下	40%	1,700万円
3 億円以下	45%	2,700万円
6 億円以下	50%	4,200万円
6 億円超	55%	7,200万円

(注)　平成23年度の税制改正で、相続税の連帯納付義務について、連帯納付義務者に対する通知等を行うとともに（相法34）、その相続税の納付に併せて納付すべき延滞税を利子税に代えることとなった（相法51の 2 ）。

【法定相続分】

ケース	法定割合		
配偶者＋子供	配偶者 $\frac{1}{2}$	子供 $\frac{1}{2}$	（第一順位）
配偶者＋父母	配偶者 $\frac{2}{3}$	父母 $\frac{1}{3}$	（第二順位）
配偶者＋兄弟姉妹	配偶者 $\frac{3}{4}$	兄弟姉妹 $\frac{1}{4}$	（第三順位）
独身の場合	父母がいる場合「父母」、いない場合「兄弟姉妹」		

(注)　平成25年 9 月 4 日に非嫡出子の法定相続分（民法900条ただし書）について、最高裁で違憲の決定がなされた。その後、平成25年12月 5 日に民法の一部を改正する法律が成立し、嫡出でない子の相続分が嫡出子の相続分と同等になった（同月11日公布・施行）。

設例

　子供のいない夫婦の一方（夫）が癌になって余命2年の宣告を受けた。夫には兄弟姉妹がいたが、夫の財産を妻がすべて相続するためには、どのようなことを行えばよいのか。相続税の負担が最も少なくなる方法を考え、その理由を述べなさい。

ることが前提となるというべきである。したがって、これと異なり、原告の主張が当初の遺産分割協議の有効を前提としながらそこで帰属が定められた財産を対象とする再度の遺産分割協議との吸収一体を説くものであれば、かかる主張を採用することはできない。

6　相続税の租税回避防止規定

相続税について、同族会社の経済・合理性を欠いた行為・計算を採ることによって、相続税の負担を不当に減少することを防止するために、税務署長にこれらを否認する権限が与えられている（相法64）。

同族会社に対する債務免除（単独行為）（浦和地裁昭56.2 .25判決）

同族会社の代表取締役である被相続人が右同族会社に対する貸金等の債権2,248万円を免除した行為につき、相続税法64条（同族会社の行為又は計算の否認）を適用して右債務免除を否認し、右債務免除額を課税価格の計算に算入したことは、同条1項にいう「同族会社の行為」の文理上も、また、同条の立法の沿革等に照らしても同条の解釈を誤ったものというべきであり、違法である。

駐車場の地上権設定契約と土地評価（大阪地裁平12.5 .12判決）

法人税法上の同族会社に該当する有限会社を平成3年6月14日に設立し、同日出資者の父親（当時83歳で同年6月20日死亡）所有の宅地等に地代年額3,684万円、存続期間60年の地上権を設定する契約を締結し、同地上に自走式2階建の駐車場を建設し、同年9月1日から駐車場経営を開始した場合に、税務署長が相続税法64条1項によって地上権設定の行為を否認し、通常の賃借権の設定があったものとしてその土地の相続税の課税価格を認定したことが相当である。

■　相続税の基礎控除の変遷

適用年度	基礎控除額
昭和50年〜昭和62年	2,000万円　＋　400万円×法定相続人の数
昭和63年〜平成3年	4,000万円　＋　800万円×法定相続人の数
平成4年〜平成5年	4,800万円　＋　950万円×法定相続人の数
平成6年〜平成26年	5,000万円　＋　1,000万円×法定相続人の数
平成27年〜	3,000万円　＋　600万円×法定相続人の数

（注）2021年のアメリカの相続（遺産）税（連邦税）の基礎控除額は1,170万ドル（約12億円）である。

　静岡地裁（平17.3.30判決）は、「乙（被相続人）が生前に3人の子にそれぞれ交付した2億円、10億円及び20億円が立替金であって相続財産に含まれるのか、それとも生前贈与であって相続財産から除外されるのかということ」を争点の1つとしている。

　裁判所は、当該金員は、被相続人乙（父）が、株取引資金に係る借入金の返済のため、子に交付した金員であって、このような高額な金員は、もともと子に返済するだけの資金がなかったものとみている。さらに、「乙は、自ら築き上げたFグループの信用維持を図り、実子である3人の急場を救うため、同人らに対して、それぞれの借入金の返済資金として金員を贈与し、子もこれを承諾していたと認めるのが自然かつ相当である」と判断している。金額が、あまりにも大きすぎる故に、子による返済が現実に不可能であるという判断は、極めて常識的であると思われる（逆に、金額が小さければ、返済可能ということで、「立替金」となるのかもしれない）。これに対して、課税庁は、「乙の遺志等に照らすと、子に対する立替金返還請求権については、乙から子に対し、乙の死を始期とする立替金返還義務の免除が当初よりなされていたと解され、このような場合には、子は乙から、上記免除に係る立替金額を死因贈与されたとみなされるので、子には、上記立替金額に対する相続税を納付する義務がある」と主張する。しかしながら、裁判所は、上記事実から「死因贈与とみなす」解釈は、「技巧的にすぎるといわなければならない」と一蹴している。

　法律は、常識に基づいて判断されなければならない。そして、常識とは、「そのように考えるのが自然である」ということなのである。法律解釈をいかようにこね回しても、常識に基づかない不自然なものであれば、受け入れることはできない。また、裁判所は「Fグループのトップの地位にあり、ワンマンな人物であった乙は、金融機関に対する信用を維持するため、子の借入金を返済する資金として、2億円、10億円、20億円の各金員の交付を行ったこと、その際に乙から丁（執事）に出された指示は、単に必要な金員を「出してやれ」という程度のもので、子に対する金員交付の趣旨は明確ではなかったが、丁は贈与の趣旨に理解したこと、その後、乙から子に対して交付した金員の返還請求はなく、子も丁から金員交付の事実を聞かされ乙から贈与されたものと考えていたこと、子が株取引をして借金を抱えるようになったことについては、乙の指示が影響していて同人にも責任の一端があったこと」などの事実認定をしている。このような事実を前提にすると、「乙は、自らが築き上げてきたFグループの信用維持を図り、実子を救うため同人らに対し、それぞれの借入金の返済資金として上記各金員を贈与し、同人らもこれを承諾していた」とみるのが自然なのである。それが、結果として、相続税はもちろん、除斥期間によって贈与税も課税できなかったとしても、仕方のないことなのである。

コラム⑲　高齢化社会における税務問題　～認知症を中心として

　厚生労働省のデータ（2015年）によると、認知症の罹患者は、10年後には2012年の約1.5倍に増加する見込みである。更に、同省は、全国で認知症を患う人の数が2025年には700万人を超えるとの推計値を公表した。これによると、65歳以上の高齢者のうち、5人に1人が認知症に罹患する計算となる。認知症の高齢者の数は2012年の時点で全国に約462万人と推計されており、約10年で1.5倍にも増える見通しで、この結果を踏まえ、認知症対策のための国家戦略を早急に策定しなければならないと警告している。一方、我が国において、65歳以上の高齢者が、日本の総資産の2／3以上所有しているともいわれ、また、その中で、認知症の罹患者の保有財産は100兆円を超えていると報道されている（三菱ＵＦＪ信託銀行／日経：H29.2.14朝刊）。ここでは、このような裕福な認知症の罹患者と税務問題について検討する。なお、余談ではあるが、皮肉にも、ＡＩ（artificial intelligence）は、「ディープラーニング」による技術発展によって、人間を上回る頭脳を持ちつつあると示唆されている。

　以下、昨年、認知症の罹患者が鉄道事故を起こし、その監督義務者に準ずる者（妻と子供）に対する損害賠償請求（民法714条）事件として争われた「最高裁平成28.3.1判決」（裁判所ウェブサイト）を、ベースとした税務問題を考える。最高裁の事例を税務事例に修正した概要は、次のとおりである。

　「甲（91歳）は、鉄道事故を起こし、鉄道会社Ａから損害賠償（民709）を求められたが、認知症のため「責任無能力者」（民713）と判断され、賠償責任が問われなかった。そこで、鉄道会社Ａは、責任無能力者の監督責任（民714）を甲の配偶者乙（89歳）に求めた。甲は、鉄道事故後、1年で死亡したが、乙（財産なし）は鉄道会社Ａに対して、2億円の損害賠償金を支払うことになった。甲は5億円の財産（現預金）を所有していたが、甲の相続税の申告に際して、配偶者乙が支払うべき2億円の損害賠償金を甲の相続債務として申告することができるか」

　この事例において、責任無能力者である甲に対して、監督義務者乙の民法714条に基づく2億円を負担させることができるか、また、その乙の負担を甲にさせるとしたらどのような理由付けが可能か、ということが論点になる。ただ、我が国の民法においては、監督義務者乙の責任（民714）に基づく損害賠償金は、いかように考えても、責任無能力者甲に帰属させることはできないというのが通説である。すなわち、責任無能力者に損害賠償責任を負わせることができない（民713）のである。しかし、このように考えることが、結果として不合理な結論を導くことがある。日本の民法のような考え方は、必ずしも世界共通ではない。むしろ、日本の民法の（責任無能力者に対して損害賠償責任を負わせることができない）考え方は、例外的なものであるとも思われる。

　ドイツ民法829条は、責任無能力者に対して、一定の条件の下で、損害賠償責任を認めている。すなわち、監督義務者に対する損害賠償請求が不可能で、責任無能力者の相応の生計・扶養義務の履行の保証をするならば、責任無能力者に対して、賠償義務を負わせることができるとしている。更に、フランス民法489-2条では、ドイツ民法のように、一定の条件を付けずに、「他人に損害を加えた者は、精神障害の影響下にあった場合においても、

賠償の責任を負う。」と規定している。また、不文法であるアメリカは、「精神障害による責任無能力者に賠償責任を課すルール」の一つとして、「賠償責任なしとなれば、被害者への救済はなくなり、大きな財産を抱えている心神喪失者が、他人の生命を、補償なくして奪うのを認めるような異常事態も生じうる」とある。すなわち、巨額の財産を持っている責任無能力者に対して、賠償責任がないと判断すれば、その結果として、「異常事態」も生じるとして、そのような責任無能力者に対しては、賠償責任を認めるべきであるとのルールである。

このように、諸外国では、日本と異なり、資力のある責任無能力者に対しては、当人が行った不法行為（民709）に対して、賠償責任を認めることを肯定している。

これに対して、日本での裁判では、責任無能力者に損害賠償責任を負わせることが可能であろうか。すなわち、訴訟において、裁判官は乙の２億円の債務を責任無能力者甲に帰属させることができるのであろうか。裁判官は、不合理な結果を回避するために、不法行為の法律の趣旨（衡平な費用負担）から、責任無能力者甲に乙の賠償責任（民714）から生じた２億円を帰属させるという判断を下せるのであろうか。そこでは、「衡平な費用負担」から、当該事例について、甲に損害賠償責任を帰属させないと「著しく不合理な結果を来すことが明らかな特別の事情がある」といえるかが、ポイントとなる。

本来、何人も他人の行為について責任を負うことがなく、「自己の行為」についてのみ責任を負うという「自己責任原則」がある。そして、その例外として、民法714条（責任無能力者等の行為に対する監督義務者の責任）及び民法715条（使用者の責任）がある。これらの責任は、「代位責任」といわれるもので、自己責任原則が変容した「不法行為責任」なのである。

このように考えると、民法714条の乙に対する損害賠償金を責任無能力者である甲に負担させること（結果として、責任無能力者に賠償責任を認めるということ）は、必ずしも否定されるべきものでもない。不法行為制度を損害賠償金の衡平な分担を定める一制度と考えるならば、むしろ資力のある（裕福な）責任無能力者甲に負担させる方が、妥当であろう。なお、立法論としては、租税法において、「みなし債務の創設規定」又は「所得税法56条（家族単位主義）の考え方に準ずる規定」を設けることも考えられる。また、このケース（相続税の課税価格が５億円から債務の２億円を控除した３億円になること）は、責任無能力者に親族の損害賠償債務（民714）を負わせることが（責任無能力者も含めて）税務上、有利であることも考慮されなければならない。

第4章　贈与税

　贈与税は、生前贈与をしたときに受贈者に対して取得した財産を基準として課される「財産税」で、相続税の「補完税」である。もし、贈与税がなければ、被相続人は、生前にすべて贈与をして、死亡時に課される相続税を回避することになる。これを防止するために贈与税が存するのである。したがって、贈与税は、相続税法の中において規定されている。

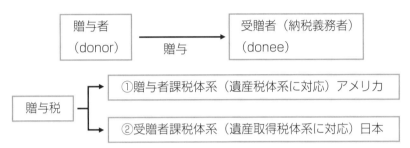

（注）韓国は遺産税体系を採っているが、贈与税については受贈者を納税義務者としていることから、統一的な体系とはなっていない国もある。

1　納税義務者

納税義務者（相法1の4）→　生前贈与により財産を取得した個人

　　※　法人　→　一定の場合に納税義務を負う（租税回避防止）

┌──┐
　　　武富士事件　→　海外財産の贈与と住所の認定（最高裁平23.2.18判決）

　　原審は、上告人が贈与税回避を可能にする状況を整えるために香港に出国するものであることを認識し、国内滞在日数を調整していたことをもって、住所の判断に当たって香港と国内における各滞在日数の多寡を主要な要素として考慮することを否定する理由として説示するが、一定の場所が住所に当たるか否かは、客観的に生活の本拠たる実体を具備しているか否かによって決すべきものであり、主観的に贈与税回避の目的があったとしても、客観的な生活の実体が消滅するものではないから、滞在日数を調整していたことをもって、現に香港での滞在日数が本件期間中の約3分の2に及んでいる上告人について、本件香港居宅に生活の本拠たる実体があることを否定する理由とすることはできない。

（注）同様の事件として、ユニマット事件（東京高裁平20.2.28判決／確定）があるが、その訴訟でも納税者が勝訴している。
└──┘

（注）同一人について同時に法施行地に2か所以上の住所はないものとする（相基通1の3・1の4共-5）。

日本国籍のない孫と国外財産の贈与（名古屋高裁平25.4.3判決）

　米国国籍のみを有する被控訴人が、処分行政庁から、その祖父から米国ニュージャージー州法に準拠して被控訴人を受益者とする信託を設定されたとして、平成19年改正前の相続税法4条1項に基づき、贈与税の決定処分及び無申告加算税の賦課決定処分を受けたため、その取消を求めた事案の控訴審において、相続税法4条1項は、いわゆる他益信託の場合において、受益者に対し、信託行為があった時において、当該受益者が、その受益権を当該委託者から贈与により取得したものとみなして課税する旨の規定であって、本件信託行為時における受益者である被控訴人が信託受益権の全部について贈与により取得したものとみなされるのであるから、基本通達202の(1)により、本件信託財産の価額によって本件信託受益権の本件信託時における時価を評価するのが相当であり、限定的指名権の行使の可能性があることや、受託者に裁量があることは上記の判断を左右するものではないとし、原判決を取消し、被控訴人の請求を棄却した。

(注) 信託課税について、名古屋地裁は「受益時課税」を採り、名古屋高裁は「設定時課税」を採用している。

　上記名古屋高裁平成25.4.3判決の事件を契機として、受贈者が日本国籍を有していなくても、贈与者が日本国内に居住している場合には、国外財産も課税の対象とした。

　平成29年度税制改正では、一時的に日本に住所を有する外国人同士の相続等について課税対象を限定するとともに、一方で、租税回避を防止するために、相続人等又は被相続人等が10年以内に国内に住所を有する日本人である場合は、国内財産及び国外財産を相続税等の課税対象とする見直しが行われた。

　したがって、平成29年4月1日以後に相続若しくは遺贈又は贈与により取得する財産に係る相続税又は贈与税については、下記の図の課税となる。

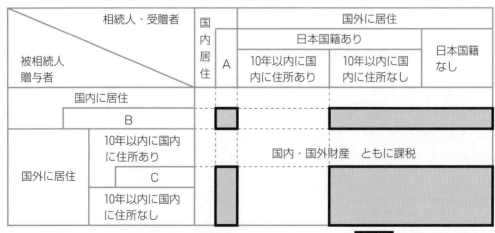

A → 一時居住者（相法1の3③一・1の4③一）
B → 一時居住被相続人・一時居住贈与者（相法1の3③二・1の4③二）
C → 非居住被相続人・非居住贈与者（相法1の3③三・1の4③三）

200

設例

　次の設例に基づき、以下の(1)及び(2)の問に答えなさい。

［設例］

　甲（日本国籍有）は、平成19年 6 月から令和 3 年 5 月までの間、米国に住所を有していたが、令和 3 年 6 月から東京都に住所を有している。

　甲が、令和 3 年中に贈与により取得した財産は次のとおりである。

1　令和 3 年 4 月に、父から米国国債（評価額1,000万円）と東京都内に所在する土地（評価額2,000万円）の贈与を受けた。なお、父は、米国に住所を有し、当該贈与の前10年以内において日本国内に住所を有したことがない者である。

2　令和 3 年 7 月に、父から米国に本店が所在する会社の株式（評価額500万円）の贈与を受けた。

3　令和 3 年 9 月に、祖父から現金1,000万円（日本国内の金融機関の祖父名義の預金から出金されたもの）の贈与を受けた。なお、祖父は日本国内に住所を有している。

(1)　相続税法における住所の意義について説明しなさい。

(2)　甲の令和 3 年分の贈与税の課税価格について、関連する条文に触れつつ説明しなさい。

――――――――――――――――――――――――――― （令和 3 年度税理士試験問題「相続税」）

2　贈与財産の範囲（相法 2 の 2 ）

　贈与税の課税物件 …… 贈与によって取得した財産（贈与財産）

（相法21の 2 ）　金銭的価値のあるすべてのもの

■　非課税の贈与財産（相法21の 3 ）
①　法人から贈与を受けた財産
②　扶養義務者相互間の生活費・教育費の支給
③　宗教・学術その他公益事業の用に供するもの
④　公職の候補者が選挙運動に関して受けた金銭等

■　みなし贈与財産
①　信託の利益を受ける権利（相法 9 の 2 ）
②　生命保険契約に関する権利（相法 5 ）
③　定期金に関する権利（相法 6 ）
④　著しく低い価額の対価による財産の譲受（相法 7 ）
⑤　無償又は著しく低い価額の対価による債務の免除等（相法 8 ）
⑥　無償又は著しく低い価額の対価によるその他の受益（相法 9 ）

次の［**設例**］に基づき、以下の(1)及び(2)の問に答えなさい。

［設例］

　個人X（居住者）が代表理事を務める一般社団法人Z（内国法人）は、令和2年6月1日に、個人Xから現金8,000万円の贈与を、その配偶者Yから現金5,000万円の贈与をそれぞれ受け、計1億3,000万円を取得した。

　令和5年9月に個人Xは死亡した。一般社団法人Zの理事は、相続開始直前まで、個人X、配偶者Y及びこれらの者の子2人の計4人であり、相続開始時における一般社団法人Zの純資産額は4億円であった。なお、個人Xの遺産はないものとする。

(1)　一般社団法人Zの令和2年分の贈与税に関し、どのような課税関係が考えられるか、関連する条文に触れつつ説明しなさい。

(2)　個人Xの相続に係る一般社団法人Zの相続税に関し、どのような課税関係が考えられるか、関連する条文に触れつつ説明しなさい。

(令和5年度税理士試験問題「相続税」)

3　贈与税の課税標準と税額の計算

　　（①課税価格 − ②基礎控除額・③配偶者控除額）　×　④税率　＝　贈与税の税額

　　贈与税の税額　−　⑤外国税額控除額＝納付税額

①　課税価格 …… 納税義務者がその年中（暦年）に贈与により取得した財産の価額合計額（相法21の2）

②　基礎控除額 …… 110万円（相法21の5）

③　配偶者控除額 …… 婚姻期間が20年以上の配偶者から居住用不動産又はその取得費の贈与を受けたときは、最高2,000万円までの配偶者控除が認められる（相法21の6）

　　(注)　新民法903条4項では、婚姻期間が20年以上の夫婦の一方である被相続人からその配偶者への居住用建物又はその敷地の遺贈又は贈与について、被相続人の持戻し免除の意思表示を推定している。この婚姻期間20年というのは、贈与税の配偶者控除額（最高2,000万円）の要件と同じである。

④　贈与税の税率（速算表）

【一般の贈与（相法21の7）】

基礎控除後の課税価格	税率	控除額	基礎控除後の課税価格	税率	控除額
200万円以下	10%	−	1,000万円以下	40%	125万円
300万円以下	15%	10万円	1,500万円以下	45%	175万円
400万円以下	20%	25万円	3,000万円以下	50%	250万円
600万円以下	30%	65万円	3,000万円超	55%	400万円

【直系尊属からの贈与（措法70の2の5）】

基礎控除後の課税価格	税率	控除額	基礎控除後の課税価格	税率	控除額
200万円以下	10%	－	1,500万円以下	40%	190万円
400万円以下	15%	10万円	3,000万円以下	45%	265万円
600万円以下	20%	30万円	4,500万円以下	50%	415万円
1,000万円以下	30%	90万円	4,500万円超	55%	640万円

(注)　受贈者は20歳以上であること（但し、令和4年4月1日以後の贈与については、18歳以上）。

⑤　外国税額控除額 …… 在外財産に対して外国政府によって課税されたもの（相法21の8）

　　(注)　国際的二重課税を調整する方法として、「外国税額控除方式」の他に「国外財産免除方式」がある。

⑥　特別障害者に対する贈与税の非課税（6,000万円）（相法21の4）

⑦　贈与税の連帯納付義務（相法34④）

⑧　贈与税の申告は、贈与を受けた年の翌年2月1日から3月15日までに、受贈者の所轄税務署に申告する（相法28①）。

⑨　賦課決定をすることができなくなる日前3月以内にされた贈与税の申告書の提出に係る無申告加算税の賦課決定について、その提出された日から3月を経過する日まで、行うことができる（相法36）。

贈与税に係る連帯納付義務（神戸地裁平27.8.18判決）

　相続税法34条4項の連帯納付義務は、贈与税が有する相続税の補完税としての機能を全うし、贈与税徴収の確保を図るために、相続税法が贈与者に課した特別の責任であって、その義務履行の前提条件をなす連帯納付義務の確定は、受贈者の贈与税の納税義務の確定という事実に照応して法律上当然に生ずるものと解される（最高裁昭和55年7月1日第三小法廷判決・民集34巻4号535頁参照）。そうすると、贈与税の連帯納付義務は、贈与税の成立と同時に成立し、贈与税の確定と同時に確定すると解されるから、本件贈与税に係る亡丙の連帯納付義務は亡丙の生前である本件贈与の各時点で成立し、相続開始後の本件期限後申告により確定すべきことになる。

　原告らは、上記連帯納付義務は通則法5条1項による承継の対象にならないと主張する。しかし、同項は、相続があった場合、「被相続人に課されるべき…国税…を納める義務」を相続人が承継する旨定めるが、ここにいう「被相続人に課されるべき…国税」とは、相続開始時点において、被相続人に納付義務が成立しているが、納税義務が具体的に確定していない国税も含まれるものと解される。そして、本件贈与税に係る亡丙の連帯納付義務が、亡丙の生前に成立したことは前記のとおりであるから、その義務は亡丙の相続人が承継するものと解され、亡丙につき生前に課税要件を具備していないとの原告らの主張は採用できない。

したがって、本件贈与税に係る連帯納付義務は通則法5条1項による承継の対象となり、本件贈与後に、前記前提事実のとおり、亡丙を相続した原告らは、本件各連帯納付義務を負うことになる。

（注）贈与税の連帯納付義務の法的性格について、判例は、「連帯保証類似説」を採用しており、贈与税の連帯納付義務は、「付従性」は有するが、「補充性」は有しないという見解に立っている。従って、補充性を前提としている国税通則法52条（担保の処分）や国税徴収法32条（第二次納税義務の通則）に関する規定の準用は認めていない。

4　相続時精算課税制度（平成15年創設）

　相続時精算課税制度は、「生前贈与をした場合、受贈者の選択によって、贈与時に特別の計算による贈与税を支払い、後に相続税を納付する際に精算するという制度」である。この制度を選択すると、特別控除2,500万円とは別途、課税価格から基礎控除110万円が控除でき、特定贈与者の死亡に係る相続税の課税価格に加算等をされる特定贈与者から贈与により取得した財産の価額は、基礎控除110万円の控除後の残額とされる（相法21の11の2①、21の15①②、21の16②③、措法70の3の2①②）。なお、基礎控除110万円が加算されないのは、令和6年1月1日以後の贈与から適用される（令和5年改正法附則19）。

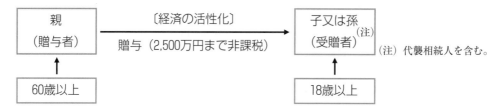

①　この適用を受けようとする者は、本制度を選択する旨の届出書を提出しなければならない（相法21の9②）。相続時精算課税適用者は、当該届出書を撤回することができない（相法21の9⑥）。

②　選択は、父母ごと、兄弟姉妹ごとにできる。

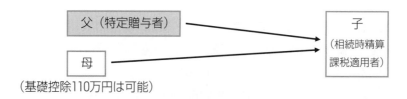

③　特別控除額2,500万円（複数年可）（相法21の12）

④　特別控除額を超えた場合　→　一律20％の税率適用（相法21の13）

⑤　相続時に精算される（相続税＜⑤　→　還付）

⑥　相続時精算課税の注意すべき点は、贈与時の「時価」が相続時に加算されることで

　ある。
　　（注）但し、令和6年1月1日以後に土地・建物が災害等を受けた場合、贈与時の時価ではなく、例外的に、相続時に再計算をする（措法70の3の3）。

⑦　相続時精算課税適用者が特定贈与者よりも先に死亡した場合、同一財産に対して2回課税されるという問題が生じる。

5　贈与税の納税猶予・相続税の納税猶予

　平成21年度税制改正で、中小企業の支援（根拠法：中小企業における経営の承継の円滑化に関する法律／民法の特例）を目的として、中小企業の事業承継に必要となる非上場株式等について、贈与税と相続税の納税猶予及び一定の場合には納税が免除される制度が創設された。

■　中小企業における経営の承継の円滑化に関する法律

①　遺留分に関する民法の特例　→　「除外合意」「固定合意」（注）

②　支援措置（資金提供）

　　（注）贈与等を受けた自社株の全部又は一部について、遺留分の算定の基礎財産から除外し（除外合意）、あるいはその評価額を固定する（固定合意）ことをいう。

■　事業承継税制　→　非上場株式に係る相続税・贈与税の納税猶予制度
（措法70の7、70の7の2、70の7の4）

相続税の納税猶予制度	贈与税の納税猶予制度
納税猶予税額は、後継者が納付すべき相続税のうち、株式等（相続前から後継者が既に保有していた議決権株式等を含め、発行済議決権株式総数の2／3に達するまでの部分に限る）に係る課税価額の80％に対応する額	納税猶予税額は、後継者が納付すべき贈与税のうち、株式等（贈与前から後継者が既に保有していた議決権株式等を含め、発行済議決権株式総数の2／3に達するまでの部分に限る）に係る課税価額の全額に対応する額

○後継者が死亡した場合等には、猶予税額の納税を免除
○申告期限から5年間は、次のような要件を満たして事業を継続することが必要
　①　後継者が代表者であること
　②　株式等の継続保有
　③　雇用の8割維持
　④　上場会社、資産管理会社（※）、風俗関連事業を行う会社等に該当しないこと等
※「資産管理会社」とは、「資産保有型会社」「資産運用型会社」である。
　資産保有型会社→特定資産の合計額／総資産額≧70％
　資産運用型会社→特定資産の運用収入の合計額／総収入金額≧70％
　（注）「特定資産」とは、①有価証券等、②現に自ら使用していない不動産、③ゴルフ会員権・レジャー会員権、④絵画、彫刻、工芸品、貴金属等、⑤現預金、代表者・同族関係者等に対する貸付金・未収金である。

　　（注）平成26年度税制改正において、①相続人が、「出資持分のある医療法人」の持分を相続又は遺贈によ

り取得した場合、②その医療法人の出資者が持分を放棄することで、他の出資者の持分が増加するという経済的利益（贈与）を受けたものとみなしてその他の出資者に贈与税が課税される場合に、一定期間の相続税又は贈与税の納税が猶予され、その持分を放棄した場合には、その猶予税額が免除されるという制度が創設された（措法70の7の5～9）。

■ 事業承継税制の特例の創設等（要件を10年限定で抜本拡充（措置法70の7の5～70の7の8））

平成30年度税制改正で、下記の事業承継税制の特例（要点）が創設された。

```
要点    ① 対象株式等の上限（対象株式2／3かつ猶予割合80％）の撤廃
           猶予割合100％  →  承継に係る現金コスト零
       ② 対象者の拡大  →  複数後継者可
       ③ 雇用要件（5年平均8割未達成  →  取消し）の見直し
           経営悪化が原因の場合  →  認定支援機関の指導・助言
       ④ 売却・廃業時の減免制度創設
           売却  →  売却額（原則、その時点の評価額の5割が下限）
           廃業  →  廃業時の評価額
```

(注) 上記の改正は、平成30年1月1日から令和9年12月31日までの間に贈与等により取得する財産に係る贈与税又は相続税について適用する。なお、令和4年度税制改正によって、特例承継計画の提出期限は1年延長され、令和6年3月31日となった。

設例

次の［設例］に基づき、以下の(1)及び(2)の問に答えなさい。

［設例］

子Bは、平成30年5月に、父Yから非上場会社の株式の贈与（1,000株。贈与時の時価は1株当たり5万円）を受け、非上場株式等についての贈与税の納税猶予及び免除の特例（租税特別措置法第70条の7の5）の適用を受けた。父Yは、特例経営贈与承継期間の経過後に死亡した（当該株式の相続開始時の時価は1株当たり10万円）。

(1) 上記の特例の趣旨と概要について、簡潔に説明しなさい。

(2) 父Yが死亡した場合における、上記の特例の適用を受けた上記の株式に係る贈与税及び相続税の課税上の取扱いについて、関連する条文に触れつつ説明しなさい。

＝＝＝＝＝＝＝＝＝＝＝＝＝＝＝＝＝＝＝＝＝＝＝＝（令和4年度税理士試験問題「相続税」）

■ 個人事業者の事業承継税制の創設（措法70の6の8～10）

① 新たな個人事業者の事業承継税制を10年間の時限措置として創設（事業用小規模宅地特例との選択適用） → 平成31年1月1日から令和10年12月31日までの間に生じた相続・贈与に適用する。

② 「認定相続人」 → 承継計画に記載された後継者で、中小企業における経営の承

継の円滑化法の規定による認定を受けた者

③　「特定事業用資産」→　事業用宅地の面積上限（400㎡）、事業用建物の床面積上限（800㎡）及び減価償却資産（固定資産税等の課税の対象）で青色申告書に添付されるB/Sに計上されているもの　→　適用対象部分の課税価格の100％に対する相続税・贈与税額を納税猶予（生前贈与時も適用可能）

④　相続税の申告期限後、終身の事業・資産保有の「継続要件」がある。

⑤　納税猶予を受けるためには、担保を提供しなければならない。

⑥　猶予税額の免除　→　後継者の死亡・一定の重度障害、一定の災害の場合

⑦　経営環境変化や心身の故障等により適用対象資産を譲渡又は廃業する場合

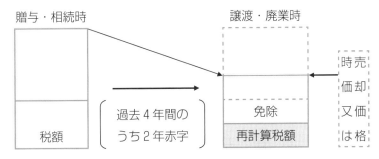

⑧　この特例を受けるためには、被相続人（贈与者）は、相続（贈与）前に、「認定相続人」（「認定受贈者」）は相続（贈与）後に、青色申告の承認を受けていなければならない。

⑨　貸付事業（アパート、駐車場等）は、本措置の対象外となる。

⑩　事業用小規模宅地特例　→　相続前3年以内に事業の用に供された宅地を原則として除外する。但し、当該宅地の上で事業の用に供されている償却資産の価額が、当該宅地の相続時の価額の15％以上であれば、適用になる。

⑪　「認定受贈者」（20歳以上／令和4年4月1日からは18歳以上）が贈与者の相続人以外の者であっても、その贈与者が60歳以上である場合には、相続時精算課税の適用を受けることができる。

■　持分のない医療法人への移行推進税制（措法70の7の9〜70の7の14）

　持分なし医療法人への移行を推進するために、平成26年度税制改正によって「出資持分に係る相続税・贈与税の納税猶予制度」が創設された。これは、持分なし医療法人への移行を意思決定した出資者に対して、移行前に、相続等が発生した場合、相続税等の納税が一定期間、猶予等される制度であったが、移行のハードルが高いことから、移行を促進するため、平成29年度税制改正では、運営の適正性要件を満たしている場合には、下図のように、贈与税を課税しないとした。なお、令和5年度税制改正で、納税猶予等における移行期間が移行計画認定の日から起算して5年以内となった。

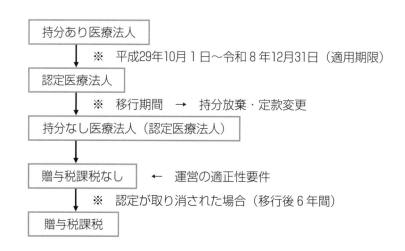

持分あり医療法人

　※　平成29年10月１日〜令和８年12月31日（適用期限）

認定医療法人

　※　移行期間　→　持分放棄・定款変更

持分なし医療法人（認定医療法人）

贈与税課税なし　←　運営の適正性要件

　※　認定が取り消された場合（移行後６年間）

贈与税課税

6　住宅取得等資金の贈与の特例

　住宅取得等資金の贈与の特例は、平成27年１月１日から令和８年12月31日までの間に、父母や祖父母など直系尊属からの贈与により、自己の居住の用に供する住宅用の家屋の新築、取得又は増改築等の対価に充てるための金銭を取得した場合において、一定の要件（受贈者は18歳以上で、合計所得金額が2,000万円以下である等）を満たすときは、次の非課税限度額までの金額について、贈与税が非課税となるものである（措法70の２）。

　なお、令和３年度税制改正によって、受贈者が贈与を受けた年分の所得税に係る合計所得金額が1,000万円以下である場合には、床面積要件の下限が40㎡以上に引き下げられた。

　イ　下記ロ以外の場合

住宅用家屋の取得等に係る契約の締結日	省エネ等住宅	左記以外の住宅
〜平成27年12月31日	1,500万円	1,000万円
平成28年１月１日〜令和２年３月31日	1,200万円	700万円
令和２年４月１日〜令和３年３月31日	1,000万円	500万円
令和３年４月１日〜令和８年12月31日	1,000万円	500万円

　ロ　家屋の対価等の額に含まれる消費税等の税率が10%である場合

住宅用家屋の取得等に係る契約の締結日	省エネ等住宅	左記以外の住宅
平成31年４月１日〜令和２年３月31日	3,000万円	2,500万円
令和２年４月１日〜令和３年３月31日	1,500万円	1,000万円
令和３年４月１日〜令和８年12月31日	1,200万円	700万円

（注）この特例は、「直系尊属」からの住宅資金贈与を前提としていることから、世代間の「格差の固定化」につながる制度である。贈与金額も最高3,000万円まで非課税で、直系尊属がこの制度を利用できる者は、一部の富裕層の者に限られることになる。一般の平均的なサラリーマンの家庭では、この制度を使うことは

できない。したがって、経済危機対策としては一定の効果を期待しうるが、その反面、無税による次世代への富の引き継ぎによって、「格差の固定化」は解消されない。

7　直系尊属からの教育資金の一括贈与の非課税

平成25年4月1日から令和8年3月31日までの間に、30歳未満の孫等が、教育資金に充てるため、金融機関等との「教育資金管理契約」に基づき、祖父母等（直系尊属）から信託受益権を付与された場合や金銭等の贈与を受けて銀行等に預入をした場合などには、孫等ごとにそれらの信託受益権や金銭等の価額のうち1,500万円までが非課税となる。孫等が30歳に達した場合などには、「教育資金管理契約」は終了し、非課税とされた金額から教育資金として支出した金額（学校等以外の者に支払う金銭については500万円を限度とする。）を控除した残額がある場合には、その残額について教育資金管理契約の終了の日の属する年の贈与税（贈与税の税率は、一般贈与財産とみなされる）の課税価格に算入される（措法70の2の2⑰）。なお、令和元年度税制改正によって、受贈者に所得要件（合計所得金額が1,000万円以下）が追加された。また、令和3年度税制改正によって、教育資金管理契約の終了の日までの間に贈与者が死亡した場合（次のいずれかに該当する場合を除く。）には、管理残額を、受贈者が当該贈与者から相続等により取得したものとみなす。

① 23歳未満である場合

② 学校等に在学している場合

③ 教育訓練給付金の支給対象となる教育訓練を受講している場合

なお、令和5年度税制改正によって、相続税の課税価格の合計額が5億円を超えるときは、上記①②及び③のいずれかに該当する場合であっても、その受贈者が贈与者から相続等により取得したものとみなされる（措法70の2の2⑬）。

この非課税の適用を受けるためには、教育資金管理契約の際に「教育資金非課税申告書」を金融機関等を通じて所轄税務署長に提出しなければならない。また、金融機関等から金銭等の払出し及び教育資金の支払を行った場合には、教育資金の支払に充てた領収書などを一定の期限までに金融機関等へ提出する必要がある（措法70の2の2）。

(注) この制度では、教育資金として使用する際には、金融機関に対して、一定の期限までに、請求書や領収書を提出して、チェックを受けなければならない。この一連の手続が一般的に煩雑であるといわれている。もともと、孫等に対する教育資金の提供は、原則非課税であることから、この制度を利用しなくても課税されることはない。ただ、この制度を利用することによって、直ちに1,500万円を非課税とすることができるというだけである（3年以内の贈与加算（相法19）の対象外となっている。）。

8　結婚・子育て資金の一括贈与の非課税

平成27年4月1日から令和7年3月31日までの間に、18歳以上50歳未満の孫等が、結婚・子育て資金に充てるため、金融機関等との結婚・子育て資金管理契約に基づき、祖父母等

（直系尊属）から信託受益権を付与された場合や金銭等の贈与を受けて銀行等に預け入れをした場合などには、孫等ごとにそれらの信託受益権や金銭等の価額のうち1,000万円までが非課税となる。結婚・子育て資金管理契約期間中に結婚・子育て資金の贈与をした者が死亡した場合には、死亡日における非課税とされた金額から結婚・子育て資金として支出した金額（結婚に際して支払う金銭については300万円を限度とする。）を控除した残額（管理残額という。）を、その贈与した者から相続等により取得したこととされ、相続税の申告が必要となることがある。また、贈与をした者が死亡した旨の金融機関等への届出が必要となる。孫等が50歳に達した場合などには、結婚・子育て資金管理契約は終了し、非課税とされた金額から結婚・子育て資金として支出した金額を控除（管理残額がある場合には、管理残額も控除する。）した残額がある場合には、その残額については結婚・子育て資金管理契約の終了の日の属する年の贈与税（令和5年度税制改正によって、贈与税の税率は一般贈与財産とみなされる）の課税価格に算入される。なお、令和元年度税制改正によって、受贈者に所得要件（合計所得金額が1,000万円以下）が追加された。

　この非課税の適用を受けるためには、結婚・子育て資金管理契約の際に「結婚・子育て資金非課税申告書」を金融機関を通じて所轄税務署長に提出しなければならない。また、金融機関等から金銭等の払出し及び結婚・子育て資金の支払を行った場合には、結婚・子育て資金の支払に充てた領収書などを一定の期限までに金融機関等へ提出する必要がある（措法70の2の3）。

　（注）この制度は、所得の高い家庭（両親）の下の子供等は利用できるが、所得階層の低い家庭では利用できない。その意味で、この制度は富の格差の次世代への継続（格差の固定化）につながる。

9　相続財産・贈与財産の評価

　相続・遺贈又は贈与により取得した財産の価額　→　時価（**相法22**）

　時価　→　客観的な交換価値　→　不特定多数の当事者間で自由な取引が行われる場合に通常成立すると認められる価額（東京地裁 平7.7.20判決）

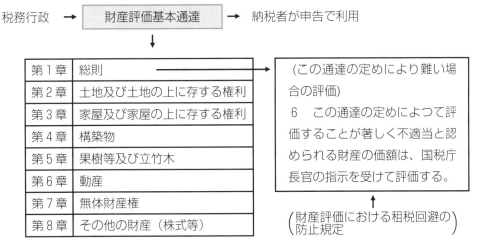

税務行政　→　財産評価基本通達　→　納税者が申告で利用

第1章	総則
第2章	土地及び土地の上に存する権利
第3章	家屋及び家屋の上に存する権利
第4章	構築物
第5章	果樹等及び立竹木
第6章	動産
第7章	無体財産権
第8章	その他の財産（株式等）

（この通達の定めにより難い場合の評価）

6　この通達の定めによつて評価することが著しく不適当と認められる財産の価額は、国税庁長官の指示を受けて評価する。

（財産評価における租税回避の防止規定）

（注）上記評価通達6の判断基準として、①評価通達による評価の合理性の欠如と②著しい価額の乖離が挙げられている。

租税負担の公平と財産評価基本通達6（最高裁令4.4.19判決）

　評価通達は相続財産の価額の評価の一般的な方法を定めたものであり、課税庁がこれに従って画一的に評価を行っていることは公知の事実であるから、<u>課税庁が、特定の者の相続財産の価額についてのみ評価通達の定める方法により評価した価額を上回る価額によるものとすることは、たとえ当該価額が客観的な交換価値としての時価を上回らないとしても、合理的な理由がない限り、上記の平等原則に違反するものとして違法というべきである。</u>もっとも、上記に述べたところに照らせば、相続税の課税価格に算入される財産の価額について、<u>評価通達の定める方法による画一的な評価を行うことが実質的な租税負担の公平に反するというべき事情がある場合には、合理的な理由があると認められる</u>から、当該財産の価額を評価通達の定める方法により評価した価額を上回る価額によるものとすることが上記の平等原則に違反するものではないと解するのが相当である。

（下線：筆者）

（注）租税負担の公平に反する事情があれば、通達評価額を上回っても平等原則に違反せず、本件は、租税負担の公平に反する事情があり、平等原則に違反せず、鑑定評価額は適法（評価通達6の適用を是認する）との判断をした。

○土地
① 路線価方式（市街地の宅地）（財評通13）
② 倍率方式（それ以外の土地）固定資産税評価額×倍率　（財評通21）
③ 宅地比準方式（市街地農地）宅地評価－造成費　（財評通40）

　○　家屋　→　固定資産税評価額（財評通89）

　○　借地権の評価　→　宅地の自用地×借地権割合（国税局長が定める）

　　　(注)　借地借家法２条１号では、借地権について、建物の所有を目的とする地上権又は土地の貸借権というと定義している。

　○　借家権の評価　→　資産としての評価額は計上しない（財評通94・31）。

　　　(注)　借家権（財評通94）及び借家人の有する宅地等に対する権利（財評通31）については、権利金等の名称をもって取引される慣行の地域がほとんどないことから、評価されていない。

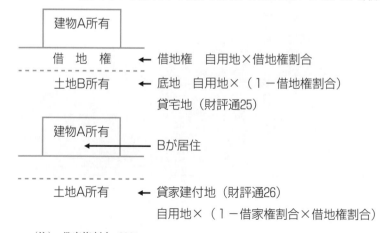

　　　(注)　借家権割合=30%

■　**株式の評価**（財評通第8章第1節）

〇上場株式　次の①から④のうち最も低い価額（財評通169）

    ①　相続開始（贈与）のあった日の最終価格

    ②　①の月の最終価格の月平均額

    ③　前月の最終価格の月平均額

    ④　前々月の最終価格の月平均額

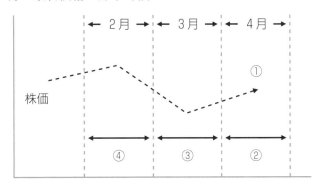

```
┌──────────────────────────────────────────────────┐
│  急騰している上場株式の譲渡（東京地裁平7.4.27判決）  │
```

　Xの母が上場株式を市場で買い付けたうえこれを相続税評価額でXに売却したことは、専ら贈与税の負担を回避するために、財産をいったん株式に化体させたうえ、通常第三者間では成立し得ないような著しく低い価額により売買契約を締結し、かつ証券取引所における株価変動による危険防止措置も講じたうえ、相続対象財産の移転を図る目的で行われたものであり、このような取引に財産評価通達169を適用することは同通達の趣旨に反し、相続税法7条の趣旨に反するから、同通達169を適用することなく、証券取引所の公表する課税時期の最終価格による評価を行うことは合理性がある。

〇非上場株式のうち気配相場のある株式　次の①から④のうち最も低い価額（財評通174）

    ①　課税時期の取引価額

    ②　①の月の最終価格の月平均額

    ③　前月の最終価格の月平均額

    ④　前々月の最終価格の月平均額

〇取引相場のない株式（財評通178以下）

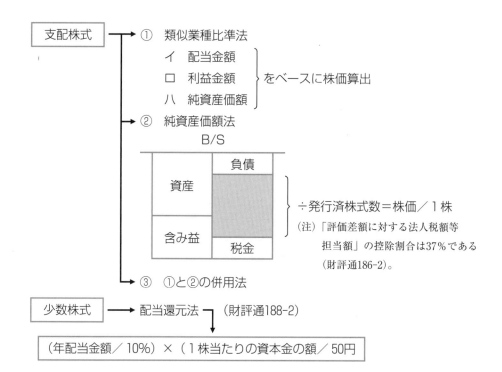

支配株式 → ① 類似業種比準法
　　　　　　イ　配当金額
　　　　　　ロ　利益金額 ⎫ をベースに株価算出
　　　　　　ハ　純資産価額 ⎭
　　　　→ ② 純資産価額法
　　　　　　　　B/S

　　　　　　÷発行済株式数＝株価／１株
　　　　　　(注)「評価差額に対する法人税額等
　　　　　　　　　担当額」の控除割合は37％である
　　　　　　　　　（財評通186-2）。

　　　　→ ③　①と②の併用法

少数株式 → 配当還元法 ⎤ （財評通188-2）

（年配当金額／10%）×（１株当たりの資本金の額／50円）

社団たる医療法人の出資持分の評価（最高裁平22.7.16判決）

　標準的な出資の権利内容を示したモデル定款は、出資社員は出資額に応じて払戻し等を受け得るとするが、その対象となる財産を限定してはおらず、多くの社団医療法人がこれに準じた定款を定めていることがうかがわれるところである。上記権利内容は、自治的に定められる定款によって様々な内容となり得る余地があるものの、その変更もまた可能であって、仮にある時点における定款の定めにより払戻し等を受け得る対象が財産の一部に限定されるなどしていたとしても、客観的にみた場合、出資社員は、法令で許容される範囲内において定款を変更することにより、財産全体につき自らの出資額の割合に応じて払戻し等を求め得る潜在的可能性を有するものである。そうすると、持分の定めのある社団医療法人の出資は、定款の定めのいかんにかかわらず、基本的に上記のような可能性に相当する価値を有するということができる。

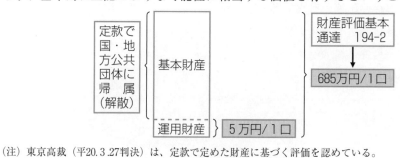

（注）東京高裁（平20.3.27判決）は、定款で定めた財産に基づく評価を認めている。

■ 営業権の評価（財評通165・166）

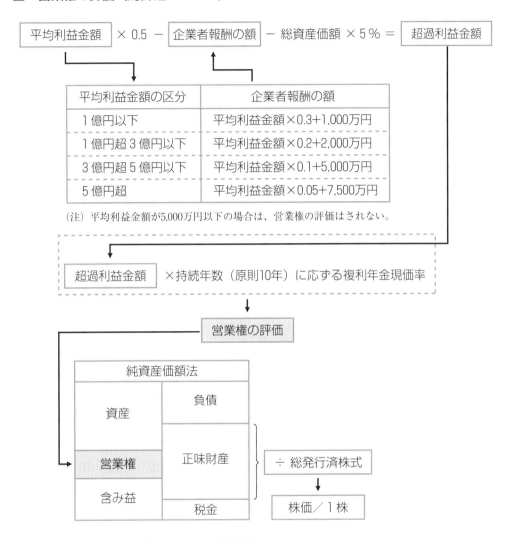

平均利益金額の区分	企業者報酬の額
1億円以下	平均利益金額×0.3+1,000万円
1億円超3億円以下	平均利益金額×0.2+2,000万円
3億円超5億円以下	平均利益金額×0.1+5,000万円
5億円超	平均利益金額×0.05+7,500万円

（注）平均利益金額が5,000万円以下の場合は、営業権の評価はされない。

■ 地積規模の大きな宅地の評価（財評通20-2）

　地積規模の大きな宅地とは、三大都市圏においては、500㎡以上の地積の宅地、三大都市圏以外の地域においては、1,000㎡以上の地積の宅地をいい、次のものは除かれる。なお、路線価地域は、「普通商業・併用住宅地区」と「普通住宅地区」が対象の宅地となる。

① 市街化調整区域に所在する宅地
② 都市計画法の用途地域が工業専用地域に指定されている地域に所在する宅地
③ 指定容積率が400％（東京都の特別区は300％）以上の地域に所在する宅地
④ 評価通達22-2に定める大規模工場用地

地積規模の大きな宅地の評価方法は、次のとおりである。

$$\boxed{路線価} \times \boxed{補正率}^{(注1)} \times \boxed{規模格差補正率}^{(注2)} \times \boxed{地積}$$

（注1）形状（不整形・奥行）を考慮した補正率

（注2）面積を考慮した補正率

この評価方法は、平成30年1月1日以後の相続等により取得した財産の評価に適用される。

■ 相続税における配偶者居住権等の評価（相法23の2）

① 配偶者居住権

$$建物の時価 - \left(\frac{建物の時価 \times （残存耐用年数 - 存続年数）}{残存耐用年数} \right.$$

$$\left. \times 残存年数に応じた民法の法定利率による複利現価率 \right)$$

（注）「残存耐用年数」とは、居住建物の所得税法に基づいて定められている耐用年数（住宅用）に1.5を乗じて計算した年数から居住建物の築後経過年数を控除した年数をいう。

② 配偶者居住権が設定された建物の所有権

建物の時価 － 配偶者居住権の価額

③ 配偶者居住権に基づく居住建物の敷地の利用に関する権利

土地等の時価 － 土地等の時価 × 存続年数に応じた民法の法定利率による複利現価率

（注）民法の法定利率は、平成29年5月26日に成立（公布は、6月2日）した民法改正（債権関係）によって、「5％」から「3％」になった。なお、同法の改正は、令和2年4月1日から適用される。

「存続年数」とは、次の区分により定める年数をいう。

イ　配偶者居住権の存続期間が配偶者の終身の間である場合　→　配偶者の平均余命年数

ロ　イ以外の場合

→　遺産分割協議等により定められた配偶者居住権の存続期間の年数（配偶者の平均余命年数を上限）

④ 居住建物の敷地の所有権等

土地等の時価 － 敷地の利用に関する権利の価額

（注）配偶者居住権を設定したことによって、一次相続で建物や敷地の所有者となる子の相続税が軽減した部分について、配偶者の死亡等の場合には、相続税や贈与税等の課税は生じない（相基通9-13の2の（注））。

上記①から④については、令和2年4月1日から適用される。

（注）2020年5月に全国人民代表大会（国会）で可決・成立した中国の民法では、「居住権」を明記し、それを用益物権として規定した（中国民法366条）。

■ 居住用の区分所有財産の評価について（令和5年10月6日／法令解釈通達）

居住用の区分所有財産（分譲マンション）について、近年、相続税評価額と売買事例価額の乖離が指摘され、最高裁令和4年4月19日判決以降、当該乖離に対する対応

として、以下の「新たな評価方法」が通達で明らかになった。

　なお、本通達は、令和6年1月1日以後の相続、贈与、遺贈で取得した分譲マンションに適用される。

　「新たな評価方法」は、次のとおりである。

マンション一室の相続税評価額　＝　敷地利用権の価額[注1]　＋　区分所有権の価額[注2]

　　　　（注1）敷地全体の価額×共有割合（敷地権割合）×区分所有補正率
　　　　（注2）固定資産税評価額×1.0×区分所有補正率

評価水準(1÷評価かい離率)	区分所有補正率の適用	相続税評価額への影響
1超	○	引下げる
0.6以上1以下	×	なし
0.6未満	評価かい離率×0.6	引上げる

評価かい離率　＝　A＋B＋C＋D＋3.220

A→　　一棟の区分所有建物の築年数×△0.033

B→　　一棟の区分所有建物の総階数指数×0.239（小数点以下第4位を切捨て）

　　＊「総階数指数」→総階数÷33（1を超える場合は1。総階数に地階は含まない。）

C→　　一室の区分所有権等に係る専有部分の所在階×0.018

　　＊専有部分が地階の場合、所在階は零階としCの値は零とする。

D→　　一室の区分所有権等に係る敷地持分狭小度×△1.195

　　＊一室の区分所有権等に係る敷地利用権の面積÷専有部分の面積（小数点以下第4位を切捨て）

コラム⑳　親族間の譲渡とみなし贈与

　親族である丙から土地の持分を「相続税評価額（路線価）」で購入した甲と乙が、課税庁から当該取引に対して、「著しく低い価額の対価」であるとして、相続税法7条（低額譲受）の適用を受け、「時価と相続税評価額の差額」に対して、贈与税の決定（無申告加算税）又は更正（過少申告加算税）がなされたのであるが、東京地裁（平19.8.23判決）は、これらの処分を取消す判断を下した。この判決は、税務の専門家の間でもセンセーションを巻き起こしている。

　このような取引を行った背景には、丙が、平成15年中に本件土地を譲渡することによって、譲渡所得の損失の額を確定させ、翌年（平成16年）から廃止される「損益通算」を可

能にするという（節税）目的があった。裁判において、課税庁は、「相続税評価額が地価公示価格と同水準の価格の約80%であることからすると、地価が安定して推移している場合や上昇している場合には、この開差に着目し、実質的には、贈与税の負担を免れつつ贈与を行った場合と同様の経済的利益の移転を行うことが可能になる」と主張するが、東京地裁は、これに対して「はなはだ疑問である」とし、そして、課税庁の「相続税法7条自身が「著しく低い価額」に至らない程度の「低い価額」の対価での譲渡は許容していることを考慮しないもの」との主張を斥けている。東京地裁は、「著しく低い価額」の対価は、「社会通念に従い、時価と当該譲渡の対価との開差が著しいか否かによって行うべき」もので、また、「同条は、当事者に実質的に贈与の意思があったか否かを問わずに適用されるもので、実質的に贈与を受けたか否かという基準が妥当ではない」とも述べている。さらに、「同条は、当事者に租税負担回避の意図・目的があったか否かを問わずに適用されるもの」で、課税庁が強調する「丙の側の意思・意図（租税負担回避）」の主張は採用できないとしている。

　本件については、丙が本件土地を所有してから譲渡するまで、2年以上の期間が経過していること、土地の持分譲渡で、原告らが直ちに譲渡していないこと、譲渡価額が相続税評価額であることなどを総合して、「本件各売買が、明らかに異常で不当であるといえるような、専ら租税負担の回避を目的として仕組まれた取引であると認めることはできない」として課税庁の主張を斥けたのである。しかしながら、この東京地裁の判断によって、個人間の売買について「相続税評価額（路線価）」が直ちに使えるかというとそうでもないようである。この事件では、丙は本件土地を2年以上保有していたという。例えば、短期間に、父親が1億円で購入した土地を子供に路線価の8,000万円で売却し、その子供がその土地を1億円で譲渡すると、2,000万円が実質的に父親から子供に贈与されたことになる。この点を課税庁は、強調したかったのであるが、甲と乙は、土地の持分を取得し、それを売却していなかったこと、また、丙の土地の保有期間が2年以上ということで、直ちに行われた売買ではないということから、課税庁の主張が認められなかったのである。それ故に、納税者は、安易に「相続税評価額」を使うと、課税されることもあるということを忘れてはならない。

　なお、余談ではあるが、乙は、その年に、たまたま他から贈与を受け、贈与税の申告をしていたため「過少申告加算税」となり、甲は贈与がなかったために贈与税の申告がなかったことから「無申告加算税」が賦課決定されたが、この取扱いの違いについて何となく腑に落ちない感じがする。

コラム㉑　贈与税の海外居住による租税回避〜武富士事件

　平成19年5月23日、東京地裁で約1,300億円の追徴課税処分の取消訴訟の判決があった。処分の対象となった金額があまりにも大きすぎた故に、各新聞紙上でもその記事が取り上げられた。消費者金融「武富士」の創業者の長男が、両親からオランダ法人の株式の贈与を受けたのであるが、長男は香港法人代表として出国し、香港に居住していたことから、贈与税の申告をしなかったのである。当時の税法では、「国外居住者」に対する「国外財産」

の贈与については、我が国の贈与税の課税対象外とされていたことから、このようなスキームが考えられたものと思われる。

　このケースにおいて、贈与税の課税を行おうとするならば、① 長男が国外居住者であることを否認するか、はたまた、② オランダ法人の株式を国内財産であると認定するかである。東京国税局は、「実質的な本拠は日本にあり、香港居住は課税逃れが目的」として追徴課税をしたと報道されている。すなわち、長男が租税回避目的で香港に渡航したこと、頻繁に日本に帰国（香港滞在日数の割合65.8%、日本滞在日数の割合26.2%）していること、帰国時は家族が住む自宅に起居（本件滞在期間の間、4 日に 1 日以上国内の自宅に起居）していたこと、香港では具体的な業務に携わっていなかったことなどから、長男の住所、すなわち「生活の本拠」は、日本国内にあると認定し、贈与税の課税処分を行ったのである。これに対して、東京地裁は、「香港法人代表として現実に業務に従事しており、贈与税負担の回避のみを目的に香港に滞在していたとは認定しがたい」と判断し、課税庁の「具体的な業務に携わっていなかった」との主張を斥けた。もっとも、香港で具体的な業務に従事していなかったとしても、実際に、香港に「生活の本拠」があれば、「国外居住者」であることは否定できないであろう。それ故に、東京地裁は、「原告の香港滞在の目的の 1 つに贈与税の負担回避があったとしても、現実に原告が本件香港自宅を拠点として生活をした事実が消滅するわけではないから、原告が贈与税回避を目的としていたか否かが、本件国内自宅所在地が生活の本拠であったか否かの点に決定的な影響を与えるとは解し難い」と述べている。すなわち、このような海外居住を利用したスキームに対して、当時の税法では課税することができなかったのである。そこで、平成12年の税制改正で、「贈与により国外にある財産を取得した個人でその財産を取得した時において国内に住所を有しない者のうち日本国籍を有する者（その者又はその贈与に係る贈与者がその贈与の開始前 5 年以内に国内に住所を有したことがある場合に限る）は、贈与税を納める義務がある」となった。これによって、国外財産について贈与税が課せられないケースは、①日本国籍を喪失するか、又は②贈与者・受贈者ともに「国外居住 5 年超」である場合となる。それ以外は、国外財産についての贈与については、贈与税が課税されることになることから、上記のような武富士のケースも、改正後は課税されることになる。

　なお、本件については、「国外財産」であるオランダ法人（オランダ王国における有限責任非公開会社）の株式は、武富士の株式を大量に保有しており、実質的な価値は「武富士の株式」であることは間違いないのであるが、それだからといってオランダ法人の株式を「国内財産」と認定することもまた無理なのであろう。租税回避行為の否認は、法律の拡大解釈や歪曲された事実認定によって課税するものではなく、事後的ではあるにせよ、立法で手当てするというのが「租税法律主義」から求められることなのであると思っていたところ、東京高裁（平20.1.23判決）では、「住所」は日本にあったとして、課税庁勝訴となったが、再度、最高裁（平23.2.18判決）では租税法律主義が守られた。

コラム㉒　財産評価基本通達を考える

　令和 4 年 4 月19日に、最高裁から「財産評価基本通達（以下「評価通達」という。） 6 」に係る判決が下された。被相続人（94歳）は、金融機関から借入をして、甲物件と乙物件の二つの不動産を購入した。甲物件は、相続開始前 3 年 5 か月前に 8 億3,700万円で購入（借入金： 6 億3,000万円）し、乙物件は 2 年 6 か月前に 5 億5,000万円で購入（借入金： 3 億7,800万円）している。そして、乙物件は、相続開始後、 9 か月で売却している。

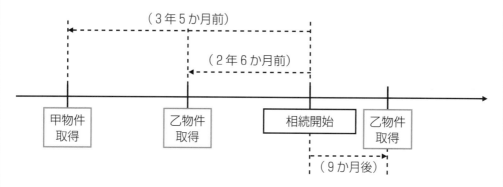

　これに対して、課税庁は、評価通達 6 を適用して、評価通達による通達評価額を認めず、不動産鑑定士による鑑定評価額に基づいて、更正処分等を行ったのである。因みに、「鑑定評価額」「通達評価額」そして「相続後の売却価額」は、次のとおりである。

	鑑定評価額	通達評価額	相続後の売却額
甲物件	7 億5,400万円	2 億4,000万円	
乙物件	5 億1,900万円	1 億3,366万円	5 億1,500万円

　もちろん、相続開始後、売却しなかった甲物件についても、課税庁は、鑑定評価額で更正処分をしている。

　これらの金額を比較すれば、甲物件及び乙物件の「通達評価額」は、あまりにも低すぎ、時価（客観的な交換価値）は、「鑑定評価額」であることは誰の目にも明らかである。時価の定義は、不特定多数の当事者間で自由な取引が行われる場合に通常成立すると認められる価額（東京地裁平成 7 年 7 月20日判決）であるから、時価については「鑑定評価額」に軍配が上がるであろう。

　しかしながら、評価通達は、時価の評価方法を定めたもので、その存在意義は、相続財産等の時価を客観的に評価するのは容易ではなく、また、納税者間で相続財産等の評価が異なることは、課税の公平の観点から好ましくないところにある。また、評価通達に行政先例法を認める（金子宏）説もある。すなわち、評価通達の基本的内容は、長期間にわたる継続的・一時的適用とそれに対する国民一般の法的確信の結果として、現在では行政先例法になっていると解されるので、特段の理由がないにもかかわらず、特定の土地について評価通達と異なる方法を用いて高く評価することは違法であると解すべきであると言う。

　そして、多くの納税者は、評価通達に基づいて相続財産等を評価しているのである。と

ころが、評価通達6には、「この通達の定めによって評価することが著しく不適当と認められる財産の価額は、国税庁長官の指示を受けて評価する」と規定している。この評価通達6の「著しく不適当と認められる」の適用は、通達評価額が時価よりも高い場合に限られ、通達評価額が時価よりも低い場合に適用するのは、課税当局の公的見解の表明である評価通達の時価を自ら否定することであり、一般的には信義則違反の問題が生じるという意見（大淵博義）もある。

しかし、最高裁は、「本件各更正処分に係る課税価格に算入された本件各鑑定評価額は、本件各不動産の客観的な交換価値としての時価であると認められるというのであるから、これが本件各通達評価額を上回るからといって、相続税法22条に違反するものということはできない」としている。また、最高裁は、平等原則について「課税庁が、特定の者の相続財産の価額についてのみ評価通達の定める方法により評価した価額を上回る価額によるものとすることは…合理的な理由がない限り、上記の平等原則に違反するものとして違法というべきである」と述べておきながら「評価通達の定める方法による画一的な評価を行うことが実質的な租税負担の公平に反するというべき事情がある場合には、合理的な理由があると認められる」（傍点：筆者）として、平等原則に反しないと判断している。

最高裁は、「本件各通達評価額と本件各鑑定評価額との間に大きなかい離があるということができるものの、このことをもって上記事情があるということはできない」として、大きな乖離があることのみで「特別の事情（＝評価通達6の適用が認められるケース）」があると述べていない。しかしながら、この大きな乖離のあることを前提として、納税者の積極的な（本件購入・借入れを企図して実行→租税負担の軽減をも意図している）行為が加わることによって、評価通達6の適用があるとしている。

結局、最高裁は、①相続開始直前の不動産の取得、相続開始直後の売却等→購入不動産は一種の商品であることから、評価通達を適用する合理性が欠如していること、②合理的な評価額として、不動産鑑定評価額があること、③時価と通達評価額との間に著しい乖離があること、そして④不動産の購入・借入の行為によって、③が生じたことから、「評価通達6」が適用されると結論を下している。

しかしながら、評価通達の本質的な問題は、「評価通達6」そのものではなく、評価通達に基づく「通達評価額」が、「時価」との間で、著しい乖離を生じさせることなのである。それ故に、早急に評価通達の評価方法の見直しを行い、「時価」と「通達評価額」の著しい価額の格差を是正すべきである。そうすれば、「評価通達6」を使う必要もなくなるであろう。

なお、国税庁は、令和5年10月6日、マンションの一室の相続税評価の方法を新たに定めた「居住用の区分所有財産の評価について（法令解釈通達）」を公表し、令和6年1月1日以後の相続・遺贈・贈与に適用することになった。

第5章　固定資産税等

1　課税物件

　固定資産税は、シャウプ税制改革に基づいて、昭和25年に創設され、その所有という事実に基づいて、その資産価値に対して課される一種の財産税（資産保有税）と固定資産から得られる収益に着目して課税（収益課税）する二つの側面を有し、次に掲げる「土地」「家屋」及び「償却資産」を課税客体として課される「市町村税」で、市町村の主要な税収入となっている。

固定資産税の長所	固定資産税の短所
①　課税対象の把握が容易である。 ②　地域間の移動が少ない。 　　→　税が逃げられない。 ③　税収が安定している。	①　大きな税収が期待できない。 ②　資産の評価が困難である。

　固定資産税は固定資産の価格を課税標準として課されるものである（地法349）。

7割評価通達と時価（最高裁平15.6.26判決）

　本件各土地の固定資産税の納税義務者である被上告人が、本件各土地の平成6年度の価格について時価を超える違法な価格であるとして、上告人に対して審査の申出をしたが、上告人が標準宅地の評価価格にいわゆる7割評価通達を適用して価格決定をしたところ、これにも不服があるとして、右価格決定のうち前年度価格を超える部分の取消しを求めた事案で、固定資産の価格における適正な時価とは客観的交換価値をいい、土地課税台帳等に登録された価格が賦課期日における当該土地の客観的交換価値を上回れば、当該価格の決定は違法となるとして、本件決定において客観的交換価値を上回る部分について取消うる。

　固定資産税は、毎年1月1日を賦課期日（**地法359**）として、その日に市町村の区域に所在する固定資産に対して課される（地法342①）。

　なお、一定の限度額を超える額の資産（大規模の償却資産）については、市町村が課税することができる金額を超える部分について、当該市町村を包括する道府県が課税団体となる（地法349の4、地法349の5、地法740）。

設例

　固定資産税の課税における都道府県の役割について、網羅的に説明しなさい。

　　　　　　　　　　　　　　　　　　　　　（令和 4 年度税理士試験問題「固定資産税」）

2　台帳課税主義

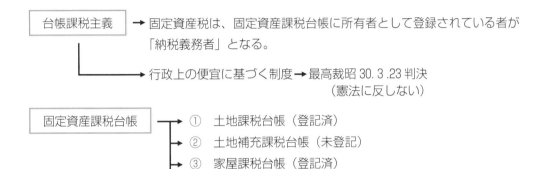

台帳課税主義 → 固定資産税は、固定資産課税台帳に所有者として登録されている者が「納税義務者」となる。

└→ 行政上の便宜に基づく制度 → 最高裁昭 30．3．23 判決
　　　　　　　　　　　　　　　　　　　（憲法に反しない）

固定資産課税台帳 ──→ ①　土地課税台帳（登記済）
　　　　　　　　　　→ ②　土地補充課税台帳（未登記）
　　　　　　　　　　→ ③　家屋課税台帳（登記済）
　　　　　　　　　　→ ④　家屋補充課税台帳（未登記）
　　　　　　　　　　→ ⑤　償却資産課税台帳

（注）市町村は、固定資産課税台帳のほかに、土地及び家屋について、土地名寄帳及び家屋名寄帳を備えなければならない。

　未登記の土地・建物であっても、市町村の固定資産評価員による実地調査により、その所在、所有者、価格等が土地補充課税台帳、家屋補充課税台帳に登録され、それによって、固定資産税は課税される。

設例

　固定資産課税台帳の種類及びその概要について説明しなさい。

　その上で、以下の場合について、固定資産税の納税義務者が誰となるのかについて、その理由も含めて説明しなさい。なお、A、B、C、D、E、F及びGは、いずれも個人とする。

　⑴　登記簿に登記されている土地について、AからBへ売買によって所有権が移転し、賦課期日前に登記簿上の所有権の移転登記がされている場合における当該土地の納税義務者

　⑵　登記簿に登記されている土地について、賦課期日前にCからDへ売買によって所有権の移転があったが、登記簿上の所有権の移転登記がされなかった場合における当該土地の納税義務者

　⑶　Eが賦課期日前に家屋を建築したが、当該家屋の登記がされていない場合における当該家屋の納税義務者

　⑷　賦課期日前に土地の登記簿上の所有者であるFが死亡し、Fの子であるGが相続（所有）したが、登記簿上の所有権の移転登記が行われなかった場合における当該土地の納税義務者（Fの相続人はGのみとする。）

　　　　　　　　　　　　　　　　　　　　　（令和 5 年度税理士試験問題「固定資産税」）

　固定資産税に関する次の記述のうち、正しいものはどれか。

1　市町村長は、固定資産課税台帳に登録された価格等に重大な錯誤があることを発見した場合においては、直ちに決定された価格等を修正して、これを固定資産課税台帳に登録しなければならない。

2　固定資産税の納税義務者は、その納付すべき当該年度の固定資産課税に係る固定資産について、固定資産課税台帳に登録された価格について不服があるときは、公示の日から納税通知書の交付を受けた日後1月を経過するまでの間において、文書をもって、固定資産評価審査委員会に審査の申出をすることができる。

3　年度の途中において家屋の売買が行われた場合、売主と買主は、当該年度の固定資産税を、固定資産課税台帳に所有者として登録されている日数で按分して納付しなければならない。

4　住宅用地のうち小規模住宅用地に対して課する固定資産税の課税標準は、当該小規模住宅用地に係る固定資産税の課税標準となるべき価格の3分の1の額である。

（令和3年度宅地建物取引士試験「問24」）

3　納税義務者

○納税義務者 …… 賦課期日（1月1日）現在における固定資産の所有者（**地法343①**）
　　　　　　　　所有者とは、登記簿又は固定資産課税台帳に所有者として登記又は登録されている者（地法343①）

　地方税法に規定されている固定資産税に関する申告制度について、その趣旨及び内容（申告の対象となる者、申告先、申告すべき事項）について説明しなさい。

（令和3年度税理士試験問題「固定資産税」）

固定資産税と賦課期日の時点（最高裁平26.9.25判決）

　［登記簿又は補充課税台帳の登記又は登録は、固定資産税の賦課期日の時点において具備されていることを要するものか（消極）。］

　地方税法が、固定資産税の納税義務の帰属につき、固定資産の所有という概念を基礎とした上で（地法343①）、これを確定するための課税技術上の規律として、登記簿又は補充課税台帳に所有者として登記又は登録されている者が固定資産税の納税義務を負うものと定める（同条2項前段）一方で、その登記又は登録がされるべき時期につき特に定めを置いていないことからすれば、その登記又は登録は、賦課期日の時点において具備されていることを要するものではないと解される。

（参考：東京高裁平24.9.20判決）

　地方税法343条1項及び2項前段による家屋の「所有者」とは、当該家屋について登記簿に所有者として登記され、又は家屋課税補充台帳に登録されている者をいうから、家屋に係る固定資産税の課税要件の充足の有無は、賦課期日である1月1日にお

いて判断されるべきこととなる。

特殊な場合における所有者	①　土地又は家屋の所有者が賦課期日前に死亡している場合は、賦課期日において当該土地又は家屋を現に所有している者を所有者とする（地法343②）。
	②　固定資産の所有者の所在が災害等によって不明である場合は、当該使用者を所有者とみなすことができる（地法343④）。
	③　家屋に付合する附帯設備で家屋の所有者が所有することとなった場合であっても、所有者以外の者が当該事業の用に供するため取り付けたその附帯設備について、当該取り付けた者を所有者とみなすことができる（地法343⑨）。
共有物	各共有者が連帯納税義務を負う（地法10の2①）。但し、次の場合は、連帯納税義務を負わない。 ①　区分所有に係る家屋に対して課する固定資産税（地法352） ②　区分所有に係る家屋の敷地の用に供されている土地等に対して課する固定資産税（地法352の2）

（注）令和2年度税制改正（適用は令和3年分から）で、市町村は、一定の調査を尽くしてもなお固定資産の所有者が一人も明らかとならない場合には、その使用者を所有者とみなして固定資産課税台帳に登録し、その者に固定資産税を課することができることとなった（地法343⑤）。

真実の所有者と登記簿上の所有者（最高裁昭47.1.25判決）

　真実は土地、建物の所有者ではない被上告人が、登記簿上その所有者として登記されているために、その土地、建物に対する固定資産税、都市計画税を課税されてこれを納付したとして、真の所有者である上告人らに対し、不当利得に基づき納付税額に相当する金銭の返還を求めたところ、請求が一部認容されたため、上告人らが上告した事案で、真実は土地、家屋の所有者でない者が、登記簿に所有者として登記されているために、固定資産税の納税義務者として課税され、これを納付した場合においては、右土地、家屋の真の所有者は、これにより同税の課税を免れたことになり、所有者として登記されている者に対する関係においては、不当に、納付税額に相当する利得をえたものというべきである。

（固定資産税）

市町村　――――――→　単なる名義人

　　　　　　　　　　　↓《 不当利得の返還請求 》

　　　　　　　　　　真実の所有者

　AはBに対して甲土地（10年前に500万円で取得）を7月1日に1,000万円で譲渡したが、Aはその年の甲土地の固定資産税（1月1日にAは土地課税台帳に登録されている。）を100万円納付していた。なお、土地の売買契約書において、固定資産税を保有期間でそれぞれ按分（暦年基準）する旨の規定がある。この場合、Aの譲渡所得は次のどれか。

　　①　500万円　　　②　550万円　　　③　450万円

4　課税標準

　○課税標準　→　固定資産課税台帳に登録された価額（地法349、349の2）

　　　　　　　　　　　適正な時価（地法341五）

　　　　　　　　　　　　　正常な条件の下で成立する取得価額
　　　　　　　　　　　　　客観的な交換価値（最高裁平15.6.26判決）

（注）固定資産の価格は、「適正な時価」と規定されるとともに、市町村長は、地方税法403条1項の規定により、同法388条1項の固定資産評価基準によって決定しなければならない。具体的には、市町村長は、評価要領・取扱要領に基づいて「適正な時価」を算出するが、その中に行政の裁量が含まれている。なお最高裁平成21年6月5日判決は「評価要領は……評価基準の定めを具体化するものとして一般的な合理性があるということができる。」と述べている。

　　　　　土地・家屋　→　原則として3年ごとに評価する（地法349）
　　　　　　　　　　　　　評価を行う年……基準年度（昭和31年度及び昭和33年度並びに
　　　　　　　　　　　　　昭和33年度から起算して3年度又は3の倍数の年度を経過した
　　　　　　　　　　　　　ごとの年度をいい、直近では、平成27年度、平成30年度が基準
　　　　　　　　　　　　　年度に該当する(地法341⑥⑦⑧))。
　　　　　　　　　　　　　（注）法律の定める基準年度と異なる基準年度を市町村が条例で定めるこ
　　　　　　　　　　　　　　　とはできない。

　土地名寄帳及び家屋名寄帳について説明した上で、固定資産税の免税点について、その趣旨、内容及び免税点の判定方法について説明しなさい。

　　　　　　　　　　　　　　　　　　　　　　　　　　　　　　（令和3年度税理士試験問題「固定資産税」）

平成 6 年度 ➡ 基準年度の前年の 1 月 1 日の地価公示法価格等の 7 割を目標として評価する。

急激な租税負担を回避 ➡ 　負担調整措置

○住宅用地

　　負担水準が100％以上……本則課税標準額（価格×$\frac{1}{6}$等）

　　負担水準が100％未満……徐々に引上げ

○商業地等

　　負担水準が70％ 超……課税標準額の法定上限（価格の70％）まで引下げ

　　負担水準が60％以上70％以下……前年度課税標準額に据置き

　　負担水準が60％ 未満……徐々に引上げ

（注）負担水準（％）＝前年度課税標準額等 / 当該年度価格等×100

【平成30年度から令和 5 年度までの土地に係る固定資産税の負担調整措置】

イ　商業地等	
（イ）　負担水準が70％超の場合　→　当該年度の評価額の70％が課税標準額	
（ロ）　負担水準が60％以上70％以下の場合　→　前年度の課税標準額	
（ハ）　負担水準額60％未満の場合　→　前年度の課税標準額＋当該年度の評価額の 5 ％ （但し、当該額が評価額の60％を上回る場合は60％相当額とし、20％を下回る場合は20％相当額とする。）	
（ニ）　税額（評価額の70％）から条例（評価額の60％以上70％未満の範囲）で定める割合により算定される税額まで一律に減額できる（継続措置）。	
ロ　住宅用地	
本則課税標準額未満の場合　→　前年度の課税標準＋本則課税標準額の 5 ％ （但し、当該額が本則課税標準額以上の場合は本則課税標準額とし、本則課税標準額の20％を下回る場合は20％相当額）	
ハ　据置年度において地価が下落している場合	
簡易な方法により価格の下落修正ができる特例措置　→　継続（平成28年度及び平成29年度）	
ニ　商業地等及び住宅用地に係る固定資産税	
税額が前年度税額に1.1以上で条例で定める割合を乗じて得た額を超える場合　→　当該超える額を減額できる（継続措置）。	
ホ　農地	
（イ）　一般農地・一般市街化区域農地　→　現行負担調整措置の継続	
（ロ）　特定市街化区域農地　→　一般住宅用地と同様の取扱い	

（注）令和 3 年度税制改正によって、一定の宅地等及び農地については、令和 3 年度の課税標準額を令和 2 年度の課税標準額と同額とし、令和 4 年度税制改正で、地価が一定以上上昇した商業地等の税額の上昇幅を評価額の2.5％とする激変緩和措置が講じられた。

7割を目標とする趣旨（東京高裁平12. 4 .19判決）	
①	評価基準の評価が個別的評価でないこと
②	固定資産税の性質を考慮して、土地の価格に調整を加えること
③	基準年度の開始前の１年の間に地価が変動する可能性があること

償却資産 → 毎年評価を行ってその価格を決定（地法409③）
法人税・所得税をベースとした償却資産の価額を下回ることはできない（地法414）
特定の償却資産 → 課税標準の特例（地法349の３）
大規模の償却資産 → 道府県民税（超過額）（地法349の４）

■ 住宅用地に対する固定資産税の課税標準の特例（地法349の３の２）		
小規模住宅用地	課税標準額＝土地の価格 ×１/６	
一般住宅用地	課税標準額＝土地の価格 ×１/３	
■ 新築された住宅に対する固定資産税の減額（地法附15の６） 　要件 → 住宅の用（床面積：50㎡（貸付40㎡）〜280㎡）		
	中高層耐火住宅	左記以外
減額割合	床面積120㎡迄の部分の税額 → 1/2減額	
減額年数	新築初年度から５年度の間	新築初年度から３年度の間
■ バリアフリー改修住宅の特例（地法附15の９④〜⑧）		
床面積100㎡までの部分の税額 → 1/3が減額/改修工事完了の翌年度に減額 高齢者等（65歳以上、要介護認定者、要支援認定者、障害者） 工事要件 → 50万円超（補助金を除く）/平成19.1.1以前から所在する住宅		
■ 耐震改修住宅の特例（地法附15の９①〜③）		
床面積120㎡までの部分の税額 → 1/2が減額 工事の要件 → 50万円超/昭和57.1.1以前から所在する住宅		

(注) 平成29年度税制改正によって、高さが60mを超える建築物のうち複数の階に住戸が所在しているいわゆる「タワーマンション」に対して、固定資産税の改正が行なわれた。すなわち、タワーマンションに係る固定資産税を各区分所有者に按分する際に用いる専有部分の床面積を、階層の差異による床面積当たりの取引価格の変化の傾向を反映するために、「階層別専有床面積補正率」により補正する。当該補正率は、１階を100とし、階が１増すごとにこれに39分の10を加えた数値である。

設例

　住宅用地に対する固定資産税の課税標準の特例措置について説明した上で、次の(1)〜(3)の家屋の敷地に対する当該特例措置の適用について説明しなさい。

(1) １階は店舗、２階は住居として使用されている家屋

(2) 専ら保養の用に供されている家屋

(3) 空家等対策の推進に関する特別措置法に規定する特定空家等

　　　　　　　　　　　　　　　　　　　　　　　　　（令和４年度税理士試験問題「固定資産税」）

5　非課税（地法348）

・宗教法人、学校法人等の一定の用途に供する固定資産

・公衆用道路等一定の公共用の固定資産等

(注) 寺院所有の「納骨堂」に対して課税をした行政庁に対して、納骨堂への賦課処分は適法であると判断した（東京地裁平28.5.24判決）。

┌───┐
│ **ペットの供養施設と非課税（東京高裁平20.1.23判決）** │

　宗教法人について、江戸時代の開祖以来、動物の供養を行ってきており、動物を供養することが世間一般に広く受け入れられ庶民の信仰の対象となってきたこと、供養施設において動物の遺骨を安置するとともに、毎日勤行で動物の供養を行うほか、月1回あるいは年3回の動物供養の法要を行っていることが認められ、それらの使用状況からみれば、供養施設は問題となったロッカー部分についてだけではなく、その敷地部分も含めて全体が宗教目的に使用する施設であり、宗教活動に欠くことのできないものであるから、固定資産税を課せない（非課税）資産に該当する。

(注) 東京高裁平24.3.28判決では、ペット専用墓地の敷地が固定資産税の対象になると判断されている。
└───┘

6　評価及び価格の決定手続

```
                    ┌─────────────────────────────────────┐
                    │ 一定の固定資産等は道府県知事又は総務大臣が決定 │
                    └─────────────────────────────────────┘
                                     ↓
  ┌──────────────┐      ┌─────────────────────────────────┐
  │ 固定資産評価員 │  →  │ 評価調書を作成して市町村長に提出（地法408、409） │
  └──────────────┘      └─────────────────────────────────┘
                                     ↓
                    ┌─────────────────────────────────────┐
                    │ 市町村長が3月末日までに決定（地法410①） │
                    │ 固定資産評価基準に基づく（地法403①） → 全国 │
                    │ 一律の統一的な評価を図る │
                    └─────────────────────────────────────┘
```

(注) 市町村長の指揮を受けて固定資産を適正に評価し、かつ、市町村長が行う価格の決定を補助するため、市町村に「固定資産評価員」を設置することとされている（地法404①）。ただし、固定資産税を課される固定資産が少ない場合には、固定資産評価員を設置しないで、固定資産評価員の職務を市町村長が行えばよいことになっている（地法404④）。この場合、市町村長は、固定資産評価員を兼ねるものではなく、固定資産評価員の職務内容を行うものである。

　市町村長は、必要があると認める場合においては、固定資産の評価に関する知識及び経験を有する者のうちから、固定資産評価補助員を選任し、これに固定資産評価員の職務を補助させることができる（地法405）。

```
  ┌────────────────┐   ┌→ 土地：売買実例価額＋路線価評価法
  │ 固定資産評価基準 │───┼→ 家屋：再建築価額
  └────────────────┘   └→ 償却資産：取得価額
```

(注)　固定資産評価基準は、全国一律の統一的な評価基準による評価によって、各市町村全体の評価の均衡を

図り、評価に関与する者の個人差に基づく評価の不均衡を解消するために、固定資産の価格は評価基準によって決定されることを要するものとする趣旨である（最高裁平15.6.26判決）。

また、固定資産評価基準は、地方税法では総務大臣が固定資産の評価基準並びに評価の実施方法及び手続（固定資産評価基準）を定め、これを告示しなければならない（地法388①）とし、市町村長が固定資産評価基準によって、固定資産の価格を決定しなければならない（地法403①）としている。

納税通知書の交付（地法 364⑨）　➡　納期限前 10 日までに納税者に交付

平成 14 年度改正　➡　閲覧（納税義務者・借地人・借家人等）（地法 382 の 2 ）

納税者の縦覧　➡　4/1 から 4/20 又は最初の納期限の日のいずれか遅い日まで（地法 416）

設例

固定資産税の納税義務者に対する情報開示制度のうち、縦覧制度、固定資産課税台帳の閲覧制度及び台帳記載事項の証明制度の 3 つについて、それぞれの制度の趣旨、制度を活用できる期間、活用できる者の範囲、縦覧・閲覧・証明を受けることができる項目について、比較して説明しなさい。

（令和 5 年度税理士試験問題「固定資産税」）

納税者の価格の不服　➡　固定資産評価審査委員会（地法 432 ①）

納税者の審査決定の不服　➡　取消の訴え（地法 434 ①）

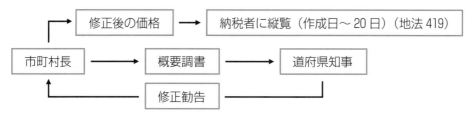

(注)　家屋の評価の誤りに基づきある年度の固定資産税等の税額が過大に決定されたことによる損害賠償請求権の除斥期間は、当該年度の固定資産税等に係る賦課決定がされ所有者に納税通知書が交付された時から進行するものと解するのが相当である（最高裁令2.3.24判決）。

7　税率と徴収

固定資産税の標準税率　➡　$\dfrac{1.4}{100}$（地法350①、741）

平成16年度税制　➡　制限税率の撤廃（地方自治体の課税自主権の尊重）

税率は「条例」で決定

○免税点（地法351）

土地	30万円未満	家屋	20万円未満	償却資産	150万円未満

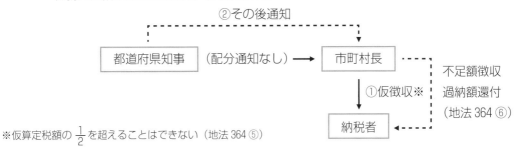

普通徴収の方法 …… 課税庁が納税通知書を交付して徴収する方法

納税通知書（課税明細書）の交付

→ 納期限前 10 日までに納税者に交付

納期（4 月、7 月、12 月、2 月）（地法 362 ①）

総務大臣指定資産の仮徴収（地法 364 ⑤）

②その後通知

都道府県知事　（配分通知なし）→　市町村長　┄┄ 不足額徴収
過納額還付
（地法 364 ⑥）

①仮徴収※

納税者

※仮算定税額の $\frac{1}{2}$ を超えることはできない（地法 364 ⑤）

設例

　固定資産税に関する次の記述のうち、正しいものはどれか。

1　固定資産税の徴収については、特別徴収の方法によらなければならない。

2　土地価格等縦覧帳簿及び家屋価格等縦覧帳簿の縦覧期間は、毎年 4 月 1 日から、4 月20日又は当該年度の最初の納期限の日のいずれか遅い日以後の日までの間である。

3　固定資産税の賦課期日は、市町村の条例で定めることとされている。

4　固定資産税は、固定資産の所有者に課するのが原則であるが、固定資産が賃借されている場合は、当該固定資産の賃借権者に対して課される。

（令和 4 年度宅地建物取引士試験「問24」）

8　都市計画税

　都市計画税は、道路・公園・下水道等の都市計画事業又は土地区画整理事業に要する費用に充てるため、市町村が、都市計画区域内の一定（市街化区域内）の土地及び家屋に対して課税する「目的税」である（地法702①）。都市計画税の税率は、市町村の条例で定められるが、$\frac{0.3}{100}$ を超えることはできない（地法702の 4 ／制限税率）。また、課税客体は、「土地」と「家屋」である。この税の課税根拠は、都市計画施設の整備によって、当該土地等の価値が増加することにある。

　都市計画税の徴収は、「普通徴収」の方法により固定資産税と併せて徴収される（地法702の 7 、702の 8 ）。

■　住宅用地に対する都市計画税の課税標準の特例（地法702の 3 ）	
小規模住宅地	課税標準額＝土地の価格 ×1／3
一般住宅地	課税標準額＝土地の価格 ×2／3

なお、都市計画税において、土地（市街化調整区域内／地法702①）の一筆全体を課税対象とすることについて、「東京高裁平成29.12.21判決」は、次のように述べている。

　「都市計画税は、土地又は家屋の固定資産税の課税標準となるべき価格を課税標準としてその所有者に課し、その価格は固定資産課税台帳に登録された価格とされている。そして、固定資産課税台帳には筆ごとに土地が登録されていることに照らすと、都市計画税についても、筆を課税の最小単位として予定しているものと解するのが自然かつ相当であるから、一筆の土地の一部のみ公共下水道処理区域に含まれている場合は当該筆全体が課税対象となるべきである。」

《土地の価格指標》

	公示価格	都道府県基準地価格	路線価による相続税評価額	固定資産税評価額
評価時点	1月1日（毎年）	7月1日（毎年）	1月1日（毎年）	1月1日（3年ごと）
公表時期	3月下旬頃	9月下旬頃	7月初旬頃	3月頃
評価目的	①一般の土地取引価格に指標を提供する②公共用地の取得価格算定の規準	①国土利用計画法による規制の適正化及び円滑化②公示価格の補完	①相続税や贈与税などの財産評価の基準	①固定資産税等の課税基準
その他	都市計画区域のみ	公示価格とそれと同一価格水準（都市計画区域外も含む）	公示価格の約8割程度	公示価格の約7割程度

（注）平成3年1月25日に「総合土地政策推進要綱」が閣議決定され、その結果、相続税評価では平成4年度において、土地の評価割合を地価公示価格水準の8割程度、また固定資産税評価額では平成6年度以降の評価替えにおいて同様に7割程度とするなど、相互の均衡化が図られている。

第6章　消費税

　消費税とは、一般的に、物品や役務（サービス）の消費を対象として課税される租税の
ことをいう。消費税の課税の根拠は、「消費」そのものを担税力の1つの表現としている
ことである。すなわち、消費するという行動について担税力が潜んでいると考えるのであ
る。消費税を分類すると、次のようになる。

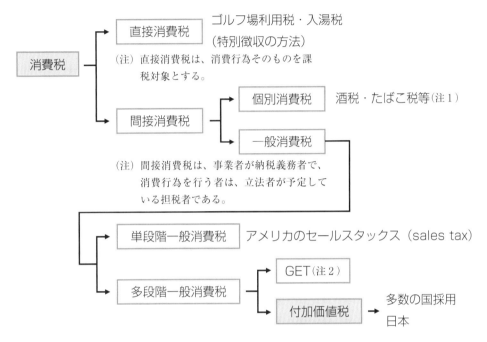

（注1）消費税の課税標準である課税資産の譲渡等の対価の額には、酒税、たばこ税、揮発油税、石油石炭税、
　　　　石油ガス税などが含まれるが、軽油取引税、ゴルフ場利用税及び入湯税は、利用者等が納税義務者
　　　　となっているのであるから対価の額には含まれない（消基通10－1－11）。
（注2）ハワイ州のGET（General Excise Tax）は、食料品や医療を含んだ各取引段階において、商品や役
　　　　務に対してそれぞれ課税し、附加価値税のような課税仕入の控除は行わない。従って、取引回数が
　　　　増加するほど税負担の累積が生じるという「カスケーディング効果（cascading effect）」が問題とな
　　　　る。

1　一般消費税の議論（変遷）

一般消費税賛成論	一般消費税反対論
①　歳入と歳出の差額は増税で行うべき。	①　不公平税制の是正、歳出の節約を行うべき。
②　一般消費税が最適である。	②　逆進的である。
③　中立的である。	③　物価上昇になる。

①　「昭和54年度の税制改正に関する答申（昭和53年12月）」 　　　→　一般消費税を導入すべきである。	
②　大平内閣　→　答申の方針を採用したが、実現しなかった。	
③　中曽根内閣　→　売上税法案提出（昭和62年）　→　衆議院で廃案	
④　竹下内閣　→　消費税法案（昭和63年）　→　平成元年4月1日実施 　　　導入時　・帳簿方式を採用　　・簡易課税制度を採用 　　　　　　　・免税点を高くする　・限界控除制度を採用 　　なお、その後、上記の内容は改正されることになる。	
⑤　その後、以下のように、改正される。	

改正：平成3.5.8 （議員立法） 施行：平成3.10.1	①　非課税範囲の拡大（家賃等） ②　簡易課税制度の適用（5億円→4億円） ③　限界控除適用上限（6,000万円→5,000万円） ④　申告納付回数の増加（年2回→4回：年税額5,000万円超）
改正：平成6.11.25 （村山内閣） 施行：平成9.4.1	①　消費税率の引上げ（3％→5％） ②　簡易課税制度の適用（4億円→2億円） ③　帳簿方式→請求書等保存方式
平成11年度予算成立	消費税の福祉目的化（毎年度の予算総則に明記）
改正：平成15.3.28 （小泉内閣） 施行：平成16.4.1	①　免税事業者の縮小（3,000万円→1,000万円） ②　簡易課税制度の適用（2億円→5,000万円） ③　申告納付回数の増加（年4回→12回：年税額6,000万円超） ④　総額主義の表示
改正：平成24.8.10 （野田内閣） 施行：平成26.4.1 施行：令和元.10	①　消費税の税率は、平成26年4月1日から8％（地方消費税1.7％含む）に引上げられた。但し、「指定日」は平成25年10月1日で、指定日の前日までに締結される工事等の請負契約に基づく譲渡は5％が適用されていた。 ②　消費税の税率は、令和元年10月から10％（地方消費税2.2％含む）に引き上げられた。
改正：平成28.3.29 （安倍内閣） 施行：令和5.10	①　消費税率10％への引上げ後、軽減税率の税率を8％とした。 ②　複数税率制度に対応した仕入税額控除の方式として適格請求書等保存方式（インボイス制度）が導入された。

2　消費税の使途（令和 5 年度予算）

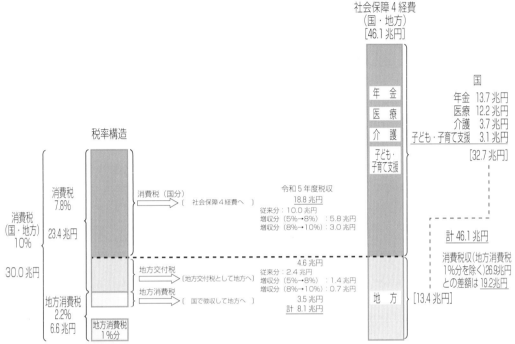

(注 1)　合計額が一致しない箇所は端数処理の関係による。

(注 2)　年金の額には年金特例公債に係る償還費等約0.3兆円を含む。

(注 3)　上図の社会保障 4 経費のほか、「社会保障 4 経費に則った範囲」の地方単独事業がある。

(注 4)　酒類・外食を除く飲食料品及び定期購読契約が締結された週 2 回以上発行される新聞については軽減税
　　　　率 8 ％（国分：6.24％、地方分：1.76％）が適用されている。

（財務省資料（一部加工））

3　消費税の概要

消費税の課税物件として、「国内取引」と「輸入取引」とがある。

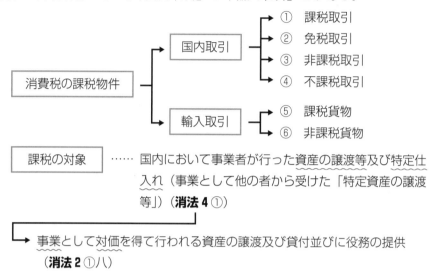

課税の対象　……　国内において事業者が行った資産の譲渡等及び特定仕入れ（事業として他の者から受けた「特定資産の譲渡等」）（**消法4**①）

事業として対価を得て行われる資産の譲渡及び貸付並びに役務の提供（**消法2**①八）

(注)　特定資産の譲渡等とは、事業者向け電気通信利用役務の提供及び特定役務の提供をいう（消法2①八の二）。
　　　・電気通信利用役務の提供→消法2①八の三
　　　・特定役務の提供→消法2①八の五

　消費税における「事業として」とは、対価を得て行われる資産の譲渡及び貸付け並びに役務の提供が反復、継続、独立して行われることをいい、①個人事業者が生活の用に供している資産を譲渡する場合の当該譲渡は、「事業として」に該当しないが、②法人が行う資産の譲渡及び貸付け並びに役務の提供は、その全てが、「事業として」に該当する（消基通5-1-1）。
　それ故に、消費税法上の「事業」の判断に当たっては、所得税（所基通26-9）と異なって、その規模は問われない（富山地裁平15.5.21判決）。

○例外　①　個人事業者が棚卸資産等を家事のために消費等した場合

　　　　②　法人が資産を役員に贈与した場合

↓

対価を得て資産を譲渡したとみなす（消法 4 ④）

| 輸入取引 | …… 輸入物品に対して保税地域からの引取の段階で課税 |

最終消費者も納税義務者になる

| 非課税取引（消法 6 ） | …… 土地の譲渡・貸付、身体障害者用物品等 |

↓

| 非課税取引 | ←→ | 課税取引 |

(注)　損税問題→非課税取引を行った事業者が、その非課税取引に対応する仕入れに係る消費税額につき仕入税額控除が制度上できない場合に発生する仕入れに係る消費税額をいう。例えば、診療報酬（非課税）などがある。これに対する解決策としては、①診療報酬の上乗せ、②非課税の撤廃、③ゼロ税率、④還付制度、⑤オプション制度、⑥VAT（Value-added tax）グルーピング制度、⑦コストシェアリング制度などがある。

非課税取引と仕入税額控除（神戸地裁平24.11.27判決）

　仕入税額控除（消費税法30条 1 項）の趣旨に基づき、消費税法は、仕入税額の全額を控除するのではなくて、課税取引に対応する仕入税額についてのみ控除の対象とすることとしたものであるが、例外的に、課税期間における課税売上割合が95％以上の事業者については、事務処理を簡易なものとする見地から仕入税額の全額を控除できるとしているものと解されるから（同条 2 項）、各規定はいずれも課税要件に関わる専門技術的な判断ないし政策的な判断に基づき定められた規定であるといえ、そして、各規定の立法目的は、いずれも合理的であって正当というべきであるところ、仕入税額控除制度の趣旨に照らすと、非課税取引に対応する仕入税額については税負担の累積を考慮する必要がなく、仕入税額控除を行う根拠を欠くことになるから、社会保険診療等の非課税取引については仕入税額控除をできないとされていることが、上記立法目的との関連で著しく不合理なものであることが明らかであるとはいえないため、仕入税額控除制度に関する消費税法の規定はいずれも合理性を有するものと認められる。

(注) この訴訟は、消費税法の仕組みそのものの不当性、憲法適合性が争われた国家賠償請求訴訟で、地裁で敗訴した原告らは控訴せず、一審で確定している。

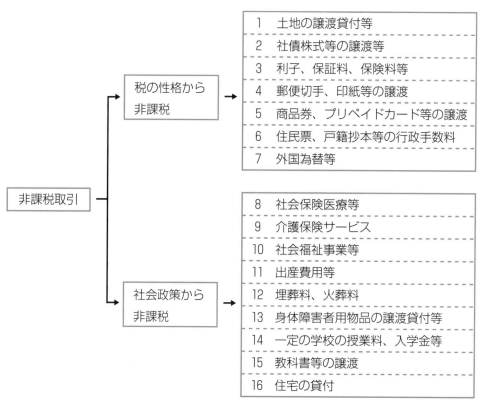

非課税取引
├─ 税の性格から
│ 非課税
│ ┌─────────────────────────────┐
│ │ 1 土地の譲渡貸付等   │
│ │ 2 社債株式等の譲渡等   │
│ │ 3 利子、保証料、保険料等   │
│ │ 4 郵便切手、印紙等の譲渡   │
│ │ 5 商品券、プリペイドカード等の譲渡 │
│ │ 6 住民票、戸籍抄本等の行政手数料 │
│ │ 7 外国為替等   │
│ └─────────────────────────────┘
└─ 社会政策から
   非課税
   ┌─────────────────────────────┐
   │ 8   社会保険医療等   │
   │ 9   介護保険サービス   │
   │ 10 社会福祉事業等   │
   │ 11 出産費用等   │
   │ 12 埋葬料、火葬料   │
   │ 13 身体障害者用物品の譲渡貸付等 │
   │ 14 一定の学校の授業料、入学金等 │
   │ 15 教科書等の譲渡   │
   │ 16 住宅の貸付   │
   └─────────────────────────────┘

（注１）労働・土地・資本は、付加価値を生み出す源泉であり、それらに対する支払である賃金・地代・利子は消費税の課税対象とはならない。

（注２）仮想通貨（ビットコイン等）の譲渡については、平成29年度税制改正で非課税となった（消令9④）。

不課税取引 → 資産の譲渡等に該当せず、消費税の対象とならない取引

寄附金、祝い金、見舞金、補助金	資産の廃棄、盗難、滅失
試供品、見本品の提供	損害賠償金
保険金、共済金	国外取引
株式配当金、出資の分配金	

免税取引（消費税零％の課税取引）　……　一定の要件を満たした場合に、消費税が免除される取引のこと

輸出免税（消法7）　……　物品が輸出される場合には消費税は還付

（注）消費税法では、「仕向地原則」（消費課税の負担は、消費者によりなされるべきとの考え方）を採用していることから、国内で消費されない物品（輸出物品）には課税する根拠がない。

設例

次の(1)～(3)の問に答えなさい。

(1)　課税売上割合が著しく変動した場合の調整対象固定資産に関する仕入れに係る消費税額の調整について述べなさい。なお、解答に当たって、適宜算式を用いることとして差し支えない。

(2)　消費税法第45条の2第1項に規定する法人の確定申告書の提出期限の特例について簡潔に述べなさい。なお、解答に当たって、消費税法施行令及び消費税法施行規則に規定する部分について触れる必要はない。

(3)　消費税法第46条の2に規定する電子情報処理組織による申告の特例について、この特例の対象となる事業者にも触れながら簡潔に述べなさい。なお、解答に当たって、消費税法施行令及び消費税法施行規則に規定する部分について触れる必要はない。

= （令和3年度税理士試験問題「消費税」）

納税義務者
→ ①　国内取引 …… 課税資産の譲渡等を行った事業者（消法5①）
→ ②　輸入取引 …… 課税貨物を保税地域から引き取るもの（消法5②）

免税業者 ……基準期間における課税売上高が3,000万円以下から1,000万円以下に引き下げられた（消法9①）。

(注)　平成23年度の税制改正で、個人事業者のその年又は法人のその事業年度の「基準期間における課税売上高」が1,000万円以下である場合において、当該個人事業者又は法人のうち、個人事業者のその年又は法人のその事業年度に係る「特定期間における課税売上高」が1,000万円を超えるときは、当該個人事業者のその年又は法人のその事業年度については、事業者免税点制度を適用しないこととなった（消法9の2）。なお、個人事業者については、その年の前年1月1日から6月30日までの6か月間が特定期間であり、法人は、原則として、前事業年度開始の日以後6か月の期間が特定期間となる。

【基準期間と免税業者の判定】

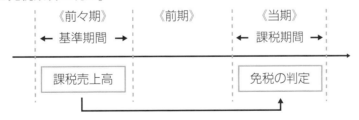

┌───┐
免税事業者（課税売上高と3,000万円）の判定（最高裁平17. 2. 1判決）

以前に免税事業者であった上告人が、本件基準期間の実際の売上総額が3,000万円以上であるところ、納税義務を免除される消費税に相当する額が右売上総額から控除され自らに納税義務はないと考え申告をしなかったため、被上告人が無申告加算税の賦課決定等をなし、上告人が右決定の取消を求めた事案において、消費税法9条2項の課税売上高を算定するに当たり、課税資産の譲渡等の対価の額に含まれないものとされる「課されるべき消費税に相当する額」とは、基準期間に当たる課税期間について事業者に現実に課されることとなる消費税の額をいうとして、上告人は免税事業者に該当せず各決定に違法はない。
└───┘

　　　　課税標準（消法28①）　→　課税資産の譲渡等の対価の額（国内取引）

　　　　　　　　（消法28③）　→　関税の課税価格＋個別消費税（輸入取引）

　　　　消費税の税率　→　6.3％（消法29）

　　　　地方消費税の税率　→　$\frac{17}{63}$（消費税の税額（課税標準））（地法72の83）

　令和元年10月に導入された軽減税率制度の「軽減税率」及び「標準税率」は、次のとおりである。

　　　　・軽減税率：8％（国税：6.24％、地方税：$\frac{176}{624}$）

　　　　・標準税率：10％（国税：7.8％、地方税：$\frac{22}{78}$）

　なお、軽減税率の対象品目は、①飲食料品（酒類及び外食を除く）、②定期購読契約が締結された週2回以上発行される新聞である。

(注)　都道府県間の清算は、各都道府県に納付された地方消費税収を「各都道府県ごとの消費に相当する額」に応じて清算する。この「清算基準」のルールについては、平成30年度税制改正によって、最終消費地についての考え方を転換し、購入した場所ではなく、使用する場所（居住地）に変更した。

　　なお、「各都道府県ごとの消費に相当する額」については、商業統計に基づく小売年間販売額とサービス業基本統計に基づくサービス業のうちの対個人事業収入額の合算額（75％）、国勢調査に基づく人口（17.5％）、事業所統計に基づく従業者数（7.5％）により算出する。

　　市町村への交付は、都道府県の清算後の金額の2分の1相当額を、「人口・従業者数」で按分して市町村に交付する。

設例

次の(1)及び(2)の問に答えなさい。

(1)　特定課税仕入れに係る対価の返還等を受けた場合の消費税額の控除に関して、「特定課税仕入れ」の意義、「特定課税仕入れに係る対価の返還等」の意義及び「特定課税仕入れに係る支払対価の額」の意義を述べた上で、当該消費税額の控除に係る内容と要件を述べなさい。また、当該特定課税仕入れに係る対価の返還等を受けた場合の消費税額の控除で、相続、合併又は分割があった場合の取扱いについて述べなさい。なお、解答に当たって、消費税法施行令に定める事項について触れる必

要はない。

⑵　消費税法上の「価格の表示」について、義務付けられる対象者、対象となる取引及び対象から除かれている取引に触れながらその内容を述べ、それを踏まえて次のイ～ニの価格が、当該「価格の表示」の対象となるかどうかを答えなさい。なお、解答に当たって、価格の具体的な表示例に触れる必要はない。

イ　スーパーマーケットのチラシに表示する価格

ロ　卸売業者が小売店向けに作成した業務用商品カタログに表示する価格

ハ　見積書に表示する価格

ニ　口頭で伝える価格

== （令和4年度税理士試験問題「消費税」）

【税額の計算】

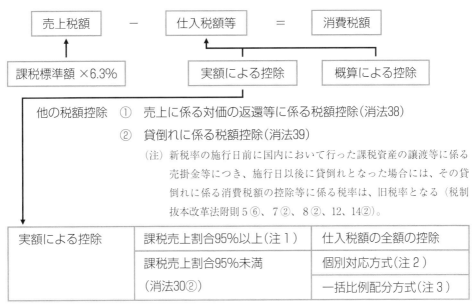

（注1）課税売上割合95%以上の場合に仕入税額の全額を控除できるのは、その課税期間の課税売上高が5億円以下の事業者に限り適用される（消法30②）。

（注2）①　課税売上にのみ要するもの

②　非課税売上にのみ要するもの

③　双方に要するもの

　　仕入税額＝①＋③×課税売上割合（消法30②一ロ）

その他に「合理的な基準」（消基通11-2-19）又は課税売上割合に準ずる割合を適用（消法30③）できる。

（注3）（①＋②＋③）×課税売上割合＝仕入税額

一括比例配分方式→2年間継続適用の必要がある（消法30⑤）

（注4）個別対応方式の用途区分は、課税仕入れ時に判断する（名古屋地裁平26.10.23判決）。

（注5）住宅の貸付けの用に供しないことが明らかな建物以外の建物であって高額特定資産又は調整対象

自己建設高額資産に該当するものに係る課税仕入れ等の税額については、令和2年10月1日以後、仕入税額控除制度を適用しない（消法30⑩）。

○帳簿及び請求書等の保存（**消法30**⑦）→最高裁平16.12.20判決参照

（注）災害その他やむを得ない事情により、その保存をすることができなかったことをその事業者が証明した場合には、その保存がない場合であっても仕入税額控除の規定が適用される。

消費税法上、推計課税の規定がなく、また、消費税法30条7項は帳簿及び請求書等の保存を前提として仕入税額控除を認めている以上、課税仕入れに係る支払対価の額について、推計は認められない。

なお、令和5年10月から、インボイス（適格請求書）が導入され、電子取引（取引情報の授受を電磁的方法により行う取引）の場合、当該インボイスは電子インボイスとなる。

（注）小規模事業者に対する納税額に係る負担軽減として、令和5年10月1日から3年間、納税額を売上税額の2割に軽減する激変緩和措置が採られている。

（設例）

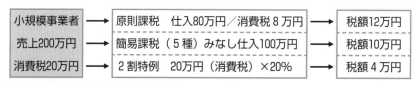

```
┌──────────┐   ┌────────────────────────┐   ┌──────────┐
│小規模事業者│──▶│原則課税　仕入80万円／消費税8万円│──▶│税額12万円│
│売上200万円 │──▶│簡易課税（5種）みなし仕入100万円│──▶│税額10万円│
│消費税20万円│──▶│2割特例　20万円（消費税）×20%│──▶│税額4万円│
└──────────┘   └────────────────────────┘   └──────────┘
```

課税対応課税仕入れか共通対応課税仕入れか（最高裁令5.3.6判決）
〜賃貸用マンションの購入費用の仕入税額控除における用途区分〜

個別対応方式により控除対象仕入税額を計算する場合において、税負担の累積が生ずる課税資産の譲渡等と累積が生じないその他の資産の譲渡等の双方に対応する課税仕入れにつき一律に課税売上割合を用いることは、課税の明確性の確保の観点から一般に合理的といえるのであり、課税売上割合を用いることが当該事業者の事業の状況に照らして合理的といえない場合には、課税売上割合に準ずる割合を適切に用いることにより個別に是正を図ることが予定されていると解されることにも鑑みれば、課税資産の譲渡等とその他の資産の譲渡等の双方に対応する課税仕入れは、当該事業に関する事情等を問うことなく、共通対応課税仕入れに該当すると解するのが消費税法の趣旨に沿うものというべきである。このように解することは、課税仕入れを課税資産の譲渡等「にのみ」要するもの（課税対応課税仕入れ）、その他の資産の譲渡等「にのみ」要するもの（非課税対応課税仕入れ）及び両者「に共通して」要するもの（共通対応課税仕入れ）に区分する同条2項1号の文理に照らしても自然であるということができる。そうすると、課税対応課税仕入れとは、当該事業者の事業において課税資産の譲渡等にのみ対応する課税仕入れをいい、課税資産の譲渡等のみならずその他の資産の譲渡等にも対応する課税仕入れは、全て共通対応課税仕入れに該当すると解

するのが相当である。

設例

A社は、不動産貸付業を営む 6 月末決算の内国法人であるが、課税事業者である令和 4 年 7 月 1 日から令和 5 年 6 月30日までの課税期間（事業年度）に行った次の取引に関して、(1)～(3)の問に答えなさい。

A社は、令和 5 年 4 月 1 日に、個人Bとの間で、国内に所在するB所有の居住用家屋（戸建て）について、個人Bを売主、A社を買主として、24,200,000円で売買する契約を締結し、同年 5 月 1 日に個人Bから当該居住用家屋の引渡しを受けた。

また、A社は、同日（令和 5 年 5 月 1 日）に、個人Cとの間で、当該居住用家屋について、A社を貸主、個人Cを借主として、同年 6 月 1 日から 1 年間、居住用として貸し付け、その賃貸料を 1 か月あたり200,000円とする契約を締結し、同日から個人Cに貸し付けた。なお、当該貸付けは、旅館業法（昭和23年法律第138号）第 2 条第 1 項に規定する「旅館業に係る施設の貸付け」には該当しない。

おって、個人B及び個人Cは、いずれも国内に住所を有する本邦人であり、事業は営んでおらず、A社以外の内国法人に勤務している。

(1)　上記居住用家屋の売買がA社において消費税法上の課税仕入れとなるかどうかについて、「課税仕入れ」の意義を述べた上で簡潔に説明しなさい。

(2)　上記居住用家屋の売買がA社において消費税法上の課税仕入れとなる場合、当該課税仕入れに係る消費税額が消費税法第30条第 1 項《仕入れに係る消費税額の控除》の規定による仕入税額控除の対象となるかどうかについて、「居住用賃貸建物」の意義を述べた上で簡潔に説明しなさい。

(注1)　A社における課税仕入れについては、その事実を明らかにした帳簿及び請求書等が法令に従って適正に保存されている。

(注2)　A社は消費税法第37条第 1 項《中小事業者の仕入れに係る消費税額の控除の特例》に規定する簡易課税制度の適用を受けていない。

(3)　A社が個人Cに対して行う上記居住用家屋の貸付けについて、消費税が課されるかどうか、消費税が非課税とされる「住宅の貸付け」の範囲に触れながら、簡潔に説明しなさい。

(注)　消費税法施行令に定める事項についても触れること。

（令和 5 年度税理士試験問題「消費税」）

○消費税の会計処理　→　税込処理・税抜処理

税込処理	税抜処理
現金　XXX　／　売上　XXX	現金　XXX　／　売上　　　　XXX 　　　　　　／　仮受消費税　X
仕入　XXX　／　現金　XXX	仕入　　　　XXX　／　現金　XXX 仮払消費税　X　／

(注)　総額表示の義務（消法63の 2 ）

┌───┐
│ **税務調査のビデオカメラと帳簿・請求書等の提示（最高裁平17.3.10判決）** │
│   │
│　本件事実関係によれば、上告人は、課税庁の職員から上告人に対する税務調査にお │
│ いて適法に帳簿等の提示を求められ、これに応じ難いとする理由も格別なかったにも │
│ かかわらず、帳簿等の提示を拒み続けたということができる。そうすると、上告人が、 │
│ 上記調査が行われた時点で帳簿等を保管していたとしても、消費税法62条に基づく税 │
│ 務職員による帳簿等の検査に当たって適時にこれを提示することが可能なように態勢 │
│ を整えて帳簿等を保存していたということはできず、本件は同法30条7項にいう帳簿 │
│ 等を保存しない場合に当たり、上告人に同項ただし書に該当する事情も認められない │
│ から、課税庁が上告人に対して同条1項に規定する仕入税額控除の適用がないとして │
│ した本件各更正処分等に違法はない。 │
└───┘

　　　　概算による控除　→　簡易仕入税額控除（簡易課税）

　　　　　↓

　　　　選択によって、課税売上税額の一定割合（みなし仕入率）を仕入税額とみなして仕
　　　　入税額控除を認める制度（消法37）

　　　簡易課税の適用基準の変遷

　　　　基準期間における課税売上高5億円以下（平元）→4億円以下（平3）
　　　　→2億円以下（平6）→5,000万円以下（平15）

　　○みなし仕入率（消令57）

第1種事業（卸売業）	90%
第2種事業（小売業）	80%
第3種事業（農林漁業・製造業・電気ガス供給業）	70%
第4種事業（第1種から第3種、第5種及び第6種以外）	60%
第5種事業（金融及び保険・運輸通信・サービス業等）	50%
第6種事業（不動産業）	40%

（注1）農林漁業のうち、軽減税率が適用される食用の農林水産物を生産する事業は、第2種事業となる。

（注2）二種類以上の事業を行っている場合のみなし仕入率（原則計算）は、次のとおりである。

みなし仕入率

$$\frac{第1種事業に係る消費税額×90\% + 第2種事業に係る消費税額×80\% + 第3種事業に係る消費税額×70\% + 第4種事業に係る消費税額×60\% + 第5種事業に係る消費税額×50\% + 第6種事業に係る消費税額×40\%}{第1種事業に係る消費税額 + 第2種事業に係る消費税額 + 第3種事業に係る消費税額 + 第4種事業に係る消費税額 + 第5種事業に係る消費税額 + 第6種事業に係る消費税額}$$

244

設例

　日本国内に本店を有する株式会社A（以下「A社」という。）の次の⑴～⑸の取引に関する消費税法令上の適用関係について、その理由を示して簡潔に答えなさい。

⑴　A社は、日本国内に本店を有する株式会社B（以下「B社」という。）のインドネシア共和国に所在する工場から商品を仕入れ、これを日本国内に持ち込まないで、直接マレーシアの発注者である外国法人Cに納品している。なお、この取引については、A社の本店で仕入れ・売上げを計上しており、また、A社とB社との間の売買は、国内において、B社の本店から託送中の商品に係る船荷証券の譲渡を受けて、商品代金を支払っている。

⑵　A社が製造する部品αの特許権は、アメリカ合衆国及びフランス共和国の二国のみで登録されている。A社は、アメリカ合衆国の外国法人Dに対し、同国で登録された特許権を譲渡し、その対価を収受した。

⑶　A社は、A社の出資先である外国法人E（以下「E社」という。）の株式を国内に本店を有する株式会社Fに譲渡し、その対価を収受した。なお、E社は株券を発行していないためA社はその株券を有しておらず、また、E社の株式については振替機関等が取り扱うものではない。

⑷　A社は、シンガポール共和国の外国法人G（以下「G社」という。）に対して現地通貨で金銭を貸し付けている。A社は、貸付金に係る利息をG社から収受し、A社の本店で受取利息として計上している。

⑸　A社は、アメリカ合衆国に本店を有し書籍の販売業を営む外国法人H（以下「H社」という。）から、インターネットを介して事業者向けの専門誌（電子書籍）の配信を受け購入した。なお、H社はこれまで、日本の税務に係る申請手続を行ったことはない。

―――――――――――――――――――――――――（令和4年度税理士試験問題「消費税」）

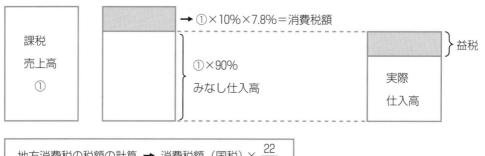

課税
売上高
①

→①×10%×7.8%＝消費税額

①×90%
みなし仕入高

実際
仕入高

}益税

地方消費税の税額の計算 → 消費税額（国税）× $\frac{22}{78}$

歯科技工とみなし仕入率（名古屋高裁平18.2.9判決）

　義肢製作業が、簡易課税制度における事業分類上、「製造業」とされているのに対し、歯科技工を「サービス業（みなし仕入率：100分の50）」とするのは、課税の公平性を害するとの被控訴人会社の主張が、義肢製作業の実態等に照らせば、義肢の製作業が歯科技工所の行う医療行為に付随するサービス提供と同様に解することはできず、また、歯科技工所において仕入率の実態等を考慮すれば、義肢製作業が「製造業」としてみなし仕入率が100分の70とされていることをもって、税負担の公平性を害するものとはいえない。

(注) 名古屋地裁平17.6.29判決では、歯科技工を「製造業」と判断（納税者勝訴）している。最高裁は、上告不受理（平18.6.20決定）。

【申告と納付】

　消費税の申告と納付については、課税期間（個人事業者は、暦年、法人は事業年度）の終了後2か月以内（個人事業は、翌年3月31日まで）に確定申告書を提出し、消費税を納付することになっている。これに対して、大企業の場合、法人税の申告期限は3ヶ月以内の延長が認められていることから、消費税の申告については、未精査であってもとりあえず2ヶ月以内に行い、その後、1ヶ月後の法人税の申告にあわせて金額を修正するといった実務上の問題が発生していたが、令和2年度税制改正で、法人税において申告期限の延長の特例の適用を受けている法人について、消費税の申告期限を1月延長する特例が創設された（消法45の2）。また、事業者は、直前の課税期間における確定した消費税額に応じて中間申告・納付を行うことになっている（消令76③、地法72の87）。

直前課税期間の年間 確定消費税額 （地方消費税込）	48万円以下 （60万円以下）	48万円超 （60万円超）	400万円超 （500万円超）	4,800万円超 （6,000万円超）
中間申告の回数	不要	年1回	年3回	年11回

(注)　平成23年度税制改正で、消費税の不正還付の未遂を処罰する規定が創設された（消法64②）。また、還付申告書（仕入控除額等の控除不足額の記載のあるものに限る）を提出する事業者に対し任意に提出を依頼していた「仕入控除額に関する明細書」につき、その記載事項を見直した上で、その還付申告書への添付を義務づけることとされた（消規22③）。

■　国境を越えた役務の提供に対する消費税の課税

（消法2、4、5、28、30、37、38の2、62）

(イ)　事業者向け取引	サービスの性質や取引条件から事業者であることが明らかである取引（広告配信等）
(ロ)　消費者向け取引	それ以外の取引（電子書籍・音楽の配信等）

(イ)　B to B　→　リバースチャージ方式（事業者甲）

(ロ)　B to C　→　移行登録国外事業者（事業者乙）　←　納税義務者

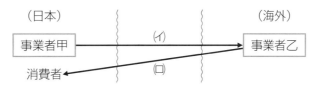

(注)　アマゾン・グーグルなどが「国外事業者」として国税庁に登録している。

　　　なお、令和5年10月からのインボイス制度導入後も、リバースチャージ対象取引に係る申告・納税義務及び仕入税額控除の要件は変わらない。

■　金の密輸に係る消費税の脱税犯に対する罰則

　金を密輸して、国内で売却することで消費税分の利ざやが稼げるという仕組み（次図参照）の防止のために、罰則の強化が平成30年度の税制改正でおこなわれた。すなわち、輸入に係る消費税の脱税犯に係る罰金刑の上限について、脱税額の10倍が1,000万円を超える場合には、脱税額の10倍になる（消法64④）。

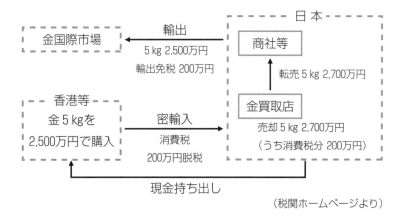

（税関ホームページより）

(注) 令和元年度税制改正によって、金等の密輸に対応するために次の規定が設けられた（平成31年4月1日以降適用）。
　　①密輸品と知りながら行った課税仕入れについて、仕入税額控除制度の適用を認めないこと。
　　②金等の課税仕入れについて、本人確認書類の写しの保存を仕入税額控除の要件に加えること。

■　消費税不正還付（20万円以下の国際郵便による不正）への対応

　令和3年度税制改正によって、関税法76条1項に規定する郵便物として資産を輸出し、消費税の輸出免除の適用を受ける場合には、輸出したことを証明する書類として、郵便局から交付を受けた郵便物の引受証及び発送伝票（EMS伝票等）の控え等を保存しなければならなくなった（消規5①二、消規16①②）。

4　個別消費税

①　酒税（酒税法）

　酒税は各国においても古くから有力な国家財政の財源として重要視されてきた租税で、それ故に、酒類の製造、販売業などに対する免許及び監督の制度等がある（酒法7〜21）。

　　　納税義務者……製造者（酒法6①）又は保税地域から引き取る者（酒法6②）

　　　従量税

　　　課税標準　→　酒類の数量（1キロリットル当たり）

　　　税率（酒法23①）

(注) 法定製造数量の規定（酒法7②）は、採算のとれないような弱小の酒類製造者の乱立を防止することを目的としている。なお、輸出拡大のため、令和2年度税制改正で、輸出するための清酒を製造する場合、「最低製造数量基準」（年間60kℓ）を令和3年4月1日から適用しないことになった（酒法7）。

①	発泡性酒類	22万円
②	醸造酒類	14万円
③	蒸留酒類	20万円（20度超→1度ごと1万円）
④	混成酒類	22万円（20度超→1度ごと1.1万円）

（注）平成29年度税制改正によって、次のように改正された。

	令和2.10.1〜	令和5.10.1〜	令和8.10.1〜
発泡性酒類	200,000円	181,000円	155,000円
醸造酒類	120,000円	100,000円	100,000円
混成酒類	200,000円	200,000円	200,000円

設例

次の(1)〜(5)の問に答えなさい。

(1)　酒類等が酒類等の製造場で飲用されたときの酒税の納税義務の成立について述べなさい。

(2)　酒母又はもろみを製造しようとする者は、酒類の製造免許とは別に、製造場ごとに、その製造場の所在地の所轄税務署長から、酒母又はもろみの製造免許を受けなければならないが、酒母又はもろみの製造免許を要しない場合がある。どのような場合に製造免許を要しないか3つ述べなさい。

(3)　保税地域から酒類が引き取られる場合の酒税の申告の取扱いについて述べなさい。

(4)　酒類の製造場又は保税地域以外の場所で酒類の詰め替えをしようとする場合の手続について述べなさい。

(5)　災害被害者に対する租税の減免、徴収猶予等に関する法律第7条に規定する被災酒類に係る酒税相当額の控除について、その適用を受けるための要件について述べなさい。

―――――――――――――――――――――――――――――――（令和5年度税理士試験問題「酒税」）

■　納税手続
①　酒類の製造者は、原則として、1ヶ月ごとに製造場から移出した酒類の課税標準たる数量及び酒税額等を記載した「納税申告書」を翌月末日までに、所轄税務署長に提出し、移出した月の翌々月末日までに申告書に記載した酒税を納付しなければならない（酒法30の2）。
②　酒類製造者が酒税に相当する担保を税務署長に提出したときは、通常1ヶ月以内の納期限の延長が認められる（酒法30の6）。
③　酒類を外国から輸入するときは、保税地域から引き取る際、その引取者が、税関長に引取申告書を提出し、引取の時までに酒税を納めることになっている（酒法30の5）。
■　酒税の免除
①　酒類を製造場から移出するとき又は保税地域から引き取るときは、原則として、その酒類が消費の段階に入ったものとして、酒税が課せられるが、酒類を他の酒類の原料にするために移出する（保税地域から引き取る）などの場合については、酒税を免除する（酒法28）。
②　酒類を外国に輸出する場合については、酒税は国内で消費されることを前提としていることから、酒税を免除する（酒法29）。

　酒類の製造免許を受けた者が、自ら製造した酒類を輸出する場合において、製造場から移出した当該酒類に係る酒税の免除を受けるための手続について、酒類製造者が自ら輸出する場合及び輸出業者を通じて輸出する場合をそれぞれ説明しなさい。

　ただし、必要な書類の省略に関する規定については、説明を要しない。また、租税特別措置法に関しては考慮しない。

（令和3年度税理士試験問題「酒税」）

　酒類製造者甲はA製造場において、酒類製造者乙はB製造場において、清酒の製造免許を受けている。

　甲は、乙から清酒の製造を受託し、A製造場において製造した清酒について、毎月定期的に乙のB製造場に移出している。乙は、A製造場から移入した清酒について、自社の商標を表示して、商品として移出している。

　上記を前提として、次の**問1**～**問4**の問に答えなさい。

問1　酒類の製造者は、原則として、その製造場から移出した酒類について酒税を納付する義務があるが、一定の要件を満たした場合には、酒類を免除して移出すること（以下「未納税移出」という。）が可能となる。酒税法上、未納税移出が認められている趣旨について説明しなさい。

問2　A製造場からB製造場への清酒の移出について、甲が未納税移出の適用を受ける場合の手続を説明しなさい。また、乙における手続についても説明しなさい。

問3　甲は、A製造場からB製造場への清酒の未納税移出について、毎月定期的に発生することから、手続を簡素化したいと考えている。この場合の甲の手続について、説明しなさい。

問4　甲は、A製造場において製造した清酒について、原料用酒類とする目的で、乙のB製造場に未納税移出しようとしたところ、輸送の事情により、清酒がA製造場からの移出後、B製造場に移入されるまでに相当の日数を要することとなった。当該移出に係る納税申告書の提出期限から、4週間で乙から当該取引に係る書面が送付される予定であるが、この場合の酒税の免税を受けるための甲の手続について説明しなさい。

（令和4年度税理士試験問題「酒税」）

② たばこ消費税（たばこ税法・地方税法）

　　納税義務者 …… 日本たばこ産業株式会社（JT）（た法4①）又は保税地域から引き取る者（た法4②）

　　　　　　　　　　なお、JTの株式の37.58%を財務大臣（筆頭株主）が所有している（令和4年6月30日現在）。

　　従量税

　　課税標準　→　製造たばこ本数（た法10）

（注）課税の公平性を図る観点から、令和2年度税制改正で、1本当たりの重量が1g未満の葉巻たばこの課税標準について、葉巻たばこの1本を紙巻たばこの1本に換算することとなった（た法10②）。

税率（た法11①②）　→　千本につき6,802円（特定販売業者以外 14,424円）

平成30年度税制改正によって、たばこ千本につき、次の改正が行われた。

	改正前	改正後		
実施時期	平成30.9.30 以前	第一段階 平成30.10.1	第二段階 令和2.10.1	第三段階 令和3.10.1
国のたばこ税	5,302円	5,802円	6,302円	6,802円
地方のたばこ税	6,122	6,622	7,122	7,622
道府県たばこ税	860	930	1,000	1,070
市町村たばこ税	5,262	5,692	6,122	6,552
合　計	11,424	12,424	13,424	14,424

（注）たばこは、上記の税のほかに、「消費税」と「たばこ特別税」が課せられる。なお、「たばこ特別税」は、一般会計における債務の承継等に伴い必要な財源の確保に係る特別措置に関する法律（法律第137号（平10.10.19））に基づいて、製造たばこに対して、当分の間課されることとされる税金で、税率は千本につき820円となっている。

□　加熱式たばこの課税方式の見直し
　　→　課税区分の新設（「加熱式たばこ」の区分）（た法2）
　　→　みなし製造たばこの整備（禁煙用具 → 加熱式たばこ）（た法8）

コラム㉓　基準期間における免税事業者の判定〜2つの物差し

　納税者の基準期間における売上総額が30,529,410円であったので、納税者は、「課税されるべき消費税に相当する額」（消法28）を控除し、課税売上高が3,000万円以下になったので、免税事業者に該当するとして申告をしなかったところ、課税庁は、免税事業者については、当該消費税相当額を控除しないところで判定すべきであるとして、納税者に対して決定及び無申告加算税の賦課処分を行った。

　この事件の争点は、それほど複雑ではない。小規模事業者に係る納税義務の免除を定めた消費税法9条に規定する「基準期間における課税売上高」の測定について、課税事業者と免税事業者とで、異なった物差しを適用するのか否かである。最高裁（平17.2.1判決）は、「異なった物差し」を適用すべきであると判断した。すなわち、消費税法28条の趣旨について、「課税資産の譲渡等の対価として収受された金銭等の額の中には、当該資産の譲渡等の相手方に転嫁された消費税に相当するものが含まれることから、課税標準を定めるに当たって上記のとおりこれを控除することが相当であるというものである。したがって、消費税の納税義務を負わず、課税資産の譲渡等の相手方に対して自らに課される消費税に相当する額を転嫁すべき立場にない免税事業者については、消費税相当額を上記のとおり控除することは、法の予定しないところというべきである」と述べ、したがって、「法

9条2項に規定する「基準期間における課税売上高」を算定するに当たり、課税資産の譲渡等の対価の額に含まないものとされる「課税されるべき消費税に相当する額」とは、基準期間に当たる課税期間について事業者に現実に課されることとなる消費税の額をいい、事業者が同条1項に該当するとして納税義務を免除される消費税の額を含まないと解するのが相当である」と判断し、課税庁の決定処分等を支持した。また、実務的には、通達の改正（平7.12.25）によって、「…その事業者の基準期間における課税売上高の算定に当たっては、免税事業者であった基準期間である課税期間中に当該事業者が国内において行った課税資産の譲渡等に伴って収受し、又は収受すべき金銭等の全額が当該事業者のその基準期間における課税売上高となる」（消基通1-4-5）と免税事業者の判定が明らかにされた。

　もっとも、このような課税庁の解釈そのものについては多くの批判がなされている。例えば、消費税法9条及び同法28条を素直に読むと、同法9条は同法28条の計算方法を借用したというだけで、課税事業者と免税事業者を分けることなどは、立法者の想定外である（田中治同志社大学教授）などである。文理解釈から本件の結論を導こうとするならば、おそらく2つの物差しを適用することはできないように思われる。最高裁は、消費税法28条の趣旨（趣旨解釈）から結論を導き出しているようであるが、その場合、文理解釈によって規定の意味内容を明らかにすることが困難な場合に当たるか否かについて、検討されなければならない。

コラム㉔　ハワイ州における GET について

　ハワイ州の GET（General Excise Tax 以下「GET」という。）は、1935年に創設されたが、現在の GET の法律は、1955年に改正された法律を基礎としている。その特色は、食料品や医療を含んだ、各取引段階において、商品や役務に対してそれぞれ課税（多段階一般消費税）するところにある。それ故に、アメリカ本土の多くの州で採用されている、小売の段階のみで課税するセールス・タックス（Sales Tax/ 単段階一般消費税）とは、異なる。また、GET は、附加価値税でないことから、我が国で採用されている消費税（附加価値税）とも異なる。GET の課税の趣旨は、ハワイでビジネスを行う特典（privilege）に対して課税するというもので、それ故に、GET は、ハワイでの商業活動（business activities）に対して課税することになっている。これに対して、Sales Tax は、顧客（customer）に対して課税が行われる。ただ、GET も結局は、事業者において商品を販売する際に、顧客に転嫁していることから、実質的には Sales Tax とは異ならないともいわれている。

　ハワイ州の税務局（Department of Taxation）の年次報告（annual report/2006-2007）によれば、GET および UT（Use Tax 以下「UT」という。）の合計税収入金額は、26億ドルで、ハワイ州の全税収入の48.1% を占めており、その額は、前年（2005-2006）に比べ8.5% の成長を示している。その意味で、GET および UT は、ハワイ州の現在および将来における重要な税収入となっている。特に、ハワイ州の GET は、観光客（708万人 /2008年度）の消費（購入）に大きく依存している（ハワイ州の総人口は、128万人 /2006年）。

　GET の適用される税率は、販売内容によって異なるが、小売業者（Retailers）、請負者（Contractors）、役務の提供（Service businesses）などは、原則として4％で、卸売業者（Wholesalers）および製造業者（Manufacturers）などは、0.5% となっている。なお、オアフ（Oahu）における商品の販売や役務の提供については、更に0.5% の税率（a county surcharge tax）が加算されている。これは、ホノルルの交通渋滞を解消するため、鉄道建設を行うことを目的として、2007年1月1日に導入されたのである。

　上記の販売内容によって適用される税率が異なることから、GET における課税上の主たる争いは、販売の分類（Classification of Sales）となっている。それ故に、GET の販売の分類に関するハワイ州での訴訟は多く発生している。また、GET は、グロスインカム課税（a gross income tax）ともいわれるように、所得税の売上高ともリンクしていることから、税務当局にとって、GET の調査は、比較的容易であるといわれている。GET については、いくつかの問題点（例えば、税に対して税を課する（a tax on a tax）という問題等）もあるが、その最大の利点（advantage）は、GET の計算構造が我が国の附加価値税（Value Added Tax）のように複雑でないことである。附加価値税の計算で行われる税額控除も行う必要はない（ただ、グロスインカムからの控除（Deductions）の計算はある。）。

　UT は、1965年に法律が制定され、翌年の1月1日から施行されているが、この税は、GET を補完するものとして位置づけられ、ハワイ州以外からハワイ州で使用（消費）することを目的として品物を購入した場合には、GET の代わりに、UT が課される。例えば、ハワイ州の居住者 A がアメリカ本土へレジャーに行き、デトロイトで車を買って、ハワイに輸送した場合、その本体価格と輸送費の合計額に UT が A に対して課税されることになる。UT の税率も GET と同様に、販売形態によって「4％」と「0.5%」に分類される。

　なお、GET および UT について、偽り等（fraud）の不正な申告を行った場合には、税務署長（Director）は、最高50% までのペナルティーを課することができる。

第7章　関税及びその他の租税

1　関税（関税法・関税定率法等）

関税は、外国から輸入される貨物に対して課される一種の「消費税」である。

関税には、下記の「保護関税」と「財政関税」とがあるが、現在では、主として「保護関税」の見地から課されている。

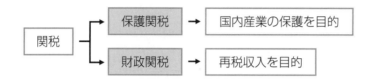

関税法	関税の確定、納付、徴収及び還付並びに貨物の輸出及び輸入についての税関手続の適正な処理を図るため必要な事項を定めるものとする（関法1）。
関税定率法	関税の税率、関税を課する場合における課税標準及び関税の減免その他関税制度について定めるものとする（関定法1）。

① 関税の税務調査は、税関が行い、関税の確定・徴収は、税関長が行う。

② 税関の税務調査は、一般に「事後調査」といわれるが、事後調査とは、輸入通関後における税関による税務調査のことをいう。

③ 税関の税務調査の法的根拠は、関税法105条1項6号である。

④ 内国消費税に関する税務調査は、輸入品に対する内国消費税の徴収等に関する法律22条に基づいて行われる。

⑤ 関税については、更正等の課税処分ができる一般的な期間等が5年（課税標準の申告があったものは3年）で、偽りその他不正の行為によるものは7年（関法14）とされ、また、重加算税の規定（関法12の4）もある。

2　その他の租税

① 登録免許税（登録免許税法）

　　創設（明治29年）

　　昭和42年全文改正「登録税法」→「登録免許税法」

　　　　　　　　　　「賦課課税方式」→「自動確定方式」

　　→　一定の範囲の登記、登録、特許、免許、許可、認定、指定及び技能証明について課される租税

　　→　課税の根拠（「手数料的側面」と「流通税的側面」）

　　国税・流通税

　　納税義務者　→　登記等を受ける者（登法3）

　　　なお、登記を受ける者が二人以上あるときは、これらの者は連帯して納税義務を負う。

→　借地権等の権利が存する不動産の課税標準は、その権利がないものとした価額（更地価額）が課税標準となる（登法10）。

非課税登記	国等が自己のために受ける登記（登法4①）
	建物の新築、増築の表示登記（土地の分筆、合筆又は建物の分割、区分、合併による表示の変更の登記を除く）（登法5）
	信託契約時に、委託者から受託者に信託財産を移す場合（登法7①）
	信託終了後に、受託者から受益者に信託財産を移す場合（登法7②）
登録免許税	・新築建物の所有権保存登記　新築建物認定価額×0.4% 　※「新築建物価格認定基準表」（各法務局）によって求められる。 ・土地建物の所有権移転登記　売買➡固定資産税評価額×2% 　　　　　　　　　　　　　　　　　　　　　（土地1%） 　　　　　　　　　　　　　相続➡固定資産税評価額×0.4% ・抵当権の設定登記　債権金額×0.4%
特殊な登記	①仮登記➡本登記（本登記の税率から一定の税率を控除）（登法17①） ②地上権等の設定登記のある不動産の所有権移転登記（登法17④） 　➡所有権移転登記の税率 $\times \dfrac{50}{100}$
課税標準	不動産の価額、債権金額、不動産の個数（登法9）
税額	「定率課税」不動産の価額又は債権金額　×　税率 「定額課税」不動産の個数　×　一定の税額（1000円/個） ※「土地の分筆登記」「登記事項の更正登記」「登記事項の変更登記」などは、「定額課税」となる。
住宅の特例	一定の住宅を新築又は取得した場合には、新築の所有権保存登記、取得の所有権移転登記、貸付債権の抵当権設定登記の税率が軽減される特例がある（措法72の2、73、74）。
納付方法	国に現金納付し、その領収証書を登記申請書に貼り付けて登記所に提出する（登法21）。3万円以下の場合、収入印紙可能（登法22）
納期限	登記等を受けるときまで（登法27一）
納税地	不動産の所在地を管轄する登記所の所在地（登法8①）

（注）　平成30年度税制で、以下の土地の相続登記に対する登録免許税の免税措置が創設された（措置法84の2の3）。

　　①　相続により土地の所有権を取得した者が当該土地の所有権の移転登記を受けないで死亡し、その者の相続人等が平成30年4月1日から令和5年3月31日までの間に、その死亡した者を登記名義人とするために受ける当該移転登記に対する登録免許税は免税となる。

　　②　個人が所有者不明土地の利用の円滑化等に関する特別措置法の施行の日から令和5年3月31日までの間に、相続登記の促進を特に図る必要がある一定の土地について相続による所有権の移転登記を受ける場合において、当該移転登記の時における当該土地の価額が10万円以下であるときは、当該移転登記に対する登録免許税は免税となる。

　住宅用家屋の所有権の移転登記に係る登録免許税の税率の軽減措置に関する次の記述のうち、正しいものはどれか。

1　この税率の軽減措置の適用対象となる住宅用家屋は、床面積が100㎡以上で、その住宅用家屋を取得した個人の居住の用に供されるものに限られる。

2　この税率の軽減措置の適用対象となる住宅用家屋は、売買又は競落により取得したものに限られる。

3　この税率の軽減措置は、一定の要件を満たせばその住宅用家屋の敷地の用に供されている土地の所有権の移転登記についても適用される。

4　この税率の軽減措置の適用を受けるためには、登記の申請書に、一定の要件を満たす住宅用家屋であることの都道府県知事の証明書を添付しなければならない。

——————————————（令和 3 年度宅地建物取引士試験「問23」）

②　印紙税（印紙税法／明治32年創設）

　→　各種の契約書、有価証券又は受取書等の作成に対して課される国税である。その課税理由は、課税文書が作られる背景には取引があり、それに伴う経済的利益の存在を推定することができ、税負担能力があるということである。しかしながら、このような課税理由に合理性があるといえず、廃止すべきという意見もある。

課税文書（印紙税法別表 1 に記載されている文書に課税）（印法 2 ）

　　印紙税法における「契約書」とは、契約当事者間において契約（予約を含む）の成立等を証明する目的で作成される文書をいう。又、「仮契約書」、「変更契約書」も課税文書になる。

（具体的な例／平成26年 4 月 1 日〜令和 6 年 3 月31日／措法91②）

不動産等の売買契約書作成（ 1 号文書）	契約金額（抜粋）	1 千万円超〜 5 千万円以下　→　1.0万円 5 千万円超〜 1 億円以下　→　3.0万円 5 億円超〜10億円以下　→　16万円
請負に関する契約書作成（ 2 号文書） （建設工事請負契約書）	契約金額（抜粋）	1 千万円超〜 5 千万円以下　→　1.0万円 10億円超〜50億円以下　→　32万円 50億円超　→　48万円

流通税　→　一定の経済取引に担税力を認めて課されるもの

納税義務者　→　契約書等の作成者（印法 3 ①）、連帯納税義務（印法 3 ②）

不課税文書	・不動産以外のものの売買契約書（動産売買契約書等） ・土地以外の賃貸契約書（建物賃貸契約書等） ・使用貸借契約書（土地使用貸借契約書等）
非課税文書 （印法5）	・記載金額が1万円未満の契約書 ・国、地方公共団体等が作成した契約書等 ※国等と私人が共同して作成し互いに取り交わす契約書（印法4⑤）
特殊な契約	・二以上の号に該当する文書 　1号文書と2号文書の双方に該当する場合　➡　1号文書 　1号文書の記載金額　≧　2号文書の記載金額　➡　1号文書 　1号文書の記載金額　＜　2号文書の記載金額　➡　2号文書 ・不動産の交換契約書（記載されていない場合）　➡　200円 ・変更契約書（増減額が記載されている場合） 　増額契約　➡　増額部分　➡　減額契約　➡　200円 ・土地の賃貸借契約書　➡　権利金（返還不要部分） ・不動産贈与契約書　➡　200円（無償譲渡＝記載金額がない契約書）
税率	・記載金額に応じて200円から60万円まで（記載金額がなければ200円） ・還付　➡　過誤納（印法14①）
受取書に対する印紙税 （17号文書）	① 非課税文書 　・記載金額が5万円未満の受取書 　・営業に関しない受取書 　・国、地方公共団体等が作成した受取書等 ② 税率 　売上代金に係る受取書　➡　記載金額に応じ200円から20万円 　売上代金以外に係る受取書　➡　200円 　※　消費税額が区分されている場合　➡　記載金額に含めない。 　　約束手形等の受取書　➡　特定できる場合はその金額
軽減特例	平成9年4月1日〜令和4年3月31日に作成される契約書 ➡ 軽減 　・不動産の譲渡に関する契約書（1号文書） 　・請負に関する契約書のうち建設工事に係るもの（2号文書）

印紙税の納付　➡　貼付・消印（印法8）

印紙税の納期限　➡　課税文書の作成の時まで（印法8）

※　契約書に印紙が貼ってなくても契約自体は有効である。

過怠税　➡　納付すべき税額＋納付すべき税額の2倍（**印法20①**）

　　　　　　納付すべき税額×1.1倍（印法20②）

(注)「印紙税不納付事実申出書」（印法20②、印令19①）

設例

　印紙税に関する次の記述のうち、正しいものはどれか。なお、以下の覚書又は契約書はいずれも書面により作成されたものとする。

1　土地を8,000万円で譲渡することを証した覚書を売主Aと買主Bが作成した場合、本契約書を後日作成することを文章上で明らかにしていれば、当該覚書には印紙税が課されない。

2　一の契約書に甲土地の譲渡契約（譲渡金額6,000万円）と、乙建物の譲渡契約（譲渡金額3,000万円）をそれぞれ区分して記載した場合、印紙税の課税標準となる当該契約書の記載金額は、6,000万円である。

3　当初作成した土地の賃貸借契約書において「契約期間は5年とする」旨の記載がされていた契約期間を変更するために「契約期間は10年とする」旨を記載した覚書を貸主Cと借主Dが作成した場合、当該覚書には印紙税が課される。

4　駐車場経営者Eと車両所有者Fが、Fの所有する車両を駐車場としての設備のある土地の特定の区画に駐車させる旨の賃貸借契約書を作成した場合、土地の賃借権の設定に関する契約書として印紙税が課される。

=== （令和4年度宅地建物取引士試験「問23」）

設例
===

印紙税に関する次の記述のうち、正しいものはどれか。なお、以下の契約書はいずれも書面により作成されたものとする。

1　売主Aと買主Bが土地の譲渡契約書を3通作成し、A、B及び仲介人Cがそれぞれ1通ずつ保存する場合、当該契約書3通には印紙税が課される。

2　一の契約書に土地の譲渡契約（譲渡金額5,000万円）と建物の建築請負契約（請負金額6,000万円）をそれぞれ区分して記載した場合、印紙税の課税標準となる当該契約書の記載金額は1億1,000万円である。

3　「Dの所有する甲土地（時価2,000万円）をEに贈与する」旨を記載した贈与契約書を作成した場合、印紙税の課税標準となる当該契約書の記載金額は、2,000万円である。

4　当初作成の「土地を1億円で譲渡する」旨を記載した土地譲渡契約書の契約金額を変更するために作成する契約書で、「当初の契約書の契約金額を1,000万円減額し、9,000万円とする」旨を記載した変更契約書について、印紙税の課税標準となる当該変更契約書の記載金額は、1,000万円である。

=== （令和5年度宅地建物取引士試験「問23」）

③　不動産取得税（昭和29年創設）と特別土地保有税（昭和48年創設）

　　　不動産取得税（都道府県税）　→　不動産の取得（売買、交換、贈与、建築等）に対して課税

　　　納税義務者　→　不動産の取得者（地法73の2）

　　　税率　→　$\frac{4}{100}$（平20.4.1～令6.3.31　土地取得：$\frac{3}{100}$）（地法73の15）

　　　課税標準　→　固定資産税評価額（地法73の13）

　　　免税点（地法73の15の2）──→土地の取得（10万円未満）
　　　　　　　　　　　　　　　├→家屋──→建築（23万円未満）
　　　　　　　　　　　　　　　　　　　　└→建築以外（12万円未満）

　　　（注）土地取得後1年以内に隣接する土地を取得した場合は、その隣接する土地を含めた全体を一の土地の取得とみなして免税点を適用する。

非課税（地法73の3～73の7）────→　国・地方公共団体の不動産の取得

　　　　　　　　　　　　　　　├─→　相続・合併等の不動産の取得

　　　　　　　　　　　　　　　└─→　共有分割による不動産の取得

（注）不動産取得税について、「相続」によって取得する不動産は非課税であるが、「遺贈」によって取得する場合には課税となる。

徴収方法　→　普通徴収（地法73の17①）

納期限　　→　納税通知書に記載された納期限

　　　　　　　納税通知書は、納期限前10日までに納税者に交付しなければならない（地法73の17②）。

┌─────────────────┐
│ 住宅とその敷地の特例 │──→　個人・法人→新築住宅（1,200万円控除）
│（地法73の14、73の24）│──→　個人────→中古住宅（150万円～1,200万円控除）
└─────────────────┘

╭┈┈┈┈┈┈┈┈┈┈┈┈┈┈┈┈┈┈┈┈┈┈┈┈┈┈┈┈┈┈╮
┆ **不動産取得税の課税標準（底地取得の場合）（東京地裁平4.10.30判決）** ┆

　不動産取得税については、法自体において、その流通税としての性格にかんがみ、不動産の所有権の移転の事実それ自体に着目し、この事実自体にいわば抽象的な担税力を認め、その課税標準となるべき価格を、不動産の負担を考慮しない更地価格としているものと解される。
╰┈┈┈┈┈┈┈┈┈┈┈┈┈┈┈┈┈┈┈┈┈┈┈┈┈┈┈┈┈┈╯

設例

借地権者甲と地主（底地）乙の間で、次のいずれの場合に「不動産取得税」が課されますか。

①　甲が乙の「底地」を取得する場合

②　乙が甲の「借地権」を取得する場合

╭┈┈┈┈┈┈┈┈┈┈┈┈┈┈┈┈┈┈┈┈┈┈┈┈┈┈┈┈┈┈╮
┆ **複数棟の共同住宅等と戸数要件（最高裁平28.12.19判決）** ┆

　土地の取得に対する不動産取得税を納付した原告が、当該土地上に建築された複数棟の建物につき同税が減額されるべき住宅に該当するとして、その還付を求める申請をしたところ、東京都都税総合事務センター所長（処分行政庁）からこれを還付しない旨の処分を受けたため、被告を相手に、本件処分の取消しを求めたところ、原審は、本件処分は違法であり、原告の請求を認容すべきものとしたため、被告が上告した事案において、本件各建物は、1棟ごとの独立区画部分がいずれも100未満であって戸数要件を満たさない（地方税法73条3号は、家屋につき、「住宅、店舗、工場、倉庫その他の建物をいう。」と定義しているところ、ここでいう建物は、屋根及び周壁又はこれらに類するものを有し、土地に定着した建造物であって、その目的とする用途に供し得る状態にあるものをいい、別段の定めがない限り、1棟の建物を単位として把握されるべきものというべきである。）から、本件処分は違法であるとはいえない
╰┈┈┈┈┈┈┈┈┈┈┈┈┈┈┈┈┈┈┈┈┈┈┈┈┈┈┈┈┈┈╯

とし、これと異なる原審の判断には、判決に影響を及ぼすことが明らかな法令の違反があるとし、原判決を破棄し、原告の請求を棄却した第1審判決は正当であるから、原告の控訴を棄却すべきである（文理解釈）。

■　参考（東京高裁平27.9.2判決）

特例適用住宅の新築に係る不動産取得税の還付の制度は、<u>居住の用に供せられる部分の床面積に着目して、一定の居住性を備えた住宅の供給を促進することを目的とする</u>ところ、この点に関しては取得した土地の上に建築される共同住宅等が1棟で独立区画部分を100以上有する場合と複数棟で合計100以上有する場合とで違いがあるとはいえず、行政機関に対する各種申請手続や近隣住民との調整などに時間を要することも同様である。そして、<u>戸数要件について、1棟の共同住宅等ごとに判断されるべきことは法令の文言上明示されておらず、本件減額規定につき明文の規定なくその制度趣旨に反して制限的に適用することが正当化されるものではないから、本件減額規定は、複数棟の共同住宅等で合計100以上の独立区画部分がある場合にも適用される</u>（趣旨解釈）。

設例

不動産取得税に関する次の記述のうち、正しいものはどれか。

1　不動産取得税の徴収については、特別徴収の方法によることができる。

2　不動産取得税は、目的税である。

3　不動産取得税は、不動産の取得に対し、当該不動産所在の市町村及び特別区において、当該不動産の取得者に課する。

4　不動産取得税は、市町村及び特別区に対して、課することができない。

（令和5年度宅地建物取引士試験「問24」）

◎　特別土地保有税（市町村税）　→　土地の取得・所有に対して課税

（平成15年から課税は停止）

土地の取得　→　売買価額$\times \frac{3}{100}$

土地の所有　→　売買価額$\times \frac{1.4}{100}$

申告納税制度　→　1/1現在土地を所有している者

【二重課税の回避】

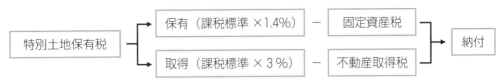

※　特別土地保有税の課税標準は、土地の実際の取得価額である。

④　自動車関係税（自動車関連税）

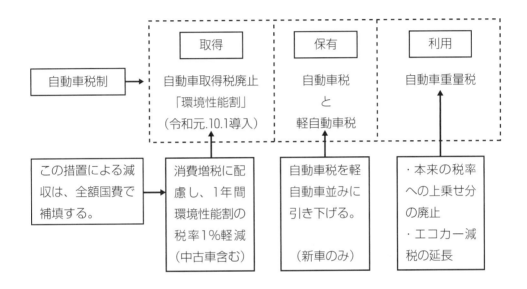

(注) 消費税が10％に上がるのに伴い、自動車取得税は廃止され、代わりに新しい「環境性能割」（平成27年度
　　　と令和２年度の燃費基準に達している車を購入する際は、事前に定めた率を割引する制度）が導入された。

　令和元年度税制改正では、自動車税の恒久減税として、自動車税の税率が恒久的引下げられ、自動車重量税のエコカー減税の見直しによって、１回目車検時の軽減割合等を見直すとともに、２回目車検時の免税対象を電気自動車等や極めて燃費水準が高いハイブリッド車に重点化された。また、自動車税の恒久減税により生じる地方税の減収は、全額国費で補填され、①エコカー減税の見直し、②自動車重量税の譲与割合の段階的引上げ、③揮発油税から地方揮発油税への税源移譲がなされた。

国　　税	地　方　税
・自動車重量税	・自動車税
・揮発油税	・環境性能割
・地方道路税	・軽油引取税
・石油ガス税	・軽自動車税

（納税義務者）

　　燃料の製造者等　→　揮発油税・地方道路税

　　自動車の所有者・利用者　→　自動車税・環境性能割

（課税標準）

　　燃料の数量・重量　→　燃料関係の税

　　自動車の取得価額　→　環境性能割

　　所有台数　→　自動車税等

コラム㉕　税関の税務調査について

　税関の税務調査は、一般に「事後調査」といわれ、事後調査とは、「輸入通関後における税関による税務調査のことであり、輸入された貨物に係る納税申告（輸入申告）が適正に行われているか否かを確認し、不適正な申告はこれを是正するとともに、輸入者に対する適切な申告指導を行うことにより、適正な課税を確保することを目的として実施される」ものである。この税務調査の法的根拠は、関税法105条 1 項 6 号「輸入された貨物について、その輸入者、その輸入に係る通関業務を取り扱った通関業者、当該輸入の委託者、不当廉売された貨物の国内における販売を行った者その他の関係者に質問し、又は当該貨物若しくは当該貨物についての帳簿書類その他の物件を検査すること」である。

　また、調査対象の税目としては、関税、消費税のほか貨物の品目に応じて、その他の内国消費税（内国消費税に関する税務調査は、輸入品に対する内国消費税の徴収等に関する法律22条が根拠条文である）がある。関税が無税でも、課税価格が適正でないと、消費税に影響することがある。

　税関の調査によって、納税申告書が適正でないことが判明すると、関税に対して過少申告加算税（関法12条の 2 ）や無申告加算税（関法12条の 3 ）が課される。従来、重加算税の規定はなかったのであるが、平成17年度における関税率等の改正に係る答申書で、「仮装、隠ぺいによる関税のほ脱に対して重加算税を賦課する措置を講じる」と述べられ、平成17年度において「重加算税」の規定が初めて設けられたのである。

　もともと我が国の関税が、財政関税ではなく「（国内産業の保護を主要な目的として課される）保護関税」であることから考えれば、いままで重加算税の規定を設けなかった措置は頷けるかもしれない。財政収入を目的としている一般の国税等と異なることから、税関の税務調査そのものは、不正を発見するということよりも比較的「指導」という側面が強いといわれてきた。その意味では、公認会計士の監査に近いのかもしれない。ただ、公認会計士の監査は、最近の粉飾事件等（日本住宅金融、山一証券、三田工業、ヤオハンジャパン、日本長期信用銀行、日本債券信用銀行、そごう、カネボウ等）の増加によって、指導よりも不正発見に重点が置かれるようになってきている。

　最近の関税法の改正も、「税関における水際取締りの強化」の下で、厳しいものとなりつつある。上記の重加算税に係る規定の他に、関税法14条（更正、決定等の期間制限）の改正も行われた。すなわち、同条では、「更正又は賦課決定は、これらに係る関税の法定納期限等から 2 年を経過した日以後においては、することができない」（したがって、税関の調査対象期間は通常 2 年である。）となっていたが、関税等の適正税額の確保に関して、通関時の審査から、極力これを事後の調査に委ねるため、税関長が更正等の課税処分ができる一般的な期間等を 1 年延長し、 3 年としたのである。国税の取扱いに近づけるということなのであろうが、保護関税という性格を考えると、延長する必要があるのかやや疑問である。もっとも、「偽りその他不正の行為により関税を免れ、又は関税を納付すべき貨物について関税を納付しないで輸入した場合」については、他の国税と同様に「法定納期限等から 7 年を経過する日まで更正処分等が可能」となっている。

　ペナルティーに関しては、一般の国税と関税は変わらない取扱いになったのである。

第8章　国際課税

　国際課税とは、国際的経済活動に対する課税をいい、この国際的経済活動には、次に示す（OECD租税条約草案）ように、①「我が国の企業等が海外に進出して経済活動を行うケース」と、②「外国の企業等が我が国に進出して経済活動をするケース」とがある。

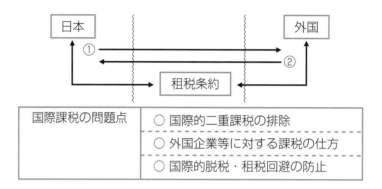

（注）　OECD（経済協力開発機構）は、租税委員会（CFA：Committee on Fiscal Affairs）を中心に、OECDモデル租税条約、OECD移転価格ガイドライン等の国際協調が重要な分野における国際的に共通の課税ルールを整備するとともに、各国の有する知見や経験の共有化を図っている。

　しかしながら、デジタル経済（「インターネット」や「ワールドワイドウェブ」（世界に広がる蜘蛛の巣）に基づく市場を通じてビジネスを行うこと）の発達に伴って、国内、国外のボーダーが曖昧になってきたことから、国際課税そのものの定義が不明瞭になってきたともいわれている。

■　各対象会計年度の国際最低課税額に対する法人税の創設（法法82、82の２）

　2021年10月にOECD／G20の「BEPS包摂的枠組み」において、国際的に合意されたグローバル・ミニマム課税に向けて、所得合算ルール（IIR：Income Inclusion Rule）に係る法制化が行われた。これに伴って、令和５年度税制改正で、「グローバル・ミニマム課税」が創設された。

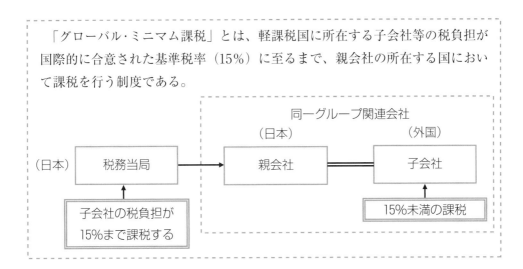

「グローバル・ミニマム課税」とは、軽課税国に所在する子会社等の税負担が国際的に合意された基準税率（15％）に至るまで、親会社の所在する国において課税を行う制度である。

特定多国籍企業グループ等に属する内国法人に対して国際最低課税額（課税標準に対する法人税（国際最低課税額×90.7/100））を課し、内国法人の令和6年4月1日以後に開始する対象会計年度から適用する。

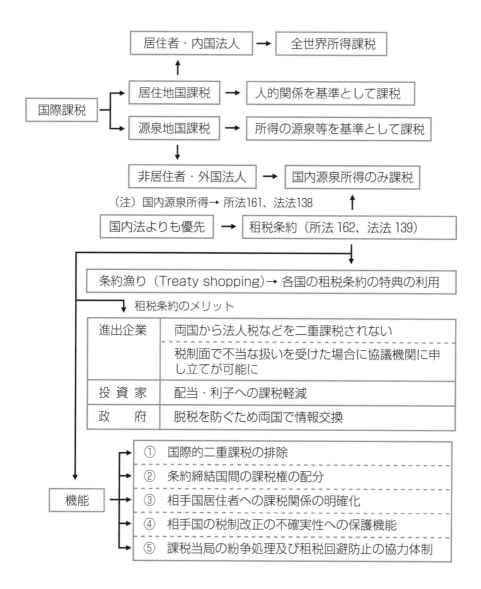

　所得税法（平成26年法律第10号による改正前のもの）2条1項5号の非居住者である売主に対し、日本国内にある不動産の譲渡対価を支払う以上、買主である不動産会社は、同法212条1項に基づく源泉徴収義務を負っていたというべきであり、住民票等の公的な書類に上記売主の住所が日本国内にある旨記載されているなどの事情があるとしても、上記売主が約1か月にわたりアメリカ合衆国に帰国して、以前に同国で生活していた旨を担当者に対して説明していたこと、上記売主が担当者に対して譲渡対価を26口に分割して同国所在の銀行の18口座に振り込むように依頼していたこと、譲渡対価の送金依頼書には同国内の住所が記入されていたことなど判示の事実関係の

下においては、<u>前記会社が、売主が非居住者であるか否かを確認すべき注意義務を尽くしたということはできず</u>、その確認のために売主に対してその生活状況等を質問することが不動産の売買取引をする当事者間において取引通念上不可能又は困難であったということも、当該質問等をしても確認できない結果に終わったということもできないというべきであるから、買主の上記源泉徴収義務を否定すべき理由はない。

（下線：筆者）

（注）対価支払者が、注意義務を尽くしている場合には、源泉徴収義務を負わないとも解釈（限定適用）できる。

■　国際課税原則の見直し（総合主義から帰属主義への変更）

　平成26年度税制改正で、①外国法人等の支店（PE）が得る所得については、支店（PE）が本店から分離・独立した企業であったとした場合に得られる所得とするとともに、本店と支店（PE）との間の内部取引を認識すること、②支店（PE）が第三国で得る所得について、日本と第三国の両方から課税されて二重課税が生じる場合、その二重課税を排除するために新たに支店（PE）のための外国税額控除制度が創設された。これによって、我が国では、外国法人等に対する課税原則が、国内法は、「総合主義」、租税条約は、「帰属主義」と異なっていたが、この改正で、国内法も「帰属主義」に変更することによって、両者の整合性が図られた。

（注）帰属主義に関する法令には、租税回避防止規定として法人税法147条の2（外国法人の恒久的施設帰属所得に係る行為又は計算の否認）がある。

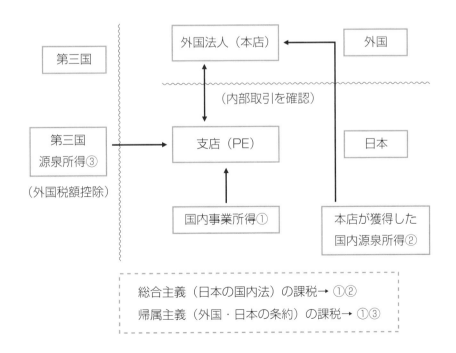

総合主義（日本の国内法）の課税→ ①②
帰属主義（外国・日本の条約）の課税→ ①③

（注）恒久的施設（Permanent establishment）は、国際税務に関する重要な概念であり、外国法人に対する課税の根拠となるものである。支店・工場など、事業を行う一定の場所のことである。

OECD モデル租税条約の事業所得の項で、次のように規定している。

「一方の締約国の企業の利得に対しては、その企業が他方の締約国内に存在する恒久的施設を通じて当該他方の締約国内において事業を行わない限り、当該一方の締約国においてのみ租税を課すことができる。」

デジタル課税は、GAFA（グーグル、アップル、フェイスブック、アマゾン）をはじめとする巨大ネット企業を念頭に議論されているが、この PE を外国法人に対する課税の根拠から排除するものといわれている。デジタル課税は、無形資産からの収益が消費地（仕向地）で生み出されることに着目して、課税するというもので、売上高に課税する（フランス）という案が OECD で議論されている。

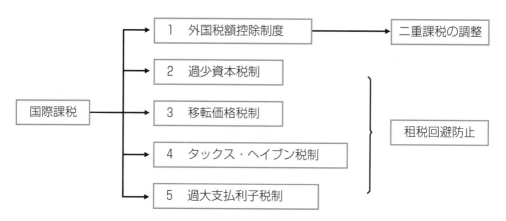

（注）OECD を中心として「税源浸食と利益移転（BEPS：Base Erosion and Profit Shifting)」の問題が顕在化し、その結果、租税回避に対する一般否認規定（General Anti-Avoidance Rules）が普及し、共通化するのではないかといわれている。

1 外国税額控除制度（昭和28年）

外国税額控除制度（Foreign Tax Credit）とは、全世界所得課税制度を採用する国が、国際的な二重課税を排除するために、自国での納税額から、外国で稼得された所得（国外源泉所得）に対して課税された部分の税額を控除する仕組みのことである。我が国では、所得税、法人税、相続税、贈与税、道府県民税及び市町村民税等について、外国税額控除が認められている。なお、外国税額控除は、確定申告書、修正申告書又は更正請求書等に控除を受けるべき金額を記載（書類の保存等）するなどの要件を満たしている場合に認められる（所法95⑪⑫、法法69⑯⑰）。

（注）外国税額控除制度の趣旨・目的は、①国際的二重課税の排除及び②資本輸出中立性の確保であるといわれている。

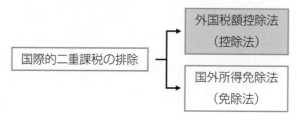

　外国税額控除は、全世界のすべての所得に対して課税し、そこから外国で納付した税額を控除する方法である。我が国は、「一括限度方式」を採用していたが、平成21年度改正で「外国子会社配当益金不算入制度」を導入したことによって、控除法と免除法の折衷方式に移行したといわれている（**法法69**、所法95）。

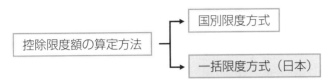

【外国税額控除制度の概要図：具体例（数値等は仮定）】

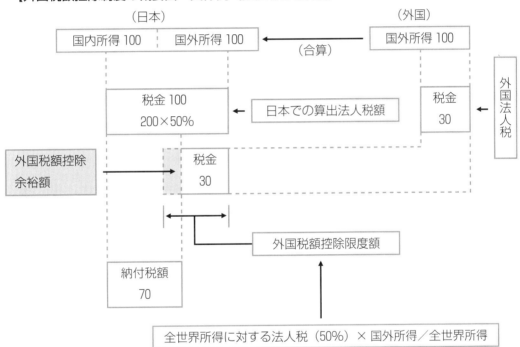

　（注）　①　外国税額控除の対象から除外される高率な外国税の水準は35％超である（法令142の2①）。

　　　　　②　非課税とされる国外所得は全額を国外所得から控除する（法令142③）。

　　　　　③　国外所得は全世界所得の90％を限度とする（法令142③）。

〇所法95②、法法69②

外国税額　＞　控除限度額等	→	過去３年間の控除余裕額の利用可

〇所法95③、法法69③

外国税額　＜　控除限度額等	→	過去３年間の繰越外国税額から控除可

（注）　控除限度額等＝控除限度額＋地方税控除限度額（所令223、法令143）

（注）　平成23年度税制改正において、次のような改正が行われた。

　　　　イ　複数の税率の中から納税者と外国当局等との合意により税率が決定された税について、最も低い税
　　　　　　率等を上回る部分は、外国税額控除制度及び内国法人等の特定外国子会社等に係る所得の課税の特例
　　　　　　（いわゆる外国子会社合算税制）等の適用上、外国法人税及び外国所得税に該当しないものとされた（法
　　　　　　令141③三、所令221③三）。この改正は、ガーンジー島事件（最高裁平21.12.3判決）の影響によって
　　　　　　改正されたものである。

　　　　ロ　控除限度額の計算について、租税条約の規定により条約相手国等において租税を課することができ
　　　　　　ることとされる所得（当該租税条約の規定において控除限度額の計算に当たって考慮しないものとさ
　　　　　　れる所得を除く）で当該条約相手国等において外国法人税又は外国所得税を課されるものは、国外所
　　　　　　得に該当するものとされた（法令142④三、155の28④三、所令222④三）。

外国税額控除制度の濫用（最高裁平17.12.19判決）

　①法人税法69条の定める「外国税額控除の制度」は、内国法人が、外国法人税を納
付することとなる場合に、一定の限度で、その外国法人税の額を我が国の法人税の額
から控除するという制度である。これは、同一の所得に対する国際的二重課税を排斥
し、かつ、事業活動に対する税制の中立性を確保しようとする政策目的に基づく制度
である。②ところが、本件取引は、全体としてみれば、本来は外国法人が負担すべき
外国法人税について我が国の銀行である被上告人が対価を得て引き受け、その負担を
自己の外国税額控除の余裕枠を利用して国内で納付すべき法人税額を減らすことによ
って免れ、最終的に利益を得ようとするものであるということができる。これは、我
が国の外国税額控除制度をその本来の趣旨目的から著しく逸脱する態様で利用して納
税を免れ、我が国において納付されるべき法人税額を減少させたうえ、この免れた税
額を原資とする利益を取引関係者が享受するために、取引自体によっては外国法人税
を負担すれば損失が生ずるだけであるという本件取引をあえて行うというものであっ
て、我が国ひいては我が国の納税者の負担の下に取引関係者の利益を図るものという
ほかない。そうすると、本件取引に基づいて生じた所得に対する外国法人税を法人税
法69条の定める外国税額控除の対象とすることは、外国税額控除制度を濫用するもの
であり、さらには、税負担の公平を著しく害するものとして許されないというべきで
ある（趣旨解釈、限定解釈）。

　（注）平成13年度税制改正で、「外国法人税」の定義が明確化され、通常行われると認められない取引に係
　　　る外国法人税を外国税額控除の適用から除外した（法法69①）。

ガーンジー島事件（最高裁平21.12.3判決）

　本件では、本件子会社が措置法施行令39条の14第1項2号に規定する上告人に係る
外国関係会社（特定外国子会社等）に当たるか否かが争われており、争点は、本件子
会社がガーンジーにおいて租税として納付したものが外国法人税に該当するか否かで

ある。法人税法69条1項は、外国法人税について、「外国の法令により課される法人税に相当する税で政令で定めるもの」をいうと定め、外国の租税が外国法人税に該当するといえるには、それが我が国の法人税に相当する税でなければならないとしている。これを受けて法人税法施行令141条は、1項において外国法人税の意義を定めるほか、外国又はその地方公共団体により課される税のうち、外国法人税に含まれるものを2項1号から4号までに列挙し、外国法人税に含まれないものを3項1号から5号までに列挙している。以上の規定の仕方によると、外国法人税について基本的な定義をしているのは、同条1項であるが、これが形式的な定義にとどまるため、同条2項及び3項において実質的にみて法人税に相当する税及び相当するとはいえない税を具体的に掲げ、これにより、同条1項にいう外国法人税の範囲を明確にしようとしているものと解される。租税法律主義にかんがみると、その判断は、飽くまでも同項1号又は2号の規定に照らして行うべきであって、同項1号又は2号の規定から離れて一般的抽象的に検討し、我が国の基準に照らして法人税に相当する税とはいえないとしてその外国法人税該当性を否定することは許されないというべきである。本件外国税は、ガーンジーの法令に基づきガーンジーにより本件子会社の所得を課税標準として課された税であり、そもそも租税に当てはまらないものということはできず、また、外国法人税に含まれないものとされている法人税法施行令141条3項1号又は2号に規定する税にも、これらに類する税にも当たらず、法人税に相当する税ではないということも困難であるから、外国法人税に該当することを否定することはできない。

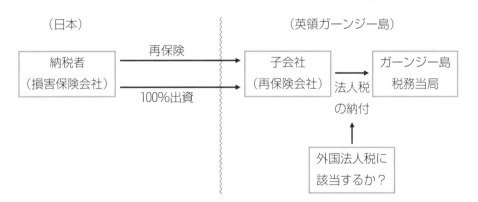

（注）この事件の後、平成23年度6月改正によって、複数の税率のうち、納税者と課税庁との合意により税率が決定される租税については、最も低い税率を上回る部分は、外国税額控除及びタックス・ヘイブン対策税制の適用上、外国法人税に該当しないものとされた（法令141③三）。

○みなし外国税額控除（タックス・スペアリング・クレジット）（法法69⑧）
○間接外国税額控除（法令147）
○外国孫会社に係る外国税額（法令150の3）

○連結法人税における外国税額控除（法法81の15）

2 過少資本税制（平成4年）

　同じ資金調達であっても、借入金の利子については損金に算入され、その配当に対しては、損金不算入になることから、税負担を少なく（租税回避）するためには、借入金の比率を高めようとする傾向がある。これが、過少資本（thin capitalization）の問題である。これに対処するため、一定の場合に法人の株主から借入金を出資とみなし、それにかかる支払利子は損金算入できないようにしている。

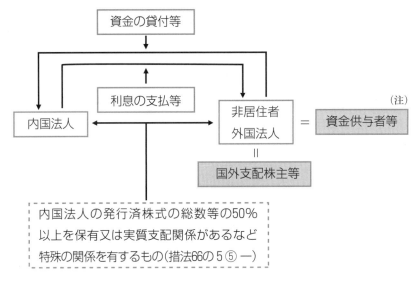

　　(注) 資金供与者とは、内国法人に資金を提供する者及び当該資金の供与に関係のある者をいう（措法66の5⑤二）。

　我が国の「過少資本税制」の内容は、①我が国の外資系企業が海外の関係会社から調達した借入金の額が、その海外の関係会社が有する、外資系企業の自己資本に対する持分の3倍を超え、かつ、②外資系企業の借入金総額が自己資本の3倍を超える場合には、その外資系企業が海外の関係会社に支払う利子のうち、上記①で求められる借入金の超過額に対応する支払利息を損金の額に算入しないというものである（措法66の5①）。

　なお、借入れと貸付の対応関係が明らかな債券現先取引等に係る負債については控除でき、この場合には、国外支配株主等に対する負債の国外支配株主等の資本持分に対する倍率が2倍以下となるときには、この制度は適用されない（措法66の5②）。

　また、申告書において、上記の各倍率に代えて、同業種、同規模、同業態、自己資本の額が類似する法人の借入・資本比率に照らして、妥当な比率を用いることができることになっている（措法66の5③）。

　適用条件である①および②を図解で示すと、次のようになる。

① 国外支配株主等に係るもの（第 1 条件）

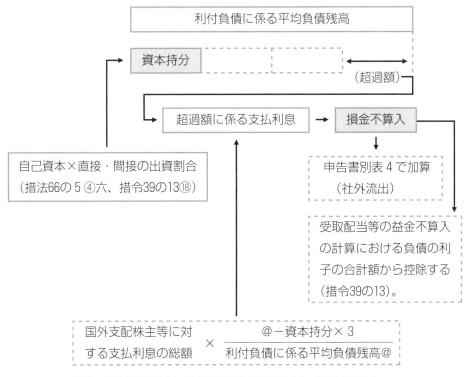

（注）　国外支配者株主に対する課税は、「利子」として源泉徴収する。

② 法人全体に係るもの（第 2 条件）

┌───┐
│ 　　　　　過少資本税制と国外支配株主等（東京地裁令 2 . 9 . 3 判決）　　　　　│
├───┤
　　原告は、本件借入れが実行された時点において A 1 は非居住者ではなかったから、本件借入れは「非居住者等からの借入れ」に当たらない旨主張する。しかし、借入れ（貸付け）の実行時とは、貸主と借主との消費貸借関係という継続的な契約関係の始点であり、その関係は借入金が完済されるまで存続し、借入れの利子も、かかる消費貸借関係が存続する間、継続的に発生するものである。そして、過少資本税制について定める措置法66条の 5 は、内国法人が非居住者である国外支配株主等から過大な貸付けを受けることによる租税回避を防止する趣旨で、国外支配株主等に対する支払利子の一部について損金算入を認めない旨を定めているところ、貸付け後に貸主が住所
└───┘

地を日本国外（シンガポール）に移転した場合に同条の規定が適用されないこととなれば、上記趣旨が容易に潜脱されることとなってしまう。

3 移転価格税制（昭和61年）

移転価格税制（Transfer pricing Taxation）とは、独立企業（資本や人的に支配関係にない企業）間で取引される価格（独立企業間価格、arm's length price）と異なる価格で関連者（資本や人的に支配関係にある外国会社）と取引が行われた場合、その取引価格が独立企業間価格で行われたものとして課税所得金額を算出する税制である。我が国では、法人（内国法人・外国法人）と国外関連者の間の取引に付された価格を対象として移転価格税制が構築されている。

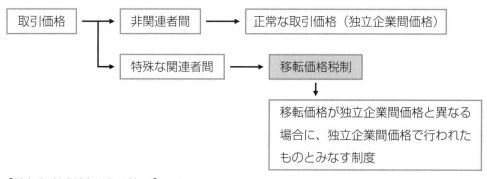

【移転価格税制の適用範囲】

	国内取引	国外取引
日本	法人税法22条2項	移転価格税制
アメリカ	移転価格税制（IRC482）	

（注）わが国において移転価格税制が「国外取引」のみ適用される理由として、①この制度が国際的所得移転を防止するためであること、②国内取引にまで対象とすると、所得計算の基本的仕組みを再検討する必要があったことである。

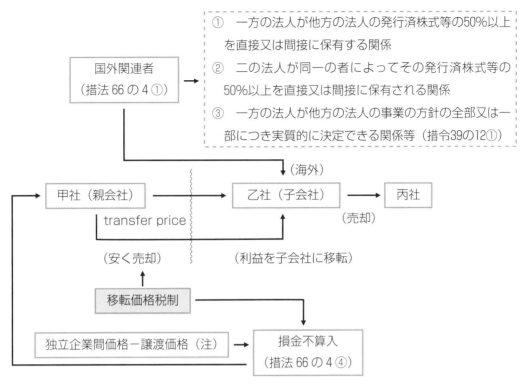

① 一方の法人が他方の法人の発行済株式等の50%以上を直接又は間接に保有する関係

② 二の法人が同一の者によってその発行済株式等の50%以上を直接又は間接に保有される関係

③ 一方の法人が他方の法人の事業の方針の全部又は一部につき実質的に決定できる関係等（措令39の12①）

国外関連者
（措法 66 の 4 ①）

（海外）

甲社（親会社）　　　乙社（子会社）　　　丙社

transfer price

（売却）

（安く売却）　　　（利益を子会社に移転）

移転価格税制

独立企業間価格－譲渡価格（注）　　　損金不算入
（措法 66 の 4 ④）

（注）　寄附金に該当するものは除かれている。

　上図のように、親会社（甲社）が、海外子会社（乙社）に対して、通常の価格よりも安く販売し、その子会社が第三者（丙社）に通常の価格で売却すれば、子会社に利益が移転し、国内の親会社の利益が減少する。これを防止（損金不算入）することを目的として、移転価格税制が導入された（措法66の 4 ）。移転価格税制は、国家の課税権の適切な調整を行なうという観点から設けられている。

○独立企業間価格の方法

　　①　独立価格比準法（CUP 法：Comparable Uncontrolled Price Method）

　　②　再販売価格基準法（RP 法：Resale Price Method）

　　③　原価基準法（CP 法：Cost Plus Method）

　　④　その他（①～③の方法が採れない場合）

　　　（注）平成23年度改正によって、上記独立企業間価格の算定方法の適用順位の見直しが行なわれ、最適な方法を事案に応じて選択する仕組みになった。

┌─────────────────────────────┐
│　　　アドビ事件（東京高裁平20.10.30判決）　　　│
└─────────────────────────────┘

　租税特別措置法66条の 4 第 2 項 2 号イは、棚卸資産の販売又は購入以外の取引について、棚卸資産の販売又は購入について適用される基本 3 法（独立価格比準法、再販

売価格基準法及び原価基準法）と同等の方法により独立企業間価格を算定する旨規定しているところ、この「同等の方法」とは、棚卸資産の販売又は購入以外の取引において、それぞれの取引の類型に応じて、基本3法と同様の考え方に基づく算定方法を意味するものである。そして、本件国外関連取引のような役務提供取引の場合における基本3法と同等の方法といい得るには、比較対象取引に係る役務が本件国外関連取引に係る役務と同種（独立価格比準法）か、あるいは同種又は類似（再販売価格基準法及び原価基準法）であり、かつ、比較対象取引に係る役務提供の条件が本件国外関連取引と同様であることを要する。

■ 推定課税 （措法66の4⑧⑨）

納税者たる法人が独立企業間価格を算定するために必要又は重要と認められる書類として財務省令で定める書類を税務職員が求めた場合において、法人が一定の期日（提示若しくは提出を求めた日から45日ないし60日を超えない日）までに当該書類を提示又は提出しなかった場合、課税庁は独自に入手した外部情報により算定された価格をもって独立企業間価格と推定することができる。

■ シークレット・コンパラブル

移転価格課税においては、納税者が独立企業間価格の算定に十分な情報を課税庁に提出しない場合には、課税庁が、納税者と類似の取引を行う第三者から質問検査等により入手した比較対象取引についての情報（シークレット・コンパラブル）によって課税するが、守秘義務によりその開示が行われないため、納税者にとって課税内容の検証ができないとともに、恣意的な課税が行われる可能性がある。ただ、開示した場合には、申告納税制度の維持が困難になることも言われている。東京地裁平19.8.28判決において、シークレット・コンパラブルの開示請求（情報公開）は棄却されている。

■ 相互協議と対応的調整（二重課税の調整）

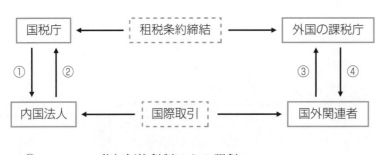

①………… 移転価格税制による課税
②③……… 相互協議の申立て

④…………　対応的調整（移転価格税制を適用された企業の相手企業の所得を減
　　　　　　　　額する調整）

　（注）　移転価格税制による更正・決定を受けた者が、相互協議の申立てをしたうえで申請をしたと
　　　　きは、更正・決定に係る法人税及び加算税の額の納税は猶予される（措法66の4の2①）。

4　タックス・ヘイブン税制（昭和53年）

　税の負担の重い国の会社が、税の負担の軽い国（タックス・ヘイブン国）に子会社を設
立し、そこに利益を留保して課税を回避することを防止するために、タックス・ヘイブン
（tax haven）税制が設けられている。我が国の制度は、内国法人等によってその発行済株
式等の50% を超える株式等を直接又は間接に保有されている外国子会社で、その所得に
対する税負担が我が国に比べて著しく低い場合又は法人税等が存しない場合（特定外国子
会社）については、その利益を内国法人に配当せずに内部留保して我が国での課税を回避
することを防ぐため、その法人所得のうち内国法人等（発行済株式等の10% 以上保有）の
保有する株式等に対応する部分は、その内国法人等の所得に合算して課税するというもの
である。なお、タックス・ヘイブン税制は、「法人」のみではなく、「個人」（合算所得＝
雑所得）にも適用される（措法40の4 ～40の6 、同66の6 ～66の9 ）。

　なお、平成21年度税制改正によって、外国子会社配当益金不算入制度が創設されたこと
によって特定外国子会社等から受ける配当等の額は、タックス・ヘイブン税制に基づく合
算対象の計算上控除されない（措法66の6 ）。また、内国法人が特定外国子会社等から配
当等（外国子会社配当益金不算入制度により益金の額に算入されないものを除く。）を受
ける場合には、その配当の額のうち、内国法人の配当等を受ける日を含む事業年度及び当
該事業年度開始日前10年以内に開始した各事業年度において、当該特定外国子会社等につ
き合算対象とされた金額の合計額に達するまでの金額は、益金の額に算入しない（措法66
の8 ）。

　令和5 年度税制改正によって、令和6 年4 月1 日に開始する会計年度から、特定外国関
係会社の各事業年度の租税負担割合が27％以上である場合には、合算課税の適用を免除さ
れる（措法66の6 ⑤一）。

【課税対象留保金額の算式（措令39の15）】

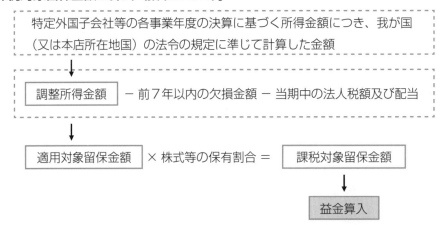

特定外国子会社等の各事業年度の決算に基づく所得金額につき、我が国（又は本店所在地国）の法令の規定に準じて計算した金額

↓

調整所得金額 － 前7年以内の欠損金額 － 当期中の法人税額及び配当

↓

適用対象留保金額 × 株式等の保有割合 ＝ 課税対象留保金額

↓

益金算入

特定外国子会社の損金算入（最高裁平19.9.28判決）

　内国法人に係る特定外国子会社等に欠損が生じた場合には、これを翌事業年度以降の当該特定外国子会社等における未処分所得の金額の算定に当たり、5年を限度として繰り越して控除することが認められているにとどまるものというべきであって、当該特定外国子会社等の所得について、租税特別措置法66条の6第1項の規定により当該特定外国子会社等に係る内国法人に対し上記の益金算入がされる関係にあることをもって、当該内国法人の所得を計算するに当たり、上記の欠損の金額を損金の額に算入することができると解することはできないというべきである。

■　適用除外

　特定外国子会社等が一定の基準のすべてを満たした場合、その満たした事業年度の留保所得は、内国法人の所得に加算されない（措法66の6③④）。それらをフローチャートで示せば、次のようになる。

【適用除外のフローチャート】

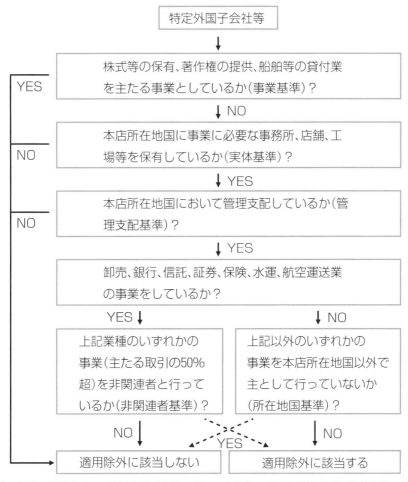

（注）平成22年度の税制改正で、統括会社（地域の「ミニ本社」）の実態に即した適用除外基準の見直しが一部
　　　行われた（措法40の４～40の９他）。すなわち、特定外国子会社等に生じる一定の資産性所得で重要性の
　　　高いものについては、適用除外要件を充足した場合でも合算課税を要することになった。

■　二重課税の排除

■　特殊関係株主等である内国法人等に係る特定外国法人の課税の特例
　（コーポレート・インバージョン対策税制）

　特殊関係内国法人である内国法人の株主（以下「特殊関係株主等」という。）が、組

織再編成等により、軽課税国に所在する外国法人（以下「特定外国法人」という。）を通じてその特殊関係内国法人の株式等の80％以上を間接保有することとなった場合には、特定外国法人の所得に相当する金額（以下「適用対象金額」という。）のうち、特殊関係株主等である内国法人のその有する株式等に対応する部分として計算した金額（以下「課税対象金額」という。）をその特殊関係株主等である内国法人の収益の額とみなして、その所得の金額の計算上、益金の額に算入することとされている（措法66の9の2①）。

5　過大支払利子税制（平成24年）

　所得金額に比して過大な支払利子を関連者間で支払うことを通じた租税回避を防止するための措置として設けられ、平成25年4月1日以後に開始する事業年度から適用される（措法66の5の2、66の5の3、68の89の2、68の89の3）。

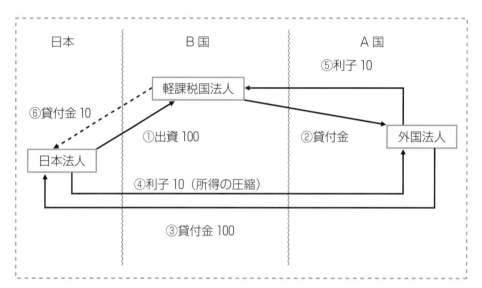

（注）グループ内で資金を循環させ、日本法人において過大な支払利子を創出し、損金算入することで、課税所得を圧縮させる。

　所得金額に比して過大な利子を関係者間で支払うことを通じた租税回避を防止するために設定された。

　法人の関連者に対する純支払利子等の額が調整所得金額の20％を超える場合には、その超える部分の金額は、当期の損金の額に算入しない。

【過大支払利子損金不算入制度の概要】

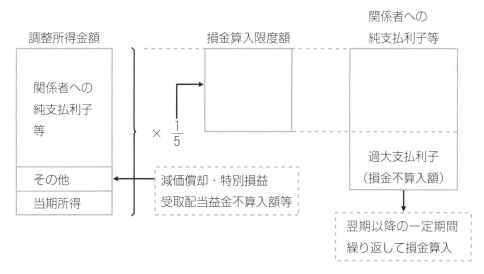

(注) ① 本制度と過少資本税制の両者が適用になる場合には、その計算された損金不算入額のうちいずれか多い金額を損金不算入とする。

② 関連者の範囲は、その法人との間に直接・間接の持分割合50%以上の関係にある者及び実質支配・被支配関係にある者並びにこれらの者による債務保証を受けた第三者等とする。

③ 関連者に対する純支払利子等の額は、関連者に対する支払利子等の額の合計額からこれに対応するものとして計算した受取利子等の額を控除した残額となる。

④ 調整所得金額は、当期の所得金額に、関連者純支払利子等、減価償却費等及び受取配当等の益金不算入額等を加算し並びに貸倒損失等の特別の損益について加減算する等の調整を行った金額とする。

⑤ 繰越損金不算入額 → 当期の関連者純支払利子等の額が調整所得金額の20%に満たない場合において、前7年以内に開始した事業年度に本制度の適用により損金不算入とされた金額があるときは、その関連者純支払利子等の額と調整所得金額の20%に相当する金額との差額を限度として、当期の損金の額に算入する。

□ 適用除外基準

次のいずれかに該当する場合には、本制度を適用しない。

① その事業年度における関連者純支払利子等の額が2千万円以下であること

② 国内企業グループ（持株割合50%超）の合算純支払利子等の額が合算調整所得の20%以下であること

□ 他の制度との関係

① 本制度と過少資本税制との適用関係

本制度と過少資本税制の双方が適用となる場合には、その計算された損金不算入額のうちいずれか多い金額を当期の損金不算入額とする。

　　　の規定を適用しない。すなわち、過少資本税制を適用することとし、いずれの制度も適用されない
　　　状況が生じないようになった（措法66の5④、68の89④）。

②　本制度と外国子会社合算税制との適用関係

　　内国法人が関連者である外国子会社等に対して支払った利子等につき外国子会社合算税制と本制度の双方が適用となる場合には、本制度による損金不算入額（その外国子会社等に対する支払利子等に係る部分に限る。）から外国子会社合算税制による合算所得（その外国子会社等に係るものに限る。）に相当する金額を控除する等の調整を行うものとする。

コラム㉖　パナマ文書の意味するところ

　2016年の5月10日にタックスヘイブン（租税回避地）に設けられた約21万のペーパーカンパニーの情報が公開され、世界中からタックスヘイブンに多額のお金が流れていた実態が明らかになった。日本人もネットや食品会社の経営者など約230人、商社である伊藤忠、丸紅などの日本企業も約20社がかかわっていたとされ、課税当局は脱税などの違法性がないか調査に乗り出したと報道されている。当日、私も朝日放送のニュース番組「キャスト」から、パナマ文書についてコメントを求められた。

　当然のことではあるが、租税回避地を利用して、租税の負担を回避すること自体、法的に何ら問題はない。もちろん、国民に納税を促す立場である政治家が、己の租税の負担を回避するという行為を採る場合には、当然、道義的な問題もあり、説明責任が問われるであろう。資産隠しを指摘されたアイスランドのグンロイグソン首相(当時)が辞任し、また、英国のキャメロン前首相も父親のファンドに出資していたと批判されている。その他にも、プーチン大統領の友人や習近平国家主席の義兄などの名前も挙がっている。これらの要人たちの名前をみると、政治家も己の租税回避には相当興味を持っているようである。

　ところで、パナマ文書の暴露によって、現行税制の歪みの是正を求める声がひときわ高くなり、また、貧富の格差といった問題への早急な対応が各国で迫られている。しかしながら、貧富の格差を是正する手段として、税制上、累進課税制度はあるものの、その税率を高くすれば、富裕層が逃避することは間違いない。フランスの経済学者トマ・ピケティは、その著「21世紀の資本（みすず書房／2014年発行）」で「累進税制は社会国家の発達と、20世紀の格差構造変化にも中心的な役割を果たしたし、将来にわたって社会国家の存続を確保するためにも重要であり続ける(519頁)」と述べているが、その実効性は疑わしい。当然のことながら、富裕層は富裕層として異なる論理を持っている。「租税は文明の対価である。それゆえ、自分はよろこんで租税を払う」と富裕層の多くは考えていない。むしろ、富裕層の側からいえば、税負担が重い累進税制は、「不公平」であると考えている。我が国の過去の最高所得税率は、昭和37年から同58年まで続けられた「75%」である。それに地方税率の最高税率「18%」を加えると、「93%」となる。さすがに、これでは税負担が重いということで、賦課制限として「80%」を上限とした。しかし、これでも富裕層は、

重い負担と感じるであろう。当時の日本の高額所得者であった松下幸之助は、我が国の税負担の重さに苦言を呈していた。台湾では、2008年に、遺産税（相続税）の税率を一律10％（改正前は最高税率50％）に引き下げたのであるが、これは、台湾の富裕層がタックスヘイブンである香港やシンガポールに逃避したからという理由らしい。しかし、遺産税の税率を引き下げても、一旦、出国した人々は戻ってこない。

　また、利益を求める企業に対して、タックスヘイブンの利用を非難することは、妥当でないであろう。企業にとって、租税も他の費用と同様にコストであるから、当然、経営戦略上、租税負担の軽減を考えなければならない。そのような対応策をしなければ、逆に、経営者は株主から訴えられるかもしれない。多国籍企業によるタックスヘイブンの利用に対して、ＯＥＣＤは、ＢＥＰＳ（税源浸食と利益移転）など一定の枠組を設け、租税回避の防止策を模索している。しかし、これが有効にワークするためには、世界の国々が、税制で協調して行動する必要がある。税制は、本来、インターナル（国内）なものであるが、これからは、各国と調整したインターナショナル（国際的）なものにならざるを得ない。ただ、タックスヘイブンは、パナマ、ケイマン諸島、バージン諸島など資源小国で、産業などに乏しい国である。これらの国々は、ペーパーカンパニーの設立に係る手数料で財政を賄い、弁護士・会計士などの雇用も生み出しているのである。それ故に、タックスヘイブンの国々に、財政を潤すタックスヘイブンを見直させることを強要するには限界がある。

　タックスヘイブンのもう一つの大きな問題は、「匿名性」にあるといわれている。会社の設立や運用については、匿名で行うことが可能で、実質的な所有者が誰であるのかということが分からないペーパーカンパニーが多くある。更に、タックスヘイブンでは、お金の流れが不明瞭で、匿名性があるということから、ブラックマネーのマネーロンダリングにも使われているといわれている。複数のタックスヘイブンを介せば、さらにお金の流れは見えにくくなる。

　タックスヘイブンは、租税公平主義から批判はされるものの、脱税でない以上、これらを利用した租税回避は、「タックスヘイブン税制」など、立法で規制する以外はない。一国で規制できなければ、ＯＥＣＤなどの国際的な機構で、各国協調して租税回避を防止することになるのであろう。

資　料

令和6年度税制改正大綱の要旨

令和6年度税制改正の主要テーマ

① 構造的な賃上げの実現

② 生産性向上・供給力強化に向けた国内投資の促進

③ 経済社会の構造変化を踏まえた税制の見直し

④ 地域・中小企業の活性化等

⑤ 円滑・適正な納税のための環境整備

⑥ 扶養控除等の見直し

⑦ 防衛力強化に係る財源確保のための税制措置

Ⅰ 個人所得課税

1 所得税・個人住民税の定額減税

居住者の所得税額から、以下の特別控除の額を控除する。ただし、その者の令和6年分の所得税に係る合計所得金額が1,805万円以下である場合に限る。

イ 本人 3万円

ロ 同一生計配偶者又は扶養親族（居住者に限る） 1人につき 3万円

ただし、その者の所得税額を超える場合には、所得税額を限度とする。

令和6年度分の個人住民税については、次の金額とする。

イ 本人 1万円

ロ 控除対象配偶者又は扶養親族（国外居住者を除く） 1人につき 1万円

ただし、その者の所得割の額を超える場合には、所得割の額を限度とする。

2 金融・証券税制

① ストックオプション税制について、以下の「権利行使価額の限度額」の見直しが行われる。

イ 設立日以後の期間が5年未満の株式会社

1,200万円 → 2,400万円

ロ 一定の株式会社（設立日以後の期間が5年以上20年未満かつ未上場又は上場5年未満の株式会社等）

1,200万円 → 3,600万円

② 認定新規中小企業者等に係る要件の見直し

イ 「資本金の額5億円未満かつ従業員数900名以下」の要件の廃止

ロ 社外高度人材に係る要件の見直し（博士の学位等→廃止、教授等→加える）

3 子育て支援に関する政策税制

① 住宅ローン控除の拡充

イ 新築等の認定住宅 → 500万円上乗せ

ロ 新築等のZEH水準省エネ基準適合住宅 → 1,000万円上乗せ

（※イ、ロは一定の者が令和6年に居住を開始した場合に適用）

ハ 認定住宅等の新築等の場合の床面積要件（合計所得金額1,000万円未満）→ 緩和の1年延長

② 住宅リフォーム税制の拡充

③ 生命保険料控除の拡充（23歳未満の扶養親族）4万円に2万円上乗せ ※令和7年度税制改正で検討

4　土地・住宅税制

次の特例を 2 年延長する。

イ　特定の居住用財産の買換え及び交換の場合の長期譲渡所得の課税の特例

ロ　居住用財産の買換え等の場合の譲渡損失の繰越控除等

ハ　特定居住用財産の譲渡損失の繰越控除等

ニ　既存住宅の耐震改修をした場合の所得税額の特別控除

ホ　既存住宅に係る特定の改修工事をした場合の所得税額の特別控除

5　その他

①　支払調書等の電子情報処理組織（e-Tax）による提出義務の判定基準となるその年の前々年に提出すべきであった枚数の引下げ　　100枚以上　→　30枚以上

②　国民健康保険税

イ　国民健康保険税の後期高齢者支援金等課税額に係る課税限度額を22万円から24万円に引き上げる。

ロ　国民健康保険税の減額の対象となる基準

・　5 割軽減対象　　29万円　→　29.5万円

・　2 割軽減対象　　53.5万円　→　54.5万円

Ⅱ　資産課税

1　土地に係る固定資産税等の負担調整措置

宅地等及び農地の負担調整措置については、令和 6 年度から令和 8 年度までの間、現行の負担調整措置の仕組みを継続する。

2　登録免許税の軽減

特別事業再編計画の認定を受けた特別事業再編事業者のうち、一定のものが特別事業再編計画に基づき行う登記に対する登録免許税の税率を軽減する。

3　直系尊属から住宅取得等資金の贈与を受けた場合の贈与税の非課税措置の見直し・延長

「直系尊属から住宅取得等資金の贈与を受けた場合の贈与税の非課税措置」について、非課税限度額の上乗せ措置の適用対象となるエネルギーの使用の合理化に著しく資する住宅用の家屋の要件を見直しの上、適用期限を 3 年延長する。

4　特定の贈与者から住宅取得等資金の贈与を受けた場合の相続時精算課税制度の特例の延長

「特定の贈与者から住宅取得等資金の贈与を受けた場合の相続時精算課税制度の特例」の適用期限を 3 年延長する。

5　個人版事業承継税制・法人版事業承継税制

「個人の事業用資産に係る相続税・贈与税の納税猶予制度」の個人事業承継計画及び「非上場株式等に係る相続税・贈与税の納税猶予の特例制度」の特例承継計画の提出期限をそれぞれ 2 年延長する。

Ⅲ　法人課税

1　給与等の支給額が増加した場合の税額控除制度

・　適用期限を 3 年延長する。

・　税額控除率　15%　→　10%

・　継続雇用者給与等支給額の増加割合に応じた税額控除率の上乗せ

「4 % 以上→5 % 加算」「5 % 以上→10% 加算」「7 % 以上→15% 加算」

・　教育訓練費の増加割合10% 以上 + 給与支給額に対する教育訓練費の割合0.05% 以上

→　5 % 加算

・　プラチナくるみん認定又はプラチナえるぼし認定を受けている場合に5%を加算する。

【中堅企業向けの措置】（新設）

・　青色申告法人＋従業員数2,000人以下　→　令和6年4月1日から令和9年3月31日までの間に開始する事業年度において、継続雇用者給与等支給額の比較給与等支給額に対する増加割合が3%以上であるときは、その増加額の10%の税額控除ができる。

〇　継続雇用者給与等支給額の増加割合4%以上　→　税額控除率15%加算

〇　教育訓練費の増加割合10%以上＋給与支給額に対する教育訓練費の割合0.05%以上

　　→　税額控除率5%加算

〇　プラチナくるみん認定等　→　税額控除率5%加算

【中小企業向けの措置】

・　繰越限度超過額は5年間の繰越＋適用期限3年延長

〇　教育訓練費の増加割合5%以上＋教育訓練費が給与等支給額の0.05%以上の場合

　　→　税額控除率に10%の上乗せ

〇　くるみん認定等　→　税額控除率に5%加算

2　戦略分野国内生産促進税制の創設

3　イノベーションボックス税制の創設

4　試験研究を行った場合の税額控除制度（研究開発税制）の見直し

5　法人が有する一定の暗号資産の評価方法の見直し

　　「暗号資産」について、法人が有する市場暗号資産に該当する暗号資産で譲渡についての制限その他の条件が付されている暗号資産の評価額は、原価法・時価法のうちその法人が選定した評価方法により計算した金額とする。

6　オープンイノベーション促進税制の延長

　　オープンイノベーション促進税制の適用期限を2年延長する。

7　中小企業事業再編投資損失準備金制度の延長

　　中小企業事業再編投資損失準備金制度について、一定の措置を講じた上、適用期限を3年延長する。

8　交際費等の損金不算入制度の見直し

①　損金不算入となる交際費等の範囲から除外される一定の飲食費に係る金額基準を1人当たり5千円以下から1万円以下に引き上げる。

②　接待飲食費に係る損金算入の特例及び中小法人に係る損金算入の特例の適用期限を3年延長する。

9　中小企業者の欠損金等以外の欠損金の繰戻しによる還付制度の不適用措置の延長

　　中小企業者の欠損金等以外の欠損金の繰戻しによる還付制度の不適用措置について、適用期限を2年延長するとともに、その対象から銀行等保有株式取得機構の欠損金額を除外する措置の適用期限を2年延長する。

10　中小企業者等の少額減価償却資産の取得価額の損金算入の特例の見直し・延長

　　中小企業者等の少額減価償却資産の取得価額の損金算入の特例について、対象法人から電子情報処理組織を使用する方法（e-Tax）により法人税の確定申告書等に記載すべきものとされる事項を提供しなければならない法人のうち常時使用する従業員の数が300人を超えるものを除外した上、適用期限を2年延長する。

Ⅳ　消費課税

1　プラットフォーム課税の導入

　　国外事業者がデジタルプラットフォームを介して行う電気通信利用役務の提供（事業者向け電気通信利

用役務の提供に該当するものを除く）のうち、国税庁長官の指定を受けたプラットフォーム事業者を介してその対価を収受するものについては、特定プラットフォーム事業者が行ったものとみなす。

2　事業者免税点制度の特例の見直し

① 特定期間における課税売上高による納税義務者の免税の特例について、課税売上高に代わり適用可能とされている給与支払額による判定の対象から国外事業者を除外する。

② 資本金1,000万円以上の新設法人に対する納税義務の免除の特例について、外国法人は、基準期間を有する場合であっても、国内における事業の開始時に本特例の適用の判定を行う。

③ 資本金1,000万円未満の特定新規設立法人に対する納税義務の免除の特例について、本特例の対象となる特定新規設立法人の範囲に、その事業者の国外分を含む収入金額が50億円超である者が直接又は間接に支配する法人を設立した場合のその法人を加える。

3　簡易課税制度等の見直し

その課税期間の初日において所得税法又は法人税法上の恒久的施設を有しない国外事業者については、簡易課税制度の適用を認めない。

4　外国人旅行者向け免税制度の抜本的な見直し

免税販売の要件として、新たに政府の免税販売管理システムを通じて取得した税関確認情報の保存を求めることとし、外国人旅行者の利便性の向上や免税店の事務負担の軽減に十分配慮しつつ、空港等での混雑防止の確保を前提として、令和7年度税制改正において、制度の詳細について結論を得る。

5　仕入税額控除の自動販売機特例・入場券回収特例を適用する場合の帳簿の記載事項の見直し

一定の事項が記載された帳簿のみの保存により仕入税額控除が認められる自動販売機及び自動サービス機による課税仕入れ並びに使用の際に証票が回収される課税仕入れ（3万円未満のものに限る）については、帳簿への住所等の記載を不要とする。

6　簡易課税制度・2割特例を適用する事業者の仮払消費税の計上額

簡易課税制度や2割特例を適用する事業者は、仕入先がインボイス発行事業者であるか否かにかかわらず、インボイス制度開始前と同様に仮払消費税等の額を計上することができる。

Ⅴ　国際課税

1　各対象会計年度の国際最低課税額に対する法人税等の見直し

2　外国子会社合算税制等の見直し

ペーパー・カンパニー特例に係る収入割合要件について、外国関係会社の事業年度に係る収入等がない場合には、収入割合要件の判定を不要とする。

3　非居住者に係る暗号資産等取引情報の自動的交換のための報告制度の整備等

4　過大支払利子税制の適用により損金不算入とされた金額の損金算入制度の見直し

過大支払利子税制の適用により損金不算入とされた金額の損金算入制度について、令和4年4月1日から令和7年3月31日までの間に開始した事業年度に係る超過利子額の繰越期間を7年から10年に延長する。

Ⅵ　納税環境整備

1　GビズIDとの連携によるe-Taxの利便性の向上

法人が、GビズID（法人共通認証基盤）を入力して、電子情報処理組織を使用する方法（e-Tax）により申請等又は国税の納付を行う場合には、その申請等を行う際の識別符号及び暗証符号の入力、電子署名並びにその電子署名に係る電子証明書の送信又はその国税の納付を行う際の識別符号及び暗証符号の入力を要しないこととする。

2 処分通知等の電子交付の拡充

① 法令上、全ての処分通知等について、e-Tax により行うことができることとする。

② e-Tax により処分通知等を受ける旨の同意について、処分通知等に係る申請等に併せて行う方式を廃止し、あらかじめ、メールアドレスを登録して、その同意を行う方式とする。

（上記①及び②は、令和8年9月24日から施行）

3 加算税の見直し

過少申告加算税又は無申告加算税に代えて課される重加算税の適用対象に、隠蔽し、又は仮装された事実に基づき更正請求書を提出した場合が加わる。

（令和7年1月1日以後に法定申告期限等が到来する国税から適用）

4 偽りその他不正の行為と役員等の第二次納税義務の整備

偽りその他不正の行為により国税を免れ、又は国税の還付を受けた株式会社、合資会社又は合同会社が国税等を滞納しているときは、その偽りその他不正の行為をした株式会社の役員、合資会社・合同会社の業務を執行する有限責任社員は、その役員等が移転を受けたもの及び移転をしたものの価額のいずれか低い額を限度として、その滞納に係る国税の第二次納税義務を負う。

5 外形標準課税（法人事業税）の対象の拡大（減資への対応）

① 資本金1億円以下の法人で、資本金と資本剰余金の合計額が10億円を超えるものは、外形標準課税の対象とする。

② 資本金と資本剰余金の合計額が50億円を超える法人の100％子法人等のうち、当該事業年度末の資本金が1億円以下で、資本金と資本剰余金の合計額が2億円を超えるものを外形標準課税の対象とする。

判例・裁決一覧

第Ⅱ部　各論

第1章　所得税

第2章　法人税

設例一覧

税理士試験の過去問題には●を、公認会計士試験の過去問題には▲を、宅地建物取引士試験の過去問題には■を、オリジナルのものには★を付している。

税理士試験（税法）免除のための「修士論文テーマ」110選

■ 国税通則法等

① 重加算税における「隠蔽・仮装」について
② 更正の請求に関する一考察
③ 国税通則法68条の課税要件に関する一考察
④ 租税法上の信義則の適用に関する一考察
⑤ 更正・決定を巡る理由附記の議論について
⑥ 質問検査権に係る一考察
⑦ 調査手続の違法と課税処分の関係
⑧ 更正処分の理由附記について
⑨ 無記帳者の重加算税について
⑩ 国税不服審判所が行うべき審理の範囲
　　〜争点主義的運営を中心として
⑪ 過少申告加算税における「正当な理由」について

■ 所得税

① 所得税法56条と租税回避
② 実質主義の機能と租税法律主義
③ 所得税法における「生計を一にする親族」について
④ 雑損控除制度の対象となる損失の原因について
⑤ 馬券払戻金による所得の事業所得該当性に関する一考察
⑥ 給与所得と事業所得の区分に関する一考察
　　〜社会の変化に伴う「従属性」及び「非独立性」の検証
⑦ 譲渡所得の取得費に関する一考察
　　〜増加益清算説と譲渡益課税説の対立の観点から
⑧ 給与所得控除制度に関する一考察
　　〜特定支出控除制度について
⑨ 米国デラウェア州リミテッド・パートナーシップに関する一考察
　　〜事業体の法人該当性と所得区分の観点から
⑩ 給与所得者の必要経費に関する一考察
⑪ 同族会社の行為計算否認規定〜所得税法157条の適用範囲について
⑫ 財産分与の諸問題〜離婚に伴う財産分与
⑬ 給与所得者の必要経費に関する一考察
⑭ 「雑損控除制度」の対象となる損失の原因に係る一考察
⑮ 所得税法157条と対応的調整に関する一考察
⑯ ストックオプション課税に関する課税時期と所得区分について
⑰ 不動産の相互売買と交換について
⑱ 保証債務の履行（所法64②）と求償権行使の判断に関する一考察
⑲ フリンジ・ベネフィット課税に関する一考察
⑳ 株式等のキャピタル・ゲイン課税を巡る一考察

㉑　所得税法69条（損益通算）に関する一考察
㉒　管理支配基準における所得概念
㉓　配偶者控除に関する一考察〜配偶者控除の是非
㉔　贈与による財産取得の時期（所法59）について
㉕　所得税法上の必要経費（所法37）の範囲
　　〜弁護士会役員の懇親会費等を巡る判決を中心として
㉖　給与等の受給者が支払者によって誤って源泉徴収された場合の法律関係について
㉗　所得税法上の退職所得課税に関する一考察
㉘　収入の年度帰属に関する一考察
　　〜権利確定主義に係る所得税の裁判例を中心として
㉙　雑所得における「業務」の範囲について
　　〜副業等を行う給与所得者を中心として
㉚　所得税における非課税所得の役割
㉛　所得税法上の配偶者の範囲について
㉜　インセンティブ報酬の収入計上時期に関する一考察
㉝　実質所得者課税に関する一考察
㉞　不動産所得の範囲について
　　〜「貸付けによる所得」の意義
㉟　年金課税について
㊱　ノンリコースローンを巡る課税上の諸問題について
　　〜債務免除益について
㊲　推計課税に関する一考察

■　法人税

①　公益法人等の収益事業課税に関する一考察
②　資本取引における課税の問題
　　〜自己株式取引を中心として
③　法人税法22条の2と公正処理基準
④　無償取引の収益認識についての一考察
　　〜法人税法22条の2を中心として
⑤　役員が横領行為により得た利得に対する課税について
⑥　「不相当に高額」な役員退職給与の認定
　　〜特に功績倍率について
⑦　法人税法上の包括的否認規定における不当性要件の解釈について
⑧　有利発行の構造と希薄化損失の課税上の取扱い
⑨　貸倒損失に関する一考察
　　〜興銀事件を素材として
⑩　法人税法上の寄附金課税に関する一考察
　　〜関連会社を中心として
⑪　交際費等課税における「行為」と「支出」について
　　〜優待券等の交付に伴う役務の提供
⑫　交際費等課税制度に係る一考察
　　〜オリエンタルランド事件を中心として

■　贈与税

① 武富士事件からみる租税法における住所の意義

② 親族に対する対価に関する一考察

③ 低額譲受に対するみなし贈与課税に関する一考察

④ 相続税法９条の適用範囲に関する一考察

⑤ 贈与税の連帯納付義務の問題に関する一考察

■　消費税

① 医療機関における控除対象外消費税に関する一考察

② 仕入税額控除における帳簿等の保存について

　　〜インボイス制度への移行における帳簿等の保存について

③ 医療機関における控除対象外消費税の負担問題

④ 消費税法の帳簿方式における仕入税額控除の研究

　　〜仮名取引を基として

⑤ 小規模事業者に対する消費課税について

　　〜消費税法９条における解釈論上の問題

⑥ 社会保険診療に対する非課税措置と損税について

⑦ 消費税の事業者免税点制度について

　　〜基準期間による免税事業者の判定

⑧ 金融商品に係る消費税の取扱いについて

⑨ 国境を越えた役務提供に対する消費税の課税

　　〜リバースチャージ方式と国外事業者登録制度

■　国際課税

① 移転価格税制（独立企業間価格）に関する一考察

　　〜その算定方法に係る「立証責任」と独立企業間の「幅」について

② タックスヘイブン対策税制の検討

　　〜原材料を無償支給して加工を委託する「来料加工取引」を中心として

③ 移転価格税制の適用における「無形資産」の取扱いについて

④ 税源浸食と利益移転（BEPS）に係るわが国の対応について

■　国税徴収法

① 第二次納税義務者の権利と救済について

　　〜第二次納税義務者の原告適格を中心として

② 滞納処分における執行停止に関する諸問題

③ 相続放棄が行われた場合における国税の徴収方法について

④ 第二次納税義務の法的性格

　　〜「附従性」と「補充性」

司法試験過去問題のポイント

年度	問題のポイント
第1回 平成18年度	**問1** 所得税（譲渡所得）の問題である。相互売買について「売買」か「交換」かで争われた事件（東京高裁・平11.6.21判決）を素材としている。 　関連条文としては、所得税法33条（譲渡所得）、所得税法36条1項2項（交換＝2項／時価）、所得税法38条（譲渡所得の金額の計算上控除する取得費）等がある。
	問2 法人税（寄附金）の問題である。大塚製薬工業の「寄附金」事件（最高裁・平12.1.27判決）を素材としている。具体的には、寄付行為の主体者が法人か個人（代表者／役員賞与）であるかについて、争われた事実認定の事件である。問題は、寄付行為の主体者を法人とする場合、納税者の代理人としてどのような主張をすべきかについて問うている。 　関連条文としては、法人税法37条（寄附金の損金不算入）、法人税法34条（役員給与の損金不算入）等がある。
第2回 平成19年度	**問1** 所得税の「保証債務の履行を履行するために資産を譲渡した場合の課税の特例」（所法64②）の問題である。問題は、「譲渡所得（所法33）」をベースとしている。この特例の適用のポイントは、債務弁済により取得した求償権の行使不能の有無である。
	問2 所得税の「事業所得」（所法27）に係る問題である。従業員の仕事上の過失によって生じた損失が必要経費（所法37／同45①七）に該当するか否かを問うている。問題では、参照条文として、所得税法施行令98条の2が示されている。また、従業員の課税（給与所得）について源泉徴収（所法183）の要否、更に、損害の金員を受け取った法人への課税（法法22②）の有無についてもそれぞれ問うている。
第3回 平成20年度	**問1** 所得税の代償分割に係る譲渡所得（所法33）の問題である。すなわち、①被相続人の購入代金（所法60）、②相続人の支払った代償金、③相続登記費用及び④借入金の利子（代償金に係る部分）について、取得費（所法38）に含まれるか否かを問うている。また、③については、駐車場経営を引き継ぐ場合、必要経費（所法37）に該当するかの問である。
	問2 法人税の「貸倒損失」（法法22③三）の計上（時期）に関する問題である。貸倒損失として、経理処理できる要件を、法人の所得金額の構造から問うている。また、所得税法36条1項の見解（債務者が資力を喪失して債務を弁済することが著しく困難である時に債務の免除を受けた場合には、収入金額等に算入されない）の根拠の問題である。更に、免除を受けた側の所得税の課税関係についても問うている。

第4回 平成21年度	**問1**　違法所得（賭博）に関する課税の問題である。問題では、違法所得の課税の根拠とその所得の種類（所法23～35）について問うている。更に、①未回収分、②清算未了分、③暴力団員に支払った金員（所法45②）及び④減価償却費（所法49）について、必要経費（所法37）として、所得の計算上控除できるかについても問うている。
	問2　退職慰労金（①標準退職慰労金、②功労加算金、③特別功労加算金）に係る所得の種類と収入金額の所得税の取扱いについて問うている。また、退職慰労金の支給にかかる法人税の課税関係（法法34②③）についても求めている。
第5回 平成22年度	**問1**　調理師専門学校の授業料が必要経費（所法37）に該当するか、また、生計を一にする親族に支払った報酬（所法56）は、必要経費になるのか、という問題である。また、従業員の売上金額の窃盗による被害が、雑損控除（所法72）に該当するか、必要経費に該当するかが問われている。更に、法人である場合、当該窃盗金額（すべて従業員によって使われてしまっている）がどのように処理（法法22③三）されるかについての問題である。
	問2　「青色申告制度」（所法143）と「推計課税」（所法156）に関する問題である。先ず、問1と2では、青色申告制度の趣旨と概要、また、青色申告承認取消処分（所法144～147）の適否について、根拠となる所得税法の規定を求めている。次に、問3と問4では、推計課税の認められる根拠、要件、更に、推計課税の適否について問うている。
第6回 平成23年度	**問1**　親子で事業を行っている歯科医院の所得の帰属（人的帰属／所法12）（東京高裁・平3.6.6判決）と、矯正歯科治療による収入の計上時期（高松高裁・平8.3.26判決）及び矯正歯科治療を所得課税から評価する問題である。答案のキーワードは、帰属所得・包括的所得概念・権利確定主義・管理支配基準である。
	問2　商品先物取引に係る所得税の問題である。商品先物取引によって得た売買差益金は何所得になるのか（東京地裁・平22.6.24判決）、その際に支払った手数料の税法上の取扱い、売買差益損失は、事業所得と損益通算（所法69①）（福岡高裁・昭54.7.17判決）できるか、更に、損害賠償金（名古屋高裁・平22.6.24判決）及び弁護士の報酬等の税法上の取扱いを問うている。なお、参照条文として、所得税法施行令30条が示されている。
第7回 平成24年度	**問1**　起業企画コンペに伴って法人が支払う「奨励金」「起業支援金」及び「普通株式1,000株の贈与」について、個人の所得税法上の所得の種類及び所得の帰属年度の問題である。また、「奨励金」及び「起業支援金」の法人税法上の取扱いについても、根拠条文と理由を問題では求めている。
	問2　法人成りに伴って、個人の資産を法人に譲渡した場合の個人の所得税の課税関係（みなし譲渡等／簿価、時価、譲渡対価）を問題としている。また、法人に対しての贈与、法人に対しての不動産の貸付について、法人（法法22②／受贈益・法法22③二／支払家賃）及び個人の課税関係（みなし譲渡、不動産所得）について根拠条文を求めている。

第 8 回 平成25年度	問1　裁判員法に基づいて、裁判員候補者及び裁判員が支給を受ける旅費、日当、宿泊料及び自己負担のホテル代について、所得税法の根拠条文を示すとともに、その取扱いの説明を求めている。
	問2　①所得税法における「必要経費」と法人税法における「損金」の異同について論ずること、②Aの不動産所得の必要経費として、講演会の参加費用、懇親会費用、二次会費用及び脱税協力報酬が必要経費になるか否か、また、脱税協力金については、Aが法人の場合どのようになるか、③還付された過納金及び還付加算金と税理士に支払った成功報酬の所得税法上の取扱いについて問うている。
第 9 回 平成26年度	問1　青色事業専従者への給与（所法57①）の支払い、親族に支払う報酬（所法56）及び立退時に受領した金員の所得区分（雑所得、一時所得、譲渡所得等）について問うている。
	問2　アスベスト事前調査及び除去費用についての雑損控除（所法72）の適用可否及びその趣旨、建物解体時に要したアスベスト除去費用の所得税法上の取扱い、建物建替時のアスベスト除去費用の法人税法上の取扱いの問である。アスベスト除去費用が雑損控除の対象になるか否かについて大阪高裁平23.11.7判決がある。
第10回 平成27年度	問1　企業内弁護士に支払われた約定金及び報奨金について、所得税法上、いかなる所得に分類されるのか。
	問2　①会社が毎月支払う金員に対する源泉徴収の必要性と源泉徴収制度の概要の説明を求め、②業務委託契約をしている者に対する源泉徴収の必要性、そして③ソフトウェアの開発に係るX社の収益の帰属に係る判断基準を求めている。なお、参考条文として、法人税法施行令129条（工事の請負）が示されている。
第11回 平成28年度	問1　B社に勤務していた従業員Aが社内での発明によって得た「出願報奨金」と「実績報奨金」、B社との訴訟によって得た「和解金」の所得分類について問い、又、役員が消費した会社の商品についての損金算入の可否について問うている。
	問2　時効によって取得した利益の所得分類について問うとともに、清算課税説（最高裁）を前提とする問題点及び時効取得した者の取得費について、相続による取得と比較して言及することを要求している。
第12回 平成29年度	問1　甲市の「甲隠れ里祭り」に協賛金を支出したA法人（現金200万円）及び個人X（棚卸資産20万円相当額）の各所得計算上の課税の取扱いはどのようになるか。また、Yは、A社から支給された退職手当（分掌変更）を受け取ったが、まだ、Yは経営に参画している場合、退職手当は、所得税法ではいかなる所得に分類されるかを問うている。
	問2　和解契約により免除された翌年に経営状態が好転した場合の、本件債務免除が所得税法44条の2の適用の有無、及び火災による器具・備品の必要経費性について問うている。また、債権者であるB銀行が債権譲渡をした場合と債権の評価換えをした場合との法人税法上の取扱いの異動について問うている。
第13回 平成30年度	問1　不法行為によって、損害を受けた個人と法人について、適正な慰謝料を超えた損害賠償金を受けた場合の所得税の課税範囲及び法人の損害賠償請求権とその貸倒損失の経理処理について問うている。
	問2　不正行為を行った役員Aに対する認定賞与とX会社に対する納税告知処分について、X会社が納付を拒否した場合、Aから徴収できるか否か等の源泉徴収の法律関係、横領による更正処分の適法性について等を問うている。

第14回 令和元年度	**問1**　法人が代表取締役の長男の退職時に、時価よりも低い価格で土地を譲渡した場合（法法22②）の「益金」「損金」の計上の理由を述べ、また、災害による損失の所得税法上の処理（雑損控除）、「損失」についての所得税及び法人税の取扱について問うている。
	問2　個人の法人に対する低額譲渡に対する課税関係（所法59①二・所令169）と購入した法人の受贈益（法法22②）についての文言の解釈を問い、所得税の医療費控除の対象にサプリメントが該当するか否かを、租税法の解釈手法の立場から評価することを問うている。
第15回 令和2年度	**問1**　馬券の払戻金に係る所得の分類、不動産所得における未払賃料等に係る収入の帰属年度、法人間において高価買取りした土地の損金計上の処理の仕方と、その後、当該土地の売却についての益金・損金の計上を問うている。
	問2　役員給与について、その損金算入の根拠規定とその趣旨等の説明を求め、不相当に高額な部分について損金算入を否認すること（法法34②の括弧書きで①と③を除いている）について問うている。また、個人間の金銭消費貸借についての利息の所得計算上の取扱いと、その相手方（借主）が死亡した場合、訴訟によって所得が減額した場合の所得税の対応（手続）等について、根拠を求めている。
第16回 令和3年度	**問1**　離婚に伴う財産分与（最高裁昭和50.5.27判決）として土地を引き渡したときの分与者の課税関係及びその後分与された者が当該土地を譲渡したときの課税関係について問われ、また、生花の専門学校に支払う学費、国家資格を取得するための学費の必要経費（所法37①）該当性、未分割財産からの果実の所得帰属について問われている。
	問2　本事例は、土地の迂回取引によって、利益分散を図り、各社の繰越欠損金を消滅させることを目的としたもので、それに対する各社の課税関係（法法22②、37）を問うものである。また、これらの取引について、重加算税（国通法68①）の課税要件である「隠蔽・仮装」の該当性を問い、この取引に伴って個人に支払われた「協力金」についての所得区分（事業・一時・雑）が問われている。
第17回 令和4年度	**問1**　生計を一にする夫婦における所得税法56条の適用での固定資産税の取扱いについて問うと共に、代償金の取得費算入の可否の学説に基づく課税所得金額の計算について問われている。また、保証債務の履行（所法64②）の趣旨及び適用関係の説明を求められている。
	問2　委託検針契約を締結している検針員の所得の分類及び検針員の重過失に基づく損害賠償額の課税関係の説明を求められている。また、過大に支払った電気料と過大に受け取った電気料金の法人税のそれぞれの課税関係の説明と、退職所得の趣旨・目的及びその徴収手続の説明を問うている。
第18回 令和5年度	**問1**　新株予約権を取得し、その後、売却したことに伴う課税関係及び建物の立退きに伴う「解決金」の受取について、非課税所得となるのか課税所得に該当するかが問われている。課税所得の場合、その所得の種類は何か、また、仮に、過大に納付した場合の納税者の措置（更正の請求）について問われ、それに対する所轄税務署長の対応として考えられる行政処分は何か、の説明を求められている。
	問2　法人が包括遺贈により取得した不動産の課税関係及びその不動産の取得価額について問われるとともに、法人が遺留分侵害額の請求を受けて当該不動産を譲渡したことの課税関係が問われている。また、個人の不動産の無償利用における課税関係及びそれに伴う法人の所得税法上の義務について問われている。

公認会計士試験の出題範囲の要旨（金融庁）

租 税 法

　租税法の分野には、租税法総論及び法人税法、所得税法などの租税実体法が含まれる。

　租税実体法については、法人税法を中心として、所得税法、消費税法の構造的理解を問う基礎的出題とする。また必要に応じ、これらに関連する租税特別措置法、並びに法令の解釈・適用に関する実務上の取り扱いを問う。国際課税については、法人税法に規定する外国法人の法人税のほか、所得税法に規定する非居住者及び法人の納税義務並びに外国税額控除のみを問うものとする。例えば、タックスヘイブン税制、移転価格税制、過少資本税制は出題範囲から除外する。また、連結納税制度については、当分の間、出題範囲から除外する。なお、グループ法人単体課税制度は出題範囲に含める。

　相続税法、租税手続法、租税訴訟法及び租税罰則法については、当分の問、出題範囲から除外する。

【出題項目の例】

1　法人税法

(1)　納税義務者

(2)　課税所得の計算

①　課税所得の計算と企業会計

　　課税所得の計算と企業会計の関係

　　確定決算主義

②　資本金等の額、利益積立金額

③　益金の額の計算

　　資産の販売　資産の譲渡または役務の提供　無償取引　受取配当等　資産の評価益　など

④　損金の額の計算

　　売上原価　販売費及び一般管理費資産の評価損　給与　保険料　寄附金　交際費　租税公課　貸倒損失　減価償却　圧縮記帳　引当金・準備金　借地権　など

⑤　特殊取引等

　　長期割賦販売　長期大規模工事　リース取引　有価証券の時価評価損益　デリバティブ取引　ヘッジ処理　外貨建取引の換算　ストックオプション　完全支配関係法人間の取引など

⑥　組織再編成に係る所得の計算

(3)　同族会社

　　同族会社の行為計算の否認

(4)　欠損金の取扱い

(5)　税額の計算

(6)　税額控除（外国税額控除を含む。）

(7)　申告・納付・還付等

(8)　外国法人の法人税

2　所得税法

(1)　納税義務者と課税所得の範囲

(2)　非課税所得

(3)　各種所得の区分と計算

利子所得　配当所得　不動産所得　事業所得　給与所得　退職所得　山林所得　譲渡所得　一時所得　雑所得

(4)　収入金額と必要経費

(5)　損益通算と損失の繰越控除

(6)　所得控除

(7)　税額の計算（復興特別所得税を含む。）

(8)　税額控除（外国税額控除を含む。）

(9)　申告・納付・還付等

(10)　非居住者及び法人の納税義務

(11)　源泉徴収

3　消費税法

(1)　納税義務者

(2)　課税期間と基準期間

(3)　課税取引と非課税取引

(4)　輸出免税

(5)　課税標準と税率

(6)　課税売上割合と仕入税額控除

(7)　その他の税額控除

(8)　簡易課税制度

(9)　申告・納付・還付等

税理士試験の概要（国税庁／国税審議会）

(1) 目的

　税理士試験は、税理士となるのに必要な学識及びその応用能力を有するかどうかを判定することを目的として行われます。

(2) 試験科目

　試験は、会計学に属する科目（簿記論及び財務諸表論）の2科目と税法に属する科目（所得税法、法人税法、相続税法、消費税法又は酒税法、国税徴収法、住民税又は事業税、固定資産税）のうち受験者の選択する3科目（所得税法又は法人税法のいずれか1科目は必ず選択しなりればなりません。）について行われます。

　なお、税理士試験は科目合格制をとっており、受験者は一度に5科目を受験する必要はなく、1科目ずつ受験してもよいことになっています。

(3) 合格

　合格基準点は各科目とも満点の60パーセントです。

　合格科目が会計学に属する科目2科目及び税法に属する科目3科目の合計5科目に達したとき合格者となります。

「Zeikin Song」等の歌詞

Zeikin Song

税金のうた　　　　　作詞　　　八ッ尾順一
　　　　　　　　　　作・編曲　　古屋創太郎

    C   E7 F   F#dim C Am Dm   G7   C G7+

1．ZEI ZEI ZEIKIN　アー　はらいたくない
        C   Bm7b7E7 Am   C7
　　法の抜け穴　いろいろあるけど
      F   A7   D7   G7
　　しかし　税務署　おそろしい
      F   A7   D7   C Ab7 G7
　　何か良い知恵　おちてないかな

    C   Bm7b5E7Am7   C7
2．本当に誰か誰か助けて　・
        C   A7   D7   G7   C
　　しかし　時は忍び寄る
　　今年の確定申告　あなたの番です
      C   E7   F   F#dim C Am Dm7   G7   C G7+
　　ZEI ZEI ZEIKIN　アー　どうしようかな

    C   Bm7b5E7 Am   C7
3．確定申告　書いたけれど
      F   A7   D7   G7
　　しかし　架空経費に売上除外
      F   A7   D7   C Ab7 G7
　　去年の利益を恨みます　マルサはやってくる

    C   Bm7b5 E7   Am   C7
4．やっぱり出来ない　確定申告
                        D7 G7
　　しかし　なんとか　してよ
      F   A7   D7   C
　　汗にまみれた逆粉飾　明日がラストです

(間奏)

    C   E7 F   F#dim C A7 Dm7   G7   C G7+
5．ZEI ZEI ZEIKIN　アー　もうあきらめた
        C   Bm7b5E7 Am7
　　いくども、いくども直した決算書
      F   D7   G7
　　しかし　気持ちは　冬景色
      F   G7   C Ab7 G7
　　だいじな印鑑ポケットに　いざ！税務署へ

    C   Bm7b5E7 Am7
6．正しい申告　しっかりしましょう
                  D7   G7
　　しかし　税金　むづかしい　だから
        F   G7   C
　　勉強しよう　税のこと　あなたの為です
　　日本の為です
    C   E7 F   F#dim C Am DM7   G7   C
　　ZEI ZEI ZEIKIN　サアー　税金のうた

税理士哀歌（エレジー）

　　　　　　　　　　作詞　　　八ッ尾順一
　　　　　　　　　　作・編曲　　橋川純巳

    Am   Dm G7   C E7
1．ようやく　受かった　税理士試験
    A7   Dm
　　大きな　夢を抱いて
　　電卓　たたいた

    G7
　　だけど　この仕事
    Bm7b5   E7
　　不況が忍びよる

            Am Em7   Am F   Em Am
　　どんなに働いても　すかんぴん

    Am   Dm G7   C E7
2．どうにか　手に入れた　クライアント
    Am A7   Dm
　　大事に　育てようと
　　電卓　たたいた

    G7   C
　　だけど　あなたは
    Bm7b5   E7
　　二重帳簿に架空経費

    Am   Em Am F   Em Am
　　どんな指導も　馬耳東風

    Am   Dm G7   C E7
3．やっと　10年過ぎた　この業界
    A7   Dm
　　これで　食べていけると
　　電卓　たたいた

    G7   C
　　だけど　大きな落とし穴
    Bm7b5   E7
　　申告ミスで損害賠償

    Am   Em   Am F   Em   Am
　　すべてを集めても　まだ足りぬ

    Am   Dm G7   C E7
4．とうとう辿り着いた　ベテラン税理士
               A7   Dm
　　あとは余生をエンジョイと
        F   E7   Am
　　電卓　たたいた

          G7   C
　　だけど　壊れたからだ
    Bm7b5   E7
　　高血圧に高血糖

        AmEmAm   F   Em7 Am
　　どんな薬も　間に合わぬ

306

税金アラカルト

作詞　八ッ尾順一
作曲　古屋創太郎

1.　むらさき色の煙が浮かぶ ^C ^{Am}
　　一人　居酒屋の片隅で ^{G7}
　　静かに芋焼酎飲み ^{Em Am}
　　その苦さを　想う ^{Dm} ^{C GmC7}

　　たばこの匂いを　追い求め ^F ^{G7/F} ^{C E7 Am}
　　俺は、俺は　貧しいけれど ^{D7/F#} ^{G7}
　　お国のお役に立っている
　　酒税とたばこ税 ^{Dm7} ^C

2.　白い湯煙　露天風呂 ^C ^{Am}
　　小雨の中の湯治場で ^{G7}
　　硫黄がにおう　お湯の中 ^{Em7 Am7}
　　静かに　人生思う ^{Dm7} ^{G7 C Gm7 C7}

　　誰もいない　片田舎 ^F ^{G7/F} ^{C E7 Am}
　　俺は、俺は　一人だけれど ^{D7/F#}
　　お国のお役に立っている ^{Am}
　　温泉入湯税 ^{Dm7 C}

3.　青い芝生に　そよぐ風 ^C ^{Am}
　　しなるアイアン　こだまする ^{G7}
　　ヒバリも驚き　空を舞う ^{Em7 Am7}
　　若いキャディは眩しい

　　経営破綻の　ゴルフ場 ^F ^{G7/F C E7 Am}
　　俺は、俺は　ブービーだけど ^{D7/F#} ^{G7}
　　お国のお役に立っている ^{Am}
　　ゴルフ場利用税 ^{Dm7} ^C

4.　冬空にそびえる　新築マンション ^C ^{Am}
　　ようやく手に入れた　マイホーム ^{G7}
　　30年ローンで毎月10万円 ^{Em7}
　　妻と子供は　大はしゃぎ ^{Dm7} ^{C Gm7 C7}

　　1月入居で　幸運さ！ ^F ^{G7/F} ^{C E7 Am}
　　俺は、俺は　平凡だけど ^{D7/F#}
　　お国のお役に立っている ^{G7} ^{Am}
　　固定資産税 ^{Dm7} ^C

消費税よ、どこへ行く…

作詞　八ッ尾順一
作曲　橋川純巳

1.　あなたは　覚えていますか ^C ^{Dm}
　　あの〜　平成元年を ^{G7}
　　そう　消費税が生まれた　あの年 ^{A7} ^{Dm} ^{G7 C}
　　慣れない税に戸惑った　あの日のことを ^C

　　あれから　幾とせ ^C ^{Dm}
　　すっかり　みんな慣れ親しみ ^{G7}
　　僕たちは　消費税のために働く ^{Dm} ^C

2.　あなたは　忘れましたか ^C ^{Dm}
　　初めての〜　消費税率を ^{G7}
　　そう　3％から始まった　あの時 ^{A7} ^{Dm} ^C
　　1円玉を集めた　あの日のことを ^C ^{G7}

　　あれから　時は流れ ^C ^{Dm}
　　7・5・3じゃなく8・5・3そして10[テン]％ ^{G7} ^C
　　僕たちは　消費税のために働く ^{Dm} ^C

3.　あなたは　知っていますか ^C ^{Dm}
　　「逆進性」という言葉を ^{G7}
　　そう　貧しい人に　重いということ ^{A7} ^{Dm} ^{G7} ^C
　　薄く広く　集める　この制度 ^C

　　あれから　四半世紀 ^C ^{Dm}
　　税収一番　優等生　トップランナー ^{G7} ^C
　　僕たちは　消費税のために働く ^{Dm} ^C

4.　あなたは　納得してますか ^C ^{Dm}
　　消費税の行方を ^{G7}
　　そう「年金」「医療」「介護」「子育て支援」 ^{A7} ^{Dm} ^{G7} ^C
　　そんな言葉で　負担を強いる ^C ^{DmG7}

　　これから　未来永劫 ^C ^{Dm}
　　高齢社会で　日本は　どこへゆくの ^{G7} ^C
　　僕たちは　消費税のために働く ^{Dm} ^C

307

TAX HAVEN（タックス・ヘイブン）

作詩　八ッ尾順一
作曲　古屋創太郎

1. この世の中で　確かなもの
   それは『死（death）』と（and）『税（tax）』
   金持ちは　ループホールを求めて
   地球をさまよう
   不満が大きな怒りを導き
   人々はふたつに分かれる
   金持ちと、そうでない人

   タックス・ヘイブン　タックス・ヘイブン
   君は　シンガポールへ
   僕は　ケイマンに行く

2. 公平な課税というものは
   どこの国にもない
   富の再分配の　累進税率
   金持ちを　逃避させる
   カバンにあるだけの、お金を詰め込み
   さよならの言葉を残して
   青い珊瑚礁の島へ

   タックス・ヘイブン　タックス・ヘイブン
   君は　バミューダへ
   僕は　パナマに行く

3. 税は文明の対価だと
   あなたは税を払う
   それは己の心にかけられた
   踏み絵であると
   むなしい言葉に
   やるせない響きが残る
   誰が税を納め、誰が税を使うのか？

   タックス・ヘイブン　タックス・ヘイブン
   君は　ガーンジーへ
   僕は　ヴァージンに行く

愛しきタックスマン

作詞　八ッ尾順一
作曲　橋川純巳

1. 毎朝 あなたは 黒い鞄を 担ぎながら
   優しい微笑み　私に なげかけ
   家を 後に 後にする
   メガネの奥には
   真っ直ぐな瞳が輝いている
   朝の光は どこまでも
   白く希望に満ちている

   ※あなたは TAXMAN 愛しき TAXMAN
   　世間からは 嫌われてるけど
   　私は 私は 大好き
   　あなたは TAXMAN 愛しき TAXMAN
   　みんなの為に 未来の為に
   　励んでいるのよ

2. 昼はベンチに腰掛けて
   ひとときの安らぎを得る
   午後からの　戦いに
   思いをめぐらすの
   春の日差しは 優しく
   どこまでも たおやかで
   膝に置かれた 妻のランチ［弁当］は
   優しく笑いかけるの

   （※繰り返し）

3. 暗い夜道を　一人歩く
   アスファルトの刻む音が響く
   重い疲れは 深く落ちるよ
   家の光は 暖かく迎える

   （※繰り返し）
   愛しき TAXMAN　私の TAXMAN

308

走れマイナンバー

作詩　八ッ尾順一
作・編曲　橋川純巳

1.
```
   C      Am     Em            F       G7  C
走れ　走れ　マイナンバー　社会のために
   C      Am     Em            A7  Dm    G7  C
走れ　走れ　マイナンバー　みんなのために
```
```
   Am     Em        Dm  G7  C C7
君は　便利な　社会を夢見て
  F   Em Am Dm  G7 F        D7   G7sus4 G7
みんなの幸せのために　ひるむ　ことなく
```
```
   C      Am    F       G7   C
走れ　走れ　どこまでも　走れ
```

2.
```
   C      Am     Em            F    G7  C
走れ　走れ　マイナンバー　不正を正し
   C      Am     Em            A7  Dm  G7  C
走れ　走れ　マイナンバー　日本のために
```
```
   Am     Em     Dm  G7    C  C7
君は　納税番号を　求めて
   F  Em Am Dm  G7 F          D7   G7sus4 G7
正義という名の下に　おそれる　ことなく
```
```
   C      Am    F       G7   C
走れ　走れ　どこまでも　走れ
```

3.
```
   C      Am     Em            F    G7  C
走れ　走れ　マイナンバー　情報守り
   C      Am     Em            A7  Dm    G7  C
走れ　走れ　マイナンバー　みんなのために
```
```
   Am     Em        Dm  G7    C   C7
君は　かくれた　口座を　さがして
   F  Em Am Dm  G7              D7 G7sus4 G7
公平な　世の中を　願い　とまどうことなく
```
```
   C      Am    F       G7   C
走れ　走れ　どこまでも　走れ
```

4.
```
   C      Am     Em            F       G7   C
走れ　走れ　マイナンバー　タックスマンと
   C      Am     Em            A7  Dm  G7  C
走れ　走れ　マイナンバー　日本のために
```
```
   Am     Em     Dm  G7   C C7
君は　多くの情報を集めて
   F  Em Am Dm  G7 F        D7 G7sus4 G7
豊かな社会に　向かって　ためらう　ことなく
```
```
   C      Am    F       G7   C
走れ　走れ　どこまでも　走れ
   C      Am    F       G7   C
走れ　走れ　どこまでも　走れ
```

GREEDY　～相続税物語より

作詞　八ッ尾順一
作・編曲　古屋創太郎

1.
```
 Dm  A7      F            G7
冬が訪れ　あなたは　旅立つ
     Bb        C7        F Em A7
タワーマンションを　残して
 Dm       C       Bb         A7
白い　粉雪は　激しく舞う
 Dm      C       Bb  A7   DmD7
残された者たちは　慌て戸惑う
```
```
      Gm7    C7      FM7      BbM7Eb       A7
I'm Greedy, I'm Greedy　私は欲張り
      Gm        Dm    C A7 Dm7    A7
呼びかけは　呼びかけは　相続税
      Gm       Bb    A7    Dm
一夜の　夢は　遠い空のかなた
```

2.
```
 Dm     A7      F           G'
春の　嵐に　あなたは目を閉じる
     Bb      C7       F Em A7
10億円の　預金を　残して
 Dm       C        Bb         A7
薄紅色の　花びらは　丘を埋め尽くす
 Dm       C      Bb  A7   DmD7
目覚めた者たちは　喜び　抑えて
```
```
      Gm7    C7      FM7      BbM7  Eb       A7
I'm Greedy, I'm Greedy　私は欲張り
      Gm        Dm    C A7  Dm7    A7
ほほえみは　ほほえみは　相続税
      Gm       Bb       A7   Dm
夢の中は　押し寄せる　黒波
```

3.
```
 Dm     A7        F         G7
夏の　日差しに　あなたは眠る
     Bb       C7      F Em A7
広大な土地を　残して
 Dm       C        Bb        A7
紺碧の空は　岩雲の目覚め
 Dm        C        Bb  A7  DmD7
気まぐれな者たちは　夏祭り
```
```
      Gm7    C7      FM7      BbM7 Eb       A7
I'm Greedy, I'm Greedy　私は欲張り
      Gm        Dm
涙の果ては　相続税
      Gm       Bb       A7     Dm
驚きは　深く　宵の中に沈む
```

4.
```
 Dm        A7       F          G7
秋の　落ち葉に　あなたは別れ
     Bb       C7     F Em A7
借金だけを　残して
 Dm       C       Bb         A7
あかね雲は　野山を染める
 Dm        C        Bb     A7  Dm D7
うろたえし者たちは　助けを求める
```
```
      Gm7  C7      FM7 BbM7      Eb       A7
I'm Greedy, I'm Greedy　私は欲張り
      Gm           Dm     C A7 Dm C
でも振り返れば　振り返れば　NO TAX
      Gm       Bb       A7     Dm
冬の訪れは　濡れた窓に映る
```

おじいちゃんの恋　〜贈与税物語より

作詞　八ッ尾順一
作曲　古屋創太郎

（3カポ）

1．おじいちゃんは　古希になった
　　だけど　髪は　ふさふさ
　　背筋を伸ばし、颯爽と　街を　歩いてる
　　おじいちゃんは　甘い声で　好きな演歌を　唄う
　　若い娘は　微笑み　輝く

　　そんな　ある日　おじいちゃんは　天使に恋をする
　　おじいちゃんの青春が　やってきた

2．おじいちゃんは　お金持ち
　　だけど　口癖のように
　　「金は　生きてる　うちに使え」と
　　おじいちゃんの　幸せの日々　いつも天使と二人
　　心のゆくまま　ダンスを　海辺で

　　そんな　ある日　おじいちゃんは　天使に　2億円のプレゼント
　　おじいちゃんは　そして　天国へ

3．おじいちゃんの　天使が　いつの間にか消えた
　　だけど　行方を知らない　誰も
　　おじいちゃんの　子供たちは　天使を知らないけれど
　　突然の贈与税　降りかかる

　　そんな　ある日　子供たちは　連帯納付義務者
　　おじいちゃんは　天国で　恋をしている

4．おじいちゃんの　子供たちには　課せられる贈与税
　　何も　知らないけれども　義務がある
　　おじいちゃんは　嬉しそうに　遺影の中で笑っている
　　子供は　おじいちゃんの　相　続　人

　　そんな　ある日　子供たちは　その義務を引き継ぐの
　　おじいちゃんの　恋の　結末
　　これが　おじいちゃんの　贈与税物語

（神戸地裁平27.8.18判決（197頁）参照）

年金ブルース

作詞　八ッ尾順一
作・編曲　橋川純巳

1．ながい人生の旅路に　秋の風立つ
　　帰らぬ風景　水の流れに
　　人生　なんて　霞（カスミ）のよう
　　企業　年金　関係ない
　　俺は　零細　自営業

　　あ〜　15日が　待ち遠しい
　　いとしい　国民　年金ブルース

2．還暦とっくに　過ぎたのに　まだ　仕事
　　腰の痛みに　リハビリ　受けて
　　人生　100年　言うけれど
　　厚生　年金　早く欲しい
　　俺は　しがない　サラリーマン

　　あ〜　年金　夢見て
　　満員　電車の　年金ブルース

3．ようやく退職　したけれど　再雇用
　　昔の部下に　叱られながら
　　こぼれて　転げて　泣かされて
　　お国　の　ためにと　頑張った
　　俺は　ノンキャリ　公務員

　　あ〜　共済　年金　は
　　空　の　彼方の　年金ブルース

4．加速する高齢社会　団塊世代
　　ジェネレーションの　コンフリクト
　　払　い　込んだ　還らぬ年金
　　引　退　世代は　給付金
　　俺は　年金　払い続け

　　あ〜　見果てぬ夢　年金支給
　　消え去る　運命　年金ブルース

310

ふるさとに寄付をしよう

作詞　八ッ尾順一
作・編曲　古屋創太郎

（セリフ）地方自治体のみなさま
　　　　毎度、ふるさと納税制度に
　　　　ご協力ありがとうございます。
　　　　総務大臣からの連絡でございます。
　　　　寄付金募集の適正化のため
　　　　返礼品は「地場産品」を
　　　　そして
　　　　返礼割合は「3割以下」に
　　　　以上のこと　くれぐれも　くれぐれも
　　　　よろしくお願いいたします。

1．　あおい空　流れる雲
　　僕の生まれた　ふるさとは
　　山に囲まれた　小さな村里
　　木造の古い校舎は　北風に耐え
　　ああ～　懐かしい　ふるさとよ
　　返礼品は　フルーツトマト
　　ふるさとに　寄付をしよう

2．夏の終わりの　蝉の鳴き声
　　僕の育った　ふるさとは
　　燃える　日差しに　映る　緑の茶山に
　　水車小屋の　軋む響きよ
　　ああ～　胸が痛い　ふるさとよ
　　返礼品は　香る玉露
　　ふるさとに　寄付をしよう

3．山から流れる　雪解けの水
　　僕の懐かしい　ふるさとは
　　北の大地に　牛たちの群れ
　　若者が消えた　寂しい村
　　ああ～　いつか　帰る　ふるさとよ
　　返礼品は　サーロインステーキ
　　ふるさとに　寄付をしよう

4．沈む夕日に　背を向けて
　　母と歩いた　あぜ道
　　真っ赤に染まる　稲穂の海
　　今も聞こえる　おふくろの歌
　　ああ～　わが心の　ふるさとよ
　　返礼品は　コシヒカリ
　　ふるさとに　寄付をしよう

宿泊税ストーリー

作詞　八ッ尾順一
作・編曲　古屋創太郎

1．青空にそびえる　スカイツリー
　　夜空に映える　レインボーブリッジ
　　夜の東京は　メトロポリタン
　　別れた人　思う　上野駅
　　銀座　浅草　六本木
　　桜舞い散る　新宿御苑
　　涙に濡れて　ホテルに泊まる
　　春の東京　宿泊税を払う

2．祇園祭　宵山に
　　山鉾巡行　清水の坂
　　そぞろ　浴衣の　高瀬川
　　あの人を偲ぶ　送り火
　　京都　大原　三千院
　　涼風　流れる　嵐山
　　古都の逍遥　ホテルに泊まる
　　夏の京都に　宿泊税を払う

3．歴史をたどる　大阪城
　　楽しさいっぱい　USJ
　　夢を見るような　海遊館
　　あなたと　歩いた　道頓堀
　　梅田　本町　心斎橋へ
　　銀杏並木の　御堂筋
　　思い出　抱いて　ホテルに泊まる
　　秋の大阪　宿泊税を払う

4．雪が舞い散る　兼六園
　　ひがし茶屋街　近江町
　　冬枯れ蔦の　武家屋敷
　　恋から逃れて　忍者寺
　　ネオン輝く　香林坊
　　川面にうつる　あなたの笑顔
　　女一人で　ホテルに泊まる
　　冬の金沢　宿泊税を払う

税金マンボ

作詞　八ッ尾順一
作・編曲　古屋創太郎

1. 　　　　Cm　　　　　　　　　G7
　私が働く会社は　ブラック企業
　　　　　　　　Cm　　　　　　G7　　　　　Cm
　スキンヘッドに　黒メガネ　とんでもない社長
　Bb
　お金が大好きどうしよう　朝から晩までカネ！カネ！
　経費水増し、売り上げ除外　バレるかな

　　　Fm　　　　　　　　　　Cm　　　　Dm7b5 G7
　♫マンボ　マンボ　マンボ　税金マンボ
　　　　　　　　　　　　　　Cm　　　Dm7b5 G7
　　マンボ　マンボ　マンボ　税金マンボ

2. 　　　　Cm　　　　　　　　　　G7
　ある日会社に　現れた　見知らぬ男達
　　　　　　　Cm　　　　　　　　G7　　　　Cm
　捜査令状ドカドカと　社長はどこだ
　Bb　　　　　　　　　　　　　　　　　Eb
　何を聞いても知らないと　平気でタバコをプカプカ
　　　　　　　　　　　　　G7
　口をへの字にトボケ顔　　だんまりだ

　　　Fm　　　　　　　　　　Cm　　　Dm7b5 G7　　Cm C7
　♫マンボ　マンボ　マンボ　税金マンボ
　　　Fm　　　　　　　　　　Cm　　　Dm7b5 G7
　　マンボ　マンボ　マンボ　税金マンボ

3. 　　　Cm　　　　　　　　　　　G7
　そこに来ました奥さんは　経理担当
　　　　　　　　　　　Eb　　　　　　　Cm
　真っ赤な口紅　厚化粧　指に光るダイヤ
　　　Fm
　二重帳簿は何処に　分かるはずないと　ニヤ！ニヤ！
　　　　　　　　　　　Cm　　　　　　Bb
　ところが、ところが　隠し金庫　みつかった！

　　　Fm　　　　　　　　　　Cm　　　Dm7b5 G7　　Cm C7
　♫マンボ　マンボ　マンボ　税金マンボ
　　　Fm　　　　　　　　　　Cm　　　Dm7b5 G7
　　マンボ　マンボ　マンボ　税金マンボ

　　　　　Fm7 Bb7 EbM7 AbM7　Dm7b5 G7 Cm C7
　遠くでカラスが　　鳴いている
　　　　Fm7 Bb7　　EbM7　AbM7　　Dm7b5 G7 Cm
　夕日を背にしてゆらめく　長い影
　　　Fm　　　　　　　　G7　　　Cm
　懺悔の涙に　さまよう二人

　　　　　　Fm　　　　　　　　　Cm　　　Dm7b5 G7　　Cm C7
　だから♫マンボ　マンボ　マンボ　税金マンボ
　　　　　Fm　　　　　　　　　　Cm　　　Dm7b5 G7
　　　　マンボ　マンボ　マンボ　税金マンボ

ああ～　それは　加算税

作詞　八ッ尾順一
作・編曲　橋川純巳

1. 　C　　　　　　　　　Em
　クリスマスの　ジングルベル
　　　　　　G7　　　　　　A7　Dm G7
　街が踊り　雪が舞う夜に
　中小企業の経理マン
　　　F　　　　　　　　A7　　　　C C7
　老眼鏡でサービス残業
　　F　　　　Em　　　　A7
　虚ろな眼差し　ただ一人
　　　F　　　　　　D7　　　G7
　暖房切れた　寒い部屋
　　　C　　　　Em　F　　　G7
　震える指で　ミステーク
　　　　　　　　　A7b9 Dm　　G7 C
　ああ～　それは　過少申告加算税

2. 　C
　俺は競馬が　大好きで
　　　　　　　　　G7　　C A7 Dm G7
　土曜、日曜、祭日は
　人混み合う　競馬場
　　　　G7　　　　　　　　C C7
　望遠鏡で　一発狙う
　　F　　　　Em　　　　A7
　ある日　神から　贈り物
　　　F　　　　　D7　　　G7
　誰も知らない　大当たり
　　　C　　　Em　F　　G7
　一人微笑み　ポケットに
　　　　　　　　　A7b9　Dm　G7 C
　ああ～　それは　無申告加算税

3. 　C　　　　　　　　Em
　源泉徴収　義務だけど
　　　　　　　G7　　　　　　A7　Dm G7
　人手が足りずに　余裕なし
　毎日、毎月、繰り返し
　　　F　　　　　　　　　C C7
　お国の為に　黙々と
　　F　　　Em　　A7
　ある日天引き　間違えて
　　　F　　　　D7　　　G7
　納める税金　足りないよ
　　　C　　　Em　F　　　G7
　すみませんけど、ペナルティ
　　　　　　　　　A7b9 Dm　G7 C
　ああ～　それは　不納付加算税

4. 　C　　　　　　　Em
　隠蔽、仮装というけれど
　　　　　　G7　　　　　A7　Dm G7
　あなたは分かる　その意味を
　二重帳簿に売り上げ除外
　　　F　　　　　　　G7　　　C C7
　在庫隠しは　事実の隠蔽
　　F　　　　Em　　　A7
　架空名義の領収書、虚偽答弁
　　　F　　　　D7　　Dm
　それは事実の　仮装です
　　C　　Em　F　　G7
　隠蔽仮装　過少申告
　　　Em　　　A7b9 Dm　G7 C
　ああ～　それは　重加算税

そのとき、法律は改正されるだろう

作詞　　八ッ尾順一
作・編曲　古屋創太郎

1.　　　Cm　　Gm Ab　　　Eb C7/E
　君は課税の公平を説く
　　Fm　　Cm Dm7b5　　　G7
　みんな等しい税の負担をと
　　Cm　　Gm　　Ab　　　Eb C7/E
　僕は法律の大切さを説く
　　　　　Fm　　Cm Dm7b5　　　Cm
　それがなければ納税義務はないと
　　Bb　　　Eb
　裁判官よく聞け
　　Bb　　　Eb
　素直に条文を読め
　Dm7b5　G7　　Cm7/Bb
　拡大解釈縮小解釈
　　　Ab　　　　　　G7sus4　G7
　それはしてはならない
　　Ab
　法律を創造するな
　　Ab　　　　　　　G7sus4　G7
　素直に理解せよ
　　Cm　　Dm7b5　　　Bb　　G7/B Cm C7
　たとえそれが妥当でなくても
　　　　Cm　Dm7b5　G7　　Cm C7
　君が不公平というならば
　Fm7　　Bb7 EbM7 AbM7
　そのとき法律は
　Dm7b5 G7　　　Cm
　改正されるだろう

2.　　　Cm　　　Gm Ab　　　Eb C7/E
　君は知ってるだろうか
　　Fm　　Cm Dm7b5　　　G7
　代表なければ課税はないと
　　Cm　　Gm　　Ab　　Eb C7/E
　僕は公平性の大事さを知る
　　　　　Fm　　Cm Dm7b5　　　Cm
　それがなければ法に従わないと
　　Bb　　　Eb
　裁判官よく聞け
　　Bb　　　Eb
　素直に条文を読め
　Dm7b5　G7　　　Cm7/Bb
　権力持ってる税務署に
　　　Ab　　　　　　G7sus4　G7
　常に惑わされずに
　　Ab　　　　　　　Bb
　裁判官は孤高であれ
　　Ab　　　　　　　G7sus4　G7
　悪法もまた法なり
　　Cm　　Ab　　　　Bb　　G7/B Cm C7
　たとえそれが租税回避であっても
　　　　Cm　Dm7b5　G7　　Cm C7
　君が不公平というならば
　Fm7　　Bb7 EbM7 AbM7
　そのとき法律は
　Dm7b5 G7　　　Cm
　改正されるだろう
　Fm7　　Bb7 EbM7 AbM7
　そのとき法律は
　Dm7b5 G7　　　Cm
　改正されるだろう

交際費のうた

作詞　　八ッ尾順一
作曲　　橋川　純巳
編曲　　古屋創太郎

1.　　D　　　　　F#7　　　　D
　暖簾くぐると　女将の笑顔
　G　　　　F#m　　Em A7　D
　背広二人　はしご酒
　　　　　F#m　　Em　　　A7
　駅の路地裏　苦い思い出
　G　　　　F#7　　　　　　　A7
　取引先の顔色　うかがいながら
　　　D　D7/F#
　酔うに酔えない　ハイボール
　F#m　Bm　　Em　　A7　　D
　あ～あ～接待　交際費

2.　　D　　　　　F#7　　　　D
　残業してると　社長のダミ声
　G　　　　F#m　　Em A7　　D
　労う（ねぎらう）つもりか　誘われて
　　　　　F#m　　Em　　　　D
　早く帰りたい　妻子の笑顔
　　　G　F#7　　　Em　　　A7
　会社近くの　カラオケスナック
　　　D　D7/F#
　演歌聞かされ　ウイスキー
　F#m　Bm　　Em　　A7　　D
　あ～あ～接待　交際費

3.　　D　　　　F#7　　　D
　顔で笑って　心で泣いて
　G　　　　F#m　　E7　　D
　飲めない酒にも　慣れてきて
　　　　　F#m　　　E7　　　　A7
　出世のためにと　へりくだり
　　　D　D7/F#　　　　　　　　　　G#dim
　サラリーマンの　処世術
　　　　　　　　　　　　　　　　　　G#dim
　幸せなのかと　清酒（さけ）に訊く
　F#m　Bm　　A7　　　D
　あ～あ～接待　交際費

4.　　D　　　　F#7　　G　　　D
　いつの間にか　最終電車
　G　　　　F#m　　　Em　　D
　得意先には　タクシーチケット
　　　　　F#m　　Em　　　　D
　俺は慌てて　駅まで走り
　　　　G　F#7　　　Em　　A7
　見えない電車の　影を追う
　　　D7/F#　　　　　　　　　G#dim
　ホームのベンチで　缶ビール
　F#m　Bm　　Em　　A7　　D
　あ～あ～接待　交際費

税金ヒストリー

作詞　　八ッ尾順一
作・編曲　古屋創太郎

1. まほろばの　飛鳥時代
   大化の改新に　生まれた
   租・庸・調　の税の仕組み
   稲穂や労務に　税を課し
   税は国の　基礎として
   大和の国は　始まる

2. 貴族文化の　平安時代
   枕草子に　源氏物語
   女流文学　花盛り
   富豪と農民　貧富の差
   寺社・貴族の　荘園栄え
   農民には重い　税を課す

3. 下剋上の　室町時代
   金閣・銀閣　光の中で
   社会に民衆　登場
   商工業に　税を課し
   そして街道には　通行税
   応仁の乱から　戦国時代へ

4. 天下統一の　安土桃山
   本能寺の変で
   信長から秀吉へ
   太閤検地で　税率は
   収穫高に応じる　二公一民

5. 鎖国で花咲く　江戸時代
   絢爛豪華な　元禄文化
   田畑課される　年貢は
   五公五民
   商人は運上金・冥加金
   士農工商も　なんのその
   武士を超える　大豪商

6. 文明開化の　明治時代
   地租改正で　歳入安定
   ３％は　現金納付
   所得税に　法人税
   日露戦争で　相続税生まれ
   そのあと戦費の　増税続く

7. 激動の　昭和時代
   戦後の税制　変わった
   シャウプ勧告に　基づく
   今の税の　基礎（もと）となる
   税制改革　色々あったけど
   平成元年　消費税が生まれる

   歴史は変わる　　社会は変わる
   文化は変わる　　経済も変わる

   税金と共に　君は何を望む
   豊かな令和を　求めて
   税金は変わる
   税金は変わる

会計3兄弟

作詞　　　八ッ尾順一
作・編曲　古屋創太郎

1.　僕の名前は　バランスシート [Dm] [C] [A7/C#] [Dm]
　　左は借方　資金運用の資産 [Dm] [C] [Bb] [C]
　　右は貸方　資金調達の負債と資本 [Bb] [F] [Gm] [C] [F] [F7]
　　借方と貸方は　バランスする [Bb] [C7/Bb] [Am] [Dm]
　　ゲーテも驚く　複式簿記 [Bb] [C] [A7/C#] [Dm]
　　僕は長男　会社の財政状態を [Dm] [A7/C#] [C] [F]
　　明らかにし　社会の為に [Bb] [F] [C] [Dm]
　　ステークホルダーの為 [Dm]
　　ディスクロージャーする [Bb] [C] [D]

2.　僕の名前は　プロフィット アンド ロス [Dm] [C] [A7/C#] [Dm]
　　左は借方　価値犠牲の費用 [Dm] [C] [Bb] [C]
　　右は貸方　努力成果の収益 [Bb] [F] [Gm] [C] [F] [F7]
　　収益から費用を　差し引く [Bb] [C7/Bb] [Am] [Dm]
　　プラスは利益　マイナスは損失 [Bb] [C] [A7/C#] [Dm]
　　僕は次男　会社の経営成績を [Dm] [A7/C#] [C] [F]
　　明らかにし　社会の為に [Bb] [F] [C] [Dm]
　　ステークホルダーの為 [Bb]
　　ディスクロージャーする [Bb] [C] [D]

3.　僕の名前は　キャッシュフロー [Dm] [C] [A7/C#] [Dm]
　　企業の血液　それがキャッシュフロー [Dm] [C] [Bb] [C]
　　これが止まれば　たちまち会社は倒産 [Bb] [F] [FC] [F] [F7]
　　「営業」「投資」に　「財務」の活動 [Bb] [C7/Bb] [Am]
　　大切な情報　だけど会社法にはない [Bb] [C] [A7/C#] [Dm]
　　僕は三男　資金の流れを [Dm] [A7/C#] [C] [F]
　　明らかにし　社会の為に [Bb] [F] [C] [Dm]
　　ステークホルダーの為 [Dm]
　　ディスクロージャーする [Bb] [C] [D]

4.　僕たち　仲良し　3兄弟 [Bb] [C] [C] [A7/C#] [Dm]
　　みんな　僕たちを　信じてる　だから [Gm] [Dm] [Em7b5A7] [Dm]
　　会計3兄弟　会計3兄弟 [Bb] [C7] [F] [D7] [Bb] [C7] [F]
　　仲良し会計3兄弟 [Bb] [Am] [Gm] [C7] [F]
　　僕たちは真実の　大切な情報を [Dm] [A7/C#] [C] [F]
　　明らかにし　社会の為に [Bb] [F] [C] [Dm]
　　ステークホルダーの為 [Dm]
　　ディスクロージャーする [Bb] [C] [D]

税金～そして人生

作詞　八ッ尾順一
作・編曲　古屋創太郎

（5カポ）

1. 燃える情熱はいつまでも
   青春は心のあり方
   歳を重ねても夢を失うな
   ズルいことなどするもんじゃない
   税金は負担するもの
   そして幸せを運ぶもの
   白雪が大地を覆っても
   ゆるぎない思いは　春を迎える

2. 還暦過ぎて白髪になっても
   捨てるな飽くなき野望を
   子供のような素直な心
   生きる感謝を社会に生かす
   税金は納めるもの
   そして安心を与えるもの
   黒い嵐がやってきても
   勇気と挑戦　夏を愉しむ

3. 黄昏の人生感じるとき
   邪悪な心を捨て去り
   胸中（むね）に大きな夢を持ち
   博愛（あい）の心を全てに満たし
   税金は心の十字架
   そして公平を叶えるもの
   秋風が強く吹いても
   歳月のみで　人は老いない

4. 青春の詩（うた）は永遠（とわ）に続く
   いつまでも生きる喜びに感謝する
   税金はあなたの羅針盤
   そして未来へ導くもの
   凍てつく海に乗り出しても
   人生の希望を　離さない

源泉徴収　恨み節

作詞　八ッ尾順一
作・編曲　古屋創太郎

（2カポ）

1. 誰が考えたか知らないけれど
   源泉徴収の義務を負わされ
   公共の福祉に応えるもので
   日本憲法に違反しないと
   何の保証もないけれど
   税金の徴収に付き合わされて
   僕は誰に　なにを言えばいいの

2. 徴収義務者は納税義務者ではない
   徴収と納付の義務を負わされ
   源泉は支払う時に
   義務が成立している
   こんなきまりの法律が
   自動確定方式と
   僕は誰に　不満を言えばいいの

3. 債務免除を社員にしたら
   これは何なのどうなるのかな
   債務免除は給与所得で
   源泉徴収の義務がある
   怖い顔したタックスマン
   何故給与所得なのか教えてよ
   僕は誰に　文句を言えばいいの

4. 土地を買ったのは先月のこと
   買った相手は外国人で
   源泉の義務があるなんて
   所得税法に書いてある
   こんな法律誰が
   作ったの作ったの知らないよ
   僕は誰に　恨みを言えばいいの

主要な条文（抜粋）

【憲法】

（法律案の議決、衆議院の優越）

第五十九条　法律案は、この憲法に特別の定のある場合を除いては、両議院で可決したとき法律となる。

②　衆議院で可決し、参議院でこれと異なつた議決をした法律案は、衆議院で出席議員の三分の二以上の多数で再び可決したときは、法律となる。

③　前項の規定は、法律の定めるところにより、衆議院が、両議院の協議会を開くことを求めることを妨げない。

④　参議院が、衆議院の可決した法律案を受け取つた後、国会休会中の期間を除いて六十日以内に、議決しないときは、衆議院は、参議院がその法律案を否決したものとみなすことができる。

【国税通則法】

（更正の請求）

第二十三条　納税申告書を提出した者は、次の各号のいずれかに該当する場合には、当該申告書に係る国税の法定申告期限から五年（第二号に掲げる場合のうち法人税に係る場合については、十年）以内に限り、税務署長に対し、その申告に係る課税標準等又は税額等（当該課税標準等又は税額等に関し次条又は第二十六条（再更正）の規定による更正（以下この条において「更正」という。）があつた場合には、当該更正後の課税標準等又は税額等）につき更正をすべき旨の請求をすることができる。

一　当該申告書に記載した課税標準等若しくは税額等の計算が国税に関する法律の規定に従つていなかつたこと又は当該計算に誤りがあつたことにより、当該申告書の提出により納付すべき税額（当該税額に関し更正があつた場合には、当該更正後の税額）が過大であるとき。

二　前号に規定する理由により、当該申告書に記載した純損失等の金額（当該金額に関し更正があつた場合には、当該更正後の金額）が過少であるとき、又は当該申告書（当該申告書に関し更正があつた場合には、更正通知書）に純損失等の金額の記載がなかつたとき。

三　第一号に規定する理由により、当該申告書に記載した還付金の額に相当する税額（当該税額に関し更正があつた場合には、当該更正後の税額）が過少であるとき、又は当該申告書（当該申告書に関し更正があつた場合には、更正通知書）に還付金の額に相当する税額の記載がなかつたとき。

②　納税申告書を提出した者又は第二十五条（決定）の規定による決定（以下この項において「決定」という。）を受けた者は、次の各号のいずれかに該当する場合（納税申告書を提出した者については、当該各号に定める期間の満了する日が前項に規定する期間の満了する日後に到来する場合に限る。）には、同項の規定にかかわらず、当該各号に定める期間において、その該当することを理由として同項の規定による更正の請求（以下「更正の請求」という。）をすることができる。

一　その申告、更正又は決定に係る課税標準等又は税額等の計算の基礎となつた事実に関する訴えについての判決（判決と同一の効力を有する和解その他の行為を含む。）により、その事実が当該計算の基礎としたところと異なることが確定したとき　その確定した日の翌日から起算して二月以内

二　その申告、更正又は決定に係る課税標準等又は税額等の計算に当たつてその申告をし、又は決定を受けた者に帰属するものとされていた所得その他課税物件が他の者に帰属するものとする当該他の者に係る国税の更正又は決定があつたとき　当該更正又は決定があつた日の翌日から起算して二月以内

三　その他当該国税の法定申告期限後に生じた前二号に類する政令で定めるやむを得ない理由があるとき　当

該理由が生じた日の翌日から起算して二月以内

③　更正の請求をしようとする者は、その請求に係る更正前の課税標準等又は税額等、当該更正後の課税標準等
又は税額等、その更正の請求をする理由、当該請求をするに至つた事情の詳細その他参考となるべき事項を記
載した更正請求書を税務署長に提出しなければならない。

④　税務署長は、更正の請求があつた場合には、その請求に係る課税標準等又は税額等について調査し、更正を
し、又は更正をすべき理由がない旨をその請求をした者に通知する。

⑤　更正の請求があつた場合においても、税務署長は、その請求に係る納付すべき国税（その滞納処分費を含む。
以下この項において同じ。）の徴収を猶予しない。ただし、税務署長において相当の理由があると認めるときは、
その国税の全部又は一部の徴収を猶予することができる。

⑥　輸入品に係る申告消費税等についての更正の請求は、第一項の規定にかかわらず、税関長に対し、するもの
とする。この場合においては、前三項の規定の適用については、これらの規定中「税務署長」とあるのは、「税
関長」とする。

⑦　前二条の規定は、更正の請求について準用する。

（過少申告加算税）

第六十五条　期限内申告書（還付請求申告書を含む。第三項において同じ。）が提出された場合（期限後申告書
が提出された場合において、次条第一項ただし書又は第九項の規定の適用があるときを含む。）において、修
正申告書の提出又は更正があつたときは、当該納税者に対し、その修正申告又は更正に基づき第三十五条第二
項（申告納税方式による国税等の納付）の規定により納付すべき税額に百分の十の割合（修正申告書の提出
が、その申告に係る国税についての調査があつたことにより当該国税について更正があるべきことを予知して
されたものでないときは、百分の五の割合）を乗じて計算した金額に相当する過少申告加算税を課する。

②　前項の規定に該当する場合（第六項の規定の適用がある場合を除く。）において、前項に規定する納付すべ
き税額（同項の修正申告又は更正前に当該修正申告又は更正に係る国税について修正申告書の提出又は更正が
あつたときは、その国税に係る累積増差税額を加算した金額）がその国税に係る期限内申告税額に相当する金
額と五十万円とのいずれか多い金額を超えるときは、同項の過少申告加算税の額は、同項の規定にかかわらず、
同項の規定により計算した金額に、その超える部分に相当する税額（同項に規定する納付すべき税額が当該超
える部分に相当する税額に満たないときは、当該納付すべき税額）に百分の五の割合を乗じて計算した金額を
加算した金額とする。

③　前項において、次の各号に掲げる用語の意義は、当該各号に定めるところによる。

　一　累積増差税額　第一項の修正申告又は更正前にされたその国税についての修正申告書の提出又は更正に基
づき第三十五条第二項の規定により納付すべき税額の合計額（当該国税について、当該納付すべき税額を減
少させる更正又は更正に係る不服申立て若しくは訴えについての決定、裁決若しくは判決による原処分の異
動があつたときはこれらにより減少した部分の税額に相当する金額を控除した金額とし、第五項の規定の適
用があつたときは同項の規定により控除すべきであつた金額を控除した金額とする。）

　二　期限内申告税額　期限内申告書（次条第一項ただし書又は第九項の規定の適用がある場合には、期限後申
告書を含む。第五項第二号において同じ。）の提出に基づき第三十五条第一項又は第二項の規定により納付
すべき税額（これらの申告書に係る国税について、次に掲げる金額があるときは当該金額を加算した金額と
し、所得税、法人税、地方法人税、相続税又は消費税に係るこれらの申告書に記載された還付金の額に相当
する税額があるときは当該税額を控除した金額とする。）

　　イ　所得税法第九十五条（外国税額控除）若しくは第百六十五条の六（非居住者に係る外国税額の控除）の
規定による控除をされるべき金額、第一項の修正申告若しくは更正に係る同法第百二十条第一項第四
号（確定所得申告）（同法第百六十六条（申告、納付及び還付）において準用する場合を含む。）に規定す

318

る源泉徴収税額に相当する金額、同法第百二十条第二項（同法第百六十六条において準用する場合を含む。）に規定する予納税額又は災害被害者に対する租税の減免、徴収猶予等に関する法律（昭和二十二年法律第百七十五号）第二条（所得税の軽減又は免除）の規定により軽減若しくは免除を受けた所得税の額

ロ　法人税法第二条第三十八号（定義）に規定する中間納付額、同法第六十八条（所得税額の控除）（同法第百四十四条（外国法人に係る所得税額の控除）において準用する場合を含む。）、第六十九条（外国税額の控除）若しくは第百四十四条の二（外国法人に係る外国税額の控除）の規定による控除をされるべき金額又は同法第九十条（退職年金等積立金に係る中間申告による納付）（同法第百四十五条の五（申告及び納付）において準用する場合を含む。）の規定により納付すべき法人税の額（その額につき修正申告書の提出又は更正があつた場合には、その申告又は更正後の法人税の額）

ハ　地方法人税法第二条第十八号（定義）に規定する中間納付額、同法第十二条（外国税額の控除）の規定による控除をされるべき金額又は同法第二十条第二項（中間申告による納付）の規定により納付すべき地方法人税の額（その額につき修正申告書の提出又は更正があつた場合には、その申告又は更正後の地方法人税の額）

ニ　相続税法第二十条の二（在外財産に対する相続税額の控除）、第二十一条の八（在外財産に対する贈与税額の控除）、第二十一条の十五第三項及び第二十一条の十六第四項（相続時精算課税に係る相続税額）の規定による控除をされるべき金額

ホ　消費税法第二条第一項第二十号（定義）に規定する中間納付額

④　第一項の規定に該当する場合において、当該納税者が、帳簿（財務省令で定めるものに限るものとし、その作成又は保存に代えて電磁的記録の作成又は保存がされている場合における当該電磁的記録を含む。以下この項及び次条第五項において同じ。）に記載し、又は記録すべき事項に関しその修正申告書の提出又は更正（以下この項において「修正申告等」という。）があつた時前に、国税庁、国税局又は税務署の当該職員（以下この項及び同条第五項において「当該職員」という。）から当該帳簿の提示又は提出を求められ、かつ、次に掲げる場合のいずれかに該当するとき（当該納税者の責めに帰すべき事由がない場合を除く。）は、第一項の過少申告加算税の額は、同項及び第二項の規定にかかわらず、これらの規定により計算した金額に、第一項に規定する納付すべき税額（その税額の計算の基礎となるべき事実で当該修正申告等の基因となる当該帳簿に記載し、又は記録すべき事項に係るもの以外のもの（以下この項において「帳簿に記載すべき事項等に係るもの以外の事実」という。）があるときは、当該帳簿に記載すべき事項等に係るもの以外の事実に基づく税額として政令で定めるところにより計算した金額を控除した税額）に百分の十の割合（第二号に掲げる場合に該当するときは、百分の五の割合）を乗じて計算した金額を加算した金額とする。

一　当該職員に当該帳簿の提示若しくは提出をしなかつた場合又は当該職員にその提示若しくは提出がされた当該帳簿に記載し、若しくは記録すべき事項のうち、納税申告書の作成の基礎となる重要なものとして財務省令で定める事項（次号及び次条第五項において「特定事項」という。）の記載若しくは記録が著しく不十分である場合として財務省令で定める場合

二　当該職員にその提示又は提出がされた当該帳簿に記載し、又は記録すべき事項のうち、特定事項の記載又は記録が不十分である場合として財務省令で定める場合（前号に掲げる場合を除く。）

⑤　次の各号に掲げる場合には、第一項又は第二項に規定する納付すべき税額から当該各号に定める税額として政令で定めるところにより計算した金額を控除して、これらの項の規定を適用する。

一　第一項又は第二項に規定する納付すべき税額の計算の基礎となつた事実のうちにその修正申告又は更正前の税額（還付金の額に相当する税額を含む。）の計算の基礎とされていなかつたことについて正当な理由があると認められるものがある場合　その正当な理由があると認められる事実に基づく税額

二　第一項の修正申告又は更正前に当該修正申告又は更正に係る国税について期限内申告書の提出により納付すべき税額を減少させる更正その他これに類するものとして政令で定める更正（更正の請求に基づく更正を

除く。）があつた場合　当該期限内申告書に係る税額（還付金の額に相当する税額を含む。）に達するまでの税額

⑥　第一項の規定は、修正申告書の提出が、その申告に係る国税についての調査があつたことにより当該国税について更正があるべきことを予知してされたものでない場合において、その申告に係る国税についての調査に係る第七十四条の九第一項第四号及び第五号（納税義務者に対する調査の事前通知等）に掲げる事項その他政令で定める事項の通知（次条第六項第二号及び第八項において「調査通知」という。）がある前に行われたものであるときは、適用しない。

（無申告加算税）
第六十六条　次の各号のいずれかに該当する場合には、当該納税者に対し、当該各号に規定する申告、更正又は決定に基づき第三十五条第二項（申告納税方式による国税等の納付）の規定により納付すべき税額に百分の十五の割合（期限後申告書又は第二号の修正申告書の提出が、その申告に係る国税についての調査があつたことにより当該国税について更正又は決定があるべきことを予知してされたものでないときは、百分の十の割合）を乗じて計算した金額に相当する無申告加算税を課する。ただし、期限内申告書の提出がなかつたことについて正当な理由があると認められる場合は、この限りでない。
一　期限後申告書の提出又は第二十五条（決定）の規定による決定があつた場合
二　期限後申告書の提出又は第二十五条の規定による決定があつた後に修正申告書の提出又は更正があつた場合

②　前項の規定に該当する場合（同項ただし書又は第九項の規定の適用がある場合を除く。次項及び第六項において同じ。）において、前項に規定する納付すべき税額（同項第二号の修正申告書の提出又は更正があつたときは、その国税に係る累積納付税額を加算した金額。次項において「加算後累積納付税額」という。）が五十万円を超えるときは、前項の無申告加算税の額は、同項の規定にかかわらず、同項の規定により計算した金額に、その超える部分に相当する税額（同項に規定する納付すべき税額が当該超える部分に相当する税額に満たないときは、当該納付すべき税額）に百分の五の割合を乗じて計算した金額を加算した金額とする。

③　第一項の規定に該当する場合において、加算後累積納付税額（当該加算後累積納付税額の計算の基礎となつた事実のうちに同項各号に規定する申告、更正又は決定前の税額（還付金の額に相当する税額を含む。）の計算の基礎とされていなかつたことについて当該納税者の責めに帰すべき事由がないと認められるものがあるときは、その事実に基づく税額として政令で定めるところにより計算した金額を控除した税額）が三百万円を超えるときは、同項の無申告加算税の額は、前二項の規定にかかわらず、加算後累積納付税額を次の各号に掲げる税額に区分してそれぞれの税額に当該各号に定める割合（期限後申告書又は第一項第二号の修正申告書の提出が、その申告に係る国税についての調査があつたことにより当該国税について更正又は決定があるべきことを予知してされたものでないときは、その割合から百分の五の割合を減じた割合。以下この項において同じ。）を乗じて計算した金額の合計額から累積納付税額を当該各号に掲げる税額に区分してそれぞれの税額に当該各号に定める割合を乗じて計算した金額の合計額を控除した金額とする。
一　五十万円以下の部分に相当する税額　百分の十五の割合
二　五十万円を超え三百万円以下の部分に相当する税額　百分の二十の割合
三　三百万円を超える部分に相当する税額　百分の三十の割合

④　前二項において、累積納付税額とは、第一項第二号の修正申告書の提出又は更正前にされたその国税についての次に掲げる納付すべき税額の合計額（当該国税について、当該納付すべき税額を減少させる更正又は更正若しくは第二十五条の規定による決定に係る不服申立て若しくは訴えについての決定、裁決若しくは判決による原処分の異動があつたときはこれらにより減少した部分の税額に相当する金額を控除した金額とし、第七項において準用する前条第五項（第一号に係る部分に限る。以下この項及び第七項において同じ。）の規定の適

用があつたときは同条第五項の規定により控除すべきであつた金額を控除した金額とする。）をいう。

一　期限後申告書の提出又は第二十五条の規定による決定に基づき第三十五条第二項の規定により納付すべき税額

二　修正申告書の提出又は更正に基づき第三十五条第二項の規定により納付すべき税額

⑤　第一項の規定に該当する場合において、当該納税者が、帳簿に記載し、又は記録すべき事項に関しその期限後申告書若しくは修正申告書の提出又は更正若しくは決定（以下この項において「期限後申告等」という。）があつた時前に、当該職員から当該帳簿の提示又は提出を求められ、かつ、次に掲げる場合のいずれかに該当するとき（当該納税者の責めに帰すべき事由がない場合を除く。）は、第一項の無申告加算税の額は、同項から第三項までの規定にかかわらず、これらの規定により計算した金額に、第一項に規定する納付すべき税額（その税額の計算の基礎となるべき事実で当該期限後申告等の基因となる当該帳簿に記載し、又は記録すべき事項に係るもの以外のもの（以下この項において「帳簿に記載すべき事項等に係るもの以外の事実」という。）があるときは、当該帳簿に記載すべき事項等に係るもの以外の事実に基づく税額として政令で定めるところにより計算した金額を控除した税額）に百分の十の割合（第二号に掲げる場合に該当するときは、百分の五の割合）を乗じて計算した金額を加算した金額とする。

一　当該職員に当該帳簿の提示若しくは提出をしなかつた場合又は当該職員にその提示若しくは提出がされた当該帳簿に記載し、若しくは記録すべき事項のうち、特定事項の記載若しくは記録が著しく不十分である場合として財務省令で定める場合

二　当該職員にその提示又は提出がされた当該帳簿に記載し、又は記録すべき事項のうち、特定事項の記載又は記録が不十分である場合として財務省令で定める場合（前号に掲げる場合を除く。）

⑥　第一項の規定に該当する場合において、次の各号のいずれかに該当するときは、同項の無申告加算税の額は、同項から第三項までの規定にかかわらず、これらの規定により計算した金額に、第一項に規定する納付すべき税額に百分の十の割合を乗じて計算した金額を加算した金額とする。

一　その期限後申告書若しくは第一項第二号の修正申告書の提出（その申告に係る国税についての調査があつたことにより当該国税について更正又は決定があるべきことを予知してされたものに限る。）又は更正若しくは決定があつた日の前日から起算して五年前の日までの間に、その申告又は更正若しくは決定に係る国税の属する税目について、無申告加算税（期限後申告書又は同号の修正申告書の提出が、その申告に係る国税についての調査があつたことにより当該国税について更正又は決定があるべきことを予知してされたものでない場合において課されたものを除く。）又は重加算税（第六十八条第四項第一号（重加算税）において「無申告加算税等」という。）を課されたことがある場合

二　その期限後申告書若しくは第一項第二号の修正申告書の提出（その申告に係る国税についての調査があつたことにより当該国税について更正又は決定があるべきことを予知してされたものでない場合において、その申告に係る国税についての調査通知がある前に行われたものを除く。）又は更正若しくは決定に係る国税の課税期間の初日の属する年の前年及び前々年に課税期間が開始した当該国税（課税期間のない当該国税については、当該国税の納税義務が成立した日の属する年の前年及び前々年に納税義務が成立した当該国税）の属する税目について、無申告加算税（第八項の規定の適用があるものを除く。）若しくは第六十八条第二項の重加算税（以下この号及び同条第四項第二号において「特定無申告加算税等」という。）を課されたことがあり、又は特定無申告加算税等に係る賦課決定をすべきと認める場合

⑦　前条第五項の規定は、第一項第二号の場合について準用する。

⑧　期限後申告書又は第一項第二号の修正申告書の提出が、その申告に係る国税についての調査があつたことにより当該国税について更正又は決定があるべきことを予知してされたものでない場合において、その申告に係る国税についての調査通知がある前に行われたものであるときは、その申告に基づき第三十五条第二項の規定により納付すべき税額に係る第一項の無申告加算税の額は、同項から第三項までの規定にかかわらず、当該納

付すべき税額に百分の五の割合を乗じて計算した金額とする。

⑨　第一項の規定は、期限後申告書の提出が、その申告に係る国税についての調査があつたことにより当該国税について第二十五条の規定による決定があるべきことを予知してされたものでない場合において、期限内申告書を提出する意思があつたと認められる場合として政令で定める場合に該当してされたものであり、かつ、法定申告期限から一月を経過する日までに行われたものであるときは、適用しない。

（重加算税）

第六十八条　第六十五条第一項（過少申告加算税）の規定に該当する場合（修正申告書の提出が、その申告に係る国税についての調査があつたことにより当該国税について更正があるべきことを予知してされたものでない場合を除く。）において、納税者がその国税の課税標準等又は税額等の計算の基礎となるべき事実の全部又は一部を隠蔽し、又は仮装し、その隠蔽し、又は仮装したところに基づき納税申告書を提出していたときは、当該納税者に対し、政令で定めるところにより、過少申告加算税の額の計算の基礎となるべき税額（その税額の計算の基礎となるべき事実で隠蔽し、又は仮装されていないものに基づくことが明らかであるものがあるときは、当該隠蔽し、又は仮装されていない事実に基づく税額として政令で定めるところにより計算した金額を控除した税額）に係る過少申告加算税に代え、当該基礎となるべき税額に百分の三十五の割合を乗じて計算した金額に相当する重加算税を課する。

②　第六十六条第一項（無申告加算税）の規定に該当する場合（同項ただし書若しくは同条第九項の規定の適用がある場合又は納税申告書の提出が、その申告に係る国税についての調査があつたことにより当該国税について更正又は決定があるべきことを予知してされたものでない場合を除く。）において、納税者がその国税の課税標準等又は税額等の計算の基礎となるべき事実の全部又は一部を隠蔽し、又は仮装し、その隠蔽し、又は仮装したところに基づき法定申告期限までに納税申告書を提出せず、又は法定申告期限後に納税申告書を提出していたときは、当該納税者に対し、政令で定めるところにより、無申告加算税の額の計算の基礎となるべき税額（その税額の計算の基礎となるべき事実で隠蔽し、又は仮装されていないものに基づくことが明らかであるものがあるときは、当該隠蔽し、又は仮装されていない事実に基づく税額として政令で定めるところにより計算した金額を控除した税額）に係る無申告加算税に代え、当該基礎となるべき税額に百分の四十の割合を乗じて計算した金額に相当する重加算税を課する。

③　前条第一項の規定に該当する場合（同項ただし書又は同条第二項若しくは第三項の規定の適用がある場合を除く。）において、納税者が事実の全部又は一部を隠蔽し、又は仮装し、その隠蔽し、又は仮装したところに基づきその国税をその法定納期限までに納付しなかつたときは、税務署長又は税関長は、当該納税者から、不納付加算税の額の計算の基礎となるべき税額（その税額の計算の基礎となるべき事実で隠蔽し、又は仮装されていないものに基づくことが明らかであるものがあるときは、当該隠蔽し、又は仮装されていない事実に基づく税額として政令で定めるところにより計算した金額を控除した税額）に係る不納付加算税に代え、当該基礎となるべき税額に百分の三十五の割合を乗じて計算した金額に相当する重加算税を徴収する。

④　前三項の規定に該当する場合において、次の各号のいずれか（第一項又は前項の規定に該当する場合にあつては、第一号）に該当するときは、前三項の重加算税の額は、これらの規定にかかわらず、これらの規定により計算した金額に、これらの規定に規定する基礎となるべき税額に百分の十の割合を乗じて計算した金額を加算した金額とする。

一　前三項に規定する税額の計算の基礎となるべき事実で隠蔽し、又は仮装されたものに基づき期限後申告書若しくは修正申告書の提出、更正若しくは決定又は納税の告知（第三十六条第一項（第二号に係る部分に限る。）（納税の告知）の規定による納税の告知をいう。以下この号において同じ。）若しくは納税の告知を受けることなくされた納付があつた日の前日から起算して五年前の日までの間に、その申告、更正若しくは決定又は告知若しくは納付に係る国税の属する税目について、無申告加算税等を課され、又は徴収されたこと

がある場合

二　その期限後申告書若しくは修正申告書の提出又は更正若しくは決定に係る国税の課税期間の初日の属する年の前年及び前々年に課税期間が開始した当該国税（課税期間のない当該国税については、当該国税の納税義務が成立した日の属する年の前年及び前々年に納税義務が成立した当該国税）の属する税目について、特定無申告加算税等を課されたことがあり、又は特定無申告加算税等に係る賦課決定をすべきと認める場合

（国税の更正、決定等の期間制限）

第七十条　次の各号に掲げる更正決定等は、当該各号に定める期限又は日から五年（第二号に規定する課税標準申告書の提出を要する国税で当該申告書の提出があつたものに係る賦課決定（納付すべき税額を減少させるものを除く。）については、三年）を経過した日以後においては、することができない。

一　更正又は決定　その更正又は決定に係る国税の法定申告期限（還付請求申告書に係る更正については当該申告書を提出した日とし、還付請求申告書の提出がない場合にする決定又はその決定後にする更正については政令で定める日とする。）

二　課税標準申告書の提出を要する国税に係る賦課決定　当該申告書の提出期限

三　課税標準申告書の提出を要しない賦課課税方式による国税に係る賦課決定　その納税義務の成立の日

②　法人税に係る純損失等の金額で当該課税期間において生じたものを増加させ、若しくは減少させる更正又は当該金額があるものとする更正は、前項の規定にかかわらず、同項第一号に定める期限から十年を経過する日まで、することができる。

③　前二項の規定により更正をすることができないこととなる日前六月以内にされた更正の請求に係る更正又は当該更正に伴つて行われることとなる加算税についてする賦課決定は、前二項の規定にかかわらず、当該更正の請求があつた日から六月を経過する日まで、することができる。

④　第一項の規定により賦課決定をすることができないこととなる日前三月以内にされた納税申告書の提出（源泉徴収等による国税の納付を含む。以下この項において同じ。）に伴つて行われることとなる無申告加算税（第六十六条第八項（無申告加算税）の規定の適用があるものに限る。）又は不納付加算税（第六十七条第二項（不納付加算税）の規定の適用があるものに限る。）についてする賦課決定は、第一項の規定にかかわらず、当該納税申告書の提出があつた日から三月を経過する日まで、することができる。

⑤　次の各号に掲げる更正決定等は、第一項又は前二項の規定にかかわらず、第一項各号に掲げる更正決定等の区分に応じ、同項各号に定める期限又は日から七年を経過する日まで、することができる。

一　偽りその他不正の行為によりその全部若しくは一部の税額を免れ、又はその全部若しくは一部の税額の還付を受けた国税（当該国税に係る加算税及び過怠税を含む。）についての更正決定等

二　偽りその他不正の行為により当該課税期間において生じた純損失等の金額が過大にあるものとする納税申告書を提出していた場合における当該申告書に記載された当該純損失等の金額（当該金額に関し更正があつた場合には、当該更正後の金額）についての更正（第二項又は第三項の規定の適用を受ける法人税に係る純損失等の金額に係るものを除く。）

三　所得税法第六十条の二第一項から第三項まで（国外転出をする場合の譲渡所得等の特例）又は第六十条の三第一項から第二項まで（贈与等により非居住者に資産が移転した場合の譲渡所得等の特例）の規定の適用がある場合（第百十七条第二項（納税管理人）の規定による納税管理人の届出及び税理士法（昭和二十六年法律第二百三十七号）第三十条（税務代理の権限の明示）（同法第四十八条の十六（税理士の権利及び義務等に関する規定の準用）において準用する場合を含む。）の規定による書面の提出がある場合その他の政令で定める場合を除く。）の所得税（当該所得税に係る加算税を含む。第七十三条第三項（時効の完成猶予及び更新）において「国外転出等特例の適用がある場合の所得税」という。）についての更正決定等

（当該職員の所得税等に関する調査に係る質問検査権）

第七十四条の二　国税庁、国税局若しくは税務署（以下「国税庁等」という。）又は税関の当該職員（税関の当該職員にあつては、消費税に関する調査（第百三十一条第一項（質問、検査又は領置等）に規定する犯則事件の調査を除く。以下この章において同じ。）を行う場合に限る。）は、所得税、法人税、地方法人税又は消費税に関する調査について必要があるときは、次の各号に掲げる調査の区分に応じ、当該各号に定める者に質問し、その者の事業に関する帳簿書類その他の物件（税関の当該職員が行う調査にあつては、課税貨物（消費税法第二条第一項第十一号（定義）に規定する課税貨物をいう。第四号イにおいて同じ。）若しくは輸出物品（同法第八条第一項（輸出物品販売場における輸出物品の譲渡に係る免税）に規定する物品をいう。第四号イにおいて同じ。）又はこれらの帳簿書類その他の物件とする。）を検査し、又は当該物件（その写しを含む。次条から第七十四条の六まで（当該職員の質問検査権）において同じ。）の提示若しくは提出を求めることができる。

一　所得税に関する調査　次に掲げる者

　イ　所得税法の規定による所得税の納税義務がある者若しくは納税義務があると認められる者又は同法第百二十三条第一項（確定損失申告）、第百二十五条第三項（年の中途で死亡した場合の確定申告）若しくは第百二十七条第三項（年の中途で出国をする場合の確定申告）（これらの規定を同法第百六十六条（申告、納付及び還付）において準用する場合を含む。）の規定による申告書を提出した者

　ロ　所得税法第二百二十五条第一項（支払調書及び支払通知書）に規定する調書、同法第二百二十六条第一項から第三項まで（源泉徴収票）に規定する源泉徴収票又は同法第二百二十七条から第二百二十八条の三の二まで（信託の計算書等）に規定する計算書若しくは調書を提出する義務がある者

　ハ　イに掲げる者に金銭若しくは物品の給付をする義務があつたと認められる者若しくは当該義務があると認められる者又はイに掲げる者から金銭若しくは物品の給付を受ける権利があつたと認められる者若しくは当該権利があると認められる者

二　法人税又は地方法人税に関する調査　次に掲げる者

　イ　法人（法人税法第二条第二十九号の二（定義）に規定する法人課税信託の引受けを行う個人を含む。第四項において同じ。）

　ロ　イに掲げる者に対し、金銭の支払若しくは物品の譲渡をする義務があると認められる者又は金銭の支払若しくは物品の譲渡を受ける権利があると認められる者

三　消費税に関する調査（次号に掲げるものを除く。）　次に掲げる者

　イ　消費税法の規定による消費税の納税義務がある者若しくは納税義務があると認められる者又は同法第四十六条第一項（還付を受けるための申告）の規定による申告書を提出した者

　ロ　イに掲げる者に金銭の支払若しくは資産の譲渡等（消費税法第二条第一項第八号に規定する資産の譲渡等をいう。以下この条において同じ。）をする義務があると認められる者又はイに掲げる者から金銭の支払若しくは資産の譲渡等を受ける権利があると認められる者

四　消費税に関する調査（税関の当該職員が行うものに限る。）　次に掲げる者

　イ　課税貨物を保税地域から引き取る者又は輸出物品を消費税法第八条第一項に規定する方法により購入したと認められる者

　ロ　イに掲げる者に金銭の支払若しくは資産の譲渡等をする義務があると認められる者又はイに掲げる者から金銭の支払若しくは資産の譲渡等を受ける権利があると認められる者

②　分割があつた場合の前項第二号の規定の適用については、分割法人（法人税法第二条第十二号の二に規定する分割法人をいう。次条第三項において同じ。）は前項第二号ロに規定する物品の譲渡をする義務があると認められる者に、分割承継法人（同法第二条第十二号の三に規定する分割承継法人をいう。次条第三項において同じ。）前項第二号ロに規定する物品の譲渡を受ける権利があると認められる者に、それぞれ含まれるものとする。

③　分割があつた場合の第一項第三号又は第四号の規定の適用については、消費税法第二条第一項第六号に規定する分割法人は第一項第三号ロ又は第四号ロに規定する資産の譲渡等をする義務があると認められる者と、同条第一項第六号の二に規定する分割承継法人は第一項第三号ロ又は第四号ロに規定する資産の譲渡等を受ける権利があると認められる者と、それぞれみなす。

④　第一項に規定する国税庁等の当該職員のうち、国税局又は税務署の当該職員は、法人税又は地方法人税に関する調査にあつては法人の納税地の所轄国税局又は所轄税務署の当該職員（通算法人の各事業年度の所得に対する法人税又は当該法人税に係る地方法人税に関する調査に係る他の通算法人に対する同項の規定による質問、検査又は提示若しくは提出の要求にあつては当該通算法人の納税地の所轄国税局又は所轄税務署の当該職員を、納税地の所轄国税局又は所轄税務署以外の国税局又は税務署の所轄区域内に本店、支店、工場、営業所その他これらに準ずるものを有する法人に対する法人税又は地方法人税に関する調査にあつては当該国税局又は税務署の当該職員を、それぞれ含む。）に、消費税に関する調査にあつては消費税法第二条第一項第四号に規定する事業者の納税地の所轄国税局又は所轄税務署の当該職員（納税地の所轄国税局又は所轄税務署以外の国税局又は税務署の所轄区域内に住所、居所、本店、支店、事務所、事業所その他これらに準ずるものを有する第一項第三号イに掲げる者に対する消費税に関する調査にあつては、当該国税局又は税務署の当該職員を含む。）に、それぞれ限るものとする。

⑤　法人税等（法人税、地方法人税又は消費税をいう。以下この項において同じ。）についての調査通知（第六十五条第五項（過少申告加算税）に規定する調査通知をいう。以下この項において同じ。）があつた後にその納税地に異動があつた場合において、その異動前の納税地（以下この項において「旧納税地」という。）を所轄する国税局長又は税務署長が必要があると認めるときは、旧納税地の所轄国税局又は所轄税務署の当該職員は、その異動後の納税地の所轄国税局又は所轄税務署の当該職員に代わり、当該法人税等に関する調査（当該調査通知に係るものに限る。）に係る第一項第二号又は第三号に定める者に対し、同項の規定による質問、検査又は提示若しくは提出の要求をすることができる。この場合において、前項の規定の適用については、同項中「あつては法人の納税地」とあるのは「あつては法人の旧納税地（次項に規定する旧納税地をいう。以下この項において同じ。）」と、「同項」とあるのは「第一項」と、「通算法人の納税地」とあるのは「通算法人の旧納税地」と、「、納税地」とあるのは「、旧納税地」と、「事業者の納税地」とあるのは「事業者の旧納税地」と、「（納税地」とあるのは「（旧納税地」とする。

【国税徴収法】

（国税優先の原則）
第八条　国税は、納税者の総財産について、この章に別段の定がある場合を除き、すべての公課その他の債権に先だつて徴収する。

【所得税法】

（実質所得者課税の原則）
第十二条　資産又は事業から生ずる収益の法律上帰属するとみられる者が単なる名義人であつて、その収益を享受せず、その者以外の者がその収益を享受する場合には、その収益は、これを享受する者に帰属するものとして、この法律の規定を適用する。

（利子所得）
第二十三条　利子所得とは、公社債及び預貯金の利子（公社債で元本に係る部分と利子に係る部分とに分離され

てそれぞれ独立して取引されるもののうち、当該利子に係る部分であつた公社債に係るものを除く。）並びに合同運用信託、公社債投資信託及び公募公社債等運用投資信託の収益の分配（以下この条において「利子等」という。）に係る所得をいう。

②　利子所得の金額は、その年中の利子等の収入金額とする。

（配当所得）

第二十四条　配当所得とは、法人（法人税法第二条第六号（定義）に規定する公益法人等及び人格のない社団等を除く。）から受ける剰余金の配当（株式又は出資（公募公社債等運用投資信託以外の公社債等運用投資信託の受益権及び社債的受益権を含む。次条において同じ。）に係るものに限るものとし、資本剰余金の額の減少に伴うもの並びに分割型分割（同法第二条第十二号の九に規定する分割型分割をいい、法人課税信託に係る信託の分割を含む。以下この項及び次条において同じ。）によるもの及び株式分配（同法第二条第十二号の十五の二に規定する株式分配をいう。以下この項及び次条において同じ）を除く。）、利益の配当（資産の流動化に関する法律第百十五条第一項（中間配当）に規定する金銭の分配を含むものとし、分割型分割によるもの及び株式分配を除く。）、剰余金の分配（出資に係るものに限る。）、投資信託及び投資法人に関する法律第百三十七条（金銭の分配）の金銭の分配（出資総額等の減少に伴う金銭の分配として財務省令で定めるもの（次条第一項第四号において「出資等減少分配」という。）を除く。）、基金利息（保険業法第五十五条第一項（基金利息の支払等の制限）に規定する基金利息をいう。）並びに投資信託（公社債投資信託及び公募公社債等運用投資信託を除く。）及び特定受益証券発行信託の収益の分配（法人税法第二条第十二号の十五に規定する適格現物分配に係るものを除く。以下この条において「配当等」という。）に係る所得をいう。

②　配当所得の金額は、その年中の配当等の収入金額とする。ただし、株式その他配当所得を生ずべき元本を取得するために要した負債の利子（事業所得又は雑所得の基因となつた有価証券その他政令で定めるものを取得するために要した負債の利子を除く。以下この項において同じ。）でその年中に支払うものがある場合は、当該収入金額から、その支払う負債の利子の額のうちその年においてその元本を有していた期間に対応する部分の金額として政令で定めるところにより計算した金額の合計額を控除した金額とする。

（不動産所得）

第二十六条　不動産所得とは、不動産、不動産の上に存する権利、船舶又は航空機（以下この項において「不動産等」という。）の貸付け（地上権又は永小作権の設定その他他人に不動産等を使用させることを含む。）による所得（事業所得又は譲渡所得に該当するものを除く。）をいう。

②　不動産所得の金額は、その年中の不動産所得に係る総収入金額から必要経費を控除した金額とする。

（事業所得）

第二十七条　事業所得とは、農業、漁業、製造業、卸売業、小売業、サービス業その他の事業で政令で定めるものから生ずる所得（山林所得又は譲渡所得に該当するものを除く。）をいう。

②　事業所得の金額は、その年中の事業所得に係る総収入金額から必要経費を控除した金額とする。

（給与所得）

第二十八条　給与所得とは、俸給、給料、賃金、歳費及び賞与並びにこれらの性質を有する給与（以下この条において「給与等」という。）に係る所得をいう。

②　給与所得の金額は、その年中の給与等の収入金額から給与所得控除額を控除した残額とする。

③　前項に規定する給与所得控除額は、次の各号に掲げる場合の区分に応じ当該各号に定める金額とする。

一　前項に規定する収入金額が百八十万円以下である場合　当該収入金額の百分の四十に相当する金額（当該

　金額が六十五万円に満たない場合には、六十五万円）

　二　前項に規定する収入金額が百八十万円を超え三百六十万円以下である場合　七十二万円と当該収入金額から百八十万円を控除した金額の百分の三十に相当する金額との合計額

　三　前項に規定する収入金額が三百六十万円を超え六百六十万円以下である場合　百二十六万円と当該収入金額から三百六十万円を控除した金額の百分の二十に相当する金額との合計額

　四　前項に規定する収入金額が六百六十万円を超え千万円以下である場合　百八十六万円と当該収入金額から六百六十万円を控除した金額の百分の十に相当する金額との合計額

　五　前項に規定する収入金額が千万円を超える場合　二百二十万円

④　その年中の給与等の収入額が六百六十万円未満である場合には、当該給与等に係る給与所得の金額は、前二項の規定にかかわらず、当該収入金額を別表第五の給与等の金額として、同表により当該金額に応じて求めた同表の給与所得控除後の給与等の金額に相当する金額とする。

（退職所得）

第三十条　退職所得とは、退職手当、一時恩給その他の退職により一時に受ける給与及びこれらの性質を有する給与（以下この条において「退職手当等」という。）に係る所得をいう。

②　退職所得の金額は、その年中の退職手当等の収入金額から退職所得控除額を控除した残額の二分の一に相当する金額（当該退職手当等が、短期退職手当等である場合には次の各号に掲げる場合の区分に応じ当該各号に定める金額とし、特定役員退職手当等である場合には当該退職手当等の収入金額から退職所得控除額を控除した残額に相当する金額とする。）とする。

　一　当該退職手当等の収入金額から退職所得控除額を控除した残額が三百万円以下である場合　当該残額の二分の一に相当する金額

　二　前号に掲げる場合以外の場合　百五十万円と当該退職手当等の収入金額から三百万円に退職所得控除額を加算した金額を控除した残額との合計額

③　前項に規定する退職所得控除額は、次の各号に掲げる場合の区分に応じ当該各号に定める金額とする。

　一　政令で定める勤続年数（以下この項及び第七項において「勤続年数」という。）が二十年以下である場合　四十万円に当該勤続年数を乗じて計算した金額

　二　勤続年数が二十年を超える場合　八百万円と七十万円に当該勤続年数から二十年を控除した年数を乗じて計算した金額との合計額

④　第二項に規定する短期退職手当等とは、退職手当等のうち、退職手当等の支払をする者から短期勤続年数（前項第一号に規定する勤続年数のうち、次項に規定する役員等以外の者としての政令で定める勤続年数が五年以下であるものをいう。第七項において同じ。）に対応する退職手当等として支払を受けるものであつて、次項に規定する特定役員退職手当等に該当しないものをいう。

⑤　第二項に規定する特定役員退職手当等とは、退職手当等のうち、役員等（次に掲げる者をいう。）としての政令で定める勤続年数（以下この項及び第七項において「役員等勤続年数」という。）が五年以下である者が、退職手当等の支払をする者から当該役員等勤続年数に対応する退職手当等として支払を受けるものをいう。

　一　法人税法第二条第十五号（定義）に規定する役員

　二　国会議員及び地方公共団体の議会の議員

　三　国家公務員及び地方公務員

⑥　次の各号に掲げる場合に該当するときは、第二項に規定する退職所得控除額は、第三項の規定にかかわらず、当該各号に定める金額とする。

　一　その年の前年以前に他の退職手当等の支払を受けている場合で政令で定める場合　第三項の規定により計算した金額から、当該他の退職手当等につき政令で定めるところにより同項の規定に準じて計算した金額を

控除した金額

二　第三項及び前号の規定により計算した金額が八十万円に満たない場合（次号に該当する場合を除く。）
八十万円

三　障害者になつたことに直接基因して退職したと認められる場合で政令で定める場合　第三項及び第一号の
規定により計算した金額（当該金額が八十万円に満たない場合には、八十万円）に百万円を加算した金額

⑦　その年中に一般退職手当等（退職手当等のうち、短期退職手当等（第四項に規定する短期退職手当等をいう。
以下この項において同じ。）及び特定役員退職手当等（第五項に規定する特定役員退職手当等をいう。以下こ
の項において同じ。）のいずれにも該当しないものをいう。以下この項において同じ。）、短期退職手当等又は
特定役員退職手当等のうち二以上の退職手当等があり、当該一般退職手当等に係る勤続年数、当該短期退職手
当等に係る短期勤続年数又は当該特定役員退職手当等に係る役員等勤続年数に重複している期間がある場合の
退職所得の金額の計算については、政令で定める。

（山林所得）

第三十二条　山林所得とは、山林の伐採又は譲渡による所得をいう。

②　山林をその取得の日以後五年以内に伐採し又は譲渡することによる所得は、山林所得に含まれないものとす
る。

③　山林所得の金額は、その年中の山林所得に係る総収入金額から必要経費を控除し、その残額から山林所得の
特別控除額を控除した金額とする。

④　前項に規定する山林所得の特別控除額は、五十万円（同項に規定する残額が五十万円に満たない場合には、
当該残額）とする。

（譲渡所得）

第三十三条　譲渡所得とは、資産の譲渡（建物又は構築物の所有を目的とする地上権又は賃借権の設定その他契
約により他人に土地を長期間使用させる行為で政令で定めるものを含む。以下この条において同じ。）による
所得をいう。

②　次に掲げる所得は、譲渡所得に含まれないものとする。

一　たな卸資産（これに準ずる資産として政令で定めるものを含む。）の譲渡その他営利を目的として継続的
に行なわれる資産の譲渡による所得

二　前号に該当するもののほか、山林の伐採又は譲渡による所得

③　譲渡所得の金額は、次の各号に掲げる所得につき、それぞれその年中の当該所得に係る総収入金額から当該
所得の基因となつた資産の取得費及びその資産の譲渡に要した費用の額の合計額を控除し、その残額の合計額
（当該各号のうちいずれかの号に掲げる所得に係る総収入金額が当該所得の基因となつた資産の取得費及びそ
の資産の譲渡に要した費用の額の合計額に満たない場合には、その不足額に相当する金額を他の号に掲げる所
得に係る残額から控除した金額。以下この条において「譲渡益」という。）から譲渡所得の特別控除額を控除
した金額とする。

一　資産の譲渡（前項の規定に該当するものを除く。次号において同じ。）でその資産の取得の日以後五年以
内にされたものによる所得（政令で定めるものを除く。）

二　資産の譲渡による所得で前号に掲げる所得以外のもの

④　前項に規定する譲渡所得の特別控除額は、五十万円（譲渡益が五十万円に満たない場合には、当該譲渡益）
とする。

⑤　第三項の規定により譲渡益から同項に規定する譲渡所得の特別控除額を控除する場合には、まず、当該譲渡
益のうち同項第一号に掲げる所得に係る部分の金額から控除するものとする。

（一時所得）

第三十四条　一時所得とは、利子所得、配当所得、不動産所得、事業所得、給与所得、退職所得、山林所得及び譲渡所得以外の所得のうち、営利を目的とする継続的行為から生じた所得以外の一時の所得で労務その他の役務又は資産の譲渡の対価としての性質を有しないものをいう。

②　一時所得の金額は、その年中の一時所得に係る総収入金額からその収入を得るために支出した金額（その収入を生じた行為をするため、又はその収入を生じた原因の発生に伴い直接要した金額に限る。）の合計額を控除し、その残額から一時所得の特別控除額を控除した金額とする。

③　前項に規定する一時所得の特別控除額は、五十万円（同項に規定する残額が五十万円に満たない場合には、当該残額）とする。

（雑所得）

第三十五条　雑所得とは、利子所得、配当所得、不動産所得、事業所得、給与所得、退職所得、山林所得、譲渡所得及び一時所得のいずれにも該当しない所得をいう。

②　雑所得の金額は、次の各号に掲げる金額の合計額とする。

一　その年中の公的年金等の収入金額から公的年金等控除額を控除した残額

二　その年中の雑所得（公的年金等に係るものを除く。）に係る総収入金額から必要経費を控除した金額

③　前項に規定する公的年金等とは、次に掲げる年金をいう。

一　第三十一条第一号及び第二号（退職手当等とみなす一時金）に規定する法律の規定に基づく年金その他同条第一号に規定する制度に基づく年金（これに類する給付を含む。第三号において同じ。）で政令で定めるもの

二　恩給（一時恩給を除く。）及び過去の勤務に基づき使用者であつた者から支給される年金

三　確定給付企業年金法の規定に基づいて支給を受ける年金（第三十一条第三号に規定する規約に基づいて拠出された掛金のうちにその年金が支給される同法第二十五条第一項（加入者）に規定する加入者（同項に規定する加入者であつた者を含む。）の負担した金額がある場合には、その年金の額からその負担した金額のうちその年金の額に対応するものとして政令で定めるところにより計算した金額を控除した金額に相当する部分に限る。）その他これに類する年金として政令で定めるもの

④　第二項に規定する公的年金等控除額は、次の各号に掲げる金額の合計額とする。ただし、当該合計額が七十万円に満たないときは、七十万円とする。

一　五十万円

二　その年中の公的年金等の収入金額から前号に掲げる金額を控除した残額の次に掲げる場合の区分に応じそれぞれ次に掲げる金額

　イ　当該残額が三百六十万円以下である場合　当該残額の百分の二十五に相当する金額

　ロ　当該残額が三百六十万円を超え、七百二十万円以下である場合　九十万円と当該残額から三百六十万円を控除した金額の百分の十五に相当する金額との合計額

　ハ　当該残額が七百二十万円を超える場合　百四十四万円と当該残額から七百二十万円を控除した金額の百分の五に相当する金額との合計額

（収入金額）

第三十六条　その年分の各種所得の金額の計算上収入金額とすべき金額又は総収入金額に算入すべき金額は、別段の定めがあるものを除き、その年において収入すべき金額（金銭以外の物又は権利その他経済的な利益をもつて収入する場合には、その金銭以外の物又は権利その他経済的な利益の価額）とする。

②　前項の金銭以外の物又は権利その他経済的な利益の価額は、当該物若しくは権利を取得し、又は当該利益を

享受する時における価額とする。

③　無記名の公社債の利子、無記名の株式〔無記名の公募公社債等運用投資信託以外の公社債等運用投資信託の受益証券及び無記名の社債的受益権に係る受益証券を含む。第百六十九条第二号（分離課税に係る所得税の課税標準）、第二百二十四条第一項及び第二項（利子、配当等の受領者の告知）並びに第二百二十五条第一項及び第二項（支払調書及び支払通知書）において「無記名株式等」という。〕の剰余金の配当〔第二十四条第一項（配当所得）に規定する剰余金の配当をいう。〕又は無記名の貸付信託、投資信託若しくは特定受益証券発行信託の受益証券に係る収益の分配については、その年分の利子所得の金額又は配当所得の金額の計算上収入金額とすべき金額は、第一項の規定にかかわらず、その年において支払を受けた金額とする。

（必要経費）

第三十七条　その年分の不動産所得の金額、事業所得の金額又は雑所得の金額〔事業所得の金額及び雑所得の金額のうち山林の伐採又は譲渡に係るもの並びに雑所得の金額のうち第三十五条第三項（公的年金等の定義）に規定する公的年金等に係るものを除く。〕の計算上必要経費に算入すべき金額は、別段の定めがあるものを除き、これらの所得の総収入金額に係る売上原価その他当該総収入金額を得るため直接に要した費用の額及びその年における販売費、一般管理費その他これらの所得を生ずべき業務について生じた費用〔償却費以外の費用でその年において債務の確定しないものを除く。〕の額とする。

②　山林につきその年分の事業所得の金額、山林所得の金額又は雑所得の金額の計算上必要経費に算入すべき金額は、別段の定めがあるものを除き、その山林の植林費、取得に要した費用、管理費、伐採費その他その山林の育成又は譲渡に要した費用〔償却費以外の費用でその年において債務の確定しないものを除く。〕の額とする。

（家事関連費等の必要経費不算入等）

第四十五条　居住者が支出し又は納付する次に掲げるものの額は、その者の不動産所得の金額、事業所得の金額、山林所得の金額又は雑所得の金額の計算上、必要経費に算入しない。

一　家事上の経費及びこれに関連する経費で政令で定めるもの

二　所得税〔不動産所得、事業所得又は山林所得を生ずべき事業を行う居住者が納付する第百三十一条第三項（確定申告税額の延納に係る利子税）、第百三十六条（延払条件付譲渡に係る所得税額の延納に係る利子税）、第百三十七条の二第十二項（国外転出をする場合の譲渡所得等の特例の適用がある場合の納税猶予に係る利子税）又は第百三十七条の三第十四項（贈与等により非居住者に資産が移転した場合の譲渡所得等の特例の適用がある場合の納税猶予に係る利子税）の規定による利子税で、その事業についてのこれらの所得に係る所得税の額に対応するものとして政令で定めるものを除く。〕

三　所得税以外の国税に係る延滞税、過少申告加算税、無申告加算税、不納付加算税及び重加算税並びに印紙税法〔昭和四十二年法律第二十三号〕の規定による過怠税

四　地方税法〔昭和二十五年法律第二百二十六号〕の規定による道府県民税及び市町村民税〔都民税及び特別区民税を含む。〕

五　地方税法の規定による延滞金、過少申告加算金、不申告加算金及び重加算金

六　前号に掲げるものに準ずるものとして政令で定めるもの

七　罰金及び科料〔通告処分による罰金又は科料に相当するもの及び外国又はその地方公共団体が課する罰金又は科料に相当するものを含む。〕並びに過料

八　損害賠償金〔これに類するものを含む。〕で政令で定めるもの

九　国民生活安定緊急措置法〔昭和四十八年法律第百二十一号〕の規定による課徴金及び延滞金

十　私的独占の禁止及び公正取引の確保に関する法律〔昭和二十二年法律第五十四号〕の規定による課徴金及

び延滞金（外国若しくはその地方公共団体又は国際機関が納付を命ずるこれらに類するものを含む。）

十一　金融商品取引法第六章の二（課徴金）の規定による課徴金及び延滞金

十二　公認会計士法（昭和二十三年法律第百三号）の規定による課徴金及び延滞金

十三　不当景品類及び不当表示防止法（昭和三十七年法律第百三十四号）の規定による課徴金及び延滞金

十四　医薬品、医療機器等の品質、有効性及び安全性の確保等に関する法律（昭和三十五年法律第百四十五号）の規定による課徴金及び延滞金

② 居住者が供与をする刑法（明治四十年法律第四十五号）第百九十八条（贈賄）に規定する賄賂又は不正競争防止法（平成五年法律第四十七号）第十八条第一項（外国公務員等に対する不正の利益の供与等の禁止）に規定する金銭その他の利益に当たるべき金銭の額及び金銭以外の物又は権利その他経済的な利益の価額（その供与に要する費用の額がある場合には、その費用の額を加算した金額）は、その者の不動産所得の金額、事業所得の金額、山林所得の金額又は雑所得の金額の計算上、必要経費に算入しない。

③ 第一項第二号から第八号までに掲げるものの額又は前項に規定する金銭の額及び金銭以外の物若しくは権利その他経済的な利益の価額は、第一項又は前項の居住者の一時所得の金額の計算上、支出した金額に算入しない。

（事業から対価を受ける親族がある場合の必要経費の特例）

第五十六条　居住者と生計を一にする配偶者その他の親族がその居住者の営む不動産所得、事業所得又は山林所得を生ずべき事業に従事したことその他の事由により当該事業から対価の支払を受ける場合には、その対価に相当する金額は、その居住者の当該事業に係る不動産所得の金額、事業所得の金額又は山林所得の金額の計算上、必要経費に算入しないものとし、かつ、その親族のその対価に係る各種所得の金額の計算上必要経費に算入されるべき金額は、その居住者の当該事業に係る不動産所得の金額、事業所得の金額又は山林所得の金額の計算上、必要経費に算入する。この場合において、その親族が支払を受けた対価の額及びその親族のその対価に係る各種所得の金額の計算上必要経費に算入されるべき金額は、当該各種所得の金額の計算上ないものとみなす。

（給与所得者の特定支出の控除の特例）

第五十七条の二　居住者が、各年において特定支出をした場合において、その年中の特定支出の額の合計額が第二十八条第二項（給与所得）に規定する給与所得控除額の二分の一に相当する金額を超えるときは、その年分の同項に規定する給与所得の金額は、同項及び同条第四項の規定にかかわらず、同条第二項の残額からその超える部分の金額を控除した金額とする。

② 前項に規定する特定支出とは、居住者の次に掲げる支出（その支出につきその者に係る第二十八条第一項に規定する給与等の支払をする者（以下この項において「給与等の支払者」という。）により補填される部分があり、かつ、その補填される部分につき所得税が課されない場合における当該補填される部分及びその支出につき雇用保険法（昭和四十九年法律第百十六号）第十条第五項（失業等給付）に規定する教育訓練給付金、母子及び父子並びに寡婦福祉法（昭和三十九年法律第百二十九号）第三十一条第一号（母子家庭自立支援給付金）に規定する母子家庭自立支援教育訓練給付金又は同法第三十一条の十（父子家庭自立支援給付金）において準用する同号に規定する父子家庭自立支援教育訓練給付金が支給される部分がある場合における当該支給される部分を除く。）をいう。

一　その者の通勤のために必要な交通機関の利用又は交通用具の使用のための支出で、その通勤の経路及び方法がその者の通勤に係る運賃、時間、距離その他の事情に照らして最も経済的かつ合理的であることにつき財務省令で定めるところにより給与等の支払者により証明がされたもののうち、一般の通勤者につき通常必要であると認められる部分として政令で定める支出

二　勤務する場所を離れて職務を遂行するために直接必要な旅行であることにつき財務省令で定めるところにより給与等の支払者により証明がされたものに通常要する支出で政令で定めるもの

三　転任に伴うものであることにつき財務省令で定めるところにより給与等の支払者により証明がされた転居のために通常必要であると認められる支出として政令で定めるもの

四　職務の遂行に直接必要な技術又は知識を習得することを目的として受講する研修（人の資格を取得するためのものを除く。）であることにつき、財務省令で定めるところにより、給与等の支払者により証明がされたもののための支出又はキャリアコンサルタント（職業能力開発促進法第三十条の三（業務）に規定するキャリアコンサルタントをいう。次号において同じ。）により証明がされたもののための支出（教育訓練（雇用保険法第六十条の二第一項（教育訓練給付金）に規定する教育訓練をいう。同号において同じ。）に係る部分に限る。）

五　人の資格を取得するための支出で、その支出がその者の職務の遂行に直接必要なものとして、財務省令で定めるところにより、給与等の支払者により証明がされたもの又はキャリアコンサルタントにより証明がされたもの（教育訓練に係る部分に限る。）

六　転任に伴い生計を一にする配偶者との別居を常況とすることとなつた場合その他これに類する場合として政令で定める場合に該当することにつき財務省令で定めるところにより給与等の支払者により証明がされた場合におけるその者の勤務する場所又は居所とその配偶者その他の親族が居住する場所との間のその者の旅行に通常要する支出で政令で定めるもの

七　次に掲げる支出（当該支出の額の合計額が六十五万円を超える場合には、六十五万円までの支出に限る。）で、その支出がその者の職務の遂行に直接必要なものとして財務省令で定めるところにより給与等の支払者により証明がされたもの

　　イ　書籍、定期刊行物その他の図書で職務に関連するものとして政令で定めるもの及び制服、事務服その他の勤務場所において着用することが必要とされる衣服で政令で定めるものを購入するための支出

　　ロ　交際費、接待費その他の費用で、給与等の支払者の得意先、仕入先その他職務上関係のある者に対する接待、供応、贈答その他これらに類する行為のための支出

③　第一項の規定は、確定申告書、修正申告書又は更正請求書（次項において「申告書等」という。）に第一項の規定の適用を受ける旨及び同項に規定する特定支出の額の合計額の記載があり、かつ、前項各号に掲げるそれぞれの特定支出に関する明細書及びこれらの各号に規定する証明の書類の添付がある場合に限り、適用する。

④　第一項の規定の適用を受ける旨の記載がある申告書等を提出する場合には、同項に規定する特定支出の支出の事実及び支出した金額を証する書類として政令で定める書類を当該申告書等に添付し、又は当該申告書等の提出の際提示しなければならない。

⑤　前三項に定めるもののほか、第二項に規定する特定支出の範囲の細目その他第一項の規定の適用に関し必要な事項は、政令で定める。

（固定資産の交換の場合の譲渡所得の特例）

第五十八条　居住者が、各年において、一年以上有していた固定資産で次の各号に掲げるものをそれぞれ他の者が一年以上有していた固定資産で当該各号に掲げるもの（交換のために取得したと認められるものを除く。）と交換し、その交換により取得した当該各号に掲げる資産（以下この条において「取得資産」という。）をその交換により譲渡した当該各号に掲げる資産（以下この条において「譲渡資産」という。）の譲渡の直前の用途と同一の用途に供した場合には、第三十三条（譲渡所得）の規定の適用については、当該譲渡資産（取得資産とともに金銭その他の資産を取得した場合には、当該金銭の額及び金銭以外の資産の価額に相当する部分を除く。）の譲渡がなかつたものとみなす。

一　土地（建物又は構築物の所有を目的とする地上権及び賃借権並びに農地法（昭和二十七年法律第

二百二十九号）第二条第一項（定義）に規定する農地（同法第四十三条第一項（農作物栽培高度化施設に関する特例）の規定により農作物の栽培を耕作に該当するものとみなして適用する同法第二条第一項に規定する農地を含む。）の上に存する耕作（同法第四十三条第一項の規定により耕作に該当するものとみなされる農作物の栽培を含む。）に関する権利を含む。）

　二　建物（これに附属する設備及び構築物を含む。）

　三　機械及び装置

　四　船舶

　五　鉱業権（租鉱権及び採石権その他土石を採掘し又は採取する権利を含む。）

②　前項の規定は、同項の交換の時における取得資産の価額と譲渡資産の価額との差額がこれらの価額のうちいずれか多い価額の百分の二十に相当する金額をこえる場合には、適用しない。

③　第一項の規定は、確定申告書に同項の規定の適用を受ける旨、取得資産及び譲渡資産の価額その他財務省令で定める事項の記載がある場合に限り、適用する。

④　税務署長は、確定申告書の提出がなかつた場合又は前項の記載がない確定申告書の提出があつた場合においても、その提出がなかつたこと又はその記載がなかつたことについてやむを得ない事情があると認めるときは、第一項の規定を適用することができる。

⑤　第一項の規定の適用を受けた居住者が取得資産について行なうべき第四十九条第一項（減価償却資産の償却費の計算及びその償却の方法）に規定する償却費の計算及びその者が取得資産を譲渡した場合における譲渡所得の金額の計算に関し必要な事項は、政令で定める。

（贈与等の場合の譲渡所得等の特例）

第五十九条　次に掲げる事由により居住者の有する山林（事業所得の基因となるものを除く。）又は譲渡所得の基因となる資産の移転があつた場合には、その者の山林所得の金額、譲渡所得の金額又は雑所得の金額の計算については、その事由が生じた時に、その時における価額に相当する金額により、これらの資産の譲渡があつたものとみなす。

　一　贈与（法人に対するものに限る。）又は相続（限定承認に係るものに限る。）若しくは遺贈（法人に対するもの及び個人に対する包括遺贈のうち限定承認に係るものに限る。）

　二　著しく低い価額の対価として政令で定める額による譲渡（法人に対するものに限る。）

②　居住者が前項に規定する資産を個人に対し同項第二号に規定する対価の額により譲渡した場合において、当該対価の額が当該資産の譲渡に係る山林所得の金額、譲渡所得の金額又は雑所得の金額の計算上控除する必要経費又は取得費及び譲渡に要した費用の額の合計額に満たないときは、その不足額は、その山林所得の金額、譲渡所得の金額又は雑所得の金額の計算上、なかつたものとみなす。

（贈与等により取得した資産の取得費等）

第六十条　居住者が次に掲げる事由により取得した前条第一項に規定する資産を譲渡した場合における事業所得の金額、山林所得の金額、譲渡所得の金額又は雑所得の金額の計算については、その者が引き続きこれを所有していたものとみなす。

　一　贈与、相続（限定承認に係るものを除く。）又は遺贈（包括遺贈のうち限定承認に係るものを除く。）

　二　前条第二項の規定に該当する譲渡

②　前項の場合において、同項第一号に掲げる相続又は遺贈により取得した次の各号に掲げる資産を譲渡したときにおける当該資産の取得費については、同項の規定にかかわらず、当該各号に定めるところによる。

　一　配偶者居住権の目的となつている建物　当該建物に配偶者居住権が設定されていないとしたならば当該建物を譲渡した時において前項の規定により当該建物の取得費の額として計算される金額から当該建物を譲渡

した時において当該配偶者居住権が消滅したとしたならば次項の規定により配偶者居住権の取得費とされる金額を控除する。

二　配偶者居住権の目的となつている建物の敷地の用に供される土地（土地の上に存する権利を含む。以下この号及び次項第二号において同じ。）当該建物に配偶者居住権が設定されていないとしたならば当該土地を譲渡した時において前項の規定により当該土地の取得費の額として計算される金額から当該土地を譲渡した時において当該土地を当該配偶者居住権に基づき使用する権利が消滅したとしたならば次項の規定により当該権利の取得費とされる金額を控除する。

③　第一項の場合において、同項第一号に掲げる相続又は遺贈により取得した次の各号に掲げる権利が消滅したときにおける譲渡所得の金額の計算については、同項の規定にかかわらず、当該各号に定めるところによる。この場合において、第三十八条第二項（譲渡所得の金額の計算上控除する取得費）の規定は、適用しない。

一　配偶者居住権　当該相続又は遺贈により当該配偶者居住権を取得した時において、その時に当該配偶者居住権の目的となつている建物を譲渡したとしたならば当該建物の取得費の額として計算される金額のうちその時における配偶者居住権の価額に相当する金額に対応する部分の金額として政令で定めるところにより計算した金額により当該配偶者居住権を取得したものとし、当該金額から当該配偶者居住権の存続する期間を基礎として政令で定めるところにより計算した金額を控除した金額をもつて当該配偶者居住権の第三十八条第一項に規定する取得費とする。

二　配偶者居住権の目的となつている建物の敷地の用に供される土地を当該配偶者居住権に基づき使用する権利　当該相続又は遺贈により当該権利を取得した時において、その時に当該土地を譲渡したとしたならば当該土地の取得費の額として計算される金額のうちその時における当該権利の価額に相当する金額に対応する部分の金額として政令で定めるところにより計算した金額により当該権利を取得したものとし、当該金額から当該配偶者居住権の存続する期間を基礎として政令で定めるところにより計算した金額を控除した金額をもつて当該権利の第三十八条第一項に規定する取得費とする。

④　居住者が前条第一項第一号に掲げる相続又は遺贈により取得した資産を譲渡した場合における事業所得の金額、山林所得の金額、譲渡所得の金額又は雑所得の金額の計算については、その者が当該資産をその取得の時における価額に相当する金額により取得したものとみなす。

（資産の譲渡代金が回収不能となつた場合等の所得計算の特例）

第六十四条　その年分の各種所得の金額（事業所得の金額を除く。以下この項において同じ。）の計算の基礎となる収入金額若しくは総収入金額（不動産所得又は山林所得を生ずべき事業から生じたものを除く。以下この項において同じ。）の全部若しくは一部を回収することができないこととなつた場合又は政令で定める事由により当該収入金額若しくは総収入金額の全部若しくは一部を返還すべきこととなつた場合には、政令で定めるところにより、当該各種所得の金額の合計額のうち、その回収することができないこととなつた金額又は返還すべきこととなつた金額に対応する部分の金額は、当該各種所得の金額の計算上、なかつたものとみなす。

②　保証債務を履行するため資産（第三十三条第二項第一号（譲渡所得に含まれない所得）の規定に該当するものを除く。）の譲渡（同条第一項に規定する政令で定める行為を含む。）があつた場合において、その履行に伴う求償権の全部又は一部を行使することができないこととなつたときは、その行使することができないこととなつた金額（不動産所得の金額、事業所得の金額又は山林所得の金額の計算上必要経費に算入される金額を除く。）を前項に規定する回収することができないこととなつた金額とみなして、同項の規定を適用する。

③　前項の規定は、確定申告書、修正申告書又は更正請求書に同項の規定の適用を受ける旨の記載があり、かつ、同項の譲渡をした資産の種類その他財務省令で定める事項を記載した書類の添付がある場合に限り、適用する。

（予定納税額の納付）

第百四条　居住者（第百七条第一項（特別農業所得者の予定納税額の納付）の規定による納付をすべき者を除く。）は、第一号に掲げる金額から第二号に掲げる金額を控除した金額（以下この章において「予定納税基準額」という。）が十五万円以上である場合には、第一期（その年七月一日から同月三十一日までの期間をいう。以下この章において同じ。）及び第二期（その年十一月一日から同月三十日までの期間をいう。以下この章において同じ。）において、それぞれその予定納税基準額の三分の一に相当する金額の所得税を国に納付しなければならない。

一　前年分の課税総所得金額に係る所得税の額（当該課税総所得金額の計算の基礎となつた各種所得の金額のうちに譲渡所得の金額、一時所得の金額、雑所得の金額又は雑所得に該当しない臨時所得の金額がある場合には、政令で定めるところにより、これらの金額がなかつたものとみなして計算した額とし、同年分の所得税について災害被害者に対する租税の減免、徴収猶予等に関する法律（昭和二十二年法律第百七十五号）第二条（所得税の軽減又は免除）の規定の適用があつた場合には、同条の規定の適用がなかつたものとして計算した額とする。）

二　前年分の課税総所得金額の計算の基礎となつた各種所得につき源泉徴収をされた又はされるべきであつた所得税の額（当該各種所得のうちに一時所得、雑所得又は雑所得に該当しない臨時所得がある場合には、これらの所得につき源泉徴収をされた又はされるべきであつた所得税の額を控除した額）

②　国税通則法第十一条（災害等による期限の延長）の規定による納付に関する期限の延長（以下この項において「期限延長」という。）により、前項に規定する居住者が同項の規定により第一期又は第二期において納付すべき予定納税額の納期限がその年十二月三十一日後となる場合は、当該期限延長に係る予定納税額は、ないものとする。

③　第一項の場合において、同項に規定する予定納税基準額の三分の一に相当する金額に百円未満の端数があるときは、その端数を切り捨てる。

（推計による更正又は決定）

第百五十六条　税務署長は、居住者に係る所得税につき更正又は決定をする場合には、その者の財産若しくは債務の増減の状況、収入若しくは支出の状況又は生産量、販売量その他の取扱量、従業員数その他事業の規模によりその者の各年分の各種所得の金額又は損失の金額（その者の提出した青色申告書に係る年分の不動産所得の金額、事業所得の金額及び山林所得の金額並びにこれらの金額の計算上生じた損失の金額を除く。）を推計して、これをすることができる。

（源泉徴収義務）

第百八十三条　居住者に対し国内において第二十八条第一項（給与所得）に規定する給与等（以下この章において「給与等」という。）の支払をする者は、その支払の際、その給与等について所得税を徴収し、その徴収の日の属する月の翌月十日までに、これを国に納付しなければならない。

②　法人の法人税法第二条第十五号（定義）に規定する役員に対する賞与については、支払の確定した日から一年を経過した日までにその支払がされない場合には、その一年を経過した日においてその支払があつたものとみなして、前項の規定を適用する。

【法人税法】

（各事業年度の所得の金額の計算）

第二十二条　内国法人の各事業年度の所得の金額は、当該事業年度の益金の額から当該事業年度の損金の額を控

除した金額とする。

② 内国法人の各事業年度の所得の金額の計算上当該事業年度の益金の額に算入すべき金額は、別段の定めがあるものを除き、資産の販売、有償又は無償による資産の譲渡又は役務の提供、無償による資産の譲受けその他の取引で資本等取引以外のものに係る当該事業年度の収益の額とする。

③ 内国法人の各事業年度の所得の金額の計算上当該事業年度の損金の額に算入すべき金額は、別段の定めがあるものを除き、次に掲げる額とする。

一 当該事業年度の収益に係る売上原価、完成工事原価その他これらに準ずる原価の額

二 前号に掲げるもののほか、当該事業年度の販売費、一般管理費その他の費用（償却費以外の費用で当該事業年度終了の日までに債務の確定しないものを除く。）の額

三 当該事業年度の損失の額で資本等取引以外の取引に係るもの

④ 第二項に規定する当該事業年度の収益の額及び前項各号に掲げる額は、別段の定めがあるものを除き、一般に公正妥当と認められる会計処理の基準に従つて計算されるものとする。

⑤ 第二項又は第三項に規定する資本等取引とは、法人の資本金等の額の増加又は減少を生ずる取引並びに法人が行う利益又は剰余金の分配（資産の流動化に関する法律第百十五条第一項（中間配当）に規定する金銭の分配を含む。）及び残余財産の分配又は引渡しをいう。

（第一目　収益の額）

第二十二条の二　内国法人の資産の販売若しくは譲渡又は役務の提供（以下この条において「資産の販売等」という。）に係る収益の額は、別段の定め（前条第四項を除く。）があるものを除き、その資産の販売等に係る目的物の引渡し又は役務の提供の日の属する事業年度の所得の金額の計算上、益金の額に算入する。

② 内国法人が、資産の販売等に係る収益の額につき一般に公正妥当と認められる会計処理の基準に従って当該資産の販売等に係る契約の効力が生ずる日その他の前項に規定する日に近接する日の属する事業年度の確定した決算において収益として経理した場合には、同項の規定にかかわらず、当該資産の販売等に係る収益の額は、別段の定め（前条第四項を除く。）があるものを除き、当該事業年度の所得の金額の計算上、益金の額に算入する。

③ 内国法人が資産の販売等を行った場合（当該資産の販売等に係る収益の額につき一般に公正妥当と認められる会計処理の基準に従つて第一項に規定する日又は前項に規定する近接する日の属する事業年度の確定した決算において収益として経理した場合を除く。）において、当該資産の販売等に係る同項に規定する近接する日の属する事業年度の確定申告書に当該資産の販売等に係る収益の額の益金算入に関する申告の記載があるときは、その額につき当該事業年度の確定した決算において収益として経理したものとみなして、同項の規定を適用する。

④ 内国法人の各事業年度の資産の販売等に係る収益の額として第一項又は第二項の規定により当該事業年度の所得の金額の計算上益金の額に算入する金額は、別段の定め（前条第四項を除く。）があるものを除き、その販売若しくは譲渡をした資産の引渡しの時における価額又はその提供をした役務につき通常得べき対価の額に相当する金額とする。

⑤ 前項の引渡しの時における価額又は通常得べき対価の額は、同項の資産の販売等につき次に掲げる事実が生ずる可能性がある場合においても、その可能性がないものとした場合における価額とする。

一 当該資産の販売等の対価の額に係る金銭債権の貸倒れ

二 当該資産の販売等（資産の販売又は譲渡に限る。）に係る資産の買戻し

⑥ 前各項及び前条第二項の場合には、無償による資産の譲渡に係る収益の額は、金銭以外の資産による利益又は剰余金の分配及び残余財産の分配又は引渡しその他これらに類する行為としての資産の譲渡に係る収益の額を含むものとする。

⑦　前二項に定めるもののほか、資産の販売等に係る収益の額につき修正の経理をした場合の処理その他第一項から第四項までの規定の適用に関し必要な事項は、政令で定める。

（役員給与の損金不算入）

第三十四条　内国法人がその役員に対して支給する給与（退職給与で業績連動給与に該当しないもの、使用人としての職務を有する役員に対して支給する当該職務に対するもの及び第三項の規定の適用があるものを除く。以下この項において同じ。）のうち次に掲げる給与のいずれにも該当しないものの額は、その内国法人の各事業年度の所得の金額の計算上、損金の額に算入しない。

一　その支給時期が一月以下の一定の期間ごとである給与（次号イにおいて「定期給与」という。）で当該事業年度の各支給時期における支給額が同額であるものその他これに準ずるものとして政令で定める給与（同号において「定期同額給与」という。）

二　その役員の職務につき所定の時期に、確定した額の金銭又は確定した数の株式（出資を含む。以下この項及び第五項において同じ。）若しくは新株予約権若しくは確定した額の金銭債権に係る第五十四条第一項（譲渡制限付株式を対価とする費用の帰属事業年度の特例）に規定する特定譲渡制限付株式若しくは第五十四条の二第一項（新株予約権を対価とする費用の帰属事業年度の特例等）に規定する特定新株予約権を交付する旨の定めに基づいて支給する給与で、定期同額給与及び業績連動給与のいずれにも該当しないもの（当該株式若しくは当該特定譲渡制限付株式に係る第五十四条第一項に規定する承継譲渡制限付株式又は当該新株予約権若しくは当該特定新株予約権に係る第五十四条の二第一項に規定する承継新株予約権による給与を含むものとし、次に掲げる場合に該当する場合にはそれぞれ次に定める要件を満たすものに限る。）

イ　その給与が定期給与を支給しない役員に対して支給する給与（同族会社に該当しない内国法人が支給する給与で金銭によるものに限る。）以外の給与（株式又は新株予約権による給与で、将来の役務の提供に係るものとして政令で定めるものを除く。）である場合　政令で定めるところにより納税地の所轄税務署長にその定めの内容に関する届出をしていること。

ロ　株式を交付する場合　当該株式が市場価格のある株式又は市場価格のある株式と交換される株式（当該内国法人又は関係法人が発行したものに限る。次号において「適格株式」という。）であること。

ハ　新株予約権を交付する場合　当該新株予約権がその行使により市場価格のある株式が交付される新株予約権（当該内国法人又は関係法人が発行したものに限る。次号において「適格新株予約権」という。）であること。

三　内国法人（同族会社にあつては、同族会社以外の法人との間に当該法人による完全支配関係があるものに限る。）がその業務執行役員（業務を執行する役員として政令で定めるものをいう。以下この号において同じ。）に対して支給する業績連動給与（金銭以外の資産が交付されるものにあつては、適格株式又は適格新株予約権が交付されるものに限る。）で、次に掲げる要件を満たすもの（他の業務執行役員の全てに対して次に掲げる要件を満たす業績連動給与を支給する場合に限る。）

イ　交付される金銭の額若しくは株式若しくは新株予約権の数又は交付される新株予約権の数のうち無償で取得され、若しくは消滅する数の算定方法が、その給与に係る職務を執行する期間の開始の日（イにおいて「職務執行期間開始日」という。）以後に終了する事業年度の利益の状況を示す指標（利益の額、利益の額に有価証券報告書（金融商品取引法第二十四条第一項（有価証券報告書の提出）に規定する有価証券報告書をいう。イにおいて同じ。）に記載されるべき事項による調整を加えた指標その他の利益に関する指標として政令で定めるもので、有価証券報告書に記載されるものに限る。イにおいて同じ。）、職務執行期間開始日の属する事業年度開始の日以後の所定の期間若しくは職務執行期間開始日以後の所定の日における株式の市場価格の状況を示す指標（当該内国法人又は当該内国法人との間に完全支配関係がある法人の株式の市場価格又はその平均値その他の株式の市場価格に関する指標として政令で定めるものに限る。

イにおいて同じ。）又は職務執行期間開始日以後に終了する事業年度の売上高の状況を示す指標（売上高、売上高に有価証券報告書に記載されるべき事項による調整を加えた指標その他の売上高に関する指標として政令で定めるもののうち、利益の状況を示す指標又は株式の市場価格の状況を示す指標と同時に用いられるもので、有価証券報告書に記載されるものに限る。）を基礎とした客観的なもの（次に掲げる要件を満たすものに限る。）であること。

⑴　金銭による給与にあつては確定した額を、株式又は新株予約権による給与にあつては確定した数を、それぞれ限度としているものであり、かつ、他の業務執行役員に対して支給する業績連動給与に係る算定方法と同様のものであること。

⑵　政令で定める日までに、会社法第四百四条第三項（指名委員会等の権限等）の報酬委員会（その委員の過半数が当該内国法人の同法第二条第十五号（定義）に規定する社外取締役のうち職務の独立性が確保された者として政令で定める者（⑵において「独立社外取締役」という。）であるものに限るものとし、当該内国法人の業務執行役員と政令で定める特殊の関係のある者がその委員であるものを除く。）が決定（当該報酬委員会の委員である独立社外取締役の全員が当該決定に係る当該報酬委員会の決議に賛成している場合における当該決定に限る。）をしていることその他の政令で定める適正な手続を経ていること。

⑶　その内容が、⑵の政令で定める適正な手続の終了の日以後遅滞なく、有価証券報告書に記載されていることその他財務省令で定める方法により開示されていること。

ロ　その他政令で定める要件

②　内国法人がその役員に対して支給する給与（前項又は次項の規定の適用があるものを除く。）の額のうち不相当に高額な部分の金額として政令で定める金額は、その内国法人の各事業年度の所得の金額の計算上、損金の額に算入しない。

③　内国法人が、事実を隠蔽し、又は仮装して経理をすることによりその役員に対して支給する給与の額は、その内国法人の各事業年度の所得の金額の計算上、損金の額に算入しない。

④　前三項に規定する給与には、債務の免除による利益その他の経済的な利益を含むものとする。

⑤　第一項に規定する業績連動給与とは、利益の状況を示す指標、株式の市場価格の状況を示す指標その他の同項の内国法人又は当該内国法人との間に支配関係がある法人の業績を示す指標を基礎として算定される額又は数の金銭又は株式若しくは新株予約権による給与及び第五十四条第一項に規定する特定譲渡制限付株式若しくは承継譲渡制限付株式又は第五十四条の二第一項に規定する特定新株予約権若しくは承継新株予約権による給与で無償で取得され、又は消滅する株式又は新株予約権の数が役務の提供期間以外の事由により変動するものをいう。

⑥　第一項に規定する使用人としての職務を有する役員とは、役員（社長、理事長その他政令で定めるものを除く。）のうち、部長、課長その他法人の使用人としての職制上の地位を有し、かつ、常時使用人としての職務に従事するものをいう。

⑦　第一項第二号ロ及びハに規定する関係法人とは、同項の内国法人との間に支配関係がある法人として政令で定める法人をいう。

⑧　第四項から前項までに定めるもののほか、第一項から第三項までの規定の適用に関し必要な事項は、政令で定める。

（過大な使用人給与の損金不算入）

第三十六条　内国法人がその役員と政令で定める特殊の関係のある使用人に対して支給する給与（債務の免除による利益その他の経済的な利益を含む。）の額のうち不相当に高額な部分の金額として政令で定める金額は、その内国法人の各事業年度の所得の金額の計算上、損金の額に算入しない。

（外国税額の控除）

第六十九条　内国法人が各事業年度において外国法人税（外国の法令により課される法人税に相当する税で政令で定めるものをいう。以下この項及び第十二項において同じ。）を納付することとなる場合には、当該事業年度の所得の金額につき第六十六条第一項から第三項まで（各事業年度の所得に対する法人税の税率）の規定を適用して計算した金額のうち当該事業年度の国外所得金額（国外源泉所得に係る所得のみについて各事業年度の所得に対する法人税を課するものとした場合に課税標準となるべき当該事業年度の所得の金額に相当するものとして政令で定める金額をいう。第十四項において同じ。）に対応するものとして政令で定めるところにより計算した金額（以下この条において「控除限度額」という。）を限度として、その外国法人税の額（その所得に対する負担が高率な部分として政令で定める外国法人税の額、内国法人の通常行われる取引と認められないものとして政令で定める取引に基因して生じた所得に対して課される外国法人税の額、内国法人の法人税に関する法令の規定により法人税が課されないこととなる金額を課税標準として外国法人税に関する法令により課されるものとして政令で定める外国法人税の額その他政令で定める外国法人税の額を除く。以下この条において「控除対象外国法人税の額」という。）を当該事業年度の所得に対する法人税の額から控除する。

②　内国法人が各事業年度において納付することとなる控除対象外国法人税の額が当該事業年度の控除限度額、地方法人税法第十二条第一項（外国税額の控除）に規定する地方法人税控除限度額及び地方税控除限度額として政令で定める金額の合計額を超える場合において、前三年内事業年度（当該事業年度開始の日前三年以内に開始した各事業年度をいう。以下この条において同じ。）の控除限度額のうち当該事業年度に繰り越される部分として政令で定める金額（以下この項及び第二十六項において「繰越控除限度額」という。）があるときは、政令で定めるところにより、その繰越控除限度額を限度として、その超える部分の金額を当該事業年度の所得に対する法人税の額から控除する。

③　内国法人が各事業年度において納付することとなる控除対象外国法人税の額が当該事業年度の控除限度額に満たない場合において、その前三年内事業年度において納付することとなつた控除対象外国法人税の額のうち当該事業年度に繰り越される部分として政令で定める金額（以下この項及び第二十六項において「繰越控除対象外国法人税額」という。）があるときは、政令で定めるところにより、当該控除限度額から当該事業年度において納付することとなる控除対象外国法人税の額を控除した残額を限度として、その繰越控除対象外国法人税額を当該事業年度の所得に対する法人税の額から控除する。

④　第一項に規定する国外源泉所得とは、次に掲げるものをいう。

一　内国法人が国外事業所等（国外にある恒久的施設に相当するものその他の政令で定めるものをいう。以下この条において同じ。）を通じて事業を行う場合において、当該国外事業所等が当該内国法人から独立して事業を行う事業者であるとしたならば、当該国外事業所等が果たす機能、当該国外事業所等において使用する資産、当該国外事業所等と当該内国法人の本店等（当該内国法人の本店、支店、工場その他これらに準ずるものとして政令で定めるものであつて当該国外事業所等以外のものをいう。以下この条において同じ。）との間の内部取引その他の状況を勘案して、当該国外事業所等に帰せられるべき所得（当該国外事業所等の譲渡により生ずる所得を含み、第十四号に該当するものを除く。）

二　国外にある資産の運用又は保有により生ずる所得

三　国外にある資産の譲渡により生ずる所得として政令で定めるもの

四　国外において人的役務の提供を主たる内容とする事業で政令で定めるものを行う法人が受ける当該人的役務の提供に係る対価

五　国外にある不動産、国外にある不動産の上に存する権利若しくは国外における採石権の貸付け（地上権又は採石権の設定その他他人に不動産、不動産の上に存する権利又は採石権を使用させる一切の行為を含む。）、国外における租鉱権の設定又は所得税法第二条第一項第五号（定義）に規定する非居住者若しくは外国法人に対する船舶若しくは航空機の貸付けによる対価

六 所得税法第二十三条第一項（利子所得）に規定する利子等及びこれに相当するもののうち次に掲げるもの

　イ　外国の国債若しくは地方債又は外国法人の発行する債券の利子

　ロ　国外にある営業所、事務所その他これらに準ずるもの（以下この項において「営業所」という。）に預け入れられた預貯金（所得税法第二条第一項第十号に規定する政令で定めるものに相当するものを含む。）の利子

　ハ　国外にある営業所に信託された合同運用信託若しくはこれに相当する信託、公社債投資信託又は公募公社債等運用投資信託（所得税法第二条第一項第十五号の三に規定する公募公社債等運用投資信託をいう。次号ロにおいて同じ。）若しくはこれに相当する信託の収益の分配

七 所得税法第二十四条第一項（配当所得）に規定する配当等及びこれに相当するもののうち次に掲げるもの

　イ　外国法人から受ける所得税法第二十四条第一項に規定する剰余金の配当、利益の配当若しくは剰余金の分配又は同項に規定する金銭の分配若しくは基金利息に相当するもの

　ロ　国外にある営業所に信託された所得税法第二条第一項第十二号の二に規定する投資信託（公社債投資信託並びに公募公社債等運用投資信託及びこれに相当する信託を除く。）又は第二条第二十九号ハ（定義）に規定する特定受益証券発行信託若しくはこれに相当する信託の収益の分配

八 国外において業務を行う者に対する貸付金（これに準ずるものを含む。）で当該業務に係るものの利子（債券の買戻又は売戻条件付売買取引として政令で定めるものから生ずる差益として政令で定めるものを含む。）

九 国外において業務を行う者から受ける次に掲げる使用料又は対価で当該業務に係るもの

　イ　工業所有権その他の技術に関する権利、特別の技術による生産方式若しくはこれらに準ずるものの使用料又はその譲渡による対価

　ロ　著作権（出版権及び著作隣接権その他これに準ずるものを含む。）の使用料又はその譲渡による対価

　ハ　機械、装置その他政令で定める用具の使用料

十 国外において行う事業の広告宣伝のための賞金として政令で定めるもの

十一 国外にある営業所又は国外において契約の締結の代理をする者を通じて締結した保険業法第二条第六項（定義）に規定する外国保険業者の締結する保険契約その他の年金に係る契約で政令で定めるものに基づいて受ける年金（年金の支払の開始の日以後に当該年金に係る契約に基づき分配を受ける剰余金又は割戻しを受ける割戻金及び当該契約に基づき年金に代えて支給される一時金を含む。）

十二 次に掲げる給付補塡金、利息、利益又は差益

　イ　所得税法第百七十四条第三号（内国法人に係る所得税の課税標準）に掲げる給付補塡金のうち国外にある営業所が受け入れた定期積金に係るもの

　ロ　所得税法第百七十四条第四号に掲げる給付補塡金に相当するもののうち国外にある営業所が受け入れた同号に規定する掛金に相当するものに係るもの

　ハ　所得税法第百七十四条第五号に掲げる利息に相当するもののうち国外にある営業所を通じて締結された同号に規定する契約に相当するものに係るもの

　ニ　所得税法第百七十四条第六号に掲げる利益のうち国外にある営業所を通じて締結された同号に規定する契約に係るもの

　ホ　所得税法第百七十四条第七号に掲げる差益のうち国外にある営業所が受け入れた預貯金に係るもの

　ヘ　所得税法第百七十四条第八号に掲げる差益に相当するもののうち国外にある営業所又は国外において契約の締結の代理をする者を通じて締結された同号に規定する契約に相当するものに係るもの

十三 国外において事業を行う者に対する出資につき、匿名組合契約（これに準ずる契約として政令で定めるものを含む。）に基づいて受ける利益の分配

十四 国内及び国外にわたつて船舶又は航空機による運送の事業を行うことにより生ずる所得のうち国外にお

　　いて行う業務につき生ずべき所得として政令で定めるもの

十五　第二条第十二号の十九ただし書に規定する条約（以下この号及び第六項から第八項までにおいて「租税条約」という。）の規定により当該租税条約の我が国以外の締約国又は締約者（第七項及び第八項において「相手国等」という。）において租税を課することができることとされる所得のうち政令で定めるもの

十六　前各号に掲げるもののほかその源泉が国外にある所得として政令で定めるもの

⑤　前項第一号に規定する内部取引とは、内国法人の国外事業所等と本店等との間で行われた資産の移転、役務の提供その他の事実で、独立の事業者の間で同様の事実があつたとしたならば、これらの事業者の間で、資産の販売、資産の購入、役務の提供その他の取引（資金の借入れに係る債務の保証、保険契約に係る保険責任についての再保険の引受けその他これらに類する取引として政令で定めるものを除く。）が行われたと認められるものをいう。

⑥　租税条約において国外源泉所得（第一項に規定する国外源泉所得をいう。以下この項において同じ。）につき前二項の規定と異なる定めがある場合には、その租税条約の適用を受ける内国法人については、これらの規定にかかわらず、国外源泉所得は、その異なる定めがある限りにおいて、その租税条約に定めるところによる。

⑦　内国法人の第四項第一号に掲げる所得を算定する場合において、当該内国法人の国外事業所等が、租税条約（当該内国法人の同号に掲げる所得に対して租税を課することができる旨の定めのあるものに限るものとし、同号に規定する内部取引から所得が生ずる旨の定めのあるものを除く。）の相手国等に所在するときは、同号に規定する内部取引には、当該内国法人の国外事業所等と本店等との間の利子（これに準ずるものとして政令で定めるものを含む。以下この項において同じ。）の支払に相当する事実（政令で定める金融機関に該当する内国法人の国外事業所等と本店等との間の利子の支払に相当する事実を除く。）その他政令で定める事実は、含まれないものとする。

⑧　内国法人の国外事業所等が、租税条約（内国法人の国外事業所等が本店等のために棚卸資産を購入する業務及びそれ以外の業務を行う場合に、その棚卸資産を購入する業務から生ずる所得が、その国外事業所等に帰せられるべき所得に含まれないとする定めのあるものに限る。）の相手国等に所在し、かつ、当該内国法人の国外事業所等が本店等のために棚卸資産を購入する業務及びそれ以外の業務を行う場合には、当該国外事業所等のその棚卸資産を購入する業務から生ずる第四項第一号に掲げる所得は、ないものとする。

⑨　内国法人が適格合併、適格分割又は適格現物出資（以下この項及び第十二項において「適格合併等」という。）により被合併法人、分割法人又は現物出資法人（同項において「被合併法人等」という。）である他の内国法人から事業の全部又は一部の移転を受けた場合には、当該内国法人の当該適格合併等の日の属する事業年度以後の各事業年度における第二項及び第三項の規定の適用については、次の各号に掲げる適格合併等の区分に応じ当該各号に定める金額は、政令で定めるところにより、当該内国法人の前三年内事業年度の控除限度額及び当該内国法人が当該前三年内事業年度において納付することとなつた控除対象外国法人税の額とみなす。

一　適格合併　当該適格合併に係る被合併法人の合併前三年内事業年度（適格合併の日前三年以内に開始した各事業年度をいう。）の控除限度額及び控除対象外国法人税の額

二　適格分割又は適格現物出資（以下第十一項までにおいて「適格分割等」という。）　当該適格分割等に係る分割法人又は現物出資法人（次項及び第十一項において「分割法人等」という。）の分割等前三年内事業年度（適格分割等の日の属する事業年度開始の日前三年以内に開始した各事業年度をいう。同項において同じ。）の控除限度額及び控除対象外国法人税の額のうち、当該適格分割等により当該内国法人が移転を受けた事業に係る部分の金額として政令で定めるところにより計算した金額

⑩　前項の規定は、適格分割等により当該適格分割等に係る分割法人等である他の内国法人から事業の移転を受けた内国法人にあつては、当該内国法人が当該適格分割等の日以後三月以内に当該内国法人の前三年内事業年度の控除限度額及び控除対象外国法人税の額とみなされる金額その他の財務省令で定める事項を記載した書類を納税地の所轄税務署長に提出した場合に限り、適用する。

⑪　適格分割等に係る分割承継法人又は被現物出資法人（以下この項において「分割承継法人等」という。）が第九項の規定の適用を受ける場合には、当該適格分割等に係る分割法人等の当該適格分割等の日の属する事業年度以後の各事業年度における第二項及び第三項の規定の適用については、当該分割法人等の分割等前三年内事業年度の控除限度額及び控除対象外国法人税の額のうち、第九項の規定により当該分割承継法人等の前三年内事業年度の控除限度額とみなされる金額及び同項の規定により当該分割承継法人等が当該前三年内事業年度において納付することとなつた控除対象外国法人税の額とみなされる金額は、ないものとする。

⑫　内国法人が納付することとなつた外国法人税の額につき第一項から第三項まで又は第十八項（第二十四項において準用する場合を含む。）の規定の適用を受けた事業年度（以下この項において「適用事業年度」という。）開始の日後七年以内に開始する当該内国法人の各事業年度において当該外国法人税の額が減額された場合（当該内国法人が適格合併等により被合併法人等である他の内国法人から事業の全部又は一部の移転を受けた場合にあつては、当該被合併法人等が納付することとなつた外国法人税の額のうち当該内国法人が移転を受けた事業に係る所得に基因して納付することとなつた外国法人税の額に係る当該被合併法人等の適用事業年度開始の日後七年以内に開始する当該内国法人の各事業年度において当該外国法人税の額が減額された場合を含む。）における第一項から第三項までの規定の適用については、政令で定めるところによる。

⑬　前各項の規定は、内国法人である公益法人等又は人格のない社団等が収益事業以外の事業又はこれに属する資産から生ずる所得について納付する控除対象外国法人税の額については、適用しない。

⑭　通算法人の第一項の各事業年度（当該通算法人に係る通算親法人の事業年度終了の日に終了するものに限る。以下この項において「通算事業年度」という。）の第一項の控除限度額は、当該通算法人の当該通算事業年度の所得の金額につき第六十六条第一項、第三項及び第六項の規定を適用して計算した金額並びに当該通算事業年度終了の日において当該通算法人との間に通算完全支配関係がある他の通算法人の当該終了の日に終了する各事業年度の所得の金額につき同条第一項、第三項及び第六項の規定を適用して計算した金額の合計額のうち、当該通算法人の当該通算事業年度の国外所得金額に対応するものとして政令で定めるところにより計算した金額とする。

⑮　第一項から第三項までの規定を適用する場合において、通算法人の第一項から第三項までの各事業年度（当該通算法人に係る通算親法人の事業年度終了の日に終了するものに限るものとし、被合併法人の合併の日の前日の属する事業年度、残余財産の確定の日の属する事業年度及び公益法人等に該当することとなつた日の前日の属する事業年度を除く。以下第十七項までにおいて「適用事業年度」という。）の税額控除額（当該適用事業年度における第一項から第三項までの規定による控除をされるべき金額をいう。以下この条において同じ。）が、当初申告税額控除額（当該適用事業年度の第七十四条第一項（確定申告）の規定による申告書に添付された書類に当該適用事業年度の税額控除額として記載された金額をいう。以下この項及び第十七項において同じ。）と異なるときは、当初申告税額控除額を税額控除額とみなす。

⑯　前項の通算法人の適用事業年度について、次に掲げる場合のいずれかに該当する場合には、当該適用事業年度については、同項の規定は、適用しない。

　　一　通算法人又は当該通算法人の適用事業年度終了の日において当該通算法人との間に通算完全支配関係がある他の通算法人が、適用事業年度における税額控除額の計算の基礎となる事実の全部又は一部を隠蔽し、又は仮装して税額控除額を増加させることによりその法人税の負担を減少させ、又は減少させようとする場合

　　二　第六十四条の五第八項（損益通算）の規定の適用がある場合

⑰　適用事業年度について前項（第一号に係る部分に限る。）の規定を適用して修正申告書の提出又は更正がされた後における第十五項の規定の適用については、前項の規定にかかわらず、当該修正申告書又は当該更正に係る国税通則法第二十八条第二項（更正又は決定の手続）に規定する更正通知書に添付された書類に当該適用事業年度の税額控除額として記載された金額を当初申告税額控除額とみなす。

⑱　通算法人（通算法人であつた内国法人（公益法人等に該当することとなつた内国法人を除く。）を含む。以

342

下第二十一項までにおいて同じ。）の各事業年度（以下第二十二項までにおいて「対象事業年度」という。）において、過去適用事業年度（当該対象事業年度開始の日前に開始した各事業年度で第十五項の規定の適用を受けた事業年度をいう。以下この項及び第二十一項において同じ。）における税額控除額（当該対象事業年度開始の日前に開始した各事業年度（以下この項において「対象前各事業年度」という。）において当該過去適用事業年度に係る税額控除額につきこの項又は次項の規定の適用があつた場合には、同項の規定により当該対象前各事業年度の法人税の額に加算した金額の合計額からこの項の規定により当該対象前各事業年度の法人税の額から控除した金額の合計額を減算した金額を加算した金額。以下この項及び次項において「調整後過去税額控除額」という。）が過去当初申告税額控除額（当該過去適用事業年度の第七十四条第一項の規定による申告書に添付された書類に当該過去適用事業年度の第一項から第三項までの規定による控除をされるべき金額として記載された金額（当該過去適用事業年度について前項の規定の適用を受けた場合には、その適用に係る修正申告書又は更正に係る国税通則法第二十八条第二項に規定する更正通知書に添付された書類のうち、最も新しいものに当該過去適用事業年度の第一項から第三項までの規定による控除をされるべき金額として記載された金額）をいう。以下この項及び次項において同じ。）を超える場合には、税額控除不足額相当額（当該調整後過去税額控除額から当該過去当初申告税額控除額を控除した金額に相当する金額をいう。第二十項から第二十二項までにおいて同じ。）を当該対象事業年度の所得に対する法人税の額から控除する。

⑲　通算法人の対象事業年度において過去当初申告税額控除額が調整後過去税額控除額を超える場合には、当該対象事業年度の所得に対する法人税の額は、第六十六条第一項から第三項まで及び第六項の規定にかかわらず、これらの規定により計算した法人税の額に、税額控除超過額相当額（当該過去当初申告税額控除額から当該調整後過去税額控除額を控除した金額に相当する金額をいう。次項から第二十二項までにおいて同じ。）を加算した金額とする。

⑳　前二項の規定を適用する場合において、通算法人の対象事業年度の税額控除不足額相当額又は税額控除超過額相当額が当初申告税額控除不足額相当額又は当初申告税額控除超過額相当額（それぞれ当該対象事業年度の第七十四条第一項の規定による申告書に添付された書類に当該対象事業年度の税額控除不足額相当額又は税額控除超過額相当額として記載された金額をいう。以下この項及び第二十二項において同じ。）と異なるときは、当初申告税額控除不足額相当額又は当初申告税額控除超過額相当額を当該対象事業年度の税額控除不足額相当額又は税額控除超過額相当額とみなす。

㉑　前項の通算法人の対象事業年度について、次に掲げる場合のいずれかに該当する場合には、当該対象事業年度については、同項の規定は、適用しない。

一　税額控除不足額相当額又は税額控除超過額相当額の計算の基礎となる事実の全部又は一部を隠蔽し、又は仮装して、当該税額控除不足額相当額を増加させ、又は当該税額控除超過額相当額を減少させることによりその法人税の負担を減少させ、又は減少させようとする場合

二　対象事業年度において第十八項の規定により法人税の額から控除した税額控除不足額相当額又は第十九項の規定により法人税の額に加算した税額控除超過額相当額に係る過去適用事業年度について第十六項の規定の適用がある場合

三　対象事業年度（第三十二項又は第三十三項の規定による説明が行われた日の属するものに限る。以下この号において同じ。）の第七十四条第一項の規定による申告書に添付された書類に当該対象事業年度の税額控除不足額相当額又は税額控除超過額相当額として記載された金額及びその計算の根拠が第三十二項又は第三十三項の規定による説明の内容と異なる場合

㉒　対象事業年度について前項の規定を適用して修正申告書の提出又は更正がされた後における第二十項の規定の適用については、前項の規定にかかわらず、当該修正申告書又は当該更正に係る国税通則法第二十八条第二項に規定する更正通知書に添付された書類に当該対象事業年度の税額控除不足額相当額又は税額控除超過額相当額として記載された金額を当初申告税額控除不足額相当額又は当初申告税額控除超過額相当額とみなす。

㉓　第十八項及び第十九項の規定は、通算法人（通算法人であつた内国法人を含む。以下この項及び次項において同じ。）が合併により解散した場合又は通算法人の残余財産が確定した場合について準用する。この場合において、次の表の上欄に掲げる規定中同表の中欄に掲げる字句は、それぞれ同表の下欄に掲げる字句に読み替えるものとする。

第十八項	の各事業年度（以下第二十二項までにおいて「対象事業年度」という。）において、過去適用事業年度（当該対象事業年度	が合併により解散した場合又は通算法人の残余財産が確定した場合において、その合併の日以後又はその残余財産の確定の日の翌日以後に、過去適用事業年度（最終事業年度（その合併の日の前日又はその残余財産の確定の日の属する事業年度をいう。以下この項及び次項において同じ。）
	税額控除額（当該対象事業年度	税額控除額（当該最終事業年度
	超える場合には	超えるときは
	を当該対象事業年度	を当該最終事業年度
第十九項	の対象事業年度において	が合併により解散した場合又は通算法人の残余財産が確定した場合において、その合併の日以後又はその残余財産の確定の日の翌日以後に
	場合には、当該対象事業年度	ときは、最終事業年度

㉔　第十八項及び第十九項の規定は、通算法人が公益法人等に該当することとなつた場合について準用する。この場合において、次の表の上欄に掲げる規定中同表の中欄に掲げる字句は、それぞれ同表の下欄に掲げる字句に読み替えるものとする。

第十八項	の各事業年度（以下第二十二項までにおいて「対象事業年度」という。）において、過去適用事業年度（当該対象事業年度	が公益法人等に該当することとなつた場合において、その該当することとなつた日以後に、過去適用事業年度（最終事業年度（その該当することとなつた日の前日の属する事業年度をいう。以下この項及び次項において同じ。）
	税額控除額（当該対象事業年度	税額控除額（当該最終事業年度
	超える場合には	超えるときは
	を当該対象事業年度	を当該最終事業年度
第十九項	の対象事業年度において	が公益法人等に該当することとなつた場合において、その該当することとなつた日以後に
	場合には、当該対象事業年度	ときは、最終事業年度

㉕　第一項の規定は、確定申告書、修正申告書又は更正請求書（次項、第二十七項及び第三十一項において「申告書等」という。）に第一項の規定による控除を受けるべき金額及びその計算に関する明細を記載した書類並びに控除対象外国法人税の額の計算に関する明細その他の財務省令で定める事項を記載した書類（以下この項において「明細書」という。）の添付があり、かつ、控除対象外国法人税の額を課されたことを証する書類その他の財務省令で定める書類を保存している場合に限り、適用する。この場合において、第一項の規定による控除をされるべき金額の計算の基礎となる控除対象外国法人税の額その他の財務省令で定める金額は、税務署長において特別の事情があると認める場合を除くほか、当該明細書に当該金額として記載された金額を限度とする。

㉖　第二項及び第三項の規定は、繰越控除限度額又は繰越控除対象外国法人税額に係る事業年度のうち最も古い事業年度以後の各事業年度の申告書等に当該各事業年度の控除限度額及び当該各事業年度において納付することとなつた控除対象外国法人税の額を記載した書類の添付があり、かつ、これらの規定の適用を受けようとする事業年度の申告書等にこれらの規定による控除を受けるべき金額を記載した書類及び繰越控除限度額又は繰越控除対象外国法人税額の計算の基礎となるべき事項その他の財務省令で定める事項を記載した書類の添付があり、かつ、これらの規定による控除を受けるべき金額に係る控除対象外国法人税の額を課されたことを証する書類その他の財務省令で定める書類を保存している場合に限り、適用する。この場合において、これらの規定による控除をされるべき金額の計算の基礎となる当該各事業年度の控除限度額及び当該各事業年度において納付することとなつた控除対象外国法人税の額その他の財務省令で定める金額は、税務署長において特別の事情があると認める場合を除くほか、当該各事業年度の申告書等にこの項前段の規定により添付された書類に当該計算の基礎となる金額として記載された金額を限度とする。

㉗　第十八項（第二十三項及び第二十四項において準用する場合を含む。以下第三十項までにおいて同じ。）の規定は、申告書等に第十八項の規定による控除を受けるべき金額及びその計算に関する明細を記載した書類その他の財務省令で定める事項を記載した書類（以下この項において「明細書」という。）の添付があり、かつ、第十八項の規定による控除を受けるべき金額に係る控除対象外国法人税の額を課されたことを証する書類その他の財務省令で定める書類を保存している場合に限り、適用する。この場合において、同項の規定による控除をされるべき金額の計算の基礎となる控除対象外国法人税の額その他の財務省令で定める金額は、税務署長において特別の事情があると認める場合を除くほか、当該明細書に当該金額として記載された金額を限度とする。

㉘　税務署長は、第一項から第三項まで又は第十八項の規定による控除をされるべきこととなる金額の全部又は一部につき前三項に規定する財務省令で定める書類の保存がない場合においても、その書類の保存がなかつたことについてやむを得ない事情があると認めるときは、その書類の保存がなかつた金額につき第一項から第三項まで又は第十八項の規定を適用することができる。

㉙　第一項から第三項まで又は第十八項の規定の適用を受ける内国法人は、当該内国法人が他の者との間で行つた取引のうち、当該内国法人の各事業年度の第一項に規定する国外所得金額の計算上、当該取引から生ずる所得が当該内国法人の国外事業所等に帰せられるものについては、財務省令で定めるところにより、当該国外事業所等に帰せられる取引に係る明細を記載した書類その他の財務省令で定める書類を作成しなければならない。

㉚　第一項から第三項まで又は第十八項の規定の適用を受ける内国法人は、当該内国法人の本店等と国外事業所等との間の資産の移転、役務の提供その他の事実が第四項第一号に規定する内部取引に該当するときは、財務省令で定めるところにより、当該事実に係る明細を記載した書類その他の財務省令で定める書類を作成しなければならない。

㉛　第十九項（第二十三項及び第二十四項において準用する場合を含む。以下この項において同じ。）の規定の適用を受ける通算法人（通算法人であつた内国法人を含む。次項及び第三十三項において同じ。）は、申告書等に第十九項の規定により法人税の額に加算されるべき金額及びその計算に関する明細を記載した書類その他の財務省令で定める事項を記載した書類（以下この項において「明細書」という。）を添付し、かつ、第十九項の規定により加算されるべき金額に係る控除対象外国法人税の額を課されたことを証する書類その他の財務省令で定める書類を保存しなければならない。この場合において、同項の規定により加算されるべき金額の計算の基礎となる控除対象外国法人税の額その他の財務省令で定める金額は、税務署長において特別の事情があると認める場合を除くほか、当該明細書に当該金額として記載された金額を限度とする。

㉜　法人税に関する調査を行つた結果、通算法人の各事業年度（第七十四条第一項の規定による申告書の提出期限が到来していないものに限る。）において第十八項又は第十九項の規定を適用すべきと認める場合には、国税庁、国税局又は税務署の当該職員は、当該通算法人に対し、その調査結果の内容（第十八項又は第十九項の

規定を適用すべきと認めた金額及びその理由を含む。）を説明するものとする。

㉝　実地の調査により国税通則法第七十四条の九第一項（納税義務者に対する調査の事前通知等）に規定する質問検査等を行つた通算法人について同条第三項第二号に規定する税務代理人がある場合において、当該通算法人の同法第七十四条の十一第四項（調査の終了の際の手続）の同意があるときは、当該通算法人への前項に規定する説明に代えて、当該税務代理人への同項に規定する説明を行うことができる。

㉞　第十二項、第十三項及び第二十五項から前項までに定めるもののほか、第一項から第十一項まで及び第十四項から第二十四項までの規定の適用に関し必要な事項は、政令で定める。

（同族会社等の行為又は計算の否認）

第百三十二条　税務署長は、次に掲げる法人に係る法人税につき更正又は決定をする場合において、その法人の行為又は計算で、これを容認した場合には法人税の負担を不当に減少させる結果となると認められるものがあるときは、その行為又は計算にかかわらず、税務署長の認めるところにより、その法人に係る法人税の課税標準若しくは欠損金額又は法人税の額を計算することができる。

一　内国法人である同族会社

二　イからハまでのいずれにも該当する内国法人

　　イ　三以上の支店、工場その他の事業所を有すること。

　　ロ　その事業所の二分の一以上に当たる事業所につき、その事業所の所長、主任その他のその事業所に係る事業の主宰者又は当該主宰者の親族その他の当該主宰者と政令で定める特殊の関係のある個人（以下この号において「所長等」という。）が前に当該事業所において個人として事業を営んでいた事実があること。

　　ハ　ロに規定する事実がある事業所の所長等の有するその内国法人の株式又は出資の数又は金額の合計額がその内国法人の発行済株式又は出資（その内国法人が有する自己の株式又は出資を除く。）の総数又は総額の三分の二以上に相当すること。

②　前項の場合において、内国法人が同項各号に掲げる法人に該当するかどうかの判定は、同項に規定する行為又は計算の事実のあつた時の現況によるものとする。

③　第一項の規定は、同項に規定する更正又は決定をする場合において、同項各号に掲げる法人の行為又は計算につき、所得税法第百五十七条第一項（同族会社等の行為又は計算の否認等）若しくは相続税法第六十四条第一項（同族会社等の行為又は計算の否認等）又は地価税法（平成三年法律第六十九号）第三十二条第一項（同族会社等の行為又は計算の否認等）の規定の適用があつたときについて準用する。

【相続税法】

（贈与又は遺贈により取得したものとみなす場合）

第七条　著しく低い価額の対価で財産の譲渡を受けた場合においては、当該財産の譲渡があつた時において、当該財産の譲渡を受けた者が、当該対価と当該譲渡があつた時における当該財産の時価（当該財産の評価について第三章に特別の定めがある場合には、その規定により評価した価額）との差額に相当する金額を当該財産を譲渡した者から贈与（当該財産の譲渡が遺言によりなされた場合には、遺贈）により取得したものとみなす。ただし、当該財産の譲渡が、その譲渡を受ける者が資力を喪失して債務を弁済することが困難である場合において、その者の扶養義務者から当該債務の弁済に充てるためになされたものであるときは、その贈与又は遺贈により取得したものとみなされた金額のうちその債務を弁済することが困難である部分の金額については、この限りでない。

（遺産に係る基礎控除）

第十五条　相続税の総額を計算する場合においては、同一の被相続人から相続又は遺贈により財産を取得した全ての者に係る相続税の課税価格（第十九条の規定の適用がある場合には、同条の規定により相続税の課税価格とみなされた金額。次条から第十八条まで及び第十九条の二において同じ。）の合計額から、三千万円と六百万円に当該被相続人の相続人の数を乗じて算出した金額との合計額（以下「遺産に係る基礎控除額」という。）を控除する。

②　前項の相続人の数は、同項に規定する被相続人の民法第五編第二章（相続人）の規定による相続人の数（当該被相続人に養子がある場合の当該相続人の数に算入する当該被相続人の養子の数は、次の各号に掲げる場合の区分に応じ当該各号に定める養子の数に限るものとし、相続の放棄があつた場合には、その放棄がなかつたものとした場合における相続人の数とする。）とする。

一　当該被相続人に実子がある場合又は当該被相続人に実子がなく、養子の数が一人である場合　一人

二　当該被相続人に実子がなく、養子の数が二人以上である場合　二人

③　前項の規定の適用については、次に掲げる者は実子とみなす。

一　民法第八百十七条の二第一項（特別養子縁組の成立）に規定する特別養子縁組による養子となつた者、当該被相続人の配偶者の実子で当該被相続人の養子となつた者その他これらに準ずる者として政令で定める者

二　実子若しくは養子又はその直系卑属が相続開始以前に死亡し、又は相続権を失つたため民法第五編第二章の規定による相続人（相続の放棄があつた場合には、その放棄がなかつたものとした場合における相続人）となつたその者の直系卑属

（配偶者に対する相続税額の軽減）

第十九条の二　被相続人の配偶者が当該被相続人からの相続又は遺贈により財産を取得した場合には、当該配偶者については、第一号に掲げる金額から第二号に掲げる金額を控除した残額があるときは、当該残額をもつてその納付すべき相続税額とし、第一号に掲げる金額が第二号に掲げる金額以下であるときは、その納付すべき相続税額は、ないものとする。

一　当該配偶者につき第十五条から第十七条まで及び前条の規定により算出した金額

二　当該相続又は遺贈により財産を取得した全ての者に係る相続税の総額に、次に掲げる金額のうちいずれか少ない金額が当該相続又は遺贈により財産を取得した全ての者に係る相続税の課税価格の合計額のうちに占める割合を乗じて算出した金額

イ　当該相続又は遺贈により財産を取得した全ての者に係る相続税の課税価格の合計額に民法第九百条（法定相続分）の規定による当該配偶者の相続分（相続の放棄があつた場合には、その放棄がなかつたものとした場合における相続分）を乗じて算出した金額（当該被相続人の相続人（相続の放棄があつた場合には、その放棄がなかつたものとした場合における相続人）が当該配偶者のみである場合には、当該合計額）に相当する金額（当該金額が一億六千万円に満たない場合には、一億六千万円）

ロ　当該相続又は遺贈により財産を取得した配偶者に係る相続税の課税価格に相当する金額

②　前項の相続又は遺贈に係る第二十七条の規定による申告書の提出期限（以下この項において「申告期限」という。）までに、当該相続又は遺贈により取得した財産の全部又は一部が共同相続人又は包括受遺者によつてまだ分割されていない場合における前項の規定の適用については、その分割されていない財産は、同項第二号ロの課税価格の計算の基礎とされる財産に含まれないものとする。ただし、その分割されていない財産が申告期限から三年以内（当該期間が経過するまでの間に当該財産が分割されなかつたことにつき、当該相続又は遺贈に関し訴えの提起がされたことその他の政令で定めるやむを得ない事情がある場合において、政令で定めるところにより納税地の所轄税務署長の承認を受けたときは、当該財産の分割ができることとなつた日として政令で定める日の翌日から四月以内）に分割された場合には、その分割された財産については、この限りでない。

③　第一項の規定は、第二十七条の規定による申告書〔当該申告書に係る期限後申告書及びこれらの申告書に係る修正申告書を含む。第五項において同じ。〕又は国税通則法第二十三条第三項〔更正の請求〕に規定する更正請求書に、第一項の規定の適用を受ける旨及び同項各号に掲げる金額の計算に関する明細の記載をした書類その他の財務省令で定める書類の添付がある場合に限り、適用する。

④　税務署長は、前項の財務省令で定める書類の添付がない同項の申告書又は更正請求書の提出があつた場合においても、その添付がなかつたことについてやむを得ない事情があると認めるときは、当該書類の提出があつた場合に限り、第一項の規定を適用することができる。

⑤　第一項の相続又は遺贈により財産を取得した者が、隠蔽仮装行為に基づき、第二十七条の規定による申告書を提出しており、又はこれを提出していなかつた場合において、当該相続又は遺贈に係る相続税についての調査があつたことにより当該相続税について更正又は決定があるべきことを予知して期限後申告書又は修正申告書を提出するときは、当該期限後申告書又は修正申告書に係る相続税額に係る同項の規定の適用については、同項第二号中「相続税の総額」とあるのは「相続税の総額で当該相続に係る被相続人の配偶者が行つた第六項に規定する隠蔽仮装行為による事実に基づく金額に相当する金額を当該財産を取得した全ての者に係る相続税の課税価格に含まないものとして計算したもの」と、「課税価格の合計額のうち」とあるのは「課税価格の合計額から当該相当する金額を控除した残額のうち」と、同号イ中「課税価格の合計額」とあるのは「課税価格の合計額から第六項に規定する隠蔽仮装行為による事実に基づく金額に相当する金額〔当該配偶者に係る相続税の課税価格に算入すべきものに限る。〕を控除した残額」と、同号ロ中「課税価格」とあるのは「課税価格から第六項に規定する隠蔽仮装行為による事実に基づく金額に相当する金額〔当該配偶者に係る相続税の課税価格に算入すべきものに限る。〕を控除した残額」とする。

⑥　前項の「隠蔽仮装行為」とは、相続又は遺贈により財産を取得した者が行う行為で当該財産を取得した者に係る相続税の課税価格の計算の基礎となるべき事実の全部又は一部を隠蔽し、又は仮装することをいう。

（評価の原則）

第二十二条　この章で特別の定めのあるものを除くほか、相続、遺贈又は贈与により取得した財産の価額は、当該財産の取得の時における時価により、当該財産の価額から控除すべき債務の金額は、その時の現況による。

（配偶者居住権等の評価）

第二十三条の二　配偶者居住権の価額は、第一号に掲げる価額から同号に掲げる価額に第二号に掲げる数及び第三号に掲げる割合を乗じて得た金額を控除した残額とする。

一　当該配偶者居住権の目的となつている建物の相続開始の時における当該配偶者居住権が設定されていないものとした場合の時価〔当該建物の一部が賃貸の用に供されている場合又は被相続人が当該相続開始の直前において当該建物をその配偶者と共有していた場合には、当該建物のうち当該賃貸の用に供されていない部分又は当該被相続人の持分の割合に応ずる部分の価額として政令で定めるところにより計算した金額〕

二　当該配偶者居住権が設定された時におけるイに掲げる年数をロに掲げる年数で除して得た数〔イ又はロに掲げる年数が零以下である場合には、零〕

　　イ　当該配偶者居住権の目的となつている建物の耐用年数〔所得税法の規定に基づいて定められている耐用年数に準ずるものとして政令で定める年数をいう。ロにおいて同じ。〕から建築後の経過年数〔六月以上の端数は一年とし、六月に満たない端数は切り捨てる。ロにおいて同じ。〕及び当該配偶者居住権の存続年数〔当該配偶者居住権が存続する年数として政令で定める年数をいう。次号において同じ。〕を控除した年数

　　ロ　イの建物の耐用年数から建築後の経過年数を控除した年数

三　当該配偶者居住権が設定された時における当該配偶者居住権の存続年数に応じ、法定利率による複利の計

算で現価を算出するための割合として財務省令で定めるもの

②　配偶者居住権の目的となつている建物の価額は、当該建物の相続開始の時における当該配偶者居住権が設定されていないものとした場合の時価から前項の規定により計算した当該配偶者居住権の価額を控除した残額とする。

③　配偶者居住権の目的となつている建物の敷地の用に供される土地（土地の上に存する権利を含む。以下この条において同じ。）を当該配偶者居住権に基づき使用する権利の価額は、第一号に掲げる価額から第二号に掲げる金額を控除した残額とする。

　一　当該土地の相続開始の時における当該配偶者居住権が設定されていないものとした場合の時価（当該建物の一部が賃貸の用に供されている場合又は被相続人が当該相続開始の直前において当該土地を他の者と共有し、若しくは当該建物をその配偶者と共有していた場合には、当該建物のうち当該賃貸の用に供されていない部分に応ずる部分又は当該被相続人の持分の割合に応ずる部分の価額として政令で定めるところにより計算した金額）

　二　前号に掲げる価額に第一項第三号に掲げる割合を乗じて得た金額

④　配偶者居住権の目的となつている建物の敷地の用に供される土地の価額は、当該土地の相続開始の時における当該配偶者居住権が設定されていないものとした場合の時価から前項の規定により計算した権利の価額を控除した残額とする。

【消費税法】

（定義）

第二条　この法律において、次の各号に掲げる用語の意義は、当該各号に定めるところによる。

　一　国内　この法律の施行地をいう。

　二　保税地域　関税法（昭和二十九年法律第六十一号）第二十九条（保税地域の種類）に規定する保税地域をいう。

　三　個人事業者　事業を行う個人をいう。

　四　事業者　個人事業者及び法人をいう。

　四の二　国外事業者　所得税法（昭和四十年法律第三十三号）第二条第一項第五号（定義）に規定する非居住者である個人事業者及び法人税法（昭和四十年法律第三十四号）第二条第四号（定義）に規定する外国法人をいう。

　五　合併法人　合併後存続する法人又は合併により設立された法人をいう。

　五の二　被合併法人　合併により消滅した法人をいう。

　六　分割法人　分割をした法人をいう。

　六の二　分割承継法人　分割により分割法人の事業を承継した法人をいう。

　七　人格のない社団等　法人でない社団又は財団で代表者又は管理人の定めがあるものをいう。

　八　資産の譲渡等　事業として対価を得て行われる資産の譲渡及び貸付け並びに役務の提供（代物弁済による資産の譲渡その他対価を得て行われる資産の譲渡若しくは貸付け又は役務の提供に類する行為として政令で定めるものを含む。）をいう。

　八の二　特定資産の譲渡等　事業者向け電気通信利用役務の提供及び特定役務の提供をいう。

　八の三　電気通信利用役務の提供　資産の譲渡等のうち、電気通信回線を介して行われる著作物（著作権法（昭和四十五年法律第四十八号）第二条第一項第一号（定義）に規定する著作物をいう。）の提供（当該著作物の利用の許諾に係る取引を含む。）その他の電気通信回線を介して行われる役務の提供（電話、電信その他の通信設備を用いて他人の通信を媒介する役務の提供を除く。）であつて、他の資産の譲渡等の結果の通知

その他の他の資産の譲渡等に付随して行われる役務の提供以外のものをいう。

八の四　事業者向け電気通信利用役務の提供　国外事業者が行う電気通信利用役務の提供のうち、当該電気通信利用役務の提供に係る役務の性質又は当該役務の提供に係る取引条件等から当該役務の提供を受ける者が通常事業者に限られるものをいう。

八の五　特定役務の提供　資産の譲渡等のうち、国外事業者が行う演劇その他の政令で定める役務の提供（電気通信利用役務の提供に該当するものを除く。）をいう。

九　課税資産の譲渡等　資産の譲渡等のうち、第六条第一項の規定により消費税を課さないこととされるもの以外のものをいう。

十　外国貨物　関税法第二条第一項第三号（定義）に規定する外国貨物（同法第七十三条の二（輸出を許可された貨物とみなすもの）の規定により輸出を許可された貨物とみなされるものを含む。）をいう。

十一　課税貨物　保税地域から引き取られる外国貨物（関税法第三条（課税物件）に規定する信書を除く。第四条において同じ。）のうち、第六条第二項の規定により消費税を課さないこととされるもの以外のものをいう。

十二　課税仕入れ　事業者が、事業として他の者から資産を譲り受け、若しくは借り受け、又は役務の提供（所得税法第二十八条第一項（給与所得）に規定する給与等を対価とする役務の提供を除く。）を受けること（当該他の者が事業として当該資産を譲り渡し、若しくは貸し付け、又は当該役務の提供をしたとした場合に課税資産の譲渡等に該当することとなるもので、第七条第一項各号に掲げる資産の譲渡等に該当するもの及び第八条第一項その他の法律又は条約の規定により消費税が免除されるもの以外のものに限る。）をいう。

十三　事業年度　法人税法（昭和四十年法律第三十四号）第十三条及び第十四条（事業年度）に規定する事業年度（国、地方公共団体その他これらの条の規定の適用を受けない法人については、政令で定める一定の期間）をいう。

十四　基準期間　個人事業者についてはその年の前々年をいい、法人についてはその事業年度の前々事業年度（当該前々事業年度が一年未満である法人については、その事業年度開始の日の二年前の日の前日から同日以後一年を経過する日までの間に開始した各事業年度を合わせた期間）をいう。

十五　棚卸資産　商品、製品、半製品、仕掛品、原材料その他の資産で政令で定めるものをいう。

十六　調整対象固定資産　建物、構築物、機械及び装置、船舶、航空機、車両及び運搬具、工具、器具及び備品、鉱業権その他の資産でその価額が少額でないものとして政令で定めるものをいう。

十七　確定申告書等　第四十五条第一項の規定による申告書（当該申告書に係る国税通則法（昭和三十七年法律第六十六号）第十八条第二項（期限後申告）に規定する期限後申告書を含む。）及び第四十六条第一項の規定による申告書をいう。

十八　特例申告書　第四十七条第一項の規定による申告書（同条第三項の場合に限るものとし、当該申告書に係る国税通則法第十八条第二項に規定する期限後申告書を含む。）をいう。

十九　附帯税　国税通則法第二条第四号（定義）に規定する附帯税をいう。

二十　中間納付額　第四十八条の規定により納付すべき消費税の額（その額につき国税通則法第十九条第三項（修正申告）に規定する修正申告書の提出又は同法第二十四条（更正）若しくは第二十六条（再更正）の規定による更正があつた場合には、その申告又は更正後の消費税の額）をいう。

②　この法律において、「資産の貸付け」には、資産に係る権利の設定その他他の者に資産を使用させる一切の行為（当該行為のうち、電気通信利用役務の提供に該当するものを除く。）を含むものとする。

③　この法律において、「資産の借受け」には、資産に係る権利の設定その他他の者の資産を使用する一切の行為（当該行為のうち、他の者から受ける電気通信利用役務の提供に該当するものを除く。）を含むものとする。

④　この法律において、「相続」には包括遺贈を含むものとし、「相続人」には包括受遺者を含むものとし、「被

相続人」には包括遺贈者を含むものとする。

（課税の対象）

第四条　国内において事業者が行つた資産の譲渡等（特定資産の譲渡等に該当するものを除く。第三項において同じ。）及び特定仕入れ（事業として他の者から受けた特定資産の譲渡等をいう。以下この章において同じ。）には、この法律により、消費税を課する。

②　保税地域から引き取られる外国貨物には、この法律により、消費税を課する。

③　資産の譲渡等が国内において行われたかどうかの判定は、次の各号に掲げる場合の区分に応じ当該各号に定める場所が国内にあるかどうかにより行うものとする。ただし、第三号に掲げる場合において、同号に定める場所がないときは、当該資産の譲渡等は国内以外の地域で行われたものとする。

一　資産の譲渡又は貸付けである場合当該譲渡又は貸付けが行われる時において当該資産が所在していた場所（当該資産が船舶、航空機、鉱業権、特許権、著作権、国債証券、株券その他の資産でその所在していた場所が明らかでないものとして政令で定めるものである場合には、政令で定める場所）

二　役務の提供である場合（次号に掲げる場合を除く。）当該役務の提供が行われた場所（当該役務の提供が国際運輸、国際通信その他の役務の提供で当該役務の提供が行われた場所が明らかでないものとして政令で定めるものである場合には、政令で定める場所）

三　電気通信利用役務の提供である場合　当該電気通信利用役務の提供を受ける者の住所若しくは居所（現在まで引き続いて一年以上居住する場所をいう。）又は本店若しくは主たる事務所の所在地

④　特定仕入れが国内において行われたかどうかの判定は、当該特定仕入れを行つた事業者が、当該特定仕入れとして他の者から受けた役務の提供につき、前項第二号又は第三号に定める場所が国内にあるかどうかにより行うものとする。ただし、国外事業者が恒久的施設（所得税法第二条第一項第八号の四（定義）又は法人税法第二条第十二号の十九（定義）に規定する恒久的施設をいう。）で行う特定仕入れ（他の者から受けた事業者向け電気通信利用役務の提供に該当するものに限る。以下この項において同じ。）のうち、国内において行う資産の譲渡等に要するものは、国内で行われたものとし、事業者（国外事業者を除く。）が国外事業所等（所得税法第九十五条第四項第一号（外国税額控除）又は法人税法第六十九条第四項第一号（外国税額の控除）に規定する国外事業所等をいう。）で行う特定仕入れのうち、国内以外の地域において行う資産の譲渡等にのみ要するものは、国内以外の地域で行われたものとする。

⑤　次に掲げる行為は、事業として対価を得て行われた資産の譲渡とみなす。

一　個人事業者が棚卸資産又は棚卸資産以外の資産で事業の用に供していたものを家事のために消費し、又は使用した場合における当該消費又は使用

二　法人が資産をその役員（法人税法第二条第十五号に規定する役員をいう。）に対して贈与した場合における当該贈与

⑥　保税地域において外国貨物が消費され、又は使用された場合には、その消費又は使用をした者がその消費又は使用の時に当該外国貨物をその保税地域から引き取るものとみなす。ただし、当該外国貨物が課税貨物の原料又は材料として消費され、又は使用された場合その他政令で定める場合は、この限りでない。

⑦　第三項から前項までに定めるもののほか、課税の対象の細目に関し必要な事項は、政令で定める。

（仕入れに係る消費税額の控除）

第三十条　事業者（第九条第一項本文の規定により消費税を納める義務が免除される事業者を除く。）が、国内において行う課税仕入れ（特定課税仕入れに該当するものを除く。以下この条及び第三十二条から第三十六条までにおいて同じ。）若しくは特定課税仕入れ又は保税地域から引き取る課税貨物については、次の各号に掲げる場合の区分に応じ当該各号に定める日の属する課税期間の第四十五条第一項第二号に掲げる課税標準額に

対する消費税額（以下この章において「課税標準額に対する消費税額」という。）から、当該課税期間中に国内において行つた課税仕入れに係る消費税額（当該課税仕入れに係る支払対価の額に百八分の六・三を乗じて算出した金額をいう。以下この章において同じ。）、当該課税期間中に国内において行つた特定課税仕入れに係る消費税額（当該特定課税仕入れに係る支払対価の額に百分の六・三を乗じて算出した金額をいう。以下この章において同じ。）及び当該課税期間における保税地域からの引取りに係る課税貨物（他の法律又は条約の規定により消費税が免除されるものを除く。以下この章において同じ。）につき課された又は課されるべき消費税額（附帯税の額に相当する額を除く。次項において同じ。）の合計額を控除する。

一　国内において課税仕入れを行つた場合　当該課税仕入れを行つた日

二　国内において特定課税仕入れを行つた場合　当該特定課税仕入れを行つた日

三　保税地域から引き取る課税貨物につき第四十七条第一項の規定による申告書（同条第三項の場合を除く。）又は同条第二項の規定による申告書を提出した場合　当該申告に係る課税貨物（第六項において「一般申告課税貨物」という。）を引き取つた日

四　保税地域から引き取る課税貨物につき特例申告書を提出した場合（当該特例申告書に記載すべき第四十七条第一項第一号又は第二号に掲げる金額につき決定（国税通則法第二十五条（決定）の規定による決定をいう。以下この号において同じ。）があつた場合を含む。以下同じ。）　当該特例申告書を提出した日又は当該申告に係る決定（以下「特例申告に関する決定」という。）の通知を受けた日

②　前項の場合において、同項に規定する課税期間における課税売上高が五億円を超えるとき、又は当該課税期間における課税売上割合が百分の九十五に満たないときは、同項の規定により控除する課税仕入れに係る消費税額、特定課税仕入れに係る消費税額及び同項に規定する保税地域からの引取りに係る課税貨物につき課された又は課されるべき消費税額（以下この章において「課税仕入れ等の税額」という。）の合計額は、同項の規定にかかわらず、次の各号に掲げる場合の区分に応じ当該各号に定める方法により計算した金額とする。

一　当該課税期間中に国内において行つた課税仕入れ及び特定課税仕入れ並びに当該課税期間における前項に規定する保税地域からの引取りに係る課税貨物につき、課税資産の譲渡等にのみ要するもの、課税資産の譲渡等以外の資産の譲渡等（以下この号において「その他の資産の譲渡等」という。）にのみ要するもの及び課税資産の譲渡等とその他の資産の譲渡等に共通して要するものにその区分が明らかにされている場合イに掲げる金額にロに掲げる金額を加算する方法

イ　課税資産の譲渡等にのみ要する課税仕入れ、特定課税仕入れ及び課税貨物に係る課税仕入れ等の税額の合計額

ロ　課税資産の譲渡等とその他の資産の譲渡等に共通して要する課税仕入れ、特定課税仕入れ及び課税貨物に係る課税仕入れ等の税額の合計額に課税売上割合を乗じて計算した金額

二　前号に掲げる場合以外の場合当該課税期間における課税仕入れ等の税額の合計額に課税売上割合を乗じて計算する方法

③　前項第一号に掲げる場合において、同号ロに掲げる金額の計算の基礎となる同号ロに規定する課税売上割合に準ずる割合（当該割合が当該事業者の営む事業の種類の異なること又は当該事業に係る販売費、一般管理費その他の費用の種類の異なるごとに区分して算出したものである場合には、当該区分して算出したそれぞれの割合。以下この項において同じ。）で次に掲げる要件の全てに該当するものがあるときは、当該事業者の第二号に規定する承認を受けた日の属する課税期間以後の課税期間については、前項第一号の規定にかかわらず、同号ロに掲げる金額は、当該課税売上割合に代えて、当該割合を用いて計算した金額とする。ただし、当該割合を用いて計算することをやめようとする旨を記載した届出書を提出した日の属する課税期間以後の課税期間については、この限りでない。

一　当該割合が当該事業者の営む事業の種類又は当該事業に係る販売費、一般管理費その他の費用の種類に応じ合理的に算定されるものであること。

352

　二　当該割合を用いて前項第一号ロに掲げる金額を計算することにつき、その納税地を所轄する税務署長の承認を受けたものであること。

④　第二項第一号に掲げる場合に該当する事業者は、同項の規定にかかわらず、当該課税期間中に国内において行つた課税仕入れ及び特定課税仕入れ並びに当該課税期間における第一項に規定する保税地域からの引取りに係る課税貨物につき、同号に定める方法に代え、第二項第二号に定める方法により第一項の規定により控除される課税仕入れ等の税額の合計額を計算することができる。

⑤　第二項又は前項の場合において、第二項第二号に定める方法により計算することとした事業者は、当該方法により計算することとした課税期間の初日から同日以後二年を経過する日までの間に開始する各課税期間において当該方法を継続して適用した後の課税期間でなければ、同項第一号に定める方法により計算することは、できないものとする。

⑥　第一項に規定する課税仕入れに係る支払対価の額とは、課税仕入れの対価の額（対価として支払い、又は支払うべき一切の金銭又は金銭以外の物若しくは権利その他経済的な利益の額とし、当該課税仕入れに係る資産を譲り渡し、若しくは貸し付け、又は当該課税仕入れに係る役務を提供する事業者に課されるべき消費税額及び当該消費税額を課税標準として課されるべき地方消費税額（これらの税額に係る附帯税の額に相当する額を除く。第九項第一号において同じ。）に相当する額がある場合には、当該相当する額を含む。）をいい、第一項に規定する特定課税仕入れに係る支払対価の額とは、特定課税仕入れの対価の額（対価として支払い、又は支払うべき一切の金銭又は金銭以外の物若しくは権利その他経済的な利益の額をいう。）をいい、同項に規定する保税地域からの引取りに係る課税貨物とは、保税地域から引き取つた一般申告課税貨物又は特例申告書の提出若しくは特例申告に関する決定に係る課税貨物をいい、第二項に規定する課税期間における課税売上高とは、当該事業者が当該課税期間中に国内において行つた課税資産の譲渡等の対価の額（第二十八条第一項に規定する対価の額をいう。以下この項及び第九項第一号において同じ。）の合計額から当該課税期間における売上げに係る税抜対価の返還等の金額（当該課税期間中に行つた第三十八条第一項に規定する売上げに係る対価の返還等の金額から同項に規定する売上げに係る対価の返還等の金額に係る消費税額に六十三分の八十を乗じて算出した金額を控除した金額をいう。）の合計額を控除した残額（当該課税期間が一年に満たない場合には、当該残額を当該課税期間の月数（当該月数は、暦に従つて計算し、一月に満たない端数を生じたときは、これを一月とする。）で除し、これに十二を乗じて計算した金額）をいい、第二項に規定する課税売上割合とは、当該事業者が当該課税期間中に国内において行つた資産の譲渡等（特定資産の譲渡等に該当するものを除く。）の対価の額の合計額のうちに当該事業者が当該課税期間中に国内において行つた課税資産の譲渡等の対価の額の合計額の占める割合として政令で定めるところにより計算した割合をいう。

⑦　第一項の規定は、事業者が当該課税期間の課税仕入れ等の税額の控除に係る帳簿及び請求書等（同項に規定する課税仕入れに係る支払対価の額の合計額が少額である場合、特定課税仕入れに係るものである場合その他の政令で定める場合における当該課税仕入れ等の税額については、帳簿）を保存しない場合には、当該保存がない課税仕入れ、特定課税仕入れ又は課税貨物に係る課税仕入れ等の税額については、適用しない。ただし、災害その他やむを得ない事情により、当該保存をすることができなかつたことを当該事業者において証明した場合は、この限りでない。

⑧　前項に規定する帳簿とは、次に掲げる帳簿をいう。
　一　課税仕入れ等の税額が課税仕入れに係るものである場合には、次に掲げる事項が記載されているもの
　　イ　課税仕入れの相手方の氏名又は名称
　　ロ　課税仕入れを行つた年月日
　　ハ　課税仕入れに係る資産又は役務の内容
　　ニ　第一項に規定する課税仕入れに係る支払対価の額
　二　課税仕入れ等の税額が特定課税仕入れに係るものである場合には、次に掲げる事項が記載されているもの

イ　特定課税仕入れの相手方の氏名又は名称

ロ　特定課税仕入れを行つた年月日

ハ　特定課税仕入れの内容

ニ　第一項に規定する特定課税仕入れに係る支払対価の額

ホ　特定課税仕入れに係るものである旨

三　課税仕入れ等の税額が第一項に規定する保税地域からの引取りに係る課税貨物に係るものである場合には、次に掲げる事項が記載されているもの

イ　課税貨物を保税地域から引き取つた年月日（課税貨物につき特例申告書を提出した場合には、保税地域から引き取つた年月日及び特例申告書を提出した日又は特例申告に関する決定の通知を受けた日）

ロ　課税貨物の内容

ハ　課税貨物の引取りに係る消費税額及び地方消費税額（これらの税額に係る附帯税の額に相当する額を除く。次項第三号において同じ。）又はその合計額

⑨　第七項に規定する請求書等とは、次に掲げる書類をいう。

一　事業者に対し課税資産の譲渡等（第七条第一項、第八条第一項その他の法律又は条約の規定により消費税が免除されるものを除く。以下この号において同じ。）を行う他の事業者（当該課税資産の譲渡等が卸売市場においてせり売又は入札の方法により行われるものその他の媒介又は取次ぎに係る業務を行う者を介して行われるものである場合には、当該媒介又は取次ぎに係る業務を行う者）が、当該課税資産の譲渡等につき当該事業者に交付する請求書、納品書その他これらに類する書類で次に掲げる事項（当該課税資産の譲渡等が小売業その他の政令で定める事業に係るものである場合には、イからニまでに掲げる事項）が記載されているもの

イ　書類の作成者の氏名又は名称

ロ　課税資産の譲渡等を行つた年月日（課税期間の範囲内で一定の期間内に行つた課税資産の譲渡等につきまとめて当該書類を作成する場合には、当該一定の期間）

ハ　課税資産の譲渡等に係る資産又は役務の内容

ニ　課税資産の譲渡等の対価の額（当該課税資産の譲渡等に係る消費税額及び地方消費税額に相当する額がある場合には、当該相当する額を含む。）

ホ　書類の交付を受ける当該事業者の氏名又は名称

二　事業者がその行つた課税仕入れにつき作成する仕入明細書、仕入計算書その他これらに類する書類で次に掲げる事項が記載されているもの（当該書類に記載されている事項につき、当該課税仕入れの相手方の確認を受けたものに限る。）

イ　書類の作成者の氏名又は名称

ロ　課税仕入れの相手方の氏名又は名称

ハ　課税仕入れを行つた年月日（課税期間の範囲内で一定の期間内に行つた課税仕入れにつきまとめて当該書類を作成する場合には、当該一定の期間）

ニ　課税仕入れに係る資産又は役務の内容

ホ　第一項に規定する課税仕入れに係る支払対価の額

三　課税貨物を保税地域から引き取る事業者が保税地域の所在地を所轄する税関長から交付を受ける当該課税貨物の輸入の許可（関税法第六十七条（輸出又は輸入の許可）に規定する輸入の許可をいう。）があつたことを証する書類その他の政令で定める書類で次に掲げる事項が記載されているもの

イ　保税地域の所在地を所轄する税関長

ロ　課税貨物を保税地域から引き取ることができることとなつた年月日（課税貨物につき特例申告書を提出した場合には、保税地域から引き取ることができることとなつた年月日及び特例申告書を提出した日又は

特例申告に関する決定の通知を受けた日）

ハ　課税貨物の内容

ニ　課税貨物に係る消費税の課税標準である金額並びに引取りに係る消費税額及び地方消費税額

ホ　書類の交付を受ける事業者の氏名又は名称

⑩　第一項の規定は、事業者が国内において行う別表第一第十三号に掲げる住宅の貸付けの用に供しないことが明らかな建物（その附属設備を含む。以下この項において同じ。）以外の建物（第十二条の四第一項に規定する高額特定資産又は同条第二項に規定する調整対象自己建設高額資産に該当するものに限る。第三十五条の二において「居住用賃貸建物」という。）に係る課税仕入れ等の税額については、適用しない。

⑪　第一項の規定は、事業者が課税仕入れ（当該課税仕入れに係る資産が金又は白金の地金である場合に限る。）の相手方の本人確認書類（住民票の写しその他の財務省令で定めるものをいう。）を保存しない場合には、当該保存がない課税仕入れに係る消費税額については、適用しない。ただし、災害その他やむを得ない事情により、当該保存をすることができなかつたことを当該事業者において証明した場合は、この限りでない。

⑫　第一項の規定は、その課税仕入れの際に、当該課税仕入れに係る資産が納付すべき消費税を納付しないで保税地域から引き取られた課税貨物に係るものである場合（当該課税仕入れを行う事業者が、当該消費税が納付されていないことを知つていた場合に限る。）には、当該課税仕入れに係る消費税額については、適用しない。

⑬　第七項に規定する帳簿の記載事項の特例、当該帳簿及び同項に規定する請求書等の保存に関する事項その他前各項の規定の適用に関し必要な事項は、政令で定める。

【印紙税法】

（印紙納付に係る不納税額があつた場合の過怠税の徴収）

第二十条　第八条第一項の規定により印紙税を納付すべき課税文書の作成者が同項の規定により納付すべき印紙税を当該課税文書の作成の時までに納付しなかつた場合には、当該印紙税の納税地の所轄税務署長は、当該課税文書の作成者から、当該納付しなかつた印紙税の額とその二倍に相当する金額との合計額に相当する過怠税を徴収する。

②　前項に規定する課税文書の作成者から当該課税文書に係る印紙税の納税地の所轄税務署長に対し、政令で定めるところにより、当該課税文書について印紙税を納付していない旨の申出があり、かつ、その申出が印紙税についての調査があつたことにより当該申出に係る課税文書について国税通則法第三十二条第一項（賦課決定）の規定による前項の過怠税についての決定があるべきことを予知してされたものでないときは、当該課税文書に係る同項の過怠税の額は、同項の規定にかかわらず、当該納付しなかつた印紙税の額と当該印紙税の額に百分の十の割合を乗じて計算した金額との合計額に相当する金額とする。

③　第八条第一項の規定により印紙税を納付すべき課税文書の作成者が同条第二項の規定により印紙を消さなかつた場合には、当該印紙税の納税地の所轄税務署長は、当該課税文書の作成者から、当該消されていない印紙の額面金額に相当する金額の過怠税を徴収する。

④　第一項又は前項の場合において、過怠税の合計額が千円に満たないときは、これを千円とする。

⑤　前項に規定する過怠税の合計額が、第二項の規定の適用を受けた過怠税のみに係る合計額であるときは、当該過怠税の合計額については、前項の規定の適用はないものとする。

⑥　税務署長は、国税通則法第三十二条第三項（賦課決定通知）の規定により第一項又は第三項の過怠税に係る賦課決定通知書を送達する場合には、当該賦課決定通知書に課税文書の種類その他の政令で定める事項を附記しなければならない。

⑦　第一項又は第三項の過怠税の税目は、印紙税とする。

【租税特別措置法】

第六十一条の四 法人が平成二十六年四月一日から令和六年三月三十一日までの間に開始する各事業年度 （以下この条において「適用年度」という。） において支出する交際費等の額 （当該適用年度終了の日における資本金の額又は出資金の額 （資本又は出資を有しない法人その他政令で定める法人にあつては、政令で定める金額。以下この項及び次項において同じ。） が百億円以下である法人 （通算法人の当該適用年度終了の日において当該通算法人との間に通算完全支配関係がある他の通算法人のうちいずれかの法人の同日における資本金の額又は出資金の額が百億円を超える場合における当該通算法人を除く。） については、当該交際費等の額のうち接待飲食費の額の百分の五十に相当する金額を超える部分の金額） は、当該適用年度の所得の金額の計算上、損金の額に算入しない。

② 前項の場合において、法人 （投資信託及び投資法人に関する法律第二条第十二項に規定する投資法人及び資産の流動化に関する法律第二条第三項に規定する特定目的会社を除く。） のうち当該適用年度終了の日における資本金の額又は出資金の額が一億円以下であるもの （次に掲げる法人を除く。） については、前項の交際費等の額のうち定額控除限度額 （八百万円に当該適用年度の月数を乗じてこれを十二で除して計算した金額をいう。） を超える部分の金額をもつて、同項に規定する超える部分の金額とすることができる。

　一 普通法人のうち当該適用年度終了の日において法人税法第六十六条第五項第二号又は第三号に掲げる法人に該当するもの

　二 通算法人の当該適用年度終了の日において当該通算法人との間に通算完全支配関係がある他の通算法人のうちいずれかの法人が次に掲げる法人である場合における当該通算法人

　　イ 当該適用年度終了の日における資本金の額又は出資金の額が一億円を超える法人

　　ロ 前号に掲げる法人

③ 通算法人 （通算子法人にあつては、当該通算子法人に係る通算親法人の事業年度終了の日において当該通算親法人との間に通算完全支配関係があるものに限る。） に対する前二項の規定の適用については、次に定めるところによる。

　一 通算子法人の適用年度は、当該通算子法人に係る通算親法人の適用年度終了の日に終了する当該通算子法人の事業年度とする。

　二 前項に規定する定額控除限度額は、八百万円に当該適用年度終了の日に終了する当該通算法人に係る通算親法人の事業年度の月数を乗じてこれを十二で除して計算した金額 （第四号イにおいて「通算定額控除限度額」という。） に、イに掲げる金額がロに掲げる金額のうちに占める割合を乗じて計算した金額 （第五項において「通算定額控除限度分配額」という。） とする。

　　イ 当該通算法人が当該適用年度において支出する交際費等の額

　　ロ 当該通算法人が当該適用年度において支出する交際費等の額及び当該適用年度終了の日において当該通算法人との間に通算完全支配関係がある他の通算法人が同日に終了する事業年度において支出する交際費等の額の合計額

　三 前号の規定を適用する場合において、同号イ及びロの交際費等の額が同号の通算法人の同号の適用年度又は同号ロの他の通算法人の同号ロに規定する事業年度 （以下この項において「通算事業年度」という。） の確定申告書等 （期限後申告書を除く。） に添付された書類に当該通算事業年度において支出する交際費等の額として記載された金額 （以下この号及び第五号において「当初申告交際費等の額」という。） と異なるときは、当初申告交際費等の額を前号イ及びロの交際費等の額とみなす。

　四 通算事業年度のいずれかについて修正申告書の提出又は国税通則法第二十四条若しくは第二十六条の規定による更正 （次号において「更正」という。） がされる場合において、次に掲げる場合のいずれかに該当す

るときは、第二号の通算法人の同号の適用年度については、前号の規定は、適用しない。

　　イ　前号の規定を適用しないものとした場合における第二号ロに掲げる金額が通算定額控除限度額以下である場合

　　ロ　法人税法第六十四条の五第六項の規定の適用がある場合

　　ハ　法人税法第六十四条の五第八項の規定の適用がある場合

　五　通算事業年度について前号（ハに係る部分を除く。）の規定を適用して修正申告書の提出又は更正がされた後における第三号の規定の適用については、当該修正申告書又は当該更正に係る国税通則法第二十八条第二項に規定する更正通知書に添付された書類に当該通算事業年度において支出する交際費等の額として記載された金額を当初申告交際費等の額とみなす。

④　前二項の月数は、暦に従つて計算し、一月に満たない端数を生じたときは、これを一月とする。

⑤　第三項の通算法人の適用年度終了の日において当該通算法人との間に通算完全支配関係がある他の通算法人（以下この項において「他の通算法人」という。）の同日に終了する事業年度において支出する交際費等の額がある場合における当該適用年度に係る第二項の規定は、第七項の規定にかかわらず、当該交際費等の額を支出する他の通算法人の全てにつき、それぞれ同日に終了する事業年度の確定申告書等、修正申告書又は更正請求書に通算定額控除限度分配額の計算に関する明細書の添付がある場合で、かつ、当該適用年度の確定申告書等、修正申告書又は更正請求書に通算定額控除限度分配額の計算に関する明細書の添付がある場合に限り、適用する。

⑥　第一項、第三項及び前項に規定する交際費等とは、交際費、接待費、機密費その他の費用で、法人が、その得意先、仕入先その他事業に関係のある者等に対する接待、供応、慰安、贈答その他これらに類する行為（以下この項において「接待等」という。）のために支出するもの（次に掲げる費用のいずれかに該当するものを除く。）をいい、第一項に規定する接待飲食費とは、同項の交際費等のうち飲食その他これに類する行為のために要する費用（専ら当該法人の法人税法第二条第十五号に規定する役員若しくは従業員又はこれらの親族に対する接待等のために支出するものを除く。第二号において「飲食費」という。）であつて、その旨につき財務省令で定めるところにより明らかにされているものをいう。

　一　専ら従業員の慰安のために行われる運動会、演芸会、旅行等のために通常要する費用

　二　飲食費であつて、その支出する金額を基礎として政令で定めるところにより計算した金額が政令で定める金額以下の費用

　三　前二号に掲げる費用のほか政令で定める費用

⑦　第二項の規定は、確定申告書等、修正申告書又は更正請求書に同項に規定する定額控除限度額の計算に関する明細書の添付がある場合に限り、適用する。

⑧　第六項第二号の規定は、財務省令で定める書類を保存している場合に限り、適用する。

（使途秘匿金の支出がある場合の課税の特例）

第六十二条　法人（公共法人を除く。以下この項において同じ。）は、その使途秘匿金の支出について法人税を納める義務があるものとし、法人が平成六年四月一日以後に使途秘匿金の支出をした場合には、当該法人に対して課する各事業年度の所得に対する法人税の額は、法人税法第六十六条第一項から第三項まで及び第六項、第六十九条第十九項（同条第二十三項又は第二十四項において準用する場合を含む。）並びに第百四十三条第一項及び第二項の規定、第四十二条の四第八項第六号ロ及び第七号（これらの規定を同条第十八項において準用する場合を含む。）、第四十二条の十四第一項及び第四項、第六十二条の三第一項及び第九項、第六十三条第一項、第六十七条の二第一項並びに第六十八条第一項の規定その他法人税に関する法令の規定にかかわらず、これらの規定により計算した法人税の額に、当該使途秘匿金の支出の額に百分の四十の割合を乗じて計算した金額を加算した金額とする。

② 前項に規定する使途秘匿金の支出とは、法人がした金銭の支出（贈与、供与その他これらに類する目的のためにする金銭以外の資産の引渡しを含む。以下この条において同じ。）のうち、相当の理由がなく、その相手方の氏名又は名称及び住所又は所在地並びにその事由（以下この条において「相手方の氏名等」という。）を当該法人の帳簿書類に記載していないもの（資産の譲受けその他の取引の対価の支払としてされたもの（当該支出に係る金銭又は金銭以外の資産が当該取引の対価として相当であると認められるものに限る。）であることが明らかなものを除く。）をいう。

③ 税務署長は、法人がした金銭の支出のうちにその相手方の氏名等を当該法人の帳簿書類に記載していないものがある場合においても、その記載をしていないことが相手方の氏名等を秘匿するためでないと認めるときは、その金銭の支出を第一項に規定する使途秘匿金の支出に含めないことができる。

④ 第一項の規定は、次の各号に掲げる法人の当該各号に定める事業以外の事業に係る金銭の支出については、適用しない。

　一　公益法人等又は人格のない社団等（国内に本店又は主たる事務所を有するものに限る。）　収益事業

　二　外国法人　当該外国法人が法人税法第百四十一条各号に掲げる外国法人のいずれに該当するかに応じ当該各号に定める国内源泉所得（同法第百三十八条第一項第一号又は第四号に掲げるものに限る。）に係る事業（人格のない社団等にあつては、当該国内源泉所得に係る収益事業）

⑤ 法人が金銭の支出の相手方の氏名等をその帳簿書類に記載しているかどうかの判定の時期その他第一項の規定の適用に関し必要な事項は、政令で定める。

⑥ 第一項の規定の適用がある場合における法人税法第六十七条の規定の適用については、同条第一項中「前条第一項、第二項及び第六項並びに第六十九条第十九項（外国税額の控除）（同条第二十三項において準用する場合を含む。第三項において同じ。）」とあるのは「租税特別措置法第六十二条第一項（使途秘匿金の支出がある場合の課税の特例）」と、「これら」とあるのは「同項」と、同条第三項中「前条第一項、第二項及び第六項並びに第六十九条第十九項」とあるのは「租税特別措置法第六十二条第一項」とする。

⑦ 第一項の規定の適用がある場合における法人税法第二編第一章（第二節を除く。）及び第三編第二章（第二節を除く。）の規定の適用については、次に定めるところによる。

　一　法人税法第七十二条第一項第二号に掲げる金額は、同項に規定する期間（通算子法人にあつては、同条第五項第一号に規定する期間）を一事業年度とみなして同条第一項第一号に掲げる所得の金額につき同法第二編第一章第二節（第六十七条、第六十八条第三項及び第七十条を除く。）の規定及び第一項の規定（次号から第四号までにおいて「特別税額加算規定」という。）を適用するものとした場合に計算される法人税の額とする。

　二　法人税法第七十四条第一項第二号に掲げる金額は、同項第一号に掲げる所得の金額につき同法第二編第一章第二節の規定及び特別税額加算規定を適用して計算した法人税の額とする。

　三　法人税法第百四十四条の四第一項第三号若しくは第四号又は第二項第二号に掲げる金額は、同条第一項又は第二項に規定する期間を一事業年度とみなして同条第一項第一号若しくは第二号又は第二項第一号に掲げる国内源泉所得に係る所得の金額につき同法第三編第二章第二節（第百四十四条（同法第六十八条第三項の規定を準用する部分に限る。）を除く。）の規定及び特別税額加算規定を適用するものとした場合に計算される法人税の額とする。

　四　法人税法第百四十四条の六第一項第三号若しくは第四号又は第二項第二号に掲げる金額は、同条第一項第一号若しくは第二号又は第二項第一号に掲げる国内源泉所得に係る所得の金額につき同法第三編第二章第二節の規定及び特別税額加算規定を適用して計算した法人税の額とする。

⑧ 前二項に定めるもののほか、第一項の規定の適用がある場合における法人税の申告又は還付に関する法人税法その他法人税に関する法令の規定及び地方法人税の申告又は還付に関する地方法人税法その他地方法人税に関する法令の規定の適用に関し必要な事項は、政令で定める。

⑨　第一項の規定は、法人がした金銭の支出について同項の規定の適用がある場合において、その相手方の氏名等に関して、国税通則法第七十四条の二（第一項第二号に係る部分に限る。）の規定による質問、検査又は提示若しくは提出の要求をすることを妨げるものではない。

【地方税法】

（固定資産税の納税義務者等）

第三百四十三条　固定資産税は、固定資産の所有者（質権又は百年より永い存続期間の定めのある地上権の目的である土地については、その質権者又は地上権者とする。以下固定資産税について同様とする。）に課する。

②　前項の所有者とは、土地又は家屋については、登記簿又は土地補充課税台帳若しくは家屋補充課税台帳に所有者（区分所有に係る家屋については、当該家屋に係る建物の区分所有等に関する法律第二条第二項の区分所有者とする。以下固定資産税について同様とする。）として登記又は登録されている者をいう。この場合において、所有者として登記又は登録されている個人が賦課期日前に死亡しているとき、若しくは所有者として登記又は登録されている法人が同日前に消滅しているとき、又は所有者として登記されている第三百四十八条第一項の者が同日前に所有者でなくなつているときは、同日において当該土地又は家屋を現に所有している者をいうものとする。

③　第一項の所有者とは、償却資産については、償却資産課税台帳に所有者として登録されている者をいう。

④　市町村は、固定資産の所有者の所在が震災、風水害、火災その他の事由によつて不明である場合においては、その使用者を所有者とみなして、これを固定資産課税台帳に登録し、その者に固定資産税を課することができる。

⑤　農地法第四十五条第一項若しくは農地法等の一部を改正する法律（平成二十一年法律第五十七号）附則第八条第一項の規定によりなお従前の例によることとされる同法第一条の規定による改正前の農地法第七十八条第一項の規定によつて農林水産大臣が管理する土地又は旧相続税法（昭和二十二年法律第八十七号）第五十二条、相続税法第四十一条若しくは第四十八条の二、所得税法の一部を改正する法律（昭和二十六年法律第六十三号）による改正前の所得税法第五十七条の四、戦時補償特別措置法（昭和二十一年法律第三十八号）第二十三条若しくは財産税法（昭和二十一年法律第五十二号）第五十六条の規定によつて国が収納した農地については、買収し、又は収納した日から国が当該土地又は農地を他人に売り渡し、その所有権が売渡しの相手方に移転する日までの間はその使用者をもつて、その日後当該売渡しの相手方が登記簿に所有者として登記される日までの間はその売渡しの相手方をもつて、それぞれ第一項の所有者とみなす。

⑥　土地区画整理法による土地区画整理事業（農住組合法第八条第一項の規定により土地区画整理法の規定が適用される農住組合法第七条第一項第一号の事業及び密集市街地における防災街区の整備の促進に関する法律第四十六条第一項の規定により土地区画整理法の規定が適用される密集市街地における防災街区の整備の促進に関する法律第四十五条第一項第一号の事業並びに大都市地域における住宅及び住宅地の供給の促進に関する特別措置法による住宅街区整備事業を含む。以下この項において同じ。）又は土地改良法による土地改良事業の施行に係る土地については、法令若しくは規約等の定めるところによつて仮換地、一時利用地その他の仮に使用し、若しくは収益することができる土地（以下この項、第三百四十九条の三の三第三項及び第三百八十一条第八項において「仮換地等」と総称する。）の指定があつた場合又は土地区画整理法による土地区画整理事業の施行者が同法第百条の二（農住組合法第八条第一項及び密集市街地における防災街区の整備の促進に関する法律第四十六条第一項において適用する場合並びに大都市地域における住宅及び住宅地の供給の促進に関する特別措置法第八十三条において準用する場合を含む。）の規定によつて管理する土地で当該施行者以外の者が仮に使用するもの（以下この項及び第三百八十一条第八項において「仮使用地」という。）がある場合においては、当該仮換地等又は仮使用地について使用し、又は収益することができることとなつた日から換地処分の

公告がある日又は換地計画の認可の公告がある日までの間は、仮換地等にあつては当該仮換地等に対応する従前の土地について登記簿又は土地補充課税台帳に所有者として登記又は登録されている者をもつて、仮使用地にあつては土地区画整理法による土地区画整理事業の施行者以外の仮使用地の使用者をもつて、それぞれ当該仮換地等又は仮使用地に係る第一項の所有者とみなし、換地処分の公告があつた日又は換地計画の認可の公告があつた日から換地又は保留地を取得した者が登記簿に当該換地又は保留地に係る所有者として登記される日までの間は、当該換地又は保留地を取得した者をもつて当該換地又は保留地に係る同項の所有者とみなすことができる。

⑦　公有水面埋立法（大正十年法律第五十七号）第二十三条第一項の規定によつて使用する埋立地若しくは干拓地（以下この項において「埋立地等」という。）又は国が埋立て若しくは干拓によつて造成する埋立地等（同法第四十二条第二項の規定による通知前の埋立地等に限る。以下この項において同じ。）で工作物を設置し、その他土地を使用する場合と同様の状態で使用されているもの（埋立て又は干拓に関する工事に関して使用されているものを除く。）については、これらの埋立地等をもつて土地とみなし、これらの埋立地等のうち、都道府県、市町村、特別区、これらの組合、財産区及び合併特例区（以下この項において「都道府県等」という。）以外の者が同法第二十三条第一項の規定によつて使用する埋立地等にあつては、当該埋立地等を使用する者をもつて当該埋立地等に係る第一項の所有者とみなし、都道府県等が同条第一項の規定によつて使用し、又は国が埋立て若しくは干拓によつて造成する埋立地等にあつては、都道府県等又は国が当該埋立地等を都道府県等又は国以外の者に使用させている場合に限り、当該埋立地等を使用する者（土地改良法第八十七条の二第一項の規定により国又は都道府県が行う同項第一号の事業により造成された埋立地等を使用する者で政令で定めるものを除く。）をもつて当該埋立地等に係る第一項の所有者とみなし、これらの埋立地等が隣接する土地の所在する市町村をもつてこれらの埋立地等が所在する市町村とみなして固定資産税を課することができる。

⑧　信託会社（金融機関の信託業務の兼営等に関する法律（昭和十八年法律第四十三号）により同法第一条第一項に規定する信託業務を営む同条に規定する金融機関を含む。以下この項において同じ。）が信託の引受けをした償却資産で、その信託行為の定めるところにしたがい当該信託会社が他の者にこれを譲渡することを条件として当該他の者に賃貸しているものについては、当該償却資産が当該他の者の事業の用に供するものであるときは、当該他の者をもつて第一項の所有者とみなす。

⑨　家屋の附帯設備（家屋のうち附帯設備に属する部分その他総務省令で定めるものを含む。）であつて、当該家屋の所有者以外の者がその事業の用に供するため取り付けたものであり、かつ、当該家屋に付合したことにより当該家屋の所有者が所有することとなつたもの（以下この項において「特定附帯設備」という。）については、当該取り付けた者の事業の用に供することができる資産である場合に限り、当該取り付けた者をもつて第一項の所有者とみなし、当該特定附帯設備のうち家屋に属する部分は家屋以外の資産とみなして固定資産税を課することができる。

（固定資産税の賦課期日）

第三百五十九条　固定資産税の賦課期日は、当該年度の初日の属する年の一月一日とする。

■著者紹介

八ッ尾　順一
（やつお　じゅんいち）

昭和26年生まれ

京都大学大学院法学研究科（修士課程）修了

現　　在：大阪学院大学法学部教授・公認会計士・税理士

著　　書：『交際費（第5版）』（平成19年）中央経済社／『入門連結納税制度』（平成11年）
　　　　　財経詳報社／『第7版／事例からみる重加算税の研究』（令和4年）／『（新装版）
　　　　　入門税務訴訟』（平成22年）／『七訂版／租税回避の事例研究』（平成29年）／『マ
　　　　　ンガでわかる遺産相続』（平成23年）以上、清文社／『やさしくわかる減価償却』
　　　　　（平成12年）日本実業出版社／『対話式相続税増税時代の実務と対策』（平成
　　　　　26年）ぎょうせい　他

論　　文：「制度会計における税務会計の位置とその影響」で第9回日税研究奨励賞（昭
　　　　　和61年）受賞

その他：平成9〜11年度税理士試験委員
　　　　　平成19〜21年度公認会計士試験委員（「租税法」担当）
　　　　　在外研究（Visiting Scholar, University of Hawai William S.Richardson School of
　　　　　Law: 2009）

【CD のリリースと YouTube へのリンク】

平成26年11月	Zeikin Song（税金のうた）	税理士哀歌（エレジー）
平成27年9月	税金アラカルト	消費税よ、どこへ行く…
平成28年9月	TAX HAVEN（タックス・ヘイブン）	愛しきタックスマン
平成29年9月	走れマイナンバー	GREEDY〜 相続税物語より
平成30年9月	おじいちゃんの恋〜 贈与税物語より	年金ブルース
令和元年9月	ふるさとに寄付をしよう	宿泊税ストーリー
令和2年9月	税金マンボ	ああ〜 それは 加算税
令和3年9月	そのとき法律は改正されるだろう	交際費のうた
令和4年9月	税金ヒストリー	会計3兄弟
令和5年9月	税金〜そして人生	源泉徴収 恨み節

（注）財務省の税制メールマガジン第169号（2023年12月22日）の「はじめに」に以下のように、筆者の「税金の
うた」について、主税局の企画官から、次のような紹介があった。

（略）

　そんな2023年も残りあと僅か。大晦日の紅白歌合戦が待ち遠しいところですが、最近、私は八ツ尾順一・大
阪学院大教授がYouTubeに公開された税金に関する歌をよく聴いております。「税金〜そして人生〜」「消費
税よ、どこへ行く」「源泉徴収恨み節」等、どれも名曲揃いです。税制に関心のある皆様にも、是非、一度ご視
聴頂きつつ、良い年末をお過ごし頂ければ幸いです。

財務省主税局総務課　企画官　境吉隆

十五訂版／図解　租税法ノート

2024年3月22日　発行

著　者　　八ッ尾　順一　Ⓒ

発行者　　小泉　定裕

発行所　　株式会社　清文社

東京都文京区小石川1丁目3－25（小石川大国ビル）
〒112-0002　電話03（4332）1375　FAX03（4332）1376
大阪市北区天神橋2丁目北2－6（大和南森町ビル）
〒530-0041　電話06（6135）4050　FAX06（6135）4059
URL https://www.skattsei.co.jp/

印刷：大村印刷㈱

ISBN978-4-433-73924-9